U0314149

New Energy
Vehicles

NEV
Key Technologies of New Energy Vehicles

新能源汽车 关键技术 第二版

曾小华　王庆年　等著

化学工业出版社

·北京·

内 容 简 介

本书为《新能源汽车关键技术》第二版（以下简称"第二版"），对第一版所涉及的定义进行了进一步修订和完整，并对第一版所涉及的技术内容进行了全面更新。

第二版内容涵盖新能源汽车研发、设计、制造过程中离不开的各类关键技术和理论，包括新能源汽车驱动技术、混合动力汽车节能技术、混合动力汽车控制技术、新能源汽车仿真技术、新能源汽车实验技术、新能源汽车测试技术、新能源汽车集成热管理技术、新能源汽车复合电源技术等。

第二版在第一版基础上补充了新能源汽车热管理技术、氢燃料电池汽车技术，并进一步补充了部分工程实例。

全书图文并茂、内容新颖、系统实用，适合从事汽车研发、设计、制造等工作的工程技术人员阅读，也可供高等院校汽车相关专业师生参考。

图书在版编目（CIP）数据

新能源汽车关键技术/曾小华等著. —2版. —北京：
化学工业出版社，2023.4
ISBN 978-7-122-42811-0

Ⅰ.①新… Ⅱ.①曾… Ⅲ.①新能源-汽车-研究
Ⅳ.①U469.7

中国国家版本馆 CIP 数据核字（2023）第 016346 号

责任编辑：黄　滢　　　　　　　　　　　装帧设计：王晓宇
责任校对：宋　夏

出版发行：化学工业出版社（北京市东城区青年湖南街13号　邮政编码100011）
印　　刷：北京云浩印刷有限责任公司
装　　订：三河市振勇印装有限公司
787mm×1092mm　1/16　印张19½　字数474千字　2023年6月北京第2版第1次印刷

购书咨询：010-64518888　　　　　　　　售后服务：010-64518899
网　　址：http://www.cip.com.cn
凡购买本书，如有缺损质量问题，本社销售中心负责调换。

定　　价：128.00元

第二版前言

《新能源汽车关键技术》（以下简称第一版）自 2015 年出版以来，在众多新能源汽车企业工程研发技术人员中产生了热烈反响，同时，也受到高等院校相关专业师生的普遍欢迎。他们对本书的出版给予了积极评价，同时本书也助力推动了我国新能源汽车的开发。这对笔者是莫大的鼓励，恰好契合了出版初衷，也是我们最感欣慰的事情。

随着国内外节能与新能源汽车技术的持续发展，以及各国相关政策、法规的推动，新能源汽车领域涵盖的车型有了新的扩展，相关技术又有了新的进展。在教学和实践过程中，广大读者也对本书提出了宝贵意见。为此，在第一版的基础上，进行了下述内容的修订。

本次修订延续了第一版注重基础、讲解详细的特点，进一步明确了新能源汽车的属性和定义，力求在继承第一版强调基础性和科普性的同时，能够让读者系统且辩证地认识新能源汽车技术以及新能源汽车发展水平。

此次修订，第一版中的第 3 章至第 6 章，在内容与结构上未做大的变动，仅将第一版中关于混合动力汽车的描述由新能源汽车进行取代，即重新定义了新能源汽车及其涵盖的车辆类型。

对于其他章节，做了如下修改或增补。

对第 1 章中的陈旧数据进行了删除，对不符合当下技术水平和市场形势的描述进行了修订与完善，调研并更新了大量国家政策、企业规划、市场规模及行业和产品动态。

第 2 章新增了燃料电池汽车构型的方案与特点，并将原来的油电混合动力汽车、液驱混合动力汽车的构型方案与特点整合到插电式混合动力汽车构型的章节中，进一步明确了新能源汽车的定义。

新增第 7 章新能源汽车热管理技术，以插电式混合动力物流车作为研究对象，对新能源汽车热管理技术进行了概述，依次对新能源汽车热管理系统设计与建模、热管理系统控制策略等方面进行了介绍，并详细介绍了计及热特性的整车能量管理策略。

第 8 章新增加了燃料电池汽车参数匹配与能量管理技术，以全功率氢燃料电池汽车为研究对象，首先对全功率燃料电池汽车技术进行了较为系统的概述，然后详细介绍了全功率燃料电池汽车的参数匹配、能耗分析及优化、控制策略三方面关键技术。

本书由吉林大学汽车仿真与控制国家重点实验室课题组组织，曾小华、王庆年、黄钰峰、李凯旋、王一阳著。课题组中的王诗元、宁竞、纪人桓、牛超凡、岳一霖、武庆涛等研究生给予了大力支持和无私帮助，感谢课题组同学们的相互团结协作。

修订过程中，参考了业界许多相关文献，在此，对各位同仁表示衷心感谢与敬意。

由于笔者水平有限，不妥与疏漏在所难免，竭诚期望广大读者批评指正。

著者

第一版前言

汽车在给人们提供便捷、舒适的同时，也带来了很多负面影响，如能源危机、环境污染等。为缓解资源与环境的双重压力，各国相继出台了一系列政策来支持新能源汽车的发展。我国先后在"十五""十一五"和"十二五"规划中制定了多项新能源汽车发展规划。国家先后投入多达 20 亿元的研发经费到 200 多家相关企业、大专院校和科研院所。从当今汽车工业的研究热点来看，新能源汽车已成为汽车工业新的发展方向。

本书是笔者自 1998 年以来，结合吉林省科技项目，国家"十五""十一五""十二五" 863 计划项目及国家自然科学基金项目，从事新能源汽车，特别是混合动力汽车关键技术的教学和研究积累撰写而成的。为了便于读者深入理解和快速掌握新能源汽车领域的主流趋势和最新技术，结合近年来我国新能源汽车飞速发展的形势，根据笔者及所在课题组多年来的教学经验和国内外科研经历的积累，编著了本书，旨在为读者提供一本适合当前新能源汽车技术发展水平的专业参考书籍。本书可供汽车相关专业的本科生、研究生及从事新能源汽车研究工作的研究人员使用。

新能源汽车类型繁多，主要包括纯电动汽车、混合动力汽车、氢能源动力汽车、燃料电池汽车、太阳能汽车等。本书在分析现阶段各种新能源汽车的特点及发展现状后，就当前最具发展前景且技术成熟的一种新能源汽车——混合动力汽车展开重点论述。本书分别从系统构型、节能机理、控制策略、仿真技术和实验方法与测试技术等几个方面，介绍以混合动力汽车为代表的新能源汽车的关键技术。另外，本书还介绍了电动轮驱动技术和复合电源技术等当前新能源汽车领域内的研究热点。

本书内容由浅入深，既介绍新能源汽车领域的基本理论和基本知识，又针对该领域内的关键技术做进一步的深入探讨。同时，书中大量采用笔者日常教学和科研成果中的实例，并针对这些典型案例进行深入分析和详细阐述，充分考虑了新能源汽车关键技术的实际工程应用。本书力求做到文字准确、精练，插图清晰、正确，内容系统、先进，以便于读者能够通过自学，掌握新能源汽车相关的关键技术。

本书由吉林大学王庆年教授、曾小华教授、初亮教授、王伟华教授撰写而成。在编写的过程中，吉林大学的靳立强教授、王军年副教授、于远彬副教授、王鹏宇副教授等为本书的部分章节提供了宝贵素材。长春大隆电动汽车技术研究所高级工程师宫维钧为本书提出了很多宝贵意见和建议，对提高本书的质量给予了很大帮助。在此，一并表示感谢。

由于本书涉及内容广泛，笔者水平有限，书中不妥和疏漏之处在所难免，欢迎广大读者批评指正。

著者

目录 CONTENTS

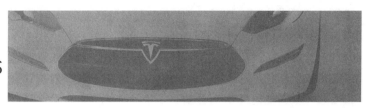

第1章
概述

1.1 发展新能源汽车的意义

汽车在国民生产、生活及交通中扮演着极其重要的角色，汽车工业已成为国民经济的重要支柱产业。但是，汽车在给人们提供便捷、舒适的同时也带来了很多负面影响，如能源危机、环境污染等。为缓解资源与环境的双重压力，各国相继出台了一系列政策来支持新能源汽车的发展。新能源汽车已成为当今汽车工业的发展热点和方向，是解决能源危机、环境污染以及碳达峰、碳中和的重要途径。

1.1.1 汽车与能源及环境的关系

英国工业革命开启了现代文明的帷幕，而汽车的出现则极大地推进了人类文明史的发展。自1886年世界上第一辆汽车诞生以来的100多年里，汽车不仅成为了人类的交通工具，更改变了人类的生产和生活方式。目前，世界汽车保有量为14.46亿辆，有数据称：到2050年世界汽车保有量将达25亿辆，其中主要增幅来自发展中国家。国际能源署（IEA）的统计数据显示，2001年交通领域消耗了全球57%的石油资源，而到2020年这一数据占比达到了近70%。2021年10月13日，国际能源署在《2021全球能源展望报告》中提出，虽然受新冠疫情的影响，国际能源市场趋向回落，但是2021年以石油和煤炭为主的传统能源消耗仍然大幅增长，能源产业本身维持现状的强大惯性抵消了能源转型的速度，当前能源转型依然面临巨大压力。现阶段我国已经面临着石油供给日益紧张的局面，因此推行交通能源转型势在必行。而发展新能源汽车作为推进我国交通能源转型战略和建设生态文明的重要举措，对社会发展和环境保护都有积极作用。

近年来，在投资和消费的拉动下，我国汽车工业已步入快速发展阶段。2005年，我国汽车产销量均超过570万辆，分别居世界第三位和第二位。2009年，我国首次超过美国，成为世界汽车产销第一大国。2020年，受新冠疫情的影响，全球汽车行业遭受重创。2021年，我国汽车产销量分别为2608.2万辆和2627.5万辆，同比增长了3.4%和3.8%，结束了受疫情影响的三年负增长，是全球首次实现正增长的主要经济体，并已连续13年稳居全球汽车产销量首位。可见，我国汽车市场是最具发展潜力的汽车市场。

　　然而，我国目前的汽车人均保有量依然很低，截至 2020 年，每千人汽车保有量为 205 辆，仅为美国的 25％。2022 年，我国汽车保有量达到 3.02 亿辆，这一数据有望在 2030 年突破 4 亿辆，由此也导致我国石油供应日益紧张。汽车的大量使用带来了两大突出问题：能源危机和环境恶化。其中，能源危机已经在国际上引发了多起战争；而汽车在运行时排放大量的一氧化碳、氮氧化物、碳氢化合物、二氧化硫等有害气体以及温室气体二氧化碳，会给人类的生存环境带来消极影响。从图 1-1 可以看到 2020 年世界主要国家的 CO_2 排放情况，我国已经成为世界上最大的 CO_2 排放大国。

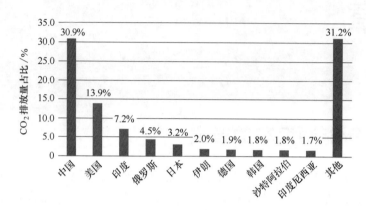

图 1-1　2020 年世界主要国家的 CO_2 排放情况

　　因此，在汽车产业快速发展的同时，随之而来的能源危机和环境污染等问题也不容忽视。它们对人们生活，甚至国际环境都产生了重大影响。为使我国经济健康发展，必须尽快实现交通能源转型，以实现经济发展和环境保护双赢的局面。

1.1.2　汽车在社会发展中的地位

　　虽然汽车工业发展面临着能源危机和环境污染两大主要问题，但汽车在社会发展中的地位仍无法被撼动。汽车是"改变世界的机器"，是推动社会进步的车轮，汽车早已成为人们日常生活中不可或缺的重要组成部分。汽车的普遍使用，改变了经济社会结构，形成了一整套新的经济、文化、生活体系，更改善了人们的生活质量，推进了社会进步，促进了经济发展。对于蓬勃发展的我国来说，新型工业化过程中，汽车工业在我国经济发展中占据着重要的战略地位，其国民经济支柱产业的地位日益凸显。汽车工业的发展将大力推进高新技术的进步和创新。

1.1.2.1　汽车在人们现实生活中的作用

　　(1) 汽车逐渐成为生活必需品

　　汽车从可望而不可即的奢侈品，变成了一件交付一定首付款即可获取的日常商品。人们的生活方式、生活观念和生活质量发生了巨大改变，使很多人对时间的概念不再局限于公共交通的时刻表。因此，汽车已经成为自由的象征，人们购买汽车更多是为了改变一种生活模式。

　　(2) 汽车增加了劳动就业率

　　汽车工业的发展能够给社会创造大量的就业岗位。2019 年，国务院发展研究中心指出：

汽车工业产业链长、辐射面广、上下游产业极多。其上游产业涉及钢铁、机械、橡胶、石化等行业，下游产业涉及保险、金融、销售、维修等行业。汽车工业每多提供 1 个工作岗位，就能够带动上下游增加 7 个工作岗位。目前从事汽车以及相关行业的从业人数已经突破5000 万。因此，汽车工业的发展创造了大量的就业机会，极大地促进了社会稳定性。

（3）汽车加快了公路网和城市化进程

第二次世界大战后，各国快速投入基础设施建设中，高速公路也迎来了快速发展阶段。高速公路网的迅速建立，为汽车产业的快速发展提供了条件。截至 2020 年底，我国公路里程为 582 万千米，高速公路里程为 16.1 万千米，对 20 万以上人口城市覆盖率超过 98%。高速公路优等路率达到 91.5%，普通国、省干线优良路率达到 84%。汽车在联系城市、城镇中发挥着巨大作用，已成为公路中最常见交通工具。大量汽车的使用促进了公路的建设，而公路网的延伸又进一步增大了汽车需求量。

（4）汽车开拓了汽车服务贸易市场

汽车工业的每个环节，从市场、研发、采购、生产、销售、服务直至后勤，都已经超出了国家范围，由此而产生的贸易、法律、环保及产业经济影响已经远远超过了汽车工业本身。同时，与汽车产业发展密切相关的汽车服务贸易市场迅速发展，在发达国家已发展形成成熟的二手车置换、保险、信贷、维修、保养、租赁、物流、贸易和回收利用等业务。

（5）汽车产生了一系列新生事物

汽车产业的发展创造了多种衍生新事物，如汽车购置阶段的车贷业务，汽车使用阶段的车险业务，以及汽车租赁、汽车维修企业和二手车市场等。汽车展会、汽车艺术及汽车旅馆更是成为人们日常生活中的一部分，改变了人们的生活和思维方式。另外，汽车交通的便捷性也改变了城市结构，淡化了人们的区域观念。

1.1.2.2　汽车在当代社会经济中的作用和地位

（1）汽车工业在国民经济中的地位

汽车既是高价值的产品，又是批量大的产品，因而它能够创造巨大的产值。2019 年，我国汽车工业总产值为 80846.7 亿元，销售总产值为 39389 亿元。2020 年，因为新冠疫情的影响，我国汽车工业总产值为 81557.7 亿元，同比增长 0.8%；销售总产值为 25546.24亿元，仅为 2019 年的 65%。2021 年，我国汽车工业总产值已达到 8.156 万亿元，约占全国GDP 总量的 8%。

（2）汽车工业在工业化过程中的作用与地位

在工业化过程中，汽车工业作为龙头产业，不仅极大地促进了其上游产业的发展，如钢铁、有色金属和橡胶等产业，也对其下游产业起到了极大的促进作用，如汽车维修、销售、道路、运输、金融和保险等行业。

（3）汽车工业对国家综合经济实力的影响

汽车工业的繁荣是一个国家工业整体实力提升的综合体现，同时也是国家综合经济实力增长的重要表现。自建国以来，我国的汽车工业经历了从无到有、从小到大的发展过程。随着我国经济的不断发展，汽车制造水平不断提高，汽车产业的市场占有率也在不断攀升。作为一个新兴的汽车大国，我国拥有全球第一大汽车市场。汽车工业的发展对于国民经济的增长具有重要意义，对于增强我国的国际核心竞争力也具有重要作用。在当前实现社会主义现代化的时代背景下，大力发展汽车工业已成为推动国家综合实力增长的重要途径。

1.1.2.3 汽车在当代社会工业崛起中的作用

在经济全球化的今天，汽车制造业已经成为全球化的产业。人们的生活越来越依赖汽车，没有汽车，人们也许"寸步难行"。毫不夸张地说，汽车工业实际上就是现代工业的缩影。汽车作为各种高新技术集成的"艺术品"，其发展史实际上就是人类工业的发展史。每一次技术的进步，每一次生产的革新，都极大地促进了汽车行业的发展。现代信息技术、数控技术、纳米技术、涡轮增压技术等一系列现代高新技术已经在汽车制造业中得到了广泛的应用。通过合理运用这些高新技术，现代汽车在动力性、经济性、操纵稳定性等方面得到了极大的进步与提升。比如，运用电子技术研究发展的汽车防抱死控制系统（ABS）、驱动力控制系统（TCS）以及稳定性控制系统（VSC）等车辆控制系统，大大提高了汽车的安全性与舒适性。在当前能源紧张与环境污染的背景下，节能减排是当今汽车技术发展创新的潮流。图 1-2 展示了一些国家和地区汽车 CO_2 减排目标。从图 1-2 中可以看出，随着国际社会对于环境保护意识的提高，碳排放法规日益严苛，只有通过新技术的运用，才能使汽车的燃油经济性和排放达到标准的要求。

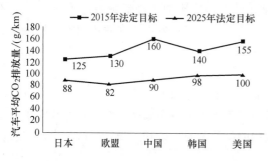

图 1-2　一些国家和地区汽车 CO_2 减排目标

汽车作为各种高新技术结合的产物，其发展进步带动了当前工业水平的发展与进步。一个国家的汽车发展水平在一定程度上反映了国家的工业发展水平，一定程度上代表了其核心科学技术的竞争力。当前世界各国在汽车领域内的竞争，实际上就是各国核心科技的竞争。通过新技术、新工艺、新能源、新材料的综合运用，不断抢占科技创新的制高点，开发各种新车型，已经成为我国汽车工业迅速崛起的重要途径之一。

我国作为世界上最大的发展中国家，人口众多，对于汽车产品的需求量大。市场需求作为汽车产业发展的强劲动力，也不断刺激和推动汽车产业的发展。同时汽车产业的不断发展也为新技术的发展拓宽了空间。新技术的发展与汽车的生产规模有着密不可分的联系，不具备一定的生产规模，就没有开发新技术的可能。国内外的经验表明，不到年产 30 万辆规模，开发车身就可能得不偿失；没有年产 50 万辆的规模，也满足不了开发底盘件的成本支出。作为汽车消费的需求大国，从我国的汽车产量变化便可以了解到市场的前景：用 39 年的时间实现汽车生产的第一个百万辆；用 8 年的时间完成第二个百万辆；用 2 年的时间完成了第三个百万辆。这种增长速度充分体现了我国汽车发展的广阔前景。充分利用日益增长的市场需求，利用已具规模的生产方式，采用新的技术，降低开发成本，提升产品的性能，并以新产品的优良品质和高的性价比刺激新的消费需求，使我国汽车工业健康、良性发展，是当务之急。

1.2　新能源汽车的发展概况

汽车产业的迅猛发展，使得世界范围内的汽车保有量迅速增加。汽车数量的增加又加剧了汽车尾气排放对大气层产生污染的问题。据统计，汽车排放的尾气是当今空气污染的重要源头，而且庞大的汽车数量，每天所消耗的石油量也是一个惊人的数额。汽车发展引发的环境问题和能源危机，使得人们对于新能源汽车技术的关注日益增加。从图 1-3 新能源汽车的技术选择中可看出，开发新能源汽车已经成为解决当前能源及环境问题的关键技术。

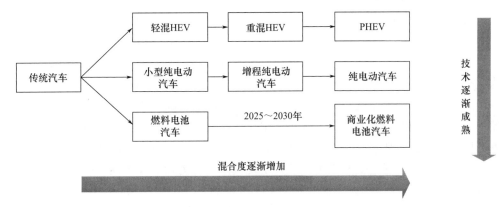

图 1-3　新能源汽车的技术选择

现在大多数的汽车厂家以及汽车技术研究中心已经开始或者正在规划开发新能源汽车。其实早在"十五"期间，我国便已经将发展新能源汽车列入国家战略规划，其后在"十一五"至"十四五"期间，国家也在不同层面对新能源汽车发展进行了规划和政策支持。

以能源的多元化为核心，新能源技术开发主要有以下三大趋势。

① 发展生物燃料：基于可再生能源的生物燃料适用于各种车辆，且具有良好的环保性，已成为各国共同推广的新型燃料。

② 发展混合动力技术：混合动力汽车的驱动能源除燃油发动机外，还包括电能、液压能等新能源。混合动力系统效率很高，可以通过小排量发动机配合电机使用达到良好的动力性，减少尾气排放，节约能源。而且混合动力汽车在电池的需求上要求比较低，能避免由电池引起的诸多问题。混合动力汽车已成为新型动力汽车产业化的里程碑。

③ 发展燃料电池技术：燃料电池是一种新兴的能量转换装置，目前技术尚未成熟，存在成本较高以及储存、运输困难等问题，所以燃料电池汽车的应用很少，但是作为汽车能源动力系统的远期解决方案，仍然被人们所看好。

下面对新能源汽车的类型、发展历史、发展现状进行介绍。

1.2.1　新能源汽车的类型

区别于使用常规燃料（汽油或柴油）的传统汽车，新能源汽车是指采用非常规车用燃料为能源，或者使用常规车用燃料，同时采用新型车载动力装置的新型汽车。新能源汽车主要包括纯电动汽车、混合动力汽车、氢能源动力汽车、燃料电池汽车、太阳能汽车以及其他一些类型汽车。其中，纯电动汽车、混合动力汽车和燃料电池汽车又归类为电动汽车。纯电动汽车技术处于逐渐发展的过程，其对电池要求高，所使用的电池组有一定局限性：成本高，续驶里程短，充电时间长，且存在电池电解液污染等问题；燃料电池的成本高、氢的储存和运输存在技术问题，因此燃料电池汽车的应用也很少；而混合动力汽车技术相对成熟，不受上述问题的限制。因此，混合动力技术成为世界范围内的一个研究热点和方向。以丰田普锐斯（PRIUS）为代表，混合动力汽车已经在北美洲、日本和欧洲成功实现了商业化。其他类型新能源汽车，譬如太阳能汽车、氢能源动力汽车等，尚处于实验阶段，距离商业化生产还有很长的时间。本小节对新能源汽车的类型进行详细的介绍。

1.2.1.1 混合动力汽车技术

2003 年，国际电工委员会电动汽车技术委员会将"混合型地面车辆［或混合动力汽车 (Hybrid Electric Vehicle，HEV)］"定义如下：是"为了推动车辆的革新，至少拥有两个能量变换器和两个能量储存系统（车载状态）"的车辆。当前研发的混合动力汽车，多采用电机作为主要动力或者作为辅助动力单元（Auxiliary Power Unit，APU），必要时给汽车提供一定的动力。混合动力汽车也可理解为有多于一种的能量转换器提供驱动力的混合型电动汽车，使用蓄电池和副能量单元的电动汽车。副能量单元指的就是以某种燃料作为能源的原动机或者电机组。燃料主要包括柴油、汽油或者液化石油气、天然气、酒精等。原动机主要是指内燃机及其他热机。通过混合动力系统，实现汽车在动力性、经济性、排放等方面性能指标的显著提升。

混合动力汽车是在传统汽车的基础上发展起来的产物，不但拥有传统内燃机汽车的特点，同时具备其他一些优点。与传统汽车相比，经济性良好是其突出的优点，混合动力汽车可以在传统汽车的基础上实现 30%～50% 的节油。这些优势使得混合动力汽车在当前环境与能源问题的背景下具有相当大的优势。混合动力系统作为混合动力汽车的核心技术，其性能与整车的性能息息相关。混合动力系统经过多年的发展，已经逐渐由原来的离散化结构向集成化方向发展。根据其传动系统的拓扑结构或者动力总成配置和组合方式的不同，混合动力汽车可以分成串联式、并联式以及混联式三种类型。各构型的特点将在第 2 章中进行详细介绍。

如图 1-4 所示为世界上第一款混合动力汽车，是 1997 年丰田汽车公司推出的普锐斯车型。该车型属于混联式构型，采用了 THS（Toyota Hybrid System）系统，通过行星齿轮装置的作用，可以实现功率分流与无级变速的功能。普锐斯采用 1.5L 汽油发动机，可以实现 28km/L 的燃油目标；排放方面，相比于传统汽车，CO_2 排放量减少 50%，而 CO 和氮氧化物的排放量仅为传统车的 10%。近年来，通用等各大汽车公司也开始研发混合动力汽车，一些车型已经实现商业化。此外，国内市场已涌现大量混合动力汽车产品，获得广大司乘消费者的青睐。对于乘用车，于 2022 年 3 月上市的吉利星越 L 雷神 Hi·X 混动汽车，搭载 1.5TD-3DHT 雷神智擎混合动力系统，发动机最大功率 150hp❶，峰值扭矩 225N·m，综合扭矩 545N·m，最大续航可达 1300km，0～100km/h 加速时间仅需 6.9s，亏电油耗仅为 3.8L/100km；长安推出的拿铁 DHT 混动汽车，搭载 1.5T＋电动机混动系统，并匹配两挡 DHT 变速箱，综合功率达 246hp，最大扭矩 532N·m。对于商用车，一汽解放推出了 P2 并联构型的混合动力悍 V 牵引车，其动力由锡柴 350hp 国五柴油发动机搭配额定功率/峰值功率为 75kW/150kW 的永磁同步电机提供，搭载锂离子动力电池；绿控推出了 P2 并联构型的 PHD29000 混合动力变速器，其最大输出扭矩达到 29000N·m，实车油耗：城建工地工况最高可节油 38%，高速工况可节油 10%，省道工况可节油 15%～25%。

目前，插电式混合动力汽车（Plug-in Hybrid Electric Vehicle，PHEV），或称可外接充电式混合动力电动汽车，成为 HEV 的一个发展方向。自 20 世纪 90 年代以来，国外一些大

---

❶ 1hp=745.7W，下同。

学等机构一直在进行插电式混合动力汽车
的研究。1990 年，Andy Frank 教授开始
研制插电式混合动力汽车原型车。2001
年，美国能源部（Department of Energy，
DOE）成立了插电式混合动力汽车国家工
程中心。2007 年 1 月，美国通用公司
（GM）展示了插电式混合动力汽车原型样
车雪佛兰 Volt，如图 1-5 所示。2008 年，

图 1-4　丰田普锐斯

DOE 又宣布了一项插电式混合动力汽车技术的研发与示范计划，在不同地区开展车辆道路
运行实验。2009 年，美国总统奥巴马宣布投入 24 亿美元支持插电式混合动力汽车的研发与
产业化。PHEV 已经作为美国联邦政府新一代汽车合作计划（Partnership for a New Gener-
ation of Vehicles，PNGV）中实现车辆节能减排的重要技术途径之一。在我国，各大汽车
公司也都对插电式混合动力汽车进行了原型样车的开发和技术储备，国家也推出政策大力支
持 PHEV 的发展。2020 年，国务院印发《新能源汽车产业发展规划（2021~2035 年）》，
其将插电式混合动力（含增程式）汽车纳为"三纵"之一，产业发展方向明确，即大力发展
插电式混合动力汽车。

图 1-5　雪佛兰 Volt

插电式混合动力汽车是指可以使用
电力网对动力电池进行充电的混合动力
电动汽车，是在传统混合动力汽车基础
上开发出来的一种新型新能源汽车。由
于可外接充电式混合动力汽车能够更多
地依赖动力电池驱动汽车，因此可以认
为是一种由混合动力汽车向纯电动汽车

发展的过渡性产品。相比于传统的内燃机汽车和常规混合动力汽车，PHEV 的燃油经济性
得到了进一步提高，二氧化碳和氮氧化物排放也更少。同时，小功率内燃机的配备使
PHEV 在电池电量低时可以使用内燃机继续行驶，这样就克服了纯电动车续驶里程不足的
难题。所以，在纯电动汽车车载动力电池技术未取得突破性进展前，PHEV 是一种良好的
过渡方案。

　　PHEV 的特点：①低噪声、低排放；②介于纯电动和常规混合动力电动汽车之间，里
程短时采用纯电动模式，里程长时采用以内燃机为主的混合动力模式；③可在晚间低谷时使
用外部电网对车载动力电池进行充电，不仅可以改善电厂发电机组效率问题，而且可以大大
降低对石油的依赖；同时用电比燃油便宜，可以降低使用成本；④动力电池荷电状态
（State of Charge，SOC）必须在很大的范围内波动，属于深度充电和深度放电，因此循环工
作寿命比较短。总体来说，PHEV 属于一种有较好发展前景的混合动力电动汽车，也是向
最终的清洁能源汽车过渡的最佳方案之一。目前各大汽车厂商已相继推出插电式混合动力汽
车车型或研发计划，PHEV 已成为当前行业开发热点。

1.2.1.2　纯电动汽车技术

　　纯电动汽车（Battery Electric Vehicle，BEV）的定义：以车载电源为动力，用电机驱动
车轮行驶，符合道路交通、安全法规各项要求的车辆。与传统燃油汽车相比，纯电动汽车对

环境的影响较小；与混合动力汽车相比，纯电动汽车以电力作为能源，通过电机与动力电池组成动力系统，驱动整车行驶，而不使用传统的内燃机提供动力，这是其与混合动力汽车的最大不同。动力电池和电机作为纯电动汽车的关键部件，虽然当前电池技术尚未发展成熟，但纯电动汽车完美的排放特性使得它的前景被广泛看好。图 1-6 展现的是日产（Nissan）LEAF 车型，自从 2010 年被推出以来，其凭借出色的性能表现，被誉为"全球最受欢迎的电动汽车"，截至 2019 年底，该车型在全球的销量已经超过 47 万辆，并于 2020 年底累计销量突破 50 万，成为全球首个销量最先突破 50 万辆大关的电动汽车。然而，电动汽车最畅销的品牌则是特斯拉，其自 2012 年第三季度第一辆汽车交付以来，在截至 2022 年第二季度的整十年时间里，累计交付了 300 万辆纯电动汽车，其中仅 2021 年特斯拉全球销量已经超93.6 万辆，并已连续 4 年摘得全球最畅销新能源车企的桂冠。

图 1-6　日产 LEAF

纯电动汽车的优点如下。

① 污染小，噪声低。纯电动汽车以清洁的电能作为能源，不会产生有害气体，也不会产生 CO_2 等温室气体，也就是说，其基本可以实现"零排放"，电机在工作过程中产生的噪声也远小于传统汽车内燃机的噪声。

② 纯电动汽车更能适应城市工况，能源效率较高。在城市工况下，汽车行驶的平均速度较低，时常处于走走停停的状态，对于传统内燃机汽车来说，这种工况下发动机效率不高，燃油消耗较大，而纯电动汽车对这种情况的适应性好，同时，电能的来源广泛，纯电动汽车对能源的利用效率也较高。

③ 纯电动汽车可以通过制动能量回收，回收部分能量。

④ 纯电动汽车相比于内燃机汽车，结构简单，运转和传动部件少，使用及维修方便，并且维修保养工作量小。

从纯电动汽车的特点来看，其具有的诸多优势使得纯电动汽车具有广阔的应用前景。但是目前纯电动汽车技术并不十分成熟，主要问题在于动力电池技术尚不完善。此外，由于纯电动汽车完全以电能作为能源，其对动力电池的要求远远高于混合动力汽车，因此要使纯电动汽车的生产形成一定的规模，必须开发更为先进的动力电池。但是当前的动力电池成本较高，并且寿命较短，无法使纯电动汽车达到理想的续驶里程。另外，其充电时间长、低温特性衰减大以及安全性等诸多问题也导致了纯电动汽车的应用并没真正实现大规模商业化，但纯电动汽车作为新能源汽车的一种，其发展潜能巨大，未来具有很大的发展空间。

1.2.1.3　燃料电池汽车技术

燃料电池汽车（Fuel Cell Vehicle，FCV），顾名思义，是使用燃料电池作为能源的汽车。燃料电池的概念是 1839 年由 G. R. Grove 提出的，它是将燃料和氧化剂的化学能直接转化为电能的发电装置。现代燃料电池技术的发展，应追溯到 20 世纪 60 年代的燃料电池——质子交换膜燃料电池的出现，该电池是由美国宇航局与 GE 公司合作开发的第一个现代意义上的燃料电池。燃料电池汽车就是利用燃料电池，将化学能转化为电能，通过电机进行驱动的汽车。燃料电池汽车最大的特点就是不经过燃烧过程，而是直接通过燃料电池将化学能转化为电能。燃料电池所使用的燃料主要有氢、甲醇和汽油等，由于氢燃料电池零排放的特点，当前研究的重点主要是氢燃料电池。

燃料电池按电解质的不同可划分为质子交换膜燃料电池（Proton Exchange Membrane Fuel Cell，PEMFC）、碱性燃料电池（Alkaline Fuel Cell，AFC）、磷酸燃料电池（Phosphoric Acid Fuel Cell，PAFC）、固体氧化物燃料电池（Solid Oxide Fuel Cell，SOFC）、熔融碳酸盐燃料电池（Molten Carbonate Fuel Cell，MCFC）。各类型燃料电池特性如表 1-1 所示。

表 1-1　各类型燃料电池特性

电池种类	质子交换膜燃料电池	碱性燃料电池	磷酸燃料电池	固体氧化物燃料电池	熔融碳酸盐燃料电池
电解质	PEM	KOH	H_3PO_4	$Y_2O_3\text{-}ZrO_2$	$Li_2CO_3\text{-}K_2CO_3$
燃料	氢气	氢气	天然气、甲醇	天然气、甲醇、石油	天然气、甲醇、汽油
导电离子	H^+	OH^-	H^+	O^{2-}	CO_3^{2-}
操作温度/℃	室温～90	65～220	180～220	15～20	30～40
质量比功率/(W/kg)	300～1000	35～105	100～220	15～20	30～40
寿命/h	5000	10000	15000	7000	15000

与传统内燃机汽车和混合动力汽车相比，燃料电池汽车具有以下一系列优点。

① 无污染。燃料电池汽车用氢能作为能量来源，整个生命周期都几乎不产生 CO_2 等温室气体。同时，燃料电池汽车还能够有效地减少传统内燃机汽车排放的 SO_x、NO_x 等有害气体。如图 1-7 所示为燃料电池汽车与其他类型汽车温室气体排放比较。

② 效率高。传统内燃机汽车通过燃烧将化学能转化为热能，最后转化为机械能。而燃料电池汽车直接将氢的化学能转化为电能，中间不经过燃烧过程，因而具有较高的能量转化效率。目前，火力发电和核电的效率为 30%～40%，而燃料电池系统的燃料-电能转换效率为 45%～60%。

③ 低噪声。与传统的内燃机汽车相比，在运行过程中燃料电池比发动机产生的噪声低，燃料电池汽车具有突出的低噪声的特点。

④ 燃料来源多样。燃料电池除了可以采用氢作为能源外，还可以采用甲醇、天然气等常见的燃料。

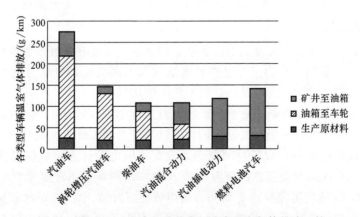

图 1-7　燃料电池汽车与其他类型汽车温室气体排放比较

燃料电池汽车也存在一系列的缺点。

① 氢作为燃料电池的主要燃料，其生产、储存、保管、运输和灌装都比较复杂，对安全性要求很高。

② 对密封要求高。在多个单体燃料电池组合成为燃料电池组时，为了防止氢气泄漏，单体电池间的电极连接必须要有严格的密封。而密封方面的严格要求，使得燃料电池组的制造工艺与维修变得复杂。

③ 造价高。目前最有发展前途的质子交换膜燃料电池，需要用贵金属铂作为催化剂。另外，燃料电池的质子交换膜、空压机和高压储氢罐等关键设备大多需要进口，造价很高。

④ 需要配备辅助电池系统。燃料电池可以持续发电，但不能充电，也不能进行制动能量回收。因此，通常需要加装辅助电池来进行充电和回收制动时产生的能量。

目前，虽然燃料电池汽车仍处于研究阶段，但是世界各大车企均已开始在市场逐渐投产燃料电池汽车，截至 2021 年，全球燃料汽车保有量为 33398 辆，欧洲、美国、日本、韩国和中国为前五大主要市场。国际大型整机厂也纷纷开始燃料电池汽车的研究。其中具有代表性的厂商包括通用汽车、福特汽车、奔驰汽车、丰田汽车、本田汽车、现代汽车等。通用汽车开发的雪佛兰 Equinox 燃料电池汽车，使用压缩氢作为燃料，最高车速可达 160km/h，续驶里程达 320km，其性能已经和普通内燃机汽车相差无几。通用汽车开发的另一款氢燃料电池汽车 Sequel，续驶里程高达 482km，0～96.5km/h 的加速时间仅为 10s。如图 1-8 所示为丰田开发的一款燃料电池汽车 Mirai，新一代 Mirai 最高车速可达 178km/h，NEDC 工况下最大续航能力在 650km 以上。2020 年，现代公司推出二代氢燃料电池汽车 NEXO，

图 1-8　丰田燃料电池汽车 Mirai

整车充氢加注只需要不到 5min，最大功率 163hp，在 CLTC 工况下的续驶里程可以达到 596km。2022 年 4 月 21 日，长安汽车发布了中国首款量产氢燃料电池汽车——长安深蓝 C385，续驶里程可达 730km，馈电氢耗可低至 0.65kg/100km，能够实现 3min 超快补能。

1.2.1.4　氢动力汽车

氢动力汽车就是对现有的发动机加以改造，通过氢气（或其他辅助燃料）和空气的混合燃烧产生能量，为汽车提供动力。与氢燃料电池汽车不同的是，氢动力汽车使用的是内燃机，而氢燃料电池汽车使用的是电动机，没有氢的燃烧过程。

由欧盟委员会发起并推广的氢燃料内燃机项目（HyICE），历经 3 年时间，于 2007 年取得了一定的成功。其研发的氢燃料发动机的性能已经可以和传统内燃机相媲美。然而，由于氢燃料加注基础设施的限制，现阶段的氢动力汽车一般也设计为可以同时使用汽油。2005 年 1 月，宝马公司首次向北美洲推出概念跑车 H2R，该跑车采用液氢燃料，0～96km/h 的加速时间仅需 6s，其续驶里程高达 350km。国内方面，2007 年，长安汽车开发了国内第一台高效零排放的氢内燃机，并在 2008 年北京车展上展出了自主研发的中国首款氢动力概念跑车"氢程"。2022 年 6 月，中国重汽、潍柴动力联合发布全国首台商业化氢内燃机重卡，该车搭载了潍柴动力自主开发的 13L 氢内燃机，采用精准氢气喷射控制技术，实现氢燃料

的灵活准确供给，使有效热效率可达 41.8%，实现 10kg 氢续航达 100km。可以预见，氢动力汽车未来将有着更加广阔的发展空间。

氢动力汽车除了具备无污染、低排放等优点外，还具有以下优势。

① 氢燃烧性能好。氢的热值是现阶段除了核燃料外所有燃料中最高的，其热值为 142.351kJ/kg，大约为汽油热值的 3 倍。另外，氢还具有点燃快，燃烧性能好，与空气混合具有可燃范围广等突出优点。

② 对氢气纯度要求较低。氢动力汽车对氢气纯度要求较低，甚至可以兼容汽油、柴油等燃料。而现阶段的氢燃料电池汽车一般要达到 99.9% 以上的氢气纯度。

③ 技术相对成熟。氢动力汽车中采用的内燃机基于传统汽车内燃机而开发。由于内燃机的发展已经具有超过 100 年的历史，目前其相关的技术已相对成熟，具有良好的稳定性和较长的寿命。

但是，氢动力汽车仍然存在以下缺点。

① 能量转化效率相对较低。虽然氢动力汽车的能量转化效率要高于传统内燃机汽车，但是氢动力汽车仍然是通过燃烧产生的热能进而转化为机械能，与燃料电池直接将化学能转化为电能相比，其能量转化效率相对较低。

② 具有传统内燃机汽车的缺点。氢动力汽车是基于传统内燃机汽车开发的，因此也存在传统内燃机汽车动力系统复杂、噪声大等缺点。同时与采用电机驱动的车辆相比，其操控性能也相对较差。

1.2.1.5 醇、醚和生物燃料汽车

除了上述新能源汽车外，目前还有以醇、醚和生物燃料为代表的其他有机燃料作为能量来源的新型汽车。

醇类燃料泛指甲醇（CH_3OH）和乙醇（C_2H_5OH），都属于含氧燃料。醇类燃料既可以直接作为发动机燃料，也可以与汽油或柴油配制形成混合燃料。与汽油相比，醇类燃料具有较高的输出效率，能耗量折合油耗量较低，排放有害气体少，属于清洁能源。甲醇主要从煤和石油中提炼，规模化生产后可降低成本。其缺点在于：产量偏低，成本偏高；具有毒性，泄漏后危害较大；有较强的腐蚀性，对管线的损伤较大。乙醇多由发酵法生产，成本较低。目前国外较多使用醇类与汽/柴油掺混组成的复合燃料，掺混比例控制在 5%～15% 时，可以避免对发动机结构的改造，这种比例的燃料在市场上已经推广，更大比例掺混燃料目前仍处于研究探索阶段。当汽油价格较高时，燃料乙醇具有明显的成本优势。然而，大规模使用燃料乙醇会导致玉米、甘蔗等农作物供不应求、价格上升。随着技术的进步，醇类燃料将有很大的发展空间。

使用醚类作为能源的汽车主要指采用燃用二甲醚发动机的汽车。二甲醚又称甲醚（DME），其分子式为 CH_3OCH_3。二甲醚是一种惰性非腐蚀性有机物，是优良的冷冻剂和燃料的替代品，二甲醚在常温、常压下为无色易燃气体。较高的十六烷值让二甲醚与柴油有相当的性能和热效率。其能量密度大，不会占用过多的体积，使用和存储较为方便。在发动机中燃烧时不会产生炭烟，相比柴油，在发动机中燃烧二甲醚燃料的体积是柴油体积的 2 倍。如果要复原柴油机的动力，则需改造燃油供给系统。但是其生产工艺不适合大规模生产，成本偏高。

生物柴油是指利用植物油和动物脂肪等可再生资源与甲醇进行酯交换而形成的长链脂肪

酸甲酯混合物。目前使用的"清洁柴油"是生物柴油与普通（石油）柴油按不同比例混合的燃料。通常采用生物柴油的体积分数 Bx 来标称这两种物质的比例，目前主要采用的是 B20 混合柴油（即 20％的生物柴油＋80％的普通柴油）。生物柴油作为汽车燃料，具有可再生性、环境友好性和优良的可替代性等突出优势。但是生物柴油也有一系列的缺点：①挥发性低，易造成燃烧不完全、冷车不易启动、点火延迟等问题；②燃烧残留物呈微酸性，对气缸有一定的腐蚀作用；③安定性差，含双键的生物柴油在空气中容易氧化变质；④对橡胶零件有害，含有微量甲醇与甘油的生物柴油会降解与它接触的橡胶零件。

新能源汽车具有上述多种形式。但当前技术条件下，具有混合动力形式的汽车无疑是最具发展前景的。同时，近年来，随着混合动力汽车关键技术的不断更新，以及混合动力新车型的不断推出，混合动力汽车市场已经逐渐成熟。混合动力汽车凭借着其自身的优点，受到了汽车行业的关注与重视，同时也经受过市场的考验。这些均使得具有混合动力形式的车辆成为当前新能源汽车中最为突出且极为重要的一种形式。

1.2.2　新能源汽车的历史

从新能源汽车的定义上看，电动汽车是新能源汽车的一种。新能源汽车的种类从最初的纯电动汽车发展到今天多种类型的新能源汽车，经历了漫长的过程。在世界汽车发展史上，电动汽车的发明比内燃机汽车还要早。新能源汽车的发展主要经历了以下几个阶段。

（1）19 世纪 30～50 年代——电动汽车的崛起

事实上，电动汽车的历史比内燃机汽车要长。历史上电机用于车辆上甚至比奥托循环发动机（柴油机）和奔驰发动机（汽油机）还要早。早在 1835 年，荷兰的 Sibrandus Stratingh 教授就设计了第一款小型电动汽车。但更具实用价值的电动车是由美国人托马斯·达文波特和苏格兰人罗伯特·戴维森在 1842 年研制的，他们首次使用的是不可充电电池。

（2）19 世纪 60 年代～20 世纪 20 年代——电动汽车的发展

随着电池性能、容量等关键技术方面的不断进步，1881 年法国发明家 Gustave Trouve 在巴黎举行的国际电力博览会上演示了三轮电动汽车。紧接着在 1884 年，托马斯·帕克将电动汽车实现量产。之后，美国费城电车公司于 1897 年研制纽约电动出租车并实现了电动汽车的商用化。20 世纪初，安东尼电气、贝克、底特律电气、爱迪生、Studebaker（斯蒂庞克）和其他公司相继推出电动汽车，电动汽车的销量全面超越汽油动力汽车。在当时的汽车消费市场上，电动汽车具有无气味、振动小、无噪声、不用换挡和价格低廉等一系列内燃机驱动的车辆所不具备的优势。因此，电动汽车在当时的汽车发展中占据着重要位置。据统计，到 1890 年，在全世界 4200 辆汽车中，有 38％为电动汽车，40％为蒸汽汽车，22％为内燃机汽车。

（3）20 世纪 20 年代～20 世纪末——电动汽车停滞期

随着石油的大量开采和内燃机技术的不断提高，1920 年之后，与内燃机汽车相比，电动汽车逐渐地失去了其竞争优势。相应地，汽车市场也逐步被内燃机驱动的汽车所取代。电动汽车逐渐退居到有轨电车、无轨电车以及高尔夫球场电瓶车、铲车电瓶车等领域。电动汽车的发展从此开始停滞了大半个世纪。之后，随着全球石油资源的不断开发和利用，以及内燃机驱动汽车技术的不断成熟，电动汽车渐渐淡出了人们的视线。与电动汽车相关的包括电驱动、电池材料、动力电池组、电池管理等关键技术也进入了停滞状态。

（4）20世纪末到今天——电动汽车的复苏及创新期

20世纪末，随着全球石油资源的日益减少、环境问题的日趋严重，在节能环保车辆的需求越来越迫切的大环境下，人们重新认识到了电动汽车的重要性。到了20世纪90年代，各个主要的汽车生产商开始关注电动汽车的未来发展，并且开始不断投入资金和技术到电动汽车领域。新能源汽车的概念应运而生，在日趋激烈的竞争中，新能源汽车的类型不断丰富起来。1990年1月，通用汽车公司向全球推出Impact纯电动轿车。紧接着，1992年福特汽车公司推出了使用钙硫电池的Ecostar。之后，丰田汽车公司于1996年推出了使用镍氢电池的RAV4LEV，法国雷诺汽车公司于1996年推出了Clio。而后来丰田汽车公司于1997年推出的Prius混合动力汽车（图1-4）和本田汽车公司于1999年发布、销售的混合动力Insight（图1-9），如今已经成为新能源汽车中的畅销车型（丰田和本田已开发多种畅销的混合动力车型）。

图1-9 混合动力Insight

图1-10 特斯拉Roadster跑车

成立于2003年的特斯拉汽车（Tesla Motors）是一家生产和销售电动汽车以及零件的公司。目前，该公司生产的几大车型包含Tesla Roadster、Tesla Model S和Tesla Model X，其中于2006年推出的Roadster跑车0～96.5km/h加速只要3.9s，每次充电可行驶400km。如图1-10所示为特斯拉Roadster跑车。

1.2.3 新能源汽车的现状

随着全球能源和环境问题的不断凸显，汽车作为石油消耗和二氧化碳排放的大户，需要进行革命性的变革，发展新能源汽车已经成为世界各国的共识，我国更是将其列入七大战略性新兴产业之中。我国政府对其陆续出台了各种扶持培育政策，为新能源汽车的发展营造良好的政策环境。目前，我国新能源汽车市场规模正在不断扩大，新能源汽车凭借其在节能与环保方面的优势，逐渐成为各大汽车公司研究与开发的热点。

1.2.3.1 全球新能源汽车现状

世界上主要汽车生产国在新能源汽车发展战略上均有不同的发展方向。

欧盟的新能源汽车发展战略核心是清洁柴油车，但是近年来，柴油车在欧洲的销量及其占有的市场份额呈现减少趋势，如图1-11和图1-12所示，主要是因为随着欧洲汽车尾气排放法规的加严，欧洲主要车企开始试水混合动力汽车市场。有数据显示，2018年欧洲市场混合动力汽车销量为61万辆，HEV渗透率较全球其他主要市场提升更快，2018年达3.5%，较2017年提升0.9%。目前，全球新能源汽车保有量突破2000万辆，2022年上半年，全球新能源汽车销量超过422万辆，同比增长66.38%，再创新高。其中，中国新能源汽车销量达到 260 万辆,占全球销量 60％以上;市场渗透率超过 21.6％,中国新能源汽车保有量突破 1100 万辆。

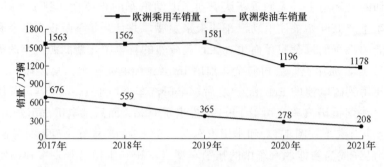

图 1-11　欧洲柴油车/乘用车销量

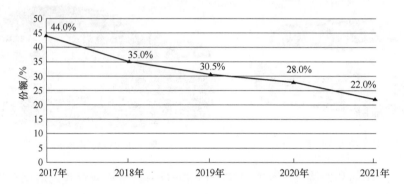

图 1-12　欧洲柴油车销量份额

　　美国作为全球最大的汽车市场之一,也是极力鼓励发展电动汽车的主要国家之一。世界上主要国家 2021 年纯电动汽车销量如图 1-13 所示,其中,美国纯电动汽车销量为 48.8 万辆,位居全球第一。美国也是全球混合动力汽车技术最成熟和最大的市场之一。为了降低对石油的依赖、确保能源安全,2021 年美国宣布到 2030 年美国零排放汽车销量占新车总销量 40％～50％的目标,包括纯电动汽车、插电混合动力汽车和燃料电池汽车等。此外,美国政府出台了一系列扶持和激励政策:在个人消费领域,美国联邦政府可为购买电动汽车的消费者减免 7500 美元的赋税,同时地方政府也都有配套的免税措施,如加利福尼亚州政府在联邦政府的基础上再补贴 5000 美元。这样,一辆电动汽车的售价实际上并没有比同型号的传统汽车高很多,而车辆的使用成本又比传统汽车低很多。从车企规划上来看,传统车企已全面转型:福特汽车公司在 2021 年 5 月宣布 2025 年之前在电动化业务上投资 300 亿美元,计划 2030 年时纯电动汽车占其全球销量的 40％;通用汽车公司在 2021 年 1 月宣布计划到 2035 年只生产电动汽车,同年 6 月宣布在 2025 年前电动化、智能化的投入将提高 30％,达到 350 亿美元;Stellantis 公司 2021 年 7 月宣布在 2025 年前将在电动智能化领域投资 300 亿欧元,2030 年在美国市场的新能源车渗透率达到 40％。

　　美国还是全球混合动力汽车商业化最早的市场之一:2001 年,丰田普锐斯混合动力汽车第一代开始在美国销售;2010 年,普锐斯车型在美国销量达到 14 万辆,占当年该混合动力汽车车型销量总量 27 万辆的一半以上;2011 年 7 月,普锐斯混合动力汽车在美国累计销

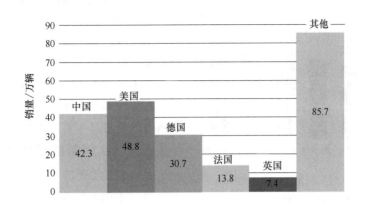

图 1-13 世界上主要国家 2021 年纯电动汽车销量

售 103 万辆，超过所有混合动力汽车总销量的一半；2013 年，美国最畅销的混合动力汽车依然是丰田普锐斯系列，销量为 218508 辆。丰田汽车公司旗下的其他混合动力车型也在美国实现畅销，譬如雷克萨斯混合动力汽车，累计在美国销售 5 款车型，其中，雷克萨斯 RX400h 车型于 2005 年开始在美国销售。2021 年，普锐斯 Prime 和丰田 RAV4 Prime 进入北美洲市场，其中 Prime 的销量占据整个北美洲普锐斯家族的 55%。2022 年，丰田汽车公司北美洲总公司宣布要在北美洲市场推出一款插电式混动汽车。同年 5 月 27 日，丰田雷克萨斯 Night Shade 开始在美国销售。从趋势上看，混合动力雷克萨斯车型向低端方向发展。混合动力版凯美瑞 2006 年开始在美国销售，2007 年销量达到 5.4 万辆，截至 2017 年底，凯美瑞在美国总计销售突破 200 万辆，2020 年，凯美瑞成为美国轿车销量第一的汽车品牌，累计全年销售 33.7 万辆。

日本的新能源汽车发展战略核心是混合动力汽车，其在锂电池和混合动力汽车领域，无论从技术还是产量方面，都是全球的领导者。将汽车和锂电池结合起来，一直是日本企业的努力方向。据有关数据统计，截至 2020 年底，丰田汽车公司占据全球混合动力汽车市场中近 90% 的市场份额。2021 年 12 月，丰田汽车公司公布全年销售最新数据，新能源汽车累计全球销售 262.1 万辆，其中混合动力汽车销售 248.2 万辆，相较 2020 年同期增加 3.2%。事实上，丰田汽车公司从 1997 年开始向市场推广混动车型，当时推出的主打车型就是普锐斯；从 1997～2013 年，丰田汽车公司共销售出 500 万辆混合动力汽车；4 年之后的 2017 年，丰田混合动力汽车累计销量达到了 1000 万辆；而仅仅过去 3 年，这一数据已经刷新到 1500 万辆；截至 2021 年，丰田汽车公司混合动力汽车的全球销量为 1748 万辆；到 2022 年 8 月初，这一数据已突破 2000 万辆大关。丰田汽车公司 2016～2021 年混合动力汽车销量如图 1-14 所示。此外，日本本田汽车公司也拥有非常丰富的混合动力汽车生产经验与资历。1997 年本田汽车公司首套混合动力系统亮相，并先后推出了 IMA、i-DCD、i-MMD、SH-AWD 等多套混合动力系统；经过 20 多年的技术沉淀和市场验证，本田 i-MMD 混合动力系统在全球 65 个国家和地区共销售超 400 万套。

从全球范围来看，近年来日系车企市场份额不断增加，日本在混合动力领域处于领先地位；美国则是混合动力与燃料电池技术并重，但是由于燃料电池成本过高，目前各厂商正纷

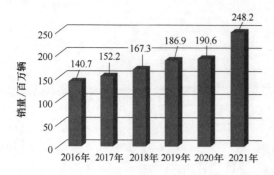

图 1-14　丰田汽车公司 2016～2021
年混合动力汽车销量

纷倾向于开发混合动力汽车。对于欧洲各车企，由于柴油机技术水平较高，一直以来偏重于采取清洁柴油技术及柴油混合动力技术；但其在将清洁燃油战略推广到全球时遭遇阻力，效果不甚理想，虽然在燃料电池领域其技术积累丰富，但同样受制于高昂成本，短期内燃料电池汽车量产的可能性不大。

1.2.3.2　我国新能源汽车现状

我国新能源汽车起步于 21 世纪初。"十五"至"十四五"规划期间，国家先后制定了多项新能源汽车发展规划。事实上，早在 2001 年，我国便已经启动"863"电动汽车重大专项计划，新能源汽车的研发投入大大增加；并且科技部在"十五"期间投资 9.5 亿元人民币，组织实施国家"863"电动汽车专项计划，还包括国家科技攻关计划"清洁汽车关键技术研究与示范应用"专项。根据"十一五"节能与新能源汽车总体研发布局，国家"863"计划涉及的电动汽车包括 3 类：纯电动汽车、混合动力汽车以及燃料电池电动汽车，这三类电动汽车统称为"三纵"；而电池（燃料电池和动力蓄电池）和超级电容技术、动力总成控制（驱动电机、电机传动系统总成和发动机）和共性技术（新材料、新部件、共性技术和基础设施相关技术）则被称为"三横"，形成"三纵三横"的开发布局（图 1-15）。

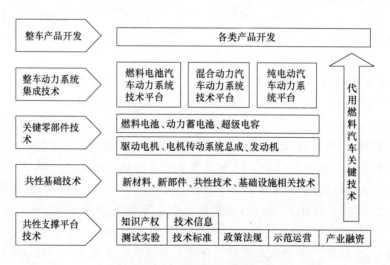

图 1-15　"三纵三横"研发布局

2010 年 10 月，国务院正式发布了《关于加快培育发展战略性新兴产业的决定》，重点培育发展战略性新兴产业之一的新能源汽车产业，将重点突破动力电池、驱动电机和电子控制领域的关键核心技术，推进新能源汽车（如插电式混合动力汽车和纯电动汽车）的推广应用和产业化。而国家的此项重大决定标志着发展新能源汽车已上升到国家战略层次。此后，中国汽车工业协会在《节能与新能源汽车规划》中提出：2011～2015 年，是节能与新能源汽车产业的培育期；2016～2020 年为发展期，我国节能与新能源汽车整体技术达到国际先进水平，产业规模位居世界前列。2020 年，国务院联合工信部等部门发布《新能源汽车产业发展规划 2021～2035》，未来 15 年的重点在于提升我国新能源汽车制造水平、构建新型产业生态、推动上游产业协同发展等。可见，在国家产业政策及财政补贴政策的鼓励下，同时伴随"十城千辆"示范项目的实施，节能与新能源汽车产业在我国呈现出快速上升的趋势。为响应国家号召，各地均出台地方性新能源汽车产能规划，地方新能源汽车产能规划如表 1-2 所示。国内各大车企也相继提出其产能规划，如表 1-3 所示。

表 1-2 地方新能源汽车产能规划

城市	新能源汽车产能规划
上海	根据《上海市加快新能源汽车产业发展实施计划（2021～2025 年）》，到 2025 年，上海要实现产业规模国内领先，本地新能源汽车产量超过 120 万辆，产值突破 3500 亿元，占全市汽车制造业的 35％以上。公共交通、党政机关等公务车辆、巡游出租车等领域新能源汽车占比要超过 80％，新建加氢站 70 余座
北京	根据《北京市"十四五"时期能源发展规划》，2025 年全市新能源汽车累计保有量力争达到 200 万辆，建成各类充电桩 70 万个，开展新能源汽车换电模式试点工作。制定私家车"油换电"奖励政策，推进京津冀燃料电池货运示范专线，力争到 2025 年氢燃料电池牵引车和载货车替换 4400 辆传统燃油汽车
重庆	根据《重庆市汽车产业高质量发展"十四五"规划 2021～2025 年》，到 2025 年全市新能源汽车产量将达到 100 万辆，占汽车产量的 40％以上，新建充电站 6500 座以上，换电站达到 200 座，公共充电桩 6 万个，自用充电桩 18 万个以上，公共充电设施实时在线率不低于 95％，氢燃料电池汽车力争在 2025 年达到 1500 辆，加氢站建设 30 座
武汉	根据《湖北省汽车工业"十四五"发展规划》，到 2025 年，引进 1～2 家造车新势力的头部企业，建设自主可控、完成系统的新能源汽车产业链；建设 1～2 家国际先进水平的氢燃料电池产业研发创新平台，推动科技创新与产业化落地的深度融合，保持汽车产业集群全国领先的地位。到 2025 年，全省充电桩达到 50 万个以上
广州	根据《广州市智能与新能源创新发展"十四五"规划》，到 2025 年，全市汽车产能突破 500 万辆，规模以上汽车制造业产值力争达到 1 万亿元，新能源汽车产能超 200 万辆，进入全国城市前三名；新能源汽车市场渗透率超过 50％，保有量提升至 80 万辆，占总保有量的比重超过 20％
深圳	根据《深圳市新能源汽车推广应用工作方案 2021～2025 年》，"十四五"期间，全市新增注册汽车中新能源汽车比重达到 60％左右，2025 年全市新能源汽车保有量达到 100 万，累计建成公共和专用网络快速充电桩 4.3 万个，基础网络慢速充电桩 79 万个左右
长春	根据《长春国际汽车城"十四五"发展规划》，到"十四五"末期，以一汽新能源整车厂为龙头，重点围绕纯电动汽车、插电式混合动力汽车、氢燃料汽车三条技术路线，打造"整车、动力电池、电控系统、驱动电机"4 大模块的全产业链，支持奥迪新能源、红旗新能源等整车厂引进核心零部件企业，到 2025 年，建成中国北方新能源汽车研发制造基地，新能源汽车年产能 110 万辆，占汽车总销量的 20％以上

表 1-3 国内各大车企产能规划

国内主要车企	新能源汽车产能规划
一汽	2021 年，一汽提出"十四五"战略目标是营收过万亿元，新能源汽车销量超过 100 万辆，投放 50 款以上新能源车型，其中自主品牌在 30 款以上，提出 Ecolin5 未来型绿色智慧城市汽车生态系统，以新能源汽车产业链为核心，融合新型消费链、绿色出行链等。红旗将以电气化为主要方向，计划在 2023 年将品牌所有车型电驱化，并将于 2025 年推出 15 款电动车型
上汽	在 2020 世界新能源汽车大会上，上汽集团表示，上汽将坚持在纯电动、插电混动、燃料电池三条技术路线上持续投入，计划在 2025 年前投放近百款新能源产品，其中包括近 60 款自主新能源车型。"十四五"期间上汽新能源汽车销量和经营结构力争持续优化，2025 年新能源汽车在上汽的销量比重超过 35％，突破 300 万辆
东风	2021 年，东风汽车集团有限公司正式发布"十四五"规划，规划指出到 2025 年，东风新能源汽车销量达到 100 万辆。商用车业务方面，将构建中重卡、轻卡、VAN 车、皮卡 4 个电动化平台；乘用车领域，将重点打造 DSMA 节能汽车平台，及 S1、S2、S3 和 MORV 4 个纯电动平台，全新电动汽车品牌岚图的产销目标由此前的 15 万辆提升至 20 万辆；在科技业务板块，要着力提升科技创新水平，包括打造"龙擎""马赫"绿色低碳动力品牌，加快掌控新能源核心技术和资源，重点布局新能源整车共享平台、电子架构以及氢能产品等

续表

国内主要车企	新能源汽车产能规划
长安	未来 5 年长安汽车将坚持每年不低于 5% 的收入投入到研发领域。5 年内,推出 20 余款全新智能电动汽车,计划到 2025 年,长安品牌销量将达到 300 万辆,新能源占比达到 35%;2030 年打造成为世界级品牌,销量将达到 450 万辆,新能源占比达到 60%,海外销量占比达到 30%
北汽	在"十四五"期间面向大众化车型、差异化场景进行渗透,加强氢燃料电池方面的研究投产,北汽福田力争到 2025 年累计推广氢燃料商用车 1.5 万辆,到 2030 年累计推广 20 万辆。2022 年,北汽已经在北京、厦门、广州等 19 个城市投放 2.55 万辆换电车辆,累计建成配套换点站 255 座,在电池回收方面,借助工信部动力电池梯次利用项目试点重要契机,打造动力电池循环经济标杆
广汽	力争到"十四五"期末,挑战实现产销量达 350 万辆,新能源汽车产品占整车产销规模 20% 以上
奇瑞	2030 奇瑞能源战略分两个阶段:第一阶段,要全面提升燃油动力能效,推进混合动力等新能源技术快速应用;第二阶段,新能源汽车销量占比超过 40%,并完成氢动力市场开发以及商业应用。同时,奇瑞企业单位生产总值二氧化碳排放相比 2005 年下降 68%
吉利	2021 年 10 月,吉利汽车集团发布"十四五"规划:2025 年实现集团总销量 365 万辆,新能源汽车销量占比超过 40%,将推出 25 款以上全新智能新能源(EV 和 PHEV)产品,结合雷神智擎混动技术,实现全面电动化,至 2025 年碳排放全链减少 25%,到 2045 年实现碳中和。2022 年,吉利推出"雷神智擎甲醇混动"车型,吉利还将陆续推出全新的科技新能源换电出行品牌,基于专属架构平台,到 2025 年陆续推出 5 款可换电的智能纯电产品,为用户提供智能出行服务
江淮	根据江淮汽车 2019 年对外发布的新能源汽车战略规划,到 2025 年,江淮新能源汽车总产销量要占江淮汽车总销量的 30% 以上,形成节能汽车、新能源汽车、智能网联汽车共同发展的新格局。"十四五"期间,江淮汽车计划推出 10 款以上新能源乘用车,力争 2025 年实现年销售 20 万辆的发展目标
比亚迪	2022 年 4 月,比亚迪公司在港交所公告中宣布,从 2022 年 3 月开始,公司停止燃油汽车整车生产的业务项目。2022 年,比亚迪计划推出新能源高端品牌产品。比亚迪刀片电池已获现代汽车集团定点,并已成立现代项目组,2023 年开始供货海外。2025 年,比亚迪新能源市场战略目标整体计划实现万亿元营收规模

1.3 新能源汽车研发过程中的通用关键技术

近年来,混合动力汽车以其低油耗、低排放、续驶里程长和生产成本较低等综合优势,成为新能源汽车的研究热点。混合动力汽车融合了纯电动汽车和传统内燃机汽车的优点,是目前技术条件下最具发展潜力和产业化前景的新能源汽车之一。由于混合动力汽车结构复杂,开发混合动力汽车所涉及的构型分析、参数匹配、节能分析、电池技术、电控技术等关键技术,基本上涵盖了大多数其他新能源汽车研发过程中的通用关键技术。因此,混合动力汽车关键技术在整个新能源汽车领域中最具代表性。因此,本节以混合动力汽车作为新能源汽车代表,阐述与新能源汽车相关的关键技术,包括新能源汽车的驱动理论与设计、新能源汽车的控制方法和新能源汽车的仿真及实验技术。

1.3.1 新能源汽车的驱动理论与设计

新能源汽车种类繁多,不同类型的新能源汽车其驱动形式与设计方法存在很大差别。下面主要介绍与混合动力汽车相关的驱动理论与设计关键技术。

混合动力汽车的优点是可以发挥两种或多种动力源的优势,采用高功率的储能装置(动力电池、超级电容和飞轮)向汽车提供瞬间大功率,由此可减小发动机尺寸、提高发动机效率、降低排放。如表 1-4 所示，混合动力汽车根据其传动系统的拓扑结构或者连接关系的不同，可以分为三种基本结构类型：串联式、并联式和混联式。其中，串联式混合动力汽车的发动机与车轮之间没有直接的机械连接，发动机和发电机组相对容易控制，但由于工作过程中存在二次能量转换，故传动效率较低；与串联式相比，并联式混合动力汽车发动机功率通过机械路径直接传递到车轮，传动效率高，但是由于不能实现发动机与路载之间的解耦，发动机受路载变化的影响较大，发动机不易控制；而混联式混合动力汽车则综合了串联式与并联式的优点，在实现发动机最优控制的同时可以达到较高的传动效率，但是其控制复杂。此外，按混合度（混合度是指驱动电机的输出功率在整个系统输出功率中的占比）分类则可将混合动力汽车分为弱混、中混、强混和插电混合动力四种，如表 1-5 所示。表 1-6 则对各种形式的混合动力电动汽车在整车布置、适用条件和开发成本方面进行了比较。

表 1-4　混合动力车按连接方式分类

按连接方式分类	说明
串联式	内燃机-发电机-电池-驱动电机-车辆
并联式	内燃机系统和电驱动系统可单独工作，也可同时协调工作
混联式	内燃机系统和电驱动系统通过复杂的机械结构相互连接，实现内燃机和电动机的转速、转矩关系调节

表 1-5　混合动力车按混合度分类（以常用的乘用车/轿车，功率 60～100kW 的 A 级普通车为例）

分类	用途	典型代表车型
(1)弱混：电机输出占比小于 20%，BSG 皮带驱动，控制发动机启动/发电功能，电机功率在 10kW 以下	消除发动机怠速	奇瑞 A5
(2)中混：电机功率占 30% 左右，采用高压电机的 ISG 系统，加速、大负荷时，电动机辅助驱动车辆，电机功率为 15kW 左右	消除发动机怠速，助力，能量回收	本田 Insight
(3)强混：一般采用双电机驱动，可实现电动无级变速 EVT，电机功率大约在 30kW 以上	消除发动机怠速，助力，能量回收和纯电动行驶	丰田普锐斯
(4)插电混合动力：一般电机和电池更大，消耗较多电能，有更长的电动行驶里程	消除发动机怠速，助力，能量回收和较长的纯电动行驶	比亚迪秦 Plus DM-i

表 1-6　各种形式混合动力电动汽车综合对比

项目		结构模式		
		串联式	并联式	混联式
动力总成		发动机、发电机、驱动电机三大部件	发动机、电动机(可发电)两大部件	发动机、电动机/发电机、驱动电机三大部件
发动机	选择范围	发动机的选择有多种形式	发动机一般为传统内燃机	发动机的选择有多种形式
	发动机功率	发动机功率较大	发动机功率较小	发动机功率较小
	发动机的排放	发动机工作稳定、排放较好	发动机工况变化大、排放较差	发动机排放介于串联与并联之间
传动系统	驱动模式	电动机是唯一的驱动动力	发动机、电动机都是驱动动力	发动机、电动机都是驱动动力
	传动效率	能量转换效率低	发动机可直驱，传动效率高	发动机传动系统传动效率较高
	制动能量回收	能够实现制动能量回收	按结构不同，其中有个别不能回收制动能量	能够实现制动能量回收

续表

项目	结构模式		
	串联式	并联式	混联式
整车总布置	三大部件总成之间没有机械连接装置,结构布置的自由度大,但为保证整车动力性要求,各总成功率较大,重量较大	发动机驱动系统保持机械式传动系统,发动机和电动机两大动力总成之间被不同的机械装置连接起来,结构复杂,使布置受到一定限制	三大动力总成之间采用机械式传动系统,三大动力总成的重量、尺寸都较小,能够在小型车辆上布置,但结构更加复杂,要求布置更加紧凑
适用条件	适用于大型客车或货车,更加适合在路况较复杂的城市道路和普通公路上行驶	适用于小型汽车或长途运输重型商用车,适合在城市道路和高速公路上行驶	适用于各种类型的汽车,适合在各种道路上行驶
成本造价	三大动力总成的功率较大,重量较大,因此制造成本较高	只有两大动力总成,功率均较小,重量轻,电动/发电机具有双重功能,还可以通过普通内燃机汽车改造而成,制造成本较低	虽然有三大动力总成,但三大动力总成的功率较小,重量较轻,需要采用复杂的控制系统,制造成本较高

混合动力汽车的驱动理论与设计关键技术,主要涉及构型设计与节能分析两方面内容。在当前混合动力汽车构型繁多的情况下,如何设计出满足性能要求的最优构型,以及如何根据所设计构型的系统特性合理选配各关键部件,运用混合动力汽车的节能机理进行系统能耗分析,从而提高整车的性能,是混合动力系统驱动理论与设计所研究的关键问题之一。关于混合动力汽车的驱动理论与设计的具体内容,本书的第 2 章与第 3 章将会有具体阐述。

1.3.2 新能源汽车的控制方法

由于引入了电机等驱动子系统,新能源汽车结构的复杂程度增加,也导致了其控制方法变得更加复杂。鉴于混合动力汽车的控制较复杂且极具代表性,下面以新能源汽典型代表的混合动力汽车为对象,对新能源汽车的控制方法和控制策略进行简单介绍,主要分为稳态控制策略和动态控制策略两部分。

1.3.2.1 稳态控制策略

稳态控制策略是混合动力系统控制算法中研究最多的内容之一。其核心问题是如何合理分配发动机和电动机之间的动力,既要满足驾驶员对整车驱动力的需求,又要优化发动机、电动机、动力电池以及整车的效率。同时,稳态控制策略还考虑动力分配过程中发动机最高转速、电动机最高转速、发动机最大功率、电动机最大功率、电动机最小功率(发电机最大功率)等条件的限制。因此,它同时也属于受约束的优化问题。混合动力汽车稳态控制策略主要包括基于逻辑门限的稳态能量管理策略、基于模糊规则的智能型能量管理策略和基于优化算法的能量管理策略。

(1)基于逻辑门限的稳态能量管理策略

基于逻辑门限的稳态能量管理策略主要依据工程经验,具体而言即根据部件的稳态效率 MAP 图,来确定如何进行发动机和电动机之间的动力分配。图 1-16 表示了基于规则的功率管理策略中发动机功率 MAP 图的划分规则。

常用的逻辑门限控制策略主要有下面几种控制策略。

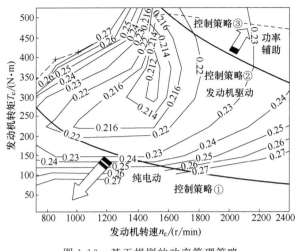

图 1-16 基于规则的功率管理策略
中发动机功率 MAP 图的划分规则

① "恒温器"控制策略。当动力电池 SOC 降到设定的低门限时发动机启动，在最低油耗（或排放点）时按恒功率输出，一部分功率用于驱动车轮，另一部分功率给动力电池充电。而当 SOC 上升到高门限时，发动机关闭，以纯电动模式行驶，汽车为零排放，这与温室的温度控制类似。在这种模式中，驱动电机所需的电能只能从动力电池获得，这样动力电池就必须满足所有瞬时功率的需要，其放电电流的波动会很大，经常出现大电流放电的情况，对电池放电效率和使用寿命均有不利影响；另外，动力电池要满足所有瞬时功率的需求，电池充放电循环引起的功率损失可能会减少发动机优化所带来的好处，这种模式对发动机有利，而对电池不利。

② 发动机功率跟随控制策略。发动机的功率紧紧跟随车轮驱动功率的需求，这与传统的汽车运行相类似。采用这种控制策略，动力电池的工作循环强度大大降低，与充放电有关的功率损失被减少到最低限度。但发动机必须在从低到高的整个负荷区内运行，而且发动机的功率快速动态变化对发动机的效率和排放性能（尤其在低负荷区）影响很大。解决措施之一是采用自动无级变速器（Continuously Variable Transmission，CVT），通过调节 CVT 速比，控制发动机按最小油耗曲线运行，同时也减小了碳氢化合物和 CO 的排放量。上述模式可结合起来使用，其目的是充分利用发动机和电池的高效区，使其达到整体效率最高。

③ 电机助力型控制策略。电机助力型控制策略在并联混合动力汽车控制中较为常见。其主要思想是将发动机作为主要的驱动力源，电机驱动系统作为辅助动力源，电机对发动机输出扭矩起到"削峰填谷"的作用，同时将动力电池的 SOC 值保证在一定范围内。

（2）基于模糊规则的智能型能量管理策略

模糊控制（Fuzzy Logic）是典型的智能型能量管理策略之一。模糊控制策略是人类语言通过计算机实现模糊表达的控制规则，是体现人的控制经验的一种控制方法。该控制策略以模糊控制原理为基础，设计模糊逻辑控制器。将车速、需求功率、发动机转速及转矩、动力电池 SOC 等输入量模糊化后作为模糊控制器的输入，同时将"专家"知识与经验以规则的形式输入模糊控制器中形成模糊推理机制，以此判断汽车的工作模式和功率分配，并将输出量逆模糊化后输出，实现混合动力系统的合理控制。

模糊控制策略基于模糊推理，模仿人类的思维方式，对难以建立精确数学模型的对象实现模糊控制。该控制方法的鲁棒性强，对于一些非线性、时变的系统具有较好的控制效果。同时，对于控制较为复杂的混合动力系统也有较好的适用性。

（3）基于优化算法的能量管理策略

基于优化算法的能量管理策略中，通常以给定循环工况中车辆燃油经济性最优为目标函数，建立包括传动系统速比、电机效率等在内的优化计算模型，利用动态规划优化技术对发动机、电动机（发电机）所分配的转矩和传动系统速比做全局优化计算，以确定电机和发动机的工作点，从而达到最佳的燃油经济性。由于实际车辆控制的复杂性，这种优化方法只适用于特定的驾驶循环工况，不能用于实际的车辆控制。另外，也有些优化控制策略以燃油经济性为目标将发动机和电机控制在高效区工作，从而达到瞬时最佳的燃油经济性。这种方法可用于汽车的实时控制，但是没有考虑汽车驾驶循环工况的影响及发动机的排放问题。

1.3.2.2　动态控制策略

在混合动力汽车进行模式和动力切换时，有可能造成发动机和电动机转矩的突变。所谓动态协调控制问题是指当发动机和电动机目标转矩发生大幅度变化或者突变时，在发动机和电动机达到各自目标转矩之前，如何使发动机和电动机协调工作，从而保证发动机和电动机输出的转矩之和不产生较大波动，并符合驾驶员对驱动转矩的需求，是一个从动力性和驾驶舒适性角度出发的控制问题。

如果发动机和电动机具有相同的动态特性，即发动机和电动机从当前的转矩变化到目标转矩的规律是相同的，则不需要进行动态协调控制，发动机和电动机只需要按照各自的目标转矩进行控制即可。然而，正是由于发动机和电动机的动态特性不同，才使得当发动机和电动机目标转矩发生大幅度变化或者突变时，必须进行动态协调控制。

在混合动力汽车进行模式切换时，对其进行协调控制是为了避免在模式切换时出现动力间断、动力不足或者动力突变等现象。这时通过动态控制使动力源输出的动力更加平稳，从而保证整车在模式切换时具有良好的动力性、耐久性以及舒适性。

关于混合动力汽车稳态与动态控制策略的具体介绍，在本书第 4 章将会有具体阐述。

1.3.3　新能源汽车的仿真与实验技术

众所周知，将计算机仿真技术与新能源汽车的研究相结合，既可以在研发初期为新能源汽车的设计提供性能预测与迭代参考，又可以在后续开发过程中对新能源汽车的动力性能及控制策略等进行优化，从而提高新能源汽车设计研究的前瞻性，降低研究成本。下面简单介绍新能源汽车的仿真与实验技术。

1.3.3.1　新能源汽车仿真技术研究

早在 20 世纪 70 年代，国外就已经开始了新能源汽车匹配与仿真技术的研究，并以此为基础进行了仿真软件研发。虽然经过长时间的验证，早期大部分的仿真模型与软件已经不能满足目前的研究需求，但其大量的实验积累与软件开发经验为以后的新能源汽车仿真研究奠定了基础。

90 年代中期，新能源汽车仿真技术的研究取得了较大进展，其中以美国的大学与研究机构开发出的多个仿真软件为代表。如爱达荷（Idaho）国家工程实验室基于 DOS 平台开发的仿真软件 SIMPLEV 3.0 可以通过定义模型部件参数与道路循环参数进行仿真，并以图表形式显示结果，但其控制方法需要在源代码中修改，操作较为困难。科罗拉多（Colorado）矿业学校开发的基于 Matlab/Simulink 的仿真软件 CSM HEV 加入了仿真参数分析功能，且操作界面友好，但其仿真效果较差。德克萨斯农工大学（Teaxs A&M）开发的 V Elph 具有可视化模型、易于改变车辆配置与控制方法的优点，但其操作方法仍比较复杂。此阶段开发出的仿真软件虽然普遍具有操作方法复杂、功能单一、仿真效果不理想等特点，但大量仿真软件的研发仍为新能源汽车仿真技术带来了巨大的飞跃，特别是基于 Matlab/Simulink 平台建模方法的提出，大大加快了新能源汽车的研发进程。

20 世纪初期至今，随着各国对于新能源汽车研发重视程度的加大，在之前仿真建模研究的基础上涌现出了一批仿真效果较好且具有一定开放性与可扩展性的仿真软件，其中以美国可再生能源实验室开发的 Advisor、美国阿贡国家实验室开发的 PSAT 和奥地利李斯特内燃机及测试设备公司开发的商用仿真软件 Cruise、法国 IMAGINE 公司开发的 AMESim 为代表。这四款新能源汽车仿真软件均具有模型较为完善、功能较多、操作友好等特点，是目前新能源汽车仿真研究中应用最多的四款软件。

（1）Advisor

Advisor 是由美国可再生能源实验室 NREL 在 Matlab 和 Simulink 软件环境下开发的高级车辆仿真软件。它采用模块化的思想性设计，可建立包括发动机、离合器、变速器、主减速器、车轮和车轴等部件的仿真模型。用户可以在现有模型的基础上根据需要对一些模块进行修改，然后重新组装需要的汽车模型，这样会大大节省建模时间，提高建模效率。并且仿真模型和源代码全部开放，可以在网站上免费下载。用户可以方便地研究 Advisor 的仿真模型及其工作原理，在此基础上根据需要修改或重建部分仿真模型，调整或重新设计控制策略，使之更接近实际情形，得出的仿真结果也会更合理。此外 Advisor 采用了以后向仿真为主、前向仿真为辅的混合仿真方法，这样便较好地集成了两种方法的优点，既使仿真计算量较小，运算速度较快，又保证了仿真结果的精度。总体来说，由于其广泛的适用性与开源性，Advisor 是目前来说发展较为成熟的一款基础性仿真软件。

（2）PSAT

PSAT 仿真软件采用的仿真方法是前向仿真，这种仿真方式使模型更加接近实车系统，因此仿真精度更高，仿真动态性能好，适用于新能源汽车硬件在环系统的开发，其主要缺点是计算量大，建模难度较高。PSAT 提供了丰富的部件模型库，用户可以选择不同级别的部件模型进行仿真，例如发动机模型有简单模型，仅需用户设置 ON/OFF 参数来运行发动机模型；也有详细模型，需要用户设置燃料流量和空气流量等参数来满足计算发动机转矩的需要。最新版本 PSAT5.1 增加了伴侣原型软件（Companion Prototyping Software）PSAT-PRO，它能在实验台上控制任何结构的混合动力电动汽车的动力系统。PSAT-PRO 不仅能使用 PSAT 中的模型以实时方式来控制原型（Prototypes，或者称为样车），而且能校正 PSAT 中的模型。这种测试方法建立在分析仿真数据与实验数据差异的基础上。因为 PSAT 与 PSAT-PRO 的真正集成，用户能方便地集成到 PSAT 中去修改模型，直到仿真数据与实验数据一致。PSAT-PRO 提供了控制一台测功机（Dynamometer）仿真车辆的功能，这样用户可以在原型中，以相同结构和工况下测试 HEV 中的某个单一部件，整个过程就像在真实车辆上进行测试一样。与 Advisor 相比，PSAT 更适用于进行精确部件的实时仿真研究。

（3）AVL Cruise

AVL Cruise 是奥地利李斯特内燃机及测试设备公司（AVL LIST Gmbll）开发的研究汽车动力性、燃油经济性、排放性能及制动性能的仿真分析软件。它采用模块化的设计方法，可以对任意结构形式的汽车（包括新能源汽车）传动系统进行建模和仿真。AVL Cruise 可用于汽车开发过程中的动力系统的匹配、汽车性能预测和整车仿真计算；可以进行发动机、变速器、轮胎的选型及它们与车辆的匹配优化；还可以用于混合动力汽车和电动汽车的动力系统、传动系统及控制系统的开发与优化。

（4）AMESim

AMESim 全称为 Advanced Modeling Environment for Performing Simulations of Engineering Systems（高级工程系统建模环境），是由法国 IMAGINE 公司自 1995 年开发的一款新型的高级建模和仿真软件。该软件提供了一个系统工程设计的完整平台，使得用户可以建立复杂的多学科领域系统的模型，并进行仿真计算和深入的分析。AMESim 采用物理模型的图形化建模方式，软件中提供了丰富的应用元件库，用户可以采用基本元素法，按照实际物理系统来构建自定义模块或仿真模型，从而使用户从烦琐的数学建模中解放出来，而将更多的精力投入到实际物理模型本身的研究。AMESim 主要应用于航空航天、车辆、船舶、重工制造业，其应用领域包括：燃料喷射系统、悬挂系统、车辆动力学、制动系统、润滑系统、动力操纵系统、冷却系统、传动系统、变量阀压力脉动、液压元件、阀/管路/升降机、系统控制、液压回路、机械系统等。

另外，新能源汽车的仿真技术还包括硬件在环仿真（Hardware In the Loop，HIL）系统。硬件在环仿真系统是一套实时性要求较高的软硬件系统，它的发展依赖于微电子技术和计算机技术的发展。硬件在环仿真的研究和开发也是随着近几年电子技术和计算机技术的发展而发展起来的。

硬件在环仿真系统是由处理器模板与外围 I/O 板通过 ISA 总线构成的多处理器系统。处理器之间的数据传输速率高达 1Gb/s 以上。I/O 板和处理器之间可通过共享内存/光纤接口进行数据交换。用户可以根据自己的需要扩展处理器模板，以构建合适的实时仿真系统。在软件方面，采用 Mathworks 公司的 Simulink/Stateflow 进行算法的开发和系统建模；利用实时接口（RTI）作为连接 dSPACE 实时系统与软件开发工具 Matlab/Simulink 之间的纽带；通过实时工作间（RTW）实现从 Simulink 模型到 dSPACE 实时运行硬件代码的无缝自动下载。另外，dSPACE 还提供了综合试验环境 ControlDesk，可以对实验过程进行综合管理，它是一个基于 VME 总线的分布式处理器仿真系统，它由高速计算机和高速 I/O 系统组成，而且可以连接成局域网。仿真系统中的通信处理器在运行中就像 VME 总线的主模板一样，为总线上的所有处理器之间的通信服务。在软件方面，ADRTS 由 ADI 公司自己开发的仿真语言提供支持。ADSIM 不仅具有很高的执行速度，而且具有在线人机对话功能，可以在不重新编译的情况下改变参数或积分算法、选择变量进行绘图和显示等。通过采用硬件在环仿真系统，可大大缩短开发周期，节约人员、设备及资金的投入。

国外企业及研究院所在这方面的研究起步较早，目前取得了一些实用性的成果，比较有代表性的主要有 dSPACE 公司、ADI 公司等。

1.3.3.2　新能源汽车实验技术研究

新能源汽车研发实验方式主要有计算机软件仿真实验、台架与转鼓实验和实车道路实验三种。计算机仿真具有适应性强、开发周期短、费用低等优点，但与实际情况差别较大，仿真结果必须通过其他途径来检验。室外实车道路虽然能够提供真实环境，但实验成本高、测试和调解难度大。而室内台架实验平台不受自然环境限制，零部件布置可以脱离整车的限制，实验台的模块化开发还可以为不同类型的动力电池、驱动电机和整车控制器提供所需的实验环境。由于受整车总布置和车上各总成型号的限制，实车实验平台上只能进行特定总成和整车的实验。根据实验方案和动力总成控制技术可以在实验场地完成总成实验和整车动力性实验，但排放性能实验则需要在转鼓实验台架上来完成。经济性实验可以在转鼓实验台上通过运行循环工况来完成，也可先在实验场进行实验，再经过对实验数据的后处理来完成。

目前，我国对新能源汽车的研究尚处于起步和发展阶段，新能源汽车技术尚需要不断开发完善并逐渐走向成熟，建立一套具有高水平、完整的新能源汽车实验台系统，无论是对新能源汽车技术的理论研究，还是对新能源汽车技术成果的推广都具有重要意义。

1.4　本章结语

本章详细介绍了新能源汽车的研究意义、发展历史、现状以及未来趋势。作为应对全球资源枯竭和环境恶化的一种有效解决办法，新能源汽车的发展是历史必然，是大势所趋。我国已经将发展新能源汽车作为交通能源战略转型、推进生态文明建设的重要举措。同时，我国政府也先后推出了相应的政策扶持新能源汽车的发展。因此，新能源汽车在未来汽车行业中必将占据极其重要的位置。

新能源汽车种类繁多，在当前技术条件下，（插电）混合动力汽车无疑成为新能源汽车领域的一个研究热点。本书将主要以混合动力汽车为新能源汽车的典型代表，介绍新能源汽车研究与开发过程中的关键技术，主要包括驱动理论与设计、控制策略、仿真与试验方法、热管理以及其他一些关键技术。

第2章
新能源汽车构型方案与特点

发展新能源汽车是实现我国能源安全和环境保护的必然趋势，也是保证我国汽车工业健康可持续发展的必然要求。当前，对新能源汽车的研究主要集中在纯电动汽车、插电式混合动力汽车以及燃料电池汽车。其中，纯电动汽车是真正的零排放汽车，其结构布置较为灵活。纯电动汽车的基本构型可分为机械驱动布置式、电动机-驱动桥组合式、电动机-驱动桥整体式以及轮毂电机分散式。然而，由于目前电池能量密度较低、价格偏高、寿命较短、充电不便且基础投资高等问题还有待进一步解决，因此现阶段纯电动汽车还未真正得到广泛的普及。

广义的混合动力汽车将电机、内燃机、动力电池、燃料电池等有机地组合起来，进而形成以燃料电池汽车为代表的电电混合动力，和以插电式混合动力汽车为代表的油电混合动力等多种汽车构型方案，其较纯电动汽车具有明显的优势。其中，油电混合动力汽车构型方案最为常见，其可通过合理的匹配与设计、控制策略制定及优化协调，使混合动力汽车既能发挥传统内燃机汽车行驶里程远的特点，又具有纯电动汽车高效、清洁的优势，同时避免了两种汽车的缺点，是目前极具实际发展意义且应用最广泛的新能源汽车。但是，由于常规油电混合动力汽车中动力电池的主要能量补充来源仍是燃油，所以在经济性和排放性能的改善优势方面较其他新能源汽车差；而插电式混合动力汽车可通过外接充电装置进行充电，储能装置的电能主要来自公共电网，对燃油的依赖性大大减少，在经济性和排放性能上相对于常规混合动力汽车都有明显提升。凭借其显著优势，插电式混合动力汽车是目前的研究热点。除电电混合动力汽车（氢电混合的燃料电池汽车）、油电混合动力汽车外，本章还介绍一种油液混合动力汽车，也称为液驱混合动力汽车。液驱混合动力汽车使用液压蓄能器和液压泵/马达作为储能及能量转换元件，利用液压系统功率密度大、安全可靠、成本低等优点，能够更大程度回收车辆的制动能量，并能在短时间内释放大功率。液驱混合动力技术在频繁启停等场景下的大型车辆中得到了应用，如重型卡车、运输车以及城市公交车等。

不同类型汽车因特点各异，故而有不同的可选构型方案，每种方案都有其优缺点和适宜的应用范围。本章以纯电动汽车、燃料电池汽车和插电式混合动力汽车的构型方案及其特点为内容展开详细介绍。

2.1 纯电动汽车构型方案与特点

相比于其他类型的新能源汽车，纯电动汽车完全依靠存储在动力电池中的电能驱动行驶，不会产生传统汽车排放的 CO、HC 以及 NO_x 等污染物，是公认的未来理想的交通工具。纯电动汽车的基本结构包括三个子系统，即电力驱动子系统、能源子系统和辅助子系统，如图 2-1 所示。

电力驱动子系统的功能是：通过控制器电路与制动踏板和加速踏板相连，将制动踏板和加速踏板信号输入控制器，以获得驾驶员的驾驶意图；通过控制电动机驱动车辆并且进行制动能量回收。

能源子系统的功能是：对驱动系统及辅助子系统供能，保证汽车上各元件有稳定的能量来源；当动力电池能量不足时，能够对动力电池进行充电，以及时补充车辆的能量。

与传统汽车一样，电动汽车也配备助力转向、空调、音响等系统，不同的是这些系统完全利用存储在动力电池中的电能，辅助子系统的作用就是完成助力转向、车内空调温度调节及夜间照明等功能。不同子系统又可分为不同的部分，就驱动子系统而言，又可分为电气和机械两大系统。其中电气系统包括电动机、功率变换器和电子控制器等子系统；机械系统主要包括变速装置和车轮等。电力驱动子系统的电气与机械系统有着多种组合方式，其基本布置方式通常可分为：机械驱动布置方式、电动机-驱动桥组合布置方式、电动机-驱动桥整体布置方式和轮毂电机驱动布置方式四种。

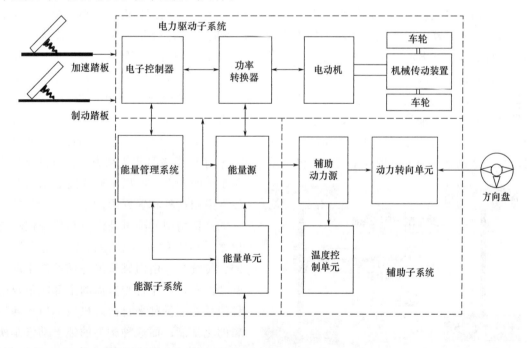

图 2-1 电动汽车的基本结构

纯电动汽车的结构形式对能量的传动效率和整车布置的合理性会产生直接影响。为使纯电动汽车具有良好的运行特性，其布置形式需满足以下几点要求。

① 驱动电机应具有合适的转矩和转速变化范围，以满足纯电动汽车在各种循环工况行驶时的牵引力需要；此外，传动系统各部件的安装要紧凑、协调，以减少传动系统占用空间，并降低车辆行驶时传动系统的振动和噪声。

② 能够满足某些特殊工况下的行驶需求，例如能实现倒退行驶，两侧驱动轮可以实现差速行驶以满足汽车转弯要求，以及必要时能够中断动力传递等。

③ 系统的传递效率要尽可能高，通过传动装置传递给驱动车轮的能量损失少，从而尽可能提高纯电动续驶里程。

④ 具有足够的可靠性，当汽车遭遇到外界干扰或发生故障时，车辆应能保证行驶安全。

⑤ 具有一定的舒适性，汽车在保证以上各种要求的同时应能达到良好的乘坐舒适性。

以下对当前纯电动汽车常用的布置方式、结构特点及应用情况予以介绍。

2.1.1　机械驱动布置方式

机械驱动布置方式是指在纯电动汽车中，电机通过机械方式驱动汽车行驶。这种布置方式是在保持传统汽车传动系统基本结构不变的基础上，用电机替换传统汽车的内燃机，其驱动系统的整体结构与传统燃油汽车的区别很小。如图 2-2 所示是机械驱动布置方式。电动机输出转矩经过离合器传递到变速器，利用变速器进行减速增扭，经传动轴传递到主减速器，然后经过差速器的差速作用，由半轴将动力传输至驱动轮驱动汽车行驶。机械驱动布置形式的工作原理类似传统汽车：离合器用来接通，或在必要时切断驱动电动机到车轮之间的动力传递；变速器是一套能够提供不同速比的齿轮机构，驾驶员按照驾驶需要来选择不同的挡位而达到不同的减速增扭作用，使得车辆在低速时获得大转矩，而高速时获得小转矩；驱动桥内的机械式差速器可以实现汽车转弯时左右车轮以不同的转速行驶，这一点与传统汽车相同。这种构型的纯电动汽车的变速器可相应简化，挡位数一般有两个便已足够满足其性能要求，不需要像传统汽车上变速器一样设置多个挡位，并且无需设置倒挡，而是利用驱动电动机的反转实现倒退行驶，因此其变速器结构相对简单。这种构型保留了传统汽车的变速器、传动轴、后桥和半轴等传动部件，省去了较多的设计工作，控制也相对容易，适合在原有传统汽车上进行改造。然而，由于电动机至驱动轮之间的传动链较长，所以它的传动效率也相对较低，这也就削弱了电机效率高的优势，但其也有利于研发人员集中精力进行电机及其控制系统的开发，所以早期的纯电动汽车开发常采用这种布置方式。

这种构型的纯电动汽车与传统汽车结构之间最大的差异就是汽车的动力源不同：传统汽车由内燃机消耗燃油产生动力驱动汽车，汽车行驶所需的全部能量及附件消耗的能量都来自内燃机内部所消耗燃料的化学能；而这种构型的纯电动汽车所消耗的能量是存储在动力电池内的电能。在设计机械驱动布置构型的纯电动汽车时，主要的工作就是电动机的选择和控制系统的研发。在传统汽车研发中，一般以汽车的预期最高车速、最大爬坡度以及汽车的比功率来确定动力源的最大功率，这种方法在此仍然适

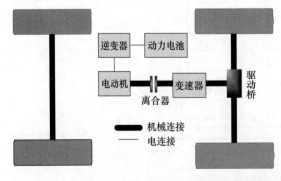

图 2-2　机械驱动布置方式

用。在设计中需要注意的就是电动机特性和发动机特性的不同，所以，在此有必要对两者进行对比分析。

理想车辆动力装置的运行特性，应满足在全车速范围内为恒功率输出，转矩随车速为双曲线形变化；另外，为了满足汽车加速、爬坡等场合的动力要求，要求低速时提供大的牵引力，如图 2-3 所示。如图 2-4 所示为某发动机的实际运行特性。可以看出，随着转速 n 的增加，发动机的输出转矩 T_{tq} 会先增加后减少，发动机输出转矩在中间转速附近达到最大，此时的燃油消耗率 b_e 也比较小；在某一高转速下，发动机的输出功率会达到最大值，若转速进一步增加，由于转矩的迅速减少导致了输出功率也减少。与理想车辆动力装置特性曲线相比，发动机的运行特性曲线相对平滑。因此，为了改善其特性，传统汽车中需要通过变速器变换挡位使得车辆的牵引特性接近理想的运行特性。对驱动电机而言，转速从零到基速过程中，输出转矩为常值，当转速超过基速后，输出功率为常值。由图 2-5 可以看出，电机的运行特性和车辆理想驱动装置的运行特性比较接近，所以可以采用单挡或者两挡传动装置，甚至可以不用变速器。

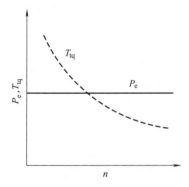

图 2-3 理想运行特性

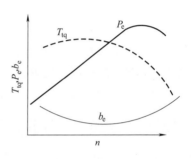

图 2-4 某发动机的实际运行特性

图中，n、T_{tq}、P_e 分别表示转速、输出转矩和输出功率；v_b 表示与电动机基速对应的车速；v_a 表示电动汽车起步加速达到的某一车速。

2.1.2 电动机-驱动桥组合布置方式

在机械驱动布置方式的结构基础之上进一步简化，可以得到电动机-驱动桥组合布置式构型，如图 2-6 所示。与机械驱动布置方式相比，这种构型省掉了离合器和变速器，采用一个固定速比的减速器，使传动系统更加简化，传动效率得到提高。同时使整车机械系统的重量和体积得到缩小，有利于整车布置。另外，减速器的使用还能够改

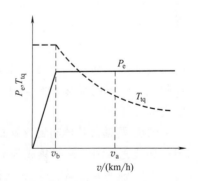

图 2-5 电动汽车驱动力-
行驶车速曲线

善车辆行驶时电动机工作点的分布，从而提高电动机的利用效率。这种驱动系统布置形式即在驱动电动机端盖的输出轴处加装主减速器和差速器等，电动机、固定速比减速器、差速器一起组合成一个驱动整体，通过固定速比的减速作用来放大驱动电动机的输出转矩。这种布置形式的传动部分比较紧凑，效率较高，而且便于安装。

纯电动汽车的驱动元件——电动机具有比较宽的调速范围。此外，由 2.1.1 小节中的内

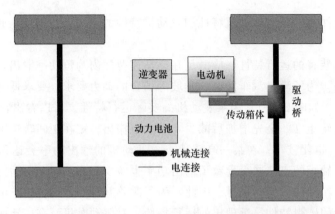

图 2-6　电动机-驱动桥组合布置方式

容可知，电动机的输出特性曲线与车辆行驶时所要求的理想驱动特性曲线比较接近，电动机-驱动桥组合驱动布置方式能够充分利用驱动电机的这一优点。这种构型的传动系统采用固定速比的减速器、差速器和半轴等较少的机械传动零部件来传递电机的驱动转矩，使动力传动系统得到简化，因此能够有效地扩大汽车动力电池的布置空间和汽车的乘坐空间。除此之外，此构型还具有良好的通用性和互换性，便于在传统汽车底盘上安装、使用，维修也较方便。但这种布置形式对驱动电动机的调速要求比较高，与机械驱动布置方式相比，此构型要求电动机在较窄速度范围内能够提供较大转矩。按照传统汽车的驱动模式，可以有驱动电动机前置前驱（FF）和驱动电动机后置后驱（RR）两种方式。

2.1.3　电动机-驱动桥整体布置方式

与电动机-驱动桥组合布置方式相比，整体式驱动系统更进一步减少了动力传动系统的机械传动元件数量，因而使整个动力传动系统的传动效率进一步提高，同时可以节省很多的空间，其结构原理如图 2-7 所示。电动机-驱动桥整体式构型，已不再是在传统汽车驱动系统上进行改动，其结构与传统汽车存在很大差异，已形成了电动汽车所独有的驱动系统布置形式。这种构型便于采用电子集中控制，使汽车网络化和自动化控制的逐步实现成为可能。

电动机-驱动桥整体布置方式把电动机、固定速比减速器和差速器集成为一个整体，通过两根半轴驱动车轮，与发动机横向前置-前轮驱动的传统内燃机汽车的布置方式类似。根据电动机与驱动半轴的连接方式

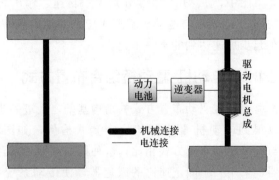

图 2-7　电动机-驱动桥整体布置方式

不同，电动机-驱动桥整体式驱动系统布置形式有同轴整体式和双联整体式两种，如图 2-8 和图 2-9 所示。

如图 2-8 所示，同轴式驱动系统的电动机轴是一种经过特殊制造的空心轴，在电动机一端输出轴处装有减速机构和差速器。半轴直接由差速器带动，一根半轴穿过电动机的空心轴驱动另一端的车轮。由于这种构型采用机械式差速器，所以汽车转弯时与传统汽车类似，其

控制比较简单。

双联式驱动系统（也称双电动机驱动系统）构型的左右两侧车轮分别由两台电动机通过固定速比减速器直接驱动。这种结构取消了机械差速器，在左右两台电动机中间装有电子差速器，利用电子差速实现汽车的换向，每个驱动电动机的转速都可以独立地调节控制。电子差速的一大突出优点是能使电动汽车得到更好的灵活性，而且可以方便地引入 ASR（Acceleration Slip Regulation）控制，通过控制车轮的驱动转矩或驱动轮主动制动等措施提高汽车的通过性和在复杂路况上的动力性。另外，电子差速器还具有体积小、重量轻的优点，在汽车转弯时可以通过精确的电子控制来提高纯电动汽车的性能。由于增加了驱动电动机和功率转换器，使初始成本增加，结构也较为复杂。与同轴式驱动系统相比，在不同条件下对两个驱动电动机进行精确控制的可靠性还需要进一步提高。这样的布置形式与前面几种有着很大的不同，电动汽车的驱动系统布置形式发展到这一步时，才有可能把电动汽车的优势充分地体现出来。

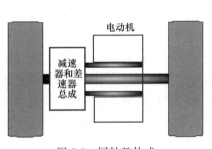

图 2-8 同轴整体式

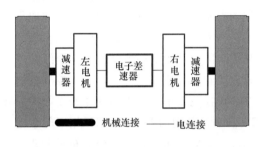

图 2-9 双联整体式

同样，电动机-驱动桥整体式驱动系统在汽车上的布局也有电动机前置前驱（FF）和电动机后置后驱（RR）两种形式。整体式驱动系统具有结构紧凑、传动效率高、重量轻、体积小、安装方便等优点，并具有良好的通用性和互换性，已在小型电动汽车上得到了应用。

2.1.4 轮毂电机分散布置方式

在电动机-驱动桥整体布置方式基础上更进一步地简化机械驱动系统、减少机械传动零件，便可得到轮毂电机分散式构型。这种驱动方式就是把驱动电机安装在电动汽车的车轮轮毂中，电动机输出转矩直接带动驱动轮旋转，从而实现汽车的驱动。如图 2-10 所示是轮毂电机分散布置方式。通过与前面几种构型对比可以看出，这种布置方式把电动机-驱动桥整体驱动布置方式中的半轴也取消，其结构更为简洁、紧凑，整车重量更轻。与传统汽车相比，轮毂电机分散布置方式纯电动汽车，把传统汽车的机械动力传动系统所占空间完全释放出来，使动力电池、后备厢等有足够的布置空间。同时，它还可以对每个驱动电机进行独立控制，有利于提高车辆的转向灵活性和主动安全性，可以充分利用路面的附着力，便于引进电子控制技术。这种布置方式比上面介绍的各布置方式更能体现出电动汽

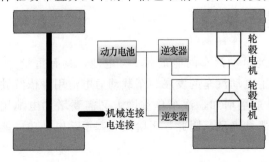

图 2-10 轮毂电机分散布置方式

车的优势。采用轮毂电机分散布置方式的动力系统必须要解决的问题就是如何保证车辆行驶的方向稳定性，同时，动力系统的驱动电机及其减速装置，必须能够布置在有限的车轮空间内，要求该驱动电机体积较小。关于轮毂电机的结构，将在第 7 章中进行详细介绍，在此不再赘述。

轮毂电机分散布置方式纯电动汽车是当前的一大研究热点，但是这种构型并不是近年才出现的。早在 1900 年，保时捷公司就研制了名为洛纳德的前轮驱动双座电动车，该车的两个前轮就装备有轮毂电机。后来由于内燃机汽车在续驶里程、动力性等方面都明显优于纯电动汽车，所以内燃机汽车成为主流，而电动汽车则在很大程度上放缓了发展的脚步，轮毂电机电动汽车也因此没有继续研发下去，没有走向产业化。

目前，国内外的众多汽车生产厂商、高校、研究院等，对轮毂电机分散式纯电动汽车做了大量的研究。香港中文大学开发了四轮驱动/四轮转向的多方向运动车，通过控制四个车轮的驱动和转向实现了原地转向和横向移动，重点研究了利用电机效率图优化四轮驱动力矩分配的控制策略以达到节能的目的，并取得了良好的效果。

吉林大学对四轮独立驱动电动汽车做了大量的研究，也取得了一定的成果。吉林大学仿真与控制国家重点实验室，开发了全线控四轮轮毂电机独立转向/独立驱动电动汽车，研究了线控四轮独立驱动电动汽车集成控制方法。上海交通大学、哈尔滨工业大学、武汉理工大学等高校在轮毂电机和电驱动轮开发与产品化方面也做了大量研究工作。目前，日产公司的 FEV 和福特公司的 Ecostar 都采用了轮毂电机分散布置方式，通用公司也称将在它的电动汽车和混合动力汽车上采用这样的布置方式。轮毂电机分散式是未来纯电动汽车驱动系统布置方式的发展趋势。

2.1.5　小结

纯电动汽车是公认的未来理想的交通工具，其显著优势就是能够实现真正意义上的零排放、零污染。与传统汽车消耗不可再生能源相比，纯电动汽车的能源来源广泛，其所使用的电能不仅可以来自煤炭等不可再生能源，还可来自风能、太阳能、水能以及核能，所以不存在纯电动汽车电能供给危机问题。但是，由于目前电池技术限制和充放电问题，纯电动汽车在性能上还不能与传统汽车相抗衡。一旦这些技术瓶颈得到有效解决，纯电动汽车势必会快速替代传统汽车而成为最为普遍的交通工具。本节介绍了纯电动汽车的几种构型方案，以期读者对纯电动汽车有一个清楚的认识，具体包括机械驱动布置方式、电动机-驱动桥组合布置方式、电动机-驱动桥整体布置方式和轮毂电机分散布置方式。

2.2　燃料电池汽车构型方案与特点

尽管纯电动汽车是理想的交通工具，但是纯电动汽车的能量源——电池，具有重量大、价格高的缺点。电池的成本、寿命和重量限制了电动汽车的发展。车载动力电池用量依续驶里程而定。然而，电池的重量会导致汽车整车重量增加，汽车自重增大又需要增加电池用量，而电池过重又会造成电动汽车性价比低的恶性循环。因此，现阶段，基于蓄电池单一能量源的纯电动汽车尚未得到真正的普及。

对于以电能为唯一能量来源的汽车，燃料电池、蓄电池、超级电容均是当前应用较为广泛的车载能量源。相比于蓄电池功率密度低、大电流充放电时温升明显、寿命短等特点，超级电容具有功率密度高、能量密度低的特点，但体积较大，存储能量有限，难以满足长续驶里程的需要。燃料电池作为一种新兴车载能量源，以氢气作为燃料，工作效率高且环保，但是燃料电池动态响应较差、输出特性疲软，难以适应复杂多变行驶工况的功率需求。换言之，单一能量源难以满足整车行驶的工作要求，而广义的混合动力形式正是当下解决纯电动汽车单一能量源构型不足的适用方案。

作为电电混合动力汽车构型的燃料电池汽车，可将燃料电池、蓄电池、超级电容等多种不同的能量源进行优化组合，通过合理控制各个能量源的功率输出，实现不同能量源优势互补，克服自身的功能限制，进而达到"扬长避短"的目的。本节主要介绍燃料电池汽车的构型方案，主要包括三种：燃料电池-蓄电池式、燃料电池-超级电容式和燃料电池-蓄电池-超级电容式；而针对燃料电池汽车的技术难点，本书将在 8.3 节做具体介绍。

2.2.1　燃料电池-蓄电池式

燃料电池-蓄电池双动力源构型，将燃料电池与蓄电池组合到一起，构成燃料电池-蓄电池系统，如图 2-11 所示。该方案以燃料电池作为车辆主能量源，维持相对稳定的输出功率，蓄电池作为辅助能量源，可为燃料电池进行必要的功率补充以达"削峰填谷"，同时可以进行制动能量回收。

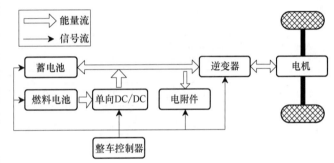

图 2-11　燃料电池-蓄电池车辆构型

该构型中蓄电池受自身输出特性影响，调节能力有限，在大强度制动能量回收过程中，仍存在蓄电池大电流充电情况；同时，蓄电池单独驱动模式仅能够满足较小的功率需求，较大的功率需求则需要燃料电池-蓄电池联合驱动，而对于城市用车，在城市道路下启停频繁，功率需求波动较大，进而引起燃料电池启停频繁。

2.2.2　燃料电池-超级电容式

燃料电池-超级电容双动力源构型，将燃料电池与超级电容组合到一起，构成燃料电池-超级电容系统，如图 2-12 所示。该方案以燃料电池作为车辆主能量源，维持相对稳定的输出功率，超级电容作为辅助能量源，进行必要的能量补充并进行制动能量回收。

该构型中超级电容存储能量十分有限，若车辆处于爬坡等较长时间助力工况中，势必会造成超级电容严重亏电，进而使得车辆动力输出疲软；同时，超级电容存储能量较少，工作过程中自身 SOC 变化较大，也会引起燃料电池开关机频繁。

2.2.3　燃料电池-蓄电池-超级电容式

燃料电池-蓄电池-超级电容三动力源构型，燃料电池与单向 DC/DC 串联，作为车辆的

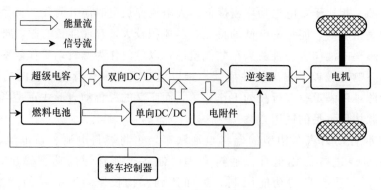

图 2-12　燃料电池-超级电容车辆构型

主能量源；超级电容与双向 DC/DC 串联，再与蓄电池并联组成复合电源系统，作为车辆的副能量源，如图 2-13 所示。在驱动情况下，复合电源系统与燃料电池共同为车辆提供驱动能量；在制动情况下，复合电源系统用于回收制动能量。

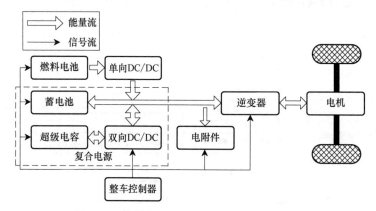

图 2-13　燃料电池-蓄电池-超级电容车辆构型

　　该构型具有诸多优势：①燃料电池能够高效实现化学能到电能的转化，使车辆续驶里程不完全受限于复合电源存储的电能，从而提高车辆续驶里程；②燃料电池能够及时补充蓄电池与超级电容的电能损失，因此设计匹配时可以采用尺寸较小的蓄电池与超级电容，从而降低蓄电池与超级电容的装车成本；③蓄电池能量密度高，复合电源系统能够存储较多电能，从而避免燃料电池开关机频繁；④超级电容能够对蓄电池起到"削峰填谷"的作用，减小大电流对蓄电池的冲击，从而提高蓄电池使用寿命。

　　但该构型也存在系统复杂、安装空间小、成本高等缺点。

2.2.4　小结

　　面对纯电动单一能量源形式新能源汽车当前技术水平尚难以满足整车行驶工作要求的技术现状，燃料电池汽车作为一种电电混合动力汽车，将燃料电池、蓄电池、超级电容等多种不同的能量源优化组合，通过合理控制各个能量源的功率输出，进而实现不同能量源优势互补。目前，燃料电池汽车虽处于研究阶段，但仍是当前各国新能源汽车的研究热点和发展方向。本节介绍了燃料电池汽车的几种构型方案，具体包括燃料电池-蓄电池式、燃料电池-超级电容式和燃料电池-蓄电池-超级电容式。

2.3 插电式混合动力汽车构型方案与特点

作为当下最实用的新能源汽车形式之一，插电式混合动力汽车可以从外部电网对动力电池进行充电，具有较长的纯电动续驶里程。当插电式混合动力汽车以纯电动驱动模式运行时，能够大大降低燃油消耗和有害气体及温室气体的排放；同时，插电式混合动力汽车也可以在混合动力模式下工作，其本质仍可以被看作是一种混合动力汽车。插电式混合动力构型的实现克服了纯电动构型车辆续驶里程不够长的难题，同时，提供同样行驶里程所用成本要远低于传统汽车，所以插电式混合动力汽车具有很好的经济性，因此成为各汽车制造厂商竞相开发的重点对象。

因插电式混合动力汽车具有传统混合动力构型的基本属性，故本节在对插电式混合动力汽车构型方案和特点进行介绍之前，首先对混合动力构型的方案与特点进行介绍。

2.3.1 混合动力构型方案与特点

依据蓄能元件的储能机理不同，混合动力技术可以被划分为油电混合和油液混合。其中，油电混合动力汽车为人们所常见的传统混合动力汽车；而油液混合动力是一种较为新型的混合动力技术，其在重型卡车、运输车以及城市公交车等大型车辆和频繁启停行驶工况中具有一定优势并得到应用。因此，本小节分别针对油电混合动力及油液混合动力两种混合动力构型的方案与特点进行介绍。

2.3.1.1 油电混合动力汽车构型方案与特点

传统油电混合动力汽车所具有的特点可以总结为以下几点。

① 能量转换效率高。与传统内燃机汽车相比，由于具有多种动力源，混合动力汽车的能量转换效率明显优于传统汽车。例如新型的混合动力电动汽车普锐斯在动力性上完全能够与同级别汽油机轿车相媲美的情况下，百公里油耗要比同类车低一半。

② 噪声低。由于混合动力汽车在某些情况下可以使用储存的电能作为动力来源，此时汽车如纯电动汽车一样运行，避免了发动机与部分机械传动噪声；汽车运行平稳，振动小，更加安静。在启动发动机的过程中，通过合理的控制策略能够实现发动机的平稳开启。

③ 动力源功率要求低。由于混合动力汽车具有多个动力源，各动力源能够同时驱动汽车，所以在同等动力性要求下，混合动力汽车各动力源的功率要求要小于传统汽车。其明显优势就是能够减小发动机尺寸、提高发动机运行时的负荷率。

④ 有利于减少"热岛效应"。"热岛效应"是指一个地区的气温高于周围地区的现象。内燃机中燃料燃烧后释放的气体温度要远远高于周围大气的温度，排出废气散发的热量将使周围大气温度升高，从而加剧了大中城市的"热岛效应"；而混合动力汽车的热效率较传统内燃机车要高许多，排放少，因此有利于降低城市中的"热岛效应"，提高城市环境质量。

⑤ 有助于环境保护。由于混合动力汽车有多种动力源，在市区内可以仅使用储存的电能实现零排放，即便使用汽油或柴油等燃油，其有害物质排放也要比传统内燃机汽车低。因此，对环境保护起到一定积极作用。

⑥ 可回收部分制动能量。对混合动力汽车来说，可通过控制策略利用再生工作模式收集汽车在减速、下坡或制动时的动能，将其存储起来，并在必要的时候用来驱动汽车，从而

增加汽车的续驶里程，提高经济性。

⑦ 有效改善汽车依赖能源的单一性。混合动力汽车可以使用两种或两种以上的能源，并且可通过再生制动回收汽车的惯性能，改善了能量来源结构。

传统油电混合动力汽车有不同的分类方法，按照电能与传统能量在运行过程中所占比例，可以分为弱混合、中混合和重混合动力；而从整车动力系统的结构不同进行分类，又可分为串联式、并联式、混联式混合动力汽车。

（1）串联式

串联式是混合动力汽车的一种基本构型，其驱动系统之间是通过能源联合，而非机械动能的联合，其特点可描述为：驱动轮只由电动机驱动，发动机与驱动轮之间无直接的机械连接；是一种能源的混合；汽车上具有两个或两个以上的能量源。

① 结构特点。串联式混合动力汽车由发动机、发电机和电动机三大主要部件组成。这三个动力源通过串联的方式连接在一起，其结构原理如图 2-14 所示。发动机仅用于驱动发电机发电，并不直接驱动汽车。发电机所发出的电能供给电动机来驱动整车行驶或者存储于动力电池中。驱动系统中只有一种能量传输路线。

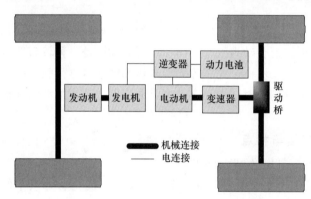

图 2-14　串联式混合动力汽车结构原理

发动机和发电机组成一个能量转化系统，将化学能转化为电动机需要的电能。当发动机输出的功率超过汽车行驶所需要的功率时，多余的能量被用来向动力电池充电。必要的时候使用动力电池向电动机供电，驱动汽车行驶。在串联式混合动力汽车中，只有电动机直接与驱动轴机械连接，而发动机与驱动轴之间无直接的机械相连，电动机直接驱动是唯一的驱动模式。这就使发动机从路面负荷中解耦出来，能够在很大程度上减少发动机工作区间的变换频率，使控制发动机的工作状态变得相对容易，发动机可以经常保持在稳定、高效、低污染的工作区间。但是，发动机输出的机械能由发电机转化为电能，再由电动机将电能转化为机械能用于驱动汽车，经过两次能量转换，中间伴随着能量的损失，其能量利用率偏低。

由于断开了主动力源与驱动系统的机械连接，主动力源的工作状态与整车的速度和加速度之间已无直接的关系。这带来的结果有：首先，热机不再仅仅局限采用传统的往复活塞式内燃机，在这里可以选择燃气轮机或斯特林发动机（热气机）等；其次，热机的工作范围可以自由选定，而不再需要考虑提供宽广的工作区。串联式混合动力汽车适用于市内常见的频繁起步、加速、怠速和低速运行工况。但它的三个动力总成（发动机、发电机、电动机）会使系统总布置困难并令成本增加。因此，一般只有在两种情况下才会选用串联式混合动力传动系统布置方案：用于驱动汽车的能量绝大部分来源于动力电池，发动机仅用于增加电动车辆的续驶里程；发电机和电动机的综合效率达到或超过传统车辆动力传动系统的水平。

串联式系统各动力源的功率较大、外形大、重量也很大，不太适合在中小型汽车上使用，主要用于城市大客车或 SUV 车型。

　　串联式混合动力汽车的结构特点，决定了此种构型驱动系统具有以下几种驱动模式。

　　a. 纯电动模式。这里所说的纯电动模式是指发动机不启动。在车辆负荷较小、电池电量充足的情况下，动力电池单独向电动机供电以驱动车辆行驶，此时实现了零排放。其能量流动如图 2-15 所示。

　　b. 串联驱动模式。车辆负荷较大，但是车辆所需的驱动功率又不超过发动机的最大功率，此时由发动机带动发电机发电，将电能提供给电动机驱动车辆。由于发电机产生的电能直接流向电动机，所以这种传递路径的效率要高于经过电池再输入电动机的效率。这种工作模式下的能量流动如图 2-16 所示。

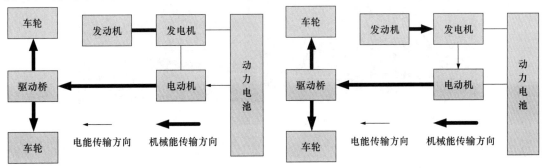

图 2-15　串联纯电动模式能量流动　　　　图 2-16　串联式发动机单独驱动模式能量流动

　　c. 联合驱动模式。车辆在加速、爬坡、大负荷运行等工况下，发动机带动发电机产生的电能直接流向电动机，不经动力电池，同时动力电池也向电动机供电。此时，混合动力汽车的动力性达到最大。其能量流动如图 2-17 所示。

　　d. 制动能量回收模式。当汽车以较低车速减速或者制动时，汽车工作于制动能量回收模式。此时电动机工作于发电机模式，将汽车的动能转化为电能存储在动力电池中，以在必要的时候释放出来驱动汽车行驶。此种工作模式下的能量流动如图 2-18 所示。

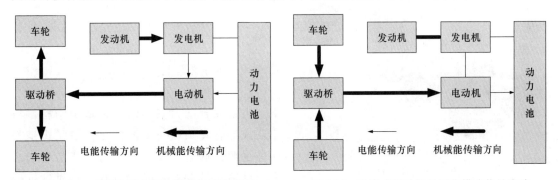

图 2-17　串联式联合驱动模式能量流动　　　　图 2-18　串联式制动能量回收模式能量流动

　　② 应用实例。串联式混合动力客车的特点在于发动机可以稳定地工作在某一理想区域，在动力性上与传统汽车相当，但在燃油经济性和排放性能方面则具有明显改善。2006 年，由福田汽车与美国伊顿公司合作开发的串联式混合动力客车产品，在北京城市车辆展示会上亮相，该车能够满足欧 V 排放标准，获得了"混合动力推荐车型奖"。由天津清源电动车辆有限责任公司研发的混合动力客车，采用串联全混合驱动方式，系统中的辅助动力单元采用双变量可控主动控制负荷输出方式，有效避免了系统动力部件启动和负载变化过程中的动力

冲击。如图 2-19 所示为中通客车研发的串联式混合动力客车，该车是"十五"期间国家 "863"计划取得的成果，比常规车型节能 30％，排放指标达到欧Ⅳ排放标准，在纯电动行驶的情况下，能达到零排放。

图 2-19　中通客车研发的串联式混合动力客车

由于城市私家车数量太多，造成了交通拥堵并且排放的尾气严重污染大气，所以人们普遍提倡乘坐公交车，倡导绿色出行。而大型客车、公交车排量较大，排放的尾气较多，会严重污染城市空气，世界各国政府都致力于严格限制客车排放，努力发展新型客车。国外对混合动力公交客车的研究已经有很长的时间，国外众多汽车厂商已经积累了很多成功经验。由柴油发动机、发电机、镍氢电池组和交流感应电机组成的串联式混合动力系统，是目前串联式混合动力城市客车普遍采取的方案。最为典型的是在纽约投入示范运行的 Orion Bus Ⅵ 客车、Nova Bus 客车和 AVS Hybrid Bus 客车。

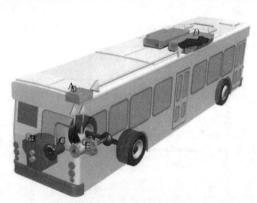

图 2-20　Orion-LMCSBUSⅥ型低地板串联式混合动力客车

A—控制系统（PCS），采集驾驶员输入和混合动力部件的数据，控制各部件的功率输出；B—发动机，在 PCS 控制下以几乎恒定的转速工作，驱动发电机；C—发电机，在 PCS 控制下对电池组和电机提供电能；D—电池组，在 PCS 控制下接收并储存发电机产生的以及再生制动回收的电能，并在加速或爬坡时将电能供给电动机；E—电动机，在 PCS 控制下输出转矩驱动车辆行驶，再生制动时作为发电机回收减速能量并对电池组进行充电

如图 2-20 所示为 LMCS（Lockheed Martin Control Systems）公司和 Orion Bus Industry 公司联合开发的 Orion-LMCSBus Ⅵ 型低地板串联式混合动力客车，该样车已在纽约地区完成示范运行。

（2）并联式

也是混合动力汽车的一种基本结构，与串联式混合动力汽车不同的是，串联式是基于能量源的联合，而并联驱动系统是基于汽车传动系统的联合，即动力源之间通过机械方式联合，可以使用单一或者同时使用各动力源驱动汽车行驶。这一构型具有以下特点：是基于动力传动系统的混合；整车可以由两个或者更多的动力源共同驱动；每个传动系统必须至少有一个动力源，并可以单独驱动汽车行驶。

① 结构特点。并联式混合动力驱动系统

中，发动机和电动机通过动力耦合装置同时与驱动轴连接，按照动力源之间的连接关系不同进行分类。并联式混合动力汽车构型可以分为驱动力结合式、双轴转矩结合式、单轴转矩结合式和转速结合式等几种，这几种构型的结构如图 2-21 所示。发动机与电动机相互独立，车辆既可以单独由一种动力源驱动行驶，也可以由两者共同驱动行驶。并联式混合动力系统中的电动机用于平衡发动机所受载荷，以使其工作于高效率区间，系统中采用的发动机和电动机的功率一般比较小。当汽车需求的驱动转矩较小时，如低速低负荷行驶，如果启动发动机，其负荷率较低、燃油经济性会比较差，此时即可以关闭发动机，只使用电动机来驱动汽车行驶。或者电动机作为发电机工作，以提高发动机负荷率，使发动机工作在高效率区间，同时给动力电池充电以备后用。并联式混合动力汽车的发动机直接与驱动轴相连，能量利用效率较高。但是，当汽车行驶工况复杂时，发动机就会较多地运行在不良工况下，燃油经济性和排放性能便会下降。

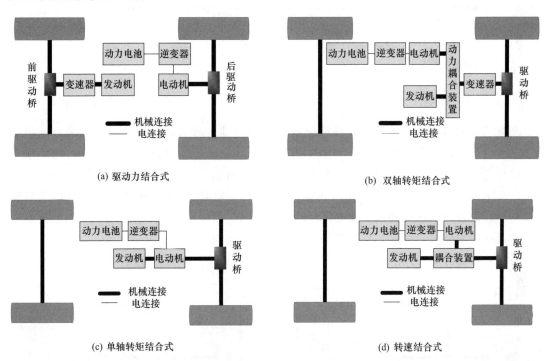

(a) 驱动力结合式　　　　　　　　　　(b) 双轴转矩结合式

(c) 单轴转矩结合式　　　　　　　　　　(d) 转速结合式

图 2-21　并联式混合动力汽车

并联式结构具有以下明显优点：

a. 电池组容量相对较低，动力电池的质量和成本也就相应比较低；

b. 通过优化控制策略，可使内燃机以机械方式直接驱动车辆，这种传递路径减少了能量多次转换所造成的损失，使整车效率得到提高；

c. 当车辆所需功率较大，内燃机工作状况恶化时，由动力电池及电动机通过向车辆提供瞬时大功率来避免发动机工作区域的大幅变化，使发动机稳定工作于经济区域。

与串联式相比，在并联式结构中发动机的工况变化较大，所以并联式的排放较串联式要差。与串联式混合动力汽车不同，并联式混合动力汽车具有两套驱动系统，两者既可以分别单独驱动车辆，又可以联合驱动车辆。车辆由不同的系统驱动时，具有不同的工作效率区间。并联式混合动力汽车的工作模式及能量流动有多种不同形式，其工作模式可以分为以下几种。

　　a. 纯电动模式。当车辆起步或者低速行驶时关闭发动机，此时用动态特性好的电动机单独驱动汽车，能够使发动机避开低效、高排放的工作区，因而可使整车燃油经济性得到提高并降低排放。纯电动工作模式的能量流动如图2-22所示。

　　b. 发动机单独驱动模式。当车辆以高速平稳运行时，或者行驶在城市郊区等排放要求不高的地方，可由发动机单独工作驱动车辆。在这种工作模式下，发动机工作在高效区，燃油经济性好，发动机直接驱动汽车行驶，传动效率高。此时的能量流动如图2-23所示。

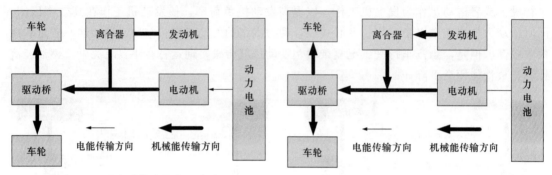

图2-22　纯电动模式的能量流动　　　　　图2-23　发动机单独驱动模式的能量流动

　　c. 联合驱动模式。车辆急加速或者爬坡时对动力性要求较高，此时发动机和电动机均处于工作状态，电动机作为辅助动力源协助发动机，提供车辆急加速或者爬坡时的需求功率。这种情况下，汽车的动力性处于最佳状态。此时的能量流动如图2-24所示。

　　d. 制动能量回收模式。当汽车减速或者制动时，利用电动机反拖作用不仅可以有效地辅助制动，而且可以使电动机以发电机模式工作发电，然后给动力电池充电，将回收的制动能量存储在动力电池中，在必要时释放出，驱动汽车行驶，使能量利用率提高，提高整车燃油经济性，降低排放。此种工作模式下的能量流动如图2-25所示。

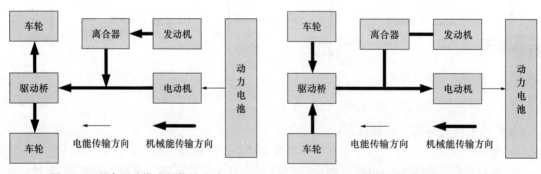

图2-24　联合驱动模式的能量流动　　　　　图2-25　制动能量回收模式的能量流动

　　② 应用实例。由国家"863"计划电动汽车重大专项资助，联合吉林大学、哈尔滨工业大学以及春兰研究所等单位的一汽集团项目"解放牌混合动力城市客车研究开发"完成了混合动力客车 CA6110HEV 的研发。其结构如图2-26所示，这是一种比较典型的双轴并联类型，其结构的主要特点是只有一个位于发动机之后的离合器，电机位于变速器之前。这种结构方案的优点是各总成集成难度较小，适合于早期的混合动力汽车研发。

　　清华汽车工程开发研究院在沈阳金杯客车制造有限公司原 SY6480 客车的基础上开发研

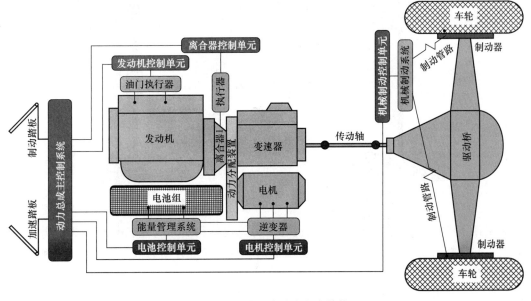

图 2-26　解放混合动力客车结构

制了 SY6480 并联式混合动力客车，其结构示意如图 2-27 所示。该混合动力汽车采用的是并联式单轴结构，即在原车的基础上，加上一套电气设备。该电气设备包括一个电机和动力电池。SY6480 并联式混合动力客车的百公里排放等价物达到欧洲Ⅱ标准的当量限制要求，在保证整车动力性能指标不低于原 SY6480 车水平的情况下，该并联式混合动力客车在城市工况下的油耗比改装前的原 SY6480 客车降低 30％，在城际工况下降低 15％，在排放方面也取得了良好效果。

（3）混联式

混联式混合动力汽车可以在不同的负荷条件下以串联式、并联式或者两者相结合的形式工作，它可以同时利用这两种驱动形式的优点。混联式

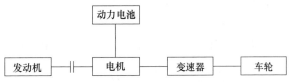

图 2-27　SY6480 并联式混合动力客车结构示意

混合动力汽车由于具备最大限度地提高汽车的燃油经济性的潜能，而成为目前的研究热点，以下首先介绍混联式混合动力汽车的结构特点，然后以最为成功的丰田普锐斯车型为代表介绍其构型及其演变，使读者对混联式混合动力汽车有进一步的认识。

① 结构特点。混联式混合动力汽车综合了串联式与并联式两种驱动形式的优点，其三个动力源之间具有更多的动力匹配方式，车辆具有多种工作模式，从而保证了混合动力系统在复杂工况下仍能实现最佳动力匹配，进而达到最大限度节能减排的目的。混联式混合动力汽车一般是通过行星齿轮组结构进行多动力源耦合，其结构如图 2-28 所示。三个动力源分别连接在行星齿轮组的太阳轮、行星架和齿圈上。这种结构比较复杂，控制难度较大，但是这种构型可以充分发挥各动力源的长处，扬长避短，从而达到比较好的控制效果，是当前研究的热点构型。

混联式混合动力汽车同时具有串联式混合动力结构工作平稳和并联式混合动力结构各动力源功率需求小的优点。与串联式相比，混联式增加了机械路径的传递路线；与并联式相

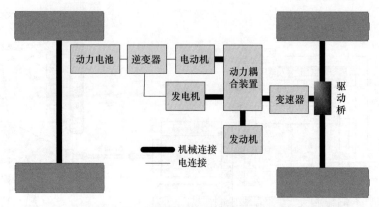

图 2-28　混联式混合动力汽车的结构

比，它增加了电能的传递路径。混联式混合动力总成结构利用行星齿轮组作为动力耦合结构，对控制策略的要求比较苛刻，解决此难题后，混联式混合动力汽车将比其他两种动力耦合形式更有实用价值。

近年来，各大汽车公司推出的混合动力汽车也以混联式混合动力汽车为主。当前公认的最为成功的就是丰田的普锐斯汽车。丰田公司的第一代普锐斯汽车在 1997 年 12 月开始销售，2003 年丰田公司又推出了第二代普锐斯汽车，2005 年推出了第三代普锐斯汽车。在这不断更新的过程中，丰田公司主要的改动集中在发动机和电力驱动系统，其动力耦合系统则仍采用经典的 THS 系统结构。

② 应用实例。丰田公司于 2000 年 10 月 17 日获得了发明专利"Power output apparatus and method of controlling the same"的授权，公开了第一、第二代普锐斯汽车所使用的 THS 的构型，其结构简图如图 2-29 所示。丰田公司于 1999 年发表了题为"HYBRID VE-HICLE DRIVE SYSTEM HAVING TWO MOTOR/GENERATOR UNITS AND ENGINE STARTING MEANS"的专利，提出了 THS 结构，其构型简图如图 2-30 所示。此构型是

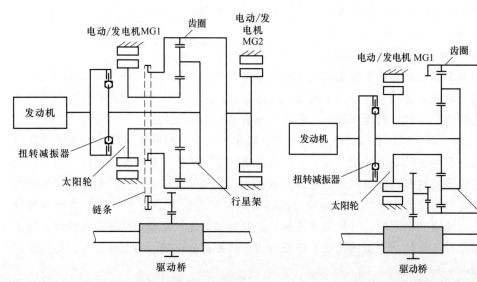

图 2-29　第一、第二代普锐斯的 THS 构型简图　　　图 2-30　第三代普锐斯的 THS 构型简图

普锐斯第三代的构型，与第一、第二代的不同之处在于齿圈和驱动桥的连接方式。第一代和第二代普锐斯的传动系统采用的是四轴结构，发动机、扭转减振器、动力分流装置、电动/发电机 MG1 和电动/发电机 MG2 布置在第 1 轴上，第 1、第 2 轴之间通过传动链连接，第 2、第 3 轴之间为中间齿轮，第 3、第 4 轴之间为主减速器齿轮。动力分流装置为行星齿轮机构。发动机与行星架相连，电动/发电机 MG1 与太阳轮相连，电动/发电机 MG2 与齿圈相连。动力分流装置将发动机的动力分配给 MG1 和 MG2。MG2 通过传动链、中间齿轮和主减速器齿轮减速之后驱动车轮。

第三代普锐斯的传动系统采用了三轴结构。为实现 MG2 小型轻量化和使系统更加紧凑，三轴结构采用行星齿轮机构作为 MG2 的减速机构，取代了原结构中的传动链和中间齿轮，提升了电动机/发电机 MG2 的转矩输出能力。

丰田公司于 2000 年又发明了专利 CN1336879A，提出了一种带离合器单行星排的动力输出装置，其构型简图如图 2-31 所示。其中发动机、电动/发电机 MG1、电动/发电机 MG2 和驱动桥分别连接于行星排的行星架、太阳轮和齿圈，

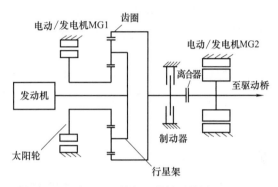

图 2-31　单行星排构型简图

在行星排与电动/发电机 MG2 之间设置一个离合器，以便两者可以分离和接合。设置一个制动器，以便当离合器分离时锁止齿圈，借此当离合器接合时实现并联混合车辆的模式，而当离合器分离而齿圈被制动器固定时实现串联混合车辆的模式，而且根据车辆的行驶状态来切换这些方式，可以发挥每种方式的优点。该种构型和上一个构型非常类似，都是单行星排双电机结构，区别之处只是该构型的驱动电机和行星排之间增加了一个离合器，这样就可以实现两种模式，比上一种构型多了一个模式。

2001 年丰田公司在 THS 的基础上又推出 THS-C 系统，所谓 THS-C，就是将丰田混合动力系统（THS）与无级变速器（CVT）组合而成的混合动力驱动系统。其构型简图如图 2-32 所示。

此处的 THS-C 构型方式已与普锐斯里的 THS 构型有所不同，发动机与太阳轮相连，发电机与行星架相连，齿圈处接有一个制动器，齿圈和行星架分别通过离合器 C2、C1 与 CVT 相连，CVT 将动力输出给驱动桥。并且，此处的行星轮为复合式的，它们共用一个行星架。

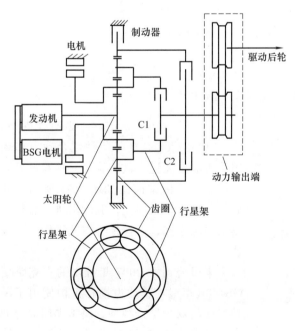

图 2-32　THS-C 构型简图

THS-C 系统主要应用于 Estima（大霸王）和 Alphard（埃尔法）这两款轻型车上，其中 Estima 已经于 2001 年 6 月下线，2003 年秋季丰田公司又在 Estima 基础上推出了 Alp-ard。两者的动力总成基本相同，主要改进之处体现在控制和安全系统上。在 Estima 和 Alphard 车上，THS-C 系统应用于前驱动单元，后驱动单元由一个单独的后电机来提供动力。其动力系统的总体构成如图 2-33 所示。

但是，THS-C 系统存在诸多缺陷。一方面，该系统多数时候相当于并联构型，由前轴的 THS-C 系统与后轴的驱动电机一起驱动车辆，这样很难保证动力电池的 SOC 平衡，存在动力电池充电不足时便无法使用后电机驱动的问题。另一方面，THS-C 系统既有 THS 系统又有 CVT，机构十分复杂，成本高昂，这是限制其广泛应用的关键因素。另外，CVT 的加入导致系统中需要一个电机来驱动 CVT 的液压泵，这些因素都导致了系统结构十分繁杂。因此，THS-C 的整体效果并不非常理想，在 2006 年 1 月，Estima 混合动力版重新改型，不再采用 THS-C 系统，而是直接采用 THS Ⅱ结构。在 THS Ⅱ中，由于电机与发电机各自独立，因此在行驶过程中随时可以使用电机提供驱动力，如果动力电池电力不足，发电机可立即进行充电，提高了燃油经济性。实验表明，采用 THS Ⅱ结构的 Estima 在 10-15（日本标准）工况下的油耗为 5L/100km，而采用 THS-C 系统的 Estima 的油耗为 5.38L /100km，新版车型油耗降低了 7.6％。

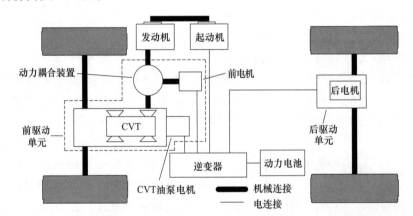

图 2-33　THS-C 动力系统的总体构成

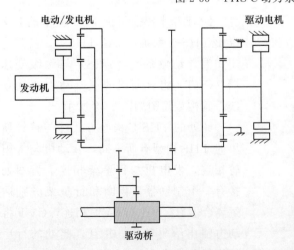

图 2-34　CN1819934A 构型简图

丰田公司于 2005 年发明了专利 CN1819934A，描述了一种混合动力车辆用动力输出装置，该装置是一种双行星排的构型，其构型简图如图 2-34 所示。其后行星排行星架锁止，驱动电机与后行星排太阳轮连接，后行星排在此提供一个减速比。

丰田公司于 2007 年推出的雷克萨斯 GS450h 车型，其动力耦合机构使用了一种特殊的双行星排构型，属于丰田混合动力系统的第二代 THS Ⅱ系统，又称为输入分配增扭型结构，其构型简图如

图 2-35 如示。

从图 2-35 中可以看出，该构型前排是一个普通的行星排机构，而后排采用了拉维娜式的行星排机构。这种行星齿轮机构又称为复合式行星齿轮机构，它可视为由两个普通的行星齿轮结合作为单排式的动力耦合装置。该行星排中包含两个太阳轮，即前太阳轮和后太阳轮，还包含一个公共的复合式行星架，此复合行星架由两个半径不同的行星架组合而成，这两组行星架上的行星轮都能够绕行星架独立旋转，但只有一个固定速比，小行星架的内行星轮与前太阳轮相啮合，

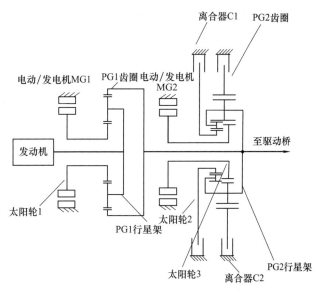

图 2-35 雷克萨斯 GS450h 构型简图

也只有一个固定速比。齿圈同样与大行星架的外行星齿轮相啮合。显然，这种复合式的行星齿轮机构，能够看成共用一个行星架和一个齿圈的双行星齿轮。

2.3.1.2 油液混合动力汽车构型方案与特点

油液混合动力常被称为液驱混合动力。与油电混合动力不同，液驱混合动力汽车的能量元件为液压蓄能器，使用液压泵/马达作为能量转换元件。由图 2-36 可知，与液压蓄能器相比，燃料电池和蓄电池有较高的能量密度，所以一般油电混合动力汽车的续驶里程较长，比较适合应用于中、小型车辆上；而液压蓄能器具有功率密度大的特点，能够快速、高效地存储和释放大量能量，所以在回收制动能量时，可以回收和利用绝大部分被传统汽车以热能耗散掉的制动动能，适用于城市公交车、运输车及军用卡车等大型且频繁启停的车辆。另外，液压再生系统结构简单、工作可靠、使用寿命长。但是液压蓄能器的能量密度较低，所以以液压系统单独驱动时的续驶里程较短。如图 2-37 所示为各种储能装置的重量比较结果。由图2-37 可知，在相同条件下，液压储能系统重量明显轻于钠氯化镍电池系统、镍氢电池系统和超级电容系统，有利于减轻汽车整备重量，降低汽车行驶阻力，更大限度地提高液驱混合动力车辆的有效载荷和燃油经济性。此外，液压蓄能器生产制造技术较为成熟，维护及回收过程也简便，并且不会污染环境。但对蓄电池和电气装置进行操作时，可能会有受伤、侵蚀和火灾的危险。同时，蓄电池中含有大量的电解液和铅等有害物质，回收过程中可能会出现泄漏而严重污染环境。液压泵/马达具有比功率高、结构紧凑、重量轻、所需安装空间小、输出扭矩大、控制精度高、响应速度快等优点。凭借其突出优势，液压驱动系统在某些车辆上得到应用，如 Eaton 公司的 HLA 系统、沃尔沃公司的 L30G、Caterpillar 公司的 906H2 等。

国内对液驱混合动力汽车技术的研究起步较晚，近年来，随着能源危机和环境污染的加剧，深入研究节能环保汽车势在必行，国内多所高校及科研机构，纷纷开展了该项技术的研发，并取得了良好的进展。其中，南京理工大学是国内从事液压驱动汽车技术研发工作较早

的高校之一，其研究内容主要包括二次调节静液传动系统的控制、液压元件特性分析以及整车能量管理策略等问题，并基于实车平台进行了该技术的应用研究；哈尔滨工业大学针对恒压网络车辆静液驱动系统及其控制规律开展了深入的研究；上海交通大学以及北京理工大学针对制动能量回收单元进行了元件匹配、制动能量回收策略的研究，并将该项技术应用于城市公交车制动系统的改进，取得了良好的效果；吉林大学对载重汽车液压驱动混合动力系统方案和控制技术进行了研究；北京嘉捷博大汽车节能技术有限公司和北京创世奇科技公司等企业相继开展了对液驱混合动力汽车的研发工作，并取得了一些研发成果。如北京嘉捷博大汽车节能技术有限公司成功研制出了液驱混合动力公交车样车，并在北京公交线路上试行，北京创世奇科技公司完成了汽车无级变速混合驱动装置的开发工作。

对于液驱混合动力汽车，液压驱动系统在车辆启动和加速的过程中，释放能量以满足系统间歇性、大功率的要求；通过改变斜盘的摆动方向可实现液压泵/马达在转矩-转角域内的四象限内工作，既可作为马达驱动负载，又可作为泵对负载进行制动，并具有容易实现正反转、操纵性强及可靠性高等优点。然而，液压元件的运行区域对其工作效率有很大关系，需要制定合适的控制规则，使液压元件保持较高的效率。

按照能量再生系统与发动机的不同配置形式，液驱混合动力车可分为四种：串联式、并联式、混联式和轮边式。这四种不同形式的液驱混合动力系统各具特点，下面分别进行具体介绍。

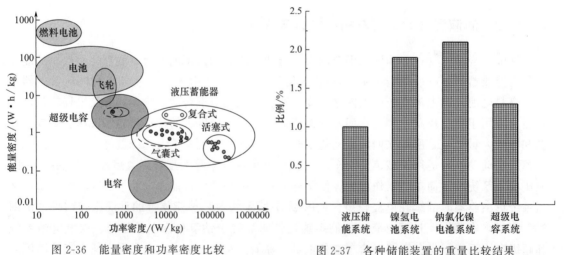

图 2-36　能量密度和功率密度比较　　　　图 2-37　各种储能装置的重量比较结果

（1）串联式液驱混合动力汽车

如图 2-38 所示为串联式液驱混合动力系统结构。传动系统由发动机、变量液压泵、液压蓄能器、双向变量马达（液压泵/马达）和驱动桥组成。其动力传输路线为：发动机通过带动变量液压泵，将机械能转化为液压能输送至液压泵/马达，再由液压泵/马达产生驱动转矩驱动汽车行驶。可以看出串联式液驱混合动力汽车是基于纯液压传动的混合动力传动形式，属于重度混合动力的范畴。这种构型是由发动机和液压蓄能器基于能量的混合，液压泵/马达作为驱动执行元件，通过离合器与驱动桥连接来驱动汽车行驶的。当汽车制动或者下坡时，液压泵/马达作为泵工作来回收汽车的制动动能，并将回收的制动能量存储在液压蓄能器中；当汽车加速时，汽车可同时从发动机和液压蓄能器获得驱动功率，此时汽车的动力性达到最佳；汽车达到正常行驶速度后，仅由发动机驱动汽车。与串联式油电混合动力汽车相似，由于发动机和驱动轮之间没有直接的机械连接，串联式液驱混合动力汽车使发动机与路面负荷解耦，可以根据汽车结构和需求驱动功率，来实现无级变速的精细速度调节。依据适当的整车能量管理策略，可以使发动机始终工作在最优工作区域，这对降低燃油消耗、减少排放等有着积极贡献。由于汽车驱动桥只与液压泵/马达连接，所以控制技术较为简单，可以方便地实现制动能量回收，该布置形式适合路况复杂的城市公路行驶的汽车。在环保要求高的市区，汽车在低速行驶时，也可以关闭发动机进入纯液压驱动状态，使汽车达到零排放的要求。但是，系统中发动机发出的所有能量都须经过动能-液压能-动能的转换过程，因转换环节多而导致能量损失较多。串联式液压混合动力传动的典型代表是美国环保署（EPA）的全液压混合动力系统。

多年以来，美国环保署一直与其合作伙伴致力于液压驱动技术的应用和推广，取得了多项专利和研究成果。2004 年，美国福特公司将 EPA 为其提供的节能技术应用在 F-550 拖车上，试验结果表明城市工况下该技术可提高燃油经济性 25%～45%，有害气体的排放量降低了 20%～45%，并预计可将有害气体排放的数值减少到 70%。同

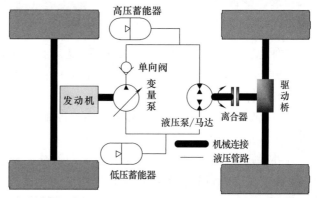

图 2-38　串联式液驱混合动力系统结构

年，EPA 在全球汽车工程师会议（SAE）上展示了与其合作机构共同研发的一款基于液压节能技术的串联式多功能商务用车，新技术及能量控制策略的采用使其制动能量回收的效率优化至 82%～90%。并称投入较少的单车成本，在使车辆动力性增强的同时，可令燃油经济性提高 55%。

2005 年，EPA 与 Eaton 公司联合开发了一种液压混合传动系统，并将其应用在 UPS（United Parcel Service）的邮递车上，可使燃油经济性提高 60%～70%。从 1995 年起，瑞典的沃尔沃公司就开始致力于节能汽车的研究，并于 1997 年成功研制了液压储能式公共汽车。沃尔沃公司成功研制的 Cumulo 动力驱动系统有并联式和串联式两种构型。

串联式液驱混合动力的一大优点就是便于对发动机进行控制，但其结构特点也决定了能量转化效率一般比较低，若液压元件的工作区域恶化，系统效率会变得更低。与串联式相比，并联式液驱混合动力系统能够提高系统效率。

（2）并联式液驱混合动力汽车

与油电混合相似，并联式液驱混合动力系统也存在多种构型，各种构型的主要区别体现在液压泵/马达在离合器输入输出、变速器输入输出等耦合位置的不同。以变速器输出端耦合为例，其结构如图 2-39 所示。并联式液驱混合动力汽车以发动机作为主要动力源，液压蓄能器作为辅助动力源驱动车辆，它可以根据元件参数匹配及整车改造成本，灵活调节液压蓄能器与发动机的功率比。与串联式结构不同的是，并联式液驱混合动力汽车的发动机可以通过机械传动系统直接驱动车辆行驶，在这种机械路径中，由于没有液压能的中间转换，因而其能量的利用率得到提高。并联式液驱混合动力汽车对传统汽车动力传动系统的改动较

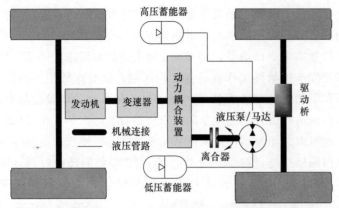

图 2-39　并联式液驱混合动力系统结构

小、改装成本较低、控制环节相对简单，因此并联式结构比较适合应用于对成熟车型进行的改造，在公交车和重型卡车上的应用较多。

在并联式液驱混合动力汽车中，保留了传统汽车的动力传动链，只是在原传动链上，增加了由双向变量液压泵/马达和液压蓄能器组成的液驱系统，从而形成了双动力系统。当汽车制动时，双向变量液压泵/马达工作于液压泵状态，此时液驱系统转换为制动能量回收系统，利用传动轴上的动能，将低压液压蓄能器中的工作油压入高压液压蓄能器中，由双向变量液压泵/马达完成高、低压蓄能器之间的能量交换。当高压液压蓄能器储满高压油或紧急制动时，控制器自动切换到传统摩擦制动模式，以保证制动的安全性。发动机启动时，将所有液压元件的变量倾角调到零位，以减小启动时的阻力。

在并联式液驱混合动力汽车中，很大一部分能量以机械传动的方式高效地传递给驱动轴，只有小部分能量转化为液压能，因此液压元件功率较低、体积和重量较小、整体效率高、噪声小。但是，并联布置方式不能实现液压传动无级变速，发动机与驱动轮直接连接，要求对发动机进行瞬态操作，燃油经济性较差。其中并联式液压混合动力传动系统的代表有Permo-Drive 公司的 RDs 和 Eaton 公司的 HLA 等。

上海交大神州汽车设计有限公司在原有公交车基础上通过加装一套液压动力系统，成功开发了并联式液驱混合动力公交车，如图 2-40 所示，该车在城市工况下可节能 15%～30%，同时尾气排放物可减少 15%～25%，并于 2006 年 5 月起相继在上海、宁波试验运行。吉林大学、哈尔滨工业大学等高校也对并联式液驱混合动力汽车进行了深入研究，如图 2-41 所示是哈尔滨工业大学经过多年潜心研究，自主开发的并联式液驱混合动力汽车。

图 2-40　上海交大神州液驱混合动力客车

图 2-41　哈尔滨工业大学自主开发的并联式液驱混合动力汽车

（3）混联式液驱混合动力汽车

混联式液驱混合动力汽车基本原理如图 2-42 所示。这种构型是串联式结构与并联式结构的综合，它同时具有串联和并联的特点。混联式结构能够使发动机、液压泵、双向变量马达等部件进行更多的组合，从而在结构上可实现更多的工作模式，使车辆在复杂的工况下系统工作在最优状态成为可能，更容易实现低排放和低油耗目标，这一点类似于混联式油电混合动力汽车。虽然混联式结构在理论上最容易实现性能最优，但是由于系统过于复杂，系统对部件的性能要求高，导致了车辆可靠性难以保证、设计加工困难、造价高等缺点。因此，混联式混合动力系统在研究、开发和应用中都受到很大的限制。

同样，混联式液驱混合动力汽车也存在多种形式，包括离合器开关式和行星齿轮功率分流式液驱混合动力汽车等。

离合器开关式就是通过离合器的锁止与分离来实现串联工作模式与并联工作模式间的相互切换，如图2-43所示。发动机发出的能量既可以通过机械传动输送给变速器、主减速器，以并联结构的方式驱动车辆行驶，也可以将发出的能量通过液压变量泵转换为液压能输送给液压泵马达，以串联结构的方式驱动车辆行驶。具体而言，当离合器1、离合器2都分离时，系统以串联模式运行；当离合器1、离合器2都接合时，系统以并联模式运行。这种混联式构型通过离合器的开关状态实现，相对比较容易，但不能发挥混联式液驱混合动力汽车的最佳性能。

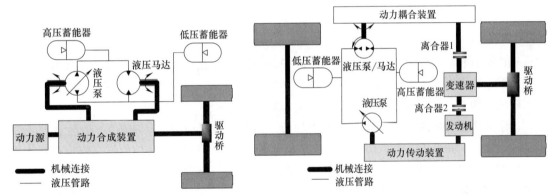

图 2-42 混联式液驱混合动力汽车基本原理　　图 2-43 离合器开关式混联式液驱混合动力传动系统

如图2-44所示是双行星排液驱混联式混合动力系统，这种结构包括前行星排、后复合行星排、液压泵/马达A、液压泵/马达B、高压蓄能器及低压蓄能器等。该系统通过双行星排耦合，液压泵/马达A可以根据工况的动力需求通过前行星排调节发动机的转速，使得发动机的转速从车速中解耦出来，这样可使发动机工作于理想的转速区域；同时，在后行星排与驱动桥相连的输出轴上安装了大功率的液压泵/马达B，可以使得发动机的转矩从路面负荷转矩中解耦出来，这样就使发动机可以运行于理想的转矩区域。该构型中取消了传统变速器，使整车系统得到极大简化，不仅其自身的传动效率高，而且能够使发动机工作在最佳的转速-转矩点，即最佳的燃油经济性区域。

行星齿轮功率分流式中的串联分支与并联分支始终都处于工作状态，而由行星齿轮在串联分支和并联分支之间进行发动机输出能量的合理分配。此结构可通过辅助元件（发电机或泵）对串联分支实施需要的控制，同时可通过并联分支来维持发动机与驱动轮间的机械连接，能够实现对发动机的转速、转矩双解耦控制，具有达到汽车最佳性能的潜能。行星齿轮功率分流式是全功率分流控制，性能优良、系统结构紧凑、集成度高，但需要制造相对复杂

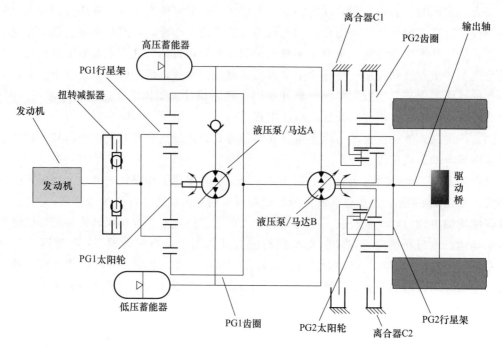

图 2-44　双行星排液驱混联式混合动力系统

的行星齿轮机构，实际实现相对困难，同时控制系统相对复杂，对控制策略要求较高。这种系统虽然结构比较复杂，但可以支持足够的转矩输出，适用的范围广，如可以应用于 SUV 等四轮驱动混合动力汽车或中型混合动力货车等。

汽车在中低速行驶时，汽车运行所需的转矩由发动机单独提供，液压泵/马达 A 作为液压泵吸收能量，液压泵/马达 B 自由旋转，动力由发动机经前行星排与后复合行星排传至车轮。汽车在低负荷加速工况或低速驶工况时，汽车运行所需的转矩由液压泵/马达 B 单独提供。在车辆需求功率大于发动机效率优化的功率时，发动机与液压泵/马达 B 共同驱动车辆，液压泵/马达 A 根据功率的不同需求及储能值的高低来判断是作为液压马达参与驱动还是作为液压泵吸收驱动剩余能量，在这种工作模式下，汽车的动力性达到最佳。制动模式根据汽车的状态分为液压泵/马达 B 制动和联合制动两种情况：在中低速情况下，由液压泵/马达 B 作为液压泵运行，回收制动能量，此时为纯再生制动；在高速情况下，机械制动器和液压泵/马达 B 联合制动，以保证制动安全性。

（4）轮边式液驱混合动力汽车

如图 2-45 所示是轮边式液驱混合动力系统。该系统主要由发动机、液压泵、液压泵/马达和高、低压蓄能器等组成。可以将该系统视为由四个二次元件并联而成的串联系统，每个二次元件均具有相等的输入压力。轮边式液驱混合动力汽车的结构原理比较简单，与纯电动汽车的轮毂电机分散式布置形式比较类似。

轮边式液压混合动力车的工作原理如下。

控制器接收驱动请求并且发出指令控制发动机工作，发动机直接驱动液压泵，给液压系统或液压蓄能器提供液压油。每个液压泵/马达均直接驱动车轮，在驱动车辆行驶时由液压泵或高压蓄能器提供压力油，驱动液压泵/马达使车轮转动；制动时将车辆的惯性能通过液

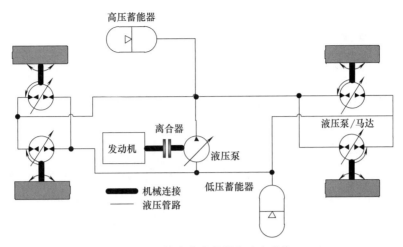

图 2-45 轮边式液驱混合动力系统

压泵/马达转换为液压能储存到高压蓄能器中。该系统具有一个特别的优点,即可实现无级调速,它可单独控制每个车轮,这样就大大改善了车辆的动力性,同时也大大简化了车辆的底盘系统,可实现多样化的工作模式,具有较好的节油效果和驾驶性能。

相对传统车辆的传动系统,轮边式驱动布置方案便于引进电子控制,能够从原理上避免车桥差速器在地面附着力不足的情况下打滑甚至失控,而不增加额外的能量损失,适合应用于行驶路面条件不固定或行驶条件较为恶劣的汽车。对驱动轮采用独立的驱动形式,也能降低集中驱动对传动系统强度的要求,因而适用于大功率工程或运输车辆。轮边驱动混合动力汽车结构简单,但对控制的要求很高,使驱动元件成本增加,并降低了可靠性。由于存在能量的多次转化,系统总体效率偏低。此外,轮边式布置构型造成的非簧载质量增加,对车体悬挂方式的设计也提出了更高的要求。但从车辆性能和适用范围来看,轮边驱动车辆较传统轴驱方式车辆具有明显的优势。

轮边驱动车辆的关键技术可总结如下:车辆关键部件的参数匹配和优化、合适的能量管理策略、液压泵/马达的控制策略或驱动轮协调控制技术、车辆悬架设计等。

2.3.2 插电式混合汽车构型方案与控制策略

插电式混合动力汽车本质上是一种可从外部电网对动力电池进行充电的混合动力汽车,因此插电式混合动力汽车的动力系统结构和常规混合动力汽车相似,包括发动机、电动机/发电机和动力电池等,具有纯电动驱动模式和混合动力驱动模式。

2.3.2.1 构型方案与特点

一般插电式混合动力汽车的电池容量较常规混合动力汽车更大,便于实现从外部电网对动力电池进行充电,所以插电式混合动力汽车的纯电动续驶里程较长,同时,插电式混合动力汽车也可以像常规混合动力汽车一样工作。

插电式混合动力汽车可分为牵引力组合式、转矩组合式和转速组合式,结构原理分别如图 2-46 (a)~(c) 所示。

与 2.3.1 小节介绍的常规油电混合动力汽车相似,根据主要动力源功率分流与合成方式不同,插电式混合动力汽车又可分为三种基本类型,即串联式、并联式和混联式。其结构特

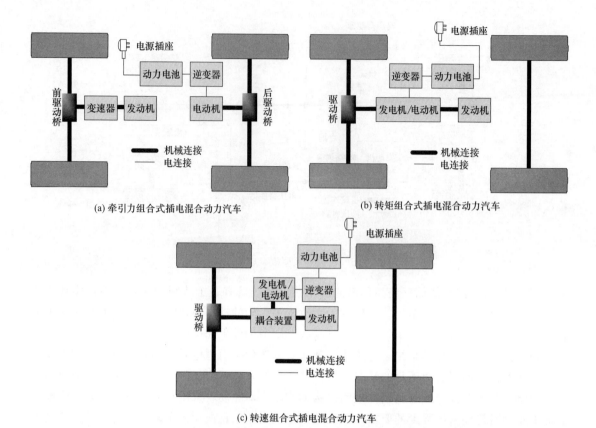

(a) 牵引力组合式插电混合动力汽车

(b) 转矩组合式插电混合动力汽车

(c) 转速组合式插电混合动力汽车

图 2-46　插电式混合动力汽车结构原理

点是在传统混合动力汽车上加装或改装可外接充电的动力电池。因此，不同类型的常规混合动力汽车所具备的特点在相应类型的插电式混合动力汽车上依然存在，不同的是插电式混合动力汽车的动力电池和电机功率相比普通混合动力汽车要大许多，而发动机功率一般相比普通混合动力汽车要小。

串联插电式混合动力汽车的特点是：由动力电池的电能提供驱动力，当动力电池中的电量消耗到一定程度时，发动机带动发电机发电，电能直接由发电机输送给电动机，发动机不直接驱动汽车，而由电动机产生的动力驱动汽车；发电机与驱动桥之间通过电能实现动力传递；由于发动机与车轮之间无机械连接，可以使发动机一直工作在最佳工况点附近，类似于普通串联式油电混合动力汽车；它避免了发动机的怠速和低速运转的工况，从而提高了发动机的效率，减少了废气排放。其结构原理如图 2-47 所示。

并联插电式混合动力汽车的特点类似于并联式常规混合动力汽车，可以采用发动机和电动机单独驱动或者两者联合驱动汽车，发动机和后面的变速器有机械连接，由动力电池-电动机所提供的动力在原驱动系统的某一处和发动机动力汇合。发动机和电机系统是相互独立的，不仅可以实现纯电动行驶，还可实现发动机单独驱动行驶。在功率需求比较大时可以由发动机和电动机联合驱动行驶。其结构原理如图 2-48 所示。

混联插电式混合动力汽车的特点是：在结构上综合了并联和串联插电式混合动力汽车的特点，发动机发出的一部分功率可以通过机械方式传递到驱动桥，另一部分则驱动发电机发电，发电机发出的电能输送给电动机或动力电池，电动机产生的驱动力矩通过动力耦合装置传送给驱动桥。混联构型充分发挥了串联式和并联式的优点，能够使发动机、发电机、电动机等部件实现更好的优化匹配。停车时，通过车载电源对动力电池外接充电，低速行驶时，驱动系统主要以串联方式工作，高速行驶时则以并联方式工作。其缺点是结构复杂，可靠性较差。其结构原理如图 2-49 所示。

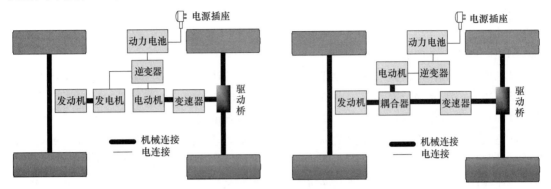

图 2-47 串联插电式混合动力汽车结构原理　　　　图 2-48 并联插电式混合动力汽车结构原理

2.3.2.2 插电式混合动力汽车控制策略

近些年，国内外学者对插电式混合动力汽车的控制策略做了大量研究，并针对不同的动力系统构型提出了多种能量管理策略。基本分为以下几种：基于逻辑门限值的能量管理策略；智能控制能量管理策略；瞬时最优能量管理策略；全局最优能量管理策略。

对于基于逻辑门限的能量管理策

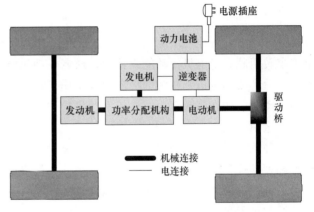

图 2-49 混联插电式混合动力汽车结构原理

略，在动力电池电量充足时的短距离行驶中，插电式混合动力汽车只工作于纯电动模式；而当动力电池荷电状态 SOC 下降到一定程度或电机功率不能满足需求功率时，插电式混合动力汽车则需要像 2.3.1 小节中常规混合动力汽车一样工作。其控制策略如图 2-50 所示，从动力电池电量的角度看，插电式混合动力汽车的运行模式可以分为电量消耗模式（Charge-Depleting Mode，CD 模式）和电量维持模式（Charge-Sustaining Mode，CS 模式）两种；从驱动功率源的角度看，插电式混合动力汽车可以工作在纯电动驱动模式、以电机为主的驱动模式和以发动机为主的驱动模式三种。

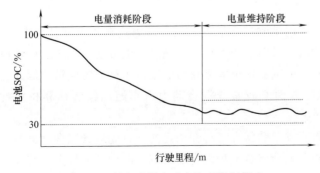

图 2-50 插电式混合动力汽车控制策略

（1）纯电动驱动模式

在纯电动驱动模式下，驱动车

辆的动力全部来自电驱动系统，即消耗动力电池内部的电能来驱动汽车行驶，直到电池荷电状态下降到设定的阈值，CD 阶段结束。为了实现纯电动驱动模式，电驱动系统至少能够满足循环工况的最大转矩需求，否则汽车的动力性将无法满足需求。因此在设计时必须选择大功率的驱动电机和大容量的动力电池，然而，这样一来就会导致电机与电池的尺寸增加，电驱动系统的成本升高。纯电动驱动模式的优点是它不涉及动力源的切换，在这种模式下汽车像纯电动汽车一样运行，车辆行驶平顺性好，而且在 CD 阶段能够实现零排放、零污染。

（2）以电机为主的驱动模式

以电机为主的驱动模式与纯电动驱动模式相似，不同之处在于当驾驶员需求功率较大时，发动机也参与驱动，而不是由电机单独驱动。车辆行驶时，如果需求转矩较小，且在驱动电机的驱动能力范围内，那么电机单独驱动就能够满足驾驶需求；如果需求转矩上升到一定值，超过了驱动电机的驱动能力范围，电机单独驱动已不能满足驾驶需求，此时就会启动发动机进行助力，补偿超出电机驱动能力的那部分需求转矩。由于发动机输出的补偿转矩较小，整体输出能量较小，因此即使发动机不能工作在高效区，整车燃油消耗仍然相对较小。但是此时发动机的排放性能较差，如果选择这种驱动模式，需要着重对其排放进行处理。

（3）以发动机为主的驱动模式

在以发动机为主驱的动模式下，发动机作为主动力源，电机是辅助动力源驱动车辆。车辆行驶过程中，可能先由电机单独驱动，也有可能在整个 CD 阶段都由电机来驱动。但是如果需求转矩超过了电机驱动能力范围，或者发动机能够工作在高效区，则启动发动机。发动机启动后，驱动电机则作为辅助动力源工作，补偿超过发动机高效区的那部分需求转矩，尽量使发动机工作在高效区内。由于发动机参与工作的机会较多，燃油消耗量较多，因此动力电池电量消耗较小。

三种驱动模式各有利弊。纯电动驱动模式在 CD 阶段能够实现零排放、零污染，但是与另外两种模式相比，动力性相对较差。另外，如果电池与驱动电机选择不当，甚至会出现电驱动系统输出能力不能满足循环工况需求的问题。而且这种模式下电池 SOC 消耗最快，纯电动续驶里程最短。在以电机为主的驱动模式下电池电量消耗较慢，纯电动续驶里程较长，而且发动机可以输出补偿力矩，不存在动力系统输出能力不满足循环工况需求的问题。但是由于发动机在低效率区工作产生的排放问题，需要特别注意。在以发动机为主的驱动模式下，电池电量消耗最慢，同样不存在动力系统输出能力不满足循环工况需求的问题，但是发动机工作机会多、时间长，使整车燃油消耗量较大，废气排放较多。

2.3.3 小结

当前，市面上在售新能源汽车中，纯电动汽车和插电式混合动力汽车是主要销售车型。而混合动力汽车是从传统汽车向纯电动汽车过渡的中间形式，插电式混合动力汽车虽然本质上是混合动力汽车，但其由于能够从外界电网获取电能来作为驱动汽车行驶的能量，因此被认为是最接近纯电动汽车的混合方式，故而其较常规混合动力汽车燃油经济性和排放性更好。

本小节在对插电式混合动力汽车构型方案和特点进行介绍之前，首先对其混合动力基本属性进行了介绍，即介绍包括油电混合和油液混合两种混合动力汽车的构型和特点。首先介绍了传统油电混合动力汽车的几种构型及其特点和应用实例，具体包括串联式、并联式和混联式油电混合动力汽车，每种构型都有其独特的优势，也都有其适宜的应用范围，但不可避免地也有相应的缺点，较传统汽车，各构型油电混合动力汽车都能够在不同程度上实现能量的高效利用，同时对降低排放有着积极贡献。传统油电混合动力汽车凭借其综合优势而得到了广泛认可，是一种实用的节能汽车。而油液混合动力是一种较为新型的混合动力技术，国外油液混合动力汽车在 20 世纪 80 年代已经开始研制，作为节能环保汽车新技术的一个重要分支，其在回收车辆制动和惯性能量以及提高燃油经济性等方面表现突出，已引起各国政府、科研机构及汽车制造商的高度重视，因此本小节继续介绍了油液混合动力汽车基本构型，包括串联式、并联式、混联式和轮边式，以及各构型的特点和应用情况。基于以上混合动力基本属性，本小节最后介绍了插电式混合动力汽车的基本构型和特点，并描述了插电式混合动力汽车基本控制策略。

2.4　本章结语

本章详细介绍了纯电动汽车、燃料电池汽车和插电式混合动力汽车的构型方案与特点。按照纯电动汽车的发展历程，纯电动汽车构型可划分为四种基本类型，其中轮毂电机分散式凭借其明显优势而成为纯电动汽车的发展方向。然而，由于存在电池瓶颈问题，纯电动汽车还有待发展，而具有纯电动及混合动力行驶特性的插电式混合动力汽车因具有更长的续驶里程、优越的燃油经济性而被广泛推广和应用，成为目前最受欢迎的新能源汽车。除此之外，插电式混合动力汽车被广泛认为是构型最繁多、设计最复杂、控制最困难的一种新能源汽车。因此，本章在对纯电动汽车，以及作为电电混合的燃料电池汽车构型方案与特点进行系统介绍之后，重点介绍了插电式混合动力汽车构型方案和基本属性特点。本章对于常规混合动力构型方案与特点的描述，既是针对插电式混合动力汽车构型方案与特点的补充，又对其他新能源汽车的设计和分析具有指导意义。

在车辆研发过程中，通过权衡各构型的优缺点选择出最佳方案，是实际工程中的一项重要技术。而因混合动力构型所具备的典型性，本节总结混合动力基本构型特点：串联式混合动力车型虽具有整车底盘布置的自由度较大、动力总成控制简单等优点，但驱动系统中因存在能量二次转换导致总体效率较低，所以在乘用型轿车中比较少见；并联式混合动力车型与串联式混合动力车型相比，具有能量利用率较高的优点，适合行驶在城市间公路和高速公路等工况，但因为发动机与车轮之间仍为机械连接，所以在车辆低速工况下，发动机的工作效率不高；混联式混合动力车型虽然其结构相对复杂，对整车结构设计、能量管理和系统控制提出了较高的要求，但可实现发动机转速与转矩的双解耦，可将发动机控制在最优工作区域内。

综上所述，随着电子控制等相关技术的不断提高，混联式混合动力构型具有最大限度提高汽车燃油经济性的潜能，而成为当前的研究热点，也是各类型混合动力汽车的发展趋势。总之，如何合理地进行混合动力汽车构型分析、系统优化设计与控制是一项关键技术，也是实际研发过程中的一大难点。

第3章
新能源汽车的节能机理

新能源汽车如何节能、其节能潜力多大，是新能源汽车领域的一个普遍的基础性研究课题。新能源汽车有多种类型，其中插电式混合动力汽车因在纯电动行驶功能基础上又具备混合动力基本属性，故而相较于其他类型新能源车辆存在构型繁多、设计更复杂、控制更困难等技术难点，因此研究（插电式）混合动力汽车基本属性被认为是新能源汽车技术研究的重要突破口。从驱动能量形式分析，纯电动汽车可被看作是混合度为零的混合动力汽车，而燃料电池汽车则是电与电混合的混合动力汽车，因此新能源汽车节能的本质均能以混合动力的形式进行定义。换句话说，对新能源汽车节能研究的实质的重要突破口是研究混合动力系统的节能机理，具体而言，即考查混合动力汽车能量消耗的特点，并单独分析各节能途径对节能的贡献率，以获知整车的最大节能潜力。

混合动力汽车节能途径可以归结为两个方面，一是整车设计，二是整车控制。通过深入研究混合动力汽车的节能机理，定量地分析每种节能途径的贡献，可以为整车性能改善与技术方案的选择指出明确方向。

例如，通过节能机理分析可预测消除怠速对节能的贡献，如果通过消除怠速的方式能够达到节能指标要求，整车设计方案就可选择成本较低、改动较少的 ISG（集成启动与发电）方案，从而缩短混合动力汽车的研发周期，降低开发成本。另外，通过节能机理的研究，可考核各节能措施的应用价值并为动力总成设计提供依据。例如，传统城市公交客车运行过程中启停频繁，导致大量能量通过制动系统的摩擦以热能的形式散发到大气中，不仅造成制动系统的过度磨损，还对环境造成一定污染。

混合动力公交客车可通过设计复式制动系统进行制动力的合理分配，并尽最大可能地回收再生制动能量；复式制动系统能为混合动力客车带来多少节能贡献，其性能是否高于传统的制动系统，以及如何选择电机的参数，以最大限度回收制动能量等问题，均可通过节能机理研究给出明确的答案。另外，节能机理研究还能定量考核降低发动机功率对整车的节能贡献，为混合动力汽车发动机选择提供理论依据。

目前，国内尚未针对混合动力汽车的节能机理进行过深入细致的研究，更鲜有相关文献和报道对混合动力汽车多节能途径进行定量深入考查，国外对混合动力汽车能量消耗特点及节能机理进行深入研究的文献和报道也并不多见。

本章通过建立混合动力客车的能量消耗分析模型，详细考查传统型客车在典型城市循环工况下的能量消耗及其特点，探求混合动力汽车的节能途径，并定量分析混合动力汽车在各节能途径上的贡献率和节能潜力，为混合动力汽车设计与控制提供依据。

3.1 混合动力汽车的功率需求与能耗计算

为了分析混合动力汽车在确定工况下的能量消耗特点以及不同节能措施的节能贡献，本书在确定车辆功率流关系的基础上建立了不同部件的能量计算模型。然而，混合动力汽车功率需求的大小直接影响车辆的能量消耗，因此准确地计算出需求功率对分析混合动力汽车节能机理至关重要。

本节给出了一般的传统功率计算方法，然后针对传统功率计算方法的不足，提出一种直接通过加速性指标，设计整车动力源总功率的合理实用的求解方法。

3.1.1 需求功率的计算方法

由动力性求解汽车总功率需求的传统方法，一般是通过理论与仿真相结合，采用逐步迭代的方法来确定。

传统功率计算方法从保证汽车预期最高车速的角度，初步选择汽车总的需求功率。传统计算方法中，以最高车速作为动力性指标中的重要一项，也能够反映出汽车的加速和爬坡能力。依据车辆的最高车速，用滚动阻力功率 P_f 与空气阻力功率 P_w 之和来估算车辆的最大需求功率。

$$P_1 = P_\mathrm{f} + P_\mathrm{w} = \frac{1}{3600\eta_\mathrm{t}}\left(Mgfv + \frac{C_\mathrm{D}A}{21.15}v^3\right) \tag{3-1}$$

式中，P_1 为车辆以最大车速行驶时的总功率；C_D 为空气阻力系数；A 为汽车迎风面积；f 为汽车滚动阻力系数；η_t 为传动系统的机械效率；M 为满载质量；g 为重力加速度；v 为车速。

为了确保车辆能够满足设计中的爬坡度的要求，计算出车辆以一定的速度在一定的坡度上行驶时，车辆的需求功率还需要考虑车辆的坡度阻力功率 P_i，如式（3-2）所示。

$$P_2 = P_\mathrm{f} + P_\mathrm{w} + P_\mathrm{i} = \frac{1}{3600\eta_\mathrm{t}}\left(Mgfv\cos\theta + \frac{C_\mathrm{D}A}{21.15}v^3 + Mgfv\sin\theta\right) \tag{3-2}$$

式中，P_2 为车辆以一定的速度在一定的坡度上行驶的总功率；θ 为道路坡度角度；η_t 为传动系统的机械效率。

最终，采用 P_1 和 P_2 中的较大值作为整车功率的功率需求值。由于该传统的功率计算方法仅考虑了车辆的最高车速和爬坡性能的要求，依据该公式计算出来的最大功率不是总能满足车辆加速性要求。因此，一般情况下，还需要进行以下几步才能最终确定出正确的整车需求功率。

① 先结合附件功率初定一个最大功率，然后依据该参数进行混合动力汽车各个动力源参数的匹配。

② 得到各部件的参数后，在仿真软件中建立混合动力汽车整车模型，进行仿真，求解当前车辆的加速时间。

③ 当仿真得到的加速时间不符合车辆设计要求时，对需求功率进行修改，然后重复上述①和②；直到仿真的结果达到设计要求规定的加速时间时，需求功率才能够被确定下来。

这种传统的求解汽车总功率需求的方法，通过理论与仿真相结合，采用逐步迭代的方法一方面不直观，另一方面也存在往返周期长的问题。

为了解决上述问题，本小节探讨一种依据加速时间计算需求功率的方法，并详细推导此种方法的理论方程，探讨方程中的影响系数，再与汽车的加速过程仿真曲线进行综合对比，寻求并验证该方法的合理性和实用性。

（1）实用的功率计算方法

对于大多数汽车，动力源最大功率往往是由加速性能指标决定的，即只要加速性指标得到满足，其他动力性指标同时也会满足。例如，设计某传统汽车时，为保证其加速和爬坡性能，发动机的最大功率选定约为车辆以 100km/h 在平路上行驶时，需求功率的 10 倍，或者是在 6% 坡度上以 100km/h 行驶时，需求功率的 3～4 倍。如图 3-1 所示为质量 1000kg 的汽车在水平路加速过程所需功率与匀速（100km/h）过程

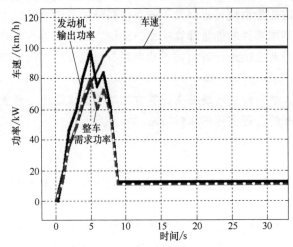

图 3-1　加速功率与高速匀速功率需求对比

所需功率的仿真对比，即加速功率与高速匀速功率需求对比，可见整车加速功率需求远大于高速匀速功率需求。

（2）车辆加速性理论方程

依据车辆加速性指标直接求解动力源总功率时，首先做如下假设。

① 动力源输出特性曲线为等功率曲线 [传统汽车的多挡变速，纯电动汽车（EV）的电机外特性均近似等功率]。

② 忽略加速过程的滚动阻力与空气阻力（对于低速加速过程，道路阻力项数值很小）。根据此假设，汽车的动力平衡方如下。

$$Fv = P \rightarrow F = \frac{P}{v} \tag{3-3}$$

令常功率数值为 P，公式推导如下。

$$a = \frac{F}{M} = \frac{\mathrm{d}v}{\mathrm{d}t} \xrightarrow{F(v) = \frac{A}{v}} \frac{P}{Mv} = \frac{\mathrm{d}v}{\mathrm{d}t} \xrightarrow{B = \frac{P}{M}} B\,\mathrm{d}t = v\,\mathrm{d}v \tag{3-4}$$

$$\int_0^{t_m} B\,\mathrm{d}t = \int_0^{v_m} v\,\mathrm{d}v \tag{3-5}$$

$$2B = \frac{v_m^2}{t_m} = \frac{v^2}{t} \rightarrow v = v_m \left(\frac{t}{t_m}\right)^{0.5} \tag{3-6}$$

因此，汽车起步和加速过程中车速曲线可以按下式来近似表示。

$$v = v_m \left(\frac{t}{t_m}\right)^x \tag{3-7}$$

式中，x 为拟合系数，一般为 0.5 左右；t_m、v_m 分别为加速过程中的时间和末车速；t 为时间；v 为时间 t 时的当前车速；F、v 分别为动力源的驱动力与车速；M 为整车质量。

（3）加速性理论方程影响系数分析

由以上可见，利用式（3-7）表示汽车加速过程中的车速曲线，可方便地估计汽车的动力性。式（3-7）中的系数 x 的取值会影响理论整车加速过程与汽车实际加速过程的拟合程度。相关资料对此系数进行的论述，认为 x 的范围为 0.47~0.53。因为汽车动力源的外特性本身就是近似等功率曲线，若车辆的加速性比较好，即大于等功率曲线，说明汽车加速性好，则 x 取值小。当 x 取不同数值时，该曲线变化规律根据上述理论公式［式（3-7）］可知，它就是一条指数函数 a^x 变化曲线，当 a 小于 1 时，x 越小，指数函数值越大，即汽车加速的车速越快。对比曲线仿真，验证了这个结论，如图 3-2 加速曲线拟合比较所示。

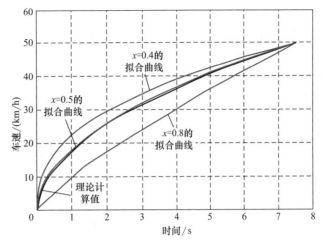

图 3-2 加速曲线拟合比较

通过上述推导与对比可知：将拟合系数 x 取值定为 0.5 是通过假设为理想恒功率源，并忽略滚动阻力与空气阻力得到的。对于实际情况：当考虑阻力时，车速增加较慢，则拟合系数 $x > 0.5$，拟合系数越大说明车辆阻力越大。当不考虑阻力时，或对于动力性强的汽车，其动力源外特性比恒功率特性曲线靠外，则拟合系数 $x < 0.5$，越小说明其动力性越强。

（4）动力源总功率

依据上述加速性理论方程，可推导出直接由加速性指标求动力源总功率的方法。假设整车在平坦路面上加速，根据整车加速过程动力学方程，其瞬态过程总功率如下。

$$P_{all} = P_j + P_f + P_w = \frac{1}{3600\eta_t}\left(\delta M v \frac{dv}{dt} + Mgfv + \frac{C_D A}{21.15}v^3\right) \tag{3-8}$$

式中，P_{all} 为加速过程总功率；P_j 为加速功率；P_f 为滚动阻力功率；P_w 为空气阻力功率；δ 为旋转质量换算系数。

由于假设加速过程中动力源最大输出功率为恒功率，所以整个加速过程的动力输出平均功率与动力源最大功率相同，即

$$P_{all} = \frac{W}{t_m} = \frac{\int_0^{t_m}(P_f + P_j + P_w)dt}{t_m}$$

$$= \frac{1}{3600 t_m \eta_t}\left(\delta M \int_0^{v_m} v\,dv + Mgf\int_0^{t_m} v\,dt + \frac{C_D A}{21.15}\int_0^{t_m} v^3\,dt\right) \tag{3-9}$$

将 $v = v_m\left(\dfrac{t}{t_m}\right)^{0.5}$ 代入式（3-9）得到

$$P_{all} = \frac{1}{3600 t_m \eta_t}\left[\delta M \frac{v_m^2}{2} + Mgf\int_0^{t_m} v_m\left(\frac{t^{0.5}}{t_m^{0.5}}\right)dt + \frac{C_D A}{21.15}\int_0^{t_m} v_m^3\left(\frac{t^{1.5}}{t_m^{1.5}}\right)dt\right] \tag{3-10}$$

化简得到

$$P_{all} = \frac{1}{3600 t_m \eta_t} \left(\delta M \frac{v_m^2}{2} + Mgf \frac{v_m}{1.5} t_m + \frac{C_D A v^3}{21.15 \times 2.5} t_m \right) \tag{3-11}$$

汽车动力源输出功率的主要项为第一项加速功率。一般整车的加速功率需求远大于其他两项。

（5）驱动外特性假设

为了说明上述理论计算公式能否应用到汽车动力源功率设计中，假设某一驱动电机，其外特性尽可能按等功率曲线输出，但由于实际动力源不可能完全做到等功率输出，譬如，某纯电动汽车动力源为近似等功率输出特性的驱动电机。匹配两挡变速器后，假设此时动力源外特性曲线的最高转速与基速的比值为 30，使其动力源更接近等功率曲线，该外特性曲线如图 3-3 所示。

根据此动力源外特性，分别进行理论计算与仿真，并分别就考虑与不考虑汽车加速过程的其他阻力（滚动阻力与空气阻力），对比不同的计算方法求解的整车加速性能。

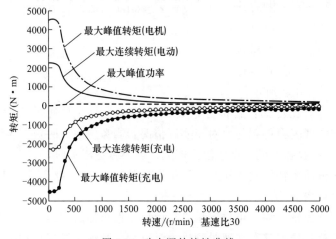

图 3-3　动力源外特性曲线

（6）仿真结果与理论对比

对于上述近似等功率特性的动力源驱动整车行驶，仿真曲线、理论公式积分计算加速曲线与等功率拟合曲线对比，如图 3-4 所示。

可见，上述各条加速过程曲线吻合较好，特别是等功率拟合曲线与理论公式积分计算加速曲线基本完全吻合，而它们与实际仿真曲线在加速后期吻合也较好。

在上述三条曲线的基础上增加实际的阻力项，即考虑整车的空气阻力与滚动阻力时，利用不同的计算方法对其加速曲线与加速时间进行计算，结果对比如表 3-1 所示。

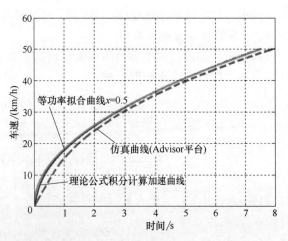

图 3-4　不同方法对加速功率计算和车速预测

表 3-1 不同计算方法加速过程曲线对比

计算方法	0~50km/h 加速时间/s	与仿真结果偏差/s	误差率/%
真实动力源 实际仿真曲线	7.9	—	—
等功率动力源 忽略阻力拟合曲线法 $x=0.5$	7.51	0.39	4.9
真实动力源 忽略阻力理论积分法	7.51	0.39	4.9
真实动力源 不忽略阻力理论积分法	8.17	0.27	3.4

四种计算方法的汽车加速曲线对比如图 3-5 所示。

上述结果表明,用理论公式积分计算出的加速车速和等功率拟合出的加速车速曲线非常吻合。理论公式积分计算是通过逐一迭代积分求解,即通过对动力源外特性驱动力求解后,求得加速度,利用加速度倒数积分得加速曲线。这种方法与等功率拟合曲线 $v=v_{\mathrm{m}}\left(\dfrac{t}{t_{\mathrm{m}}}\right)^{0.5}$ 的计算方法均是在一种假定理想状态下(即没有考虑阻力项)进行的,因此它们之间只是在加速初期偏差稍大,而其后完全吻合。这是由于利用理论公式积分计算时不是完全按等功率(这里假设的动力源基速 170r/min 以下为恒转矩,不可能无穷大),因此低速加速时车速稍低。

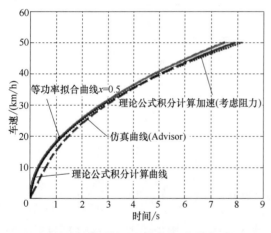

图 3-5 四种计算方法加速车速曲线对比

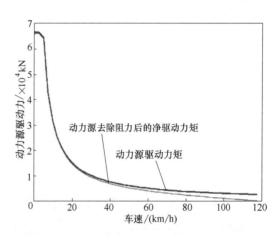

图 3-6 动力源驱动力矩与净驱动力矩对比

而理论计算与仿真的加速曲线有一定偏差,产生偏差的原因之一在于仿真过程并没有忽略加速过程的滚动阻力与空气阻力;还有一部分原因与仿真平台有关,此研究是基于 Advisor 平台进行仿真的。Advisor 仿真平台要考虑实际整车电系统本身的最大电流、电压限制,使电机的实际最大输出功率(或能力)有一定降低,即存在功率损失,使加速时间大于理论计算的 7.5s 左右(仿真为 7.9s)。但通过上述仿真对比,表明这些理论假设计算的动力源功率,与仿真具有很好的吻合性,所计算的最大偏差不超过 5%。说明按此公式,由加速性指标预测动力源总功率及加速过程(时间、车速),与实际仿真情况的偏差控制在工程允许的误差范围内。

进一步分析考虑或不考虑汽车加速过程中的阻力影响的情况。如图 3-6 所示,考虑阻力的理论计算曲线与不考虑阻力的理论计算曲线，在低速时吻合非常好。对比两驱动力与去除阻力后的净驱动力可见，由于低速阻力小的原因，两者驱动力接近，因此加速曲线非常吻合，在高速时由于空气阻力增加，使两者之间的吻合性不如低速时好。考虑阻力后，按理论积分计算的加速曲线与 Advisor 仿真曲线还是比较接近的。理论计算的加速时间 0~50km/h 为 8.17s，与 Advisor 仿真的 7.9s，其偏差更小些，仅为约 3%。

3.1.2　能量消耗分析模型

能量消耗分析模型是能量消耗定量计算的重要依据。机械传动系统及发动机能量分析模型，可同时应用于传统客车与混合动力客车的能量消耗分析。而对于混合动力客车，还需建立电系统（包括电机、逆变器及电池）的能量计算模型。

混合动力汽车的能量消耗是通过对各动力总成的功率积分计算得到的，因此，能量消耗计算以研究其功率流为基础。传统客车与混合动力客车的能量消耗分析都是以传动系统之间的功率流为基础的，因此，为了研究混合动力客车的节能机理，须建立这些动力总成的能量消耗计算模型。

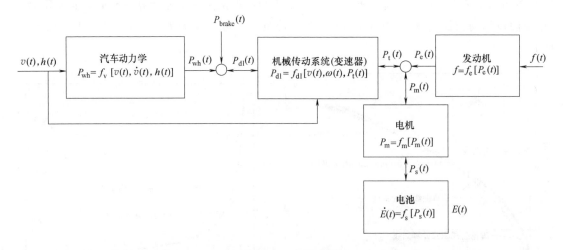

图 3-7　并联式混合动力客车的功率流关系示意

如图 3-7 所示为并联式混合动力客车的功率流关系示意，图中，$v(t)$、$h(t)$ 为工况要求的车速和坡度，即车速、坡度对时间的历程；$\dot{v}_t$、$w(t)$ 为由工况车速计算的加速度及传动系统转速；$P_{wh}(t)$ 为基于汽车动力学方程，由车速、坡度计算的车轮功率要求；$P_{dl}(t)$ 为机械驱动系统功率要求；$f_{dl}(t)$ 为机械驱动系统功率损失函数；$P_t(t)$ 为合成器功率需求；$P_e(t)$、$P_m(t)$、$P_s(t)$ 分别为发动机、电机和电池功率需求；$f_e(t)$、$f_m(t)$、$f_s(t)$ 分别为发动机燃油消耗函数、电机效率（损失）函数和电池效率函数；$E(t)$ 为电池能量。

在上述功率流关系图中，汽车动力学模型主要是通过循环工况的要求车速或坡度（一般坡度为零）计算整车需求驱动力。该需求驱动力传递到车轮时，要受地面附着极限的限制，因此它包括整车与车轮的建模，而机械传动系统的建模可以通过等效轴模型来简化。动力源模型分为发动机与电系统两大部分，而电系统模型又包括电机、逆变器和电池能量计算模型。

下面将分别对其进行讨论。

3.1.2.1　整车动力学建模

由于城市公交客车为后轮驱动型，假设汽车在坡度为 α 的路面上，建立汽车后轮驱动动力学模型，并根据汽车驱动或制动附着极限来限制整车车速。如图 3-8 所示为后轮驱动受力示意，整车在坡度为 α 的路面上加速，在迭代步骤 dt 时间内，初始速度 v_0［由工况车速 $v(t)$ 迭代计算而得］，在极限附着力 F_{max} 的驱动力下所能产生的最大末速度为 v_t。

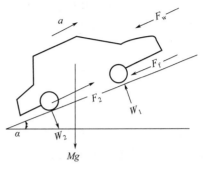

图 3-8　后轮驱动受力示意

根据力的平衡方程

$$F_{max} - F_w - F_f - F_i = Ma \tag{3-12}$$

$$F_{max} = F_2 \tag{3-13}$$

$$W_2 \mu_{max} = \left[Mg(1 - f_{wt})\cos\alpha + Mg\frac{h_g}{L}\sin\alpha + Ma\frac{h_g}{L} \right]\mu_{max} \tag{3-14}$$

式中，F_w 为空气阻力，N；F_f 滚动阻力，N；F_i 为坡度阻力，N；F_{max} 为极限附着力，由驱动后轮所能产生的最大力限制，N；F_2 为后轮驱动力，N；M 为整车质量，kg；g 为重力加速度，$9.81\,\text{m/s}^2$；a 为汽车加速度，m/s^2；W_2 为后轮轴荷，N；f_{wt} 为前轮载荷系数；h_g 为质心高度，m；L 为前后轴距，m；α 为坡度弧度值；μ_{max} 为路面最大附着系数。

空气阻力 F_w、滚动阻力 F_f 和坡度阻力 F_i 的计算式分别如下。

$$F_w = 0.5\rho C_D A v_{aver}^2 \tag{3-15}$$

$$F_f = Mg\alpha(\cos\alpha)(f_1 + f_2 v_{aver}) \tag{3-16}$$

$$F_i = Mg\sin\alpha \tag{3-17}$$

加速度 a 和迭代步骤内的平均速度 v_{aver} 分别为

$$a = \frac{v_t - v_0}{dt} \tag{3-18}$$

$$v_{aver} = \frac{v_t + v_0}{2} \tag{3-19}$$

式（3-15）～式（3-19）中，ρ 为空气密度，kg/m^3；f_1、f_2 为前后轮滚动阻力系数，与轮胎压力成正比；C_D 为风阻系数；A 为迎风面积，m^2；v_{aver} 为迭代步骤内（dt）的平均速度，m/s。

将式（3-14）～式（3-19）分别代入（3-13），化简可得，当后轮达到附着极限时，汽车在迭代步骤末所能达到的最大速度为

$$v_t = \frac{Mg\mu_{max}(1-f_{wt})\cos\alpha + Mg\mu_{max}\dfrac{h_g}{L}\sin\alpha - \dfrac{M\mu_{max}v_0 h_g}{dtL} - Mg(f\cos\alpha + \sin\alpha) - 0.5Mgf_2 v_0\cos\alpha - \dfrac{1}{8}\rho C_D A v_0^2 + \dfrac{Mv_0}{dt}}{\dfrac{3}{8}\rho C_D A v_0 + 0.5Mgf_2 v_0\cos\alpha + \dfrac{M}{dt} - \dfrac{M\mu_{max}h_g}{dtL}}$$

$$\tag{3-20}$$

对于制动情况，同样分析当后轮发生制动附着极限时，图 3-8 中的 F_2 为制动力，方向相反，其他受力情况相同，即式（3-13）同样适应制动情况。因此，制动力达到极限时，汽车在迭代步骤末所能达到的最小车速为

$$v_t = \frac{Mg\mu_{max}(f_{wt}-1)\cos\alpha - Mg\mu_{max}\dfrac{h_g}{L}\sin\alpha + \dfrac{M\mu_{max}V_0 h_g}{dtL} - Mg(f\cos\alpha + \sin\alpha) - 0.5Mgf_2 v_0\cos\alpha - \dfrac{1}{8}\rho C_D A v_0^2 + \dfrac{Mv_0}{dt}}{\dfrac{3}{8}\rho C_D A v_0 + 0.5Mgf_2 v_0\cos\alpha + \dfrac{M}{dt} + \dfrac{M\mu_{max}h_g}{dtL}}$$

$$(3\text{-}21)$$

根据式（3-20）和式（3-21），可限制工况要求车速在动力系统所能提供的最大驱动（或制动）限制能力范围内。

3.1.2.2　车轮能量计算模型

车轮能量消耗 E_{wh} 是通过对车轮驱动或制动功率进行积分计算得到的，即

$$E_{wh} = \frac{1}{3600}\int P_{wh}dt \qquad (3\text{-}22)$$

对于驱动情况

$$P_{wh} = \frac{T_{wh}\omega_{wh}}{1000} = \frac{F_t r\omega_{wh}}{1000} \qquad (3\text{-}23)$$

对于制动情况

$$P_{wh} = \frac{T_b\omega_{wh}}{1000} \qquad (3\text{-}24)$$

式中，E_{wh} 为车轮能量消耗，kW·h；ω_{wh} 为车轮转速，rad/s；T_{wh}、T_b 分别为车轮驱动力矩与制动力矩，N·m；F_t 为车轮驱动力，N；r 为车轮半径，m。

后轮驱动力须小于式（3-14）中的极限附着力，即 $F_t \leqslant F_{max}$。

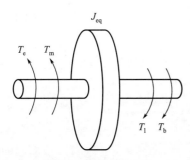

图 3-9　混合动力客车
传动系简化模型

3.1.2.3　机械传动轴等效模型

混合动力客车节能机理研究，主要考虑的能量消耗分析模型为车轮与动力源模型，中间机械部件的能量流可简化为机械传动固有效率与固有转速比关系进行转换，即可以把总机械传动系统的模型按如图 3-9 所示来简化。它相当于四个力矩作用到等效驱动轴上：发动机转矩 T_e、电机转矩 T_m、制动力矩 T_b 和有效负载力矩 T_1。等效驱动轴的转动惯量 J_{eq} 可根据牛顿力学第二原理与转动惯量等效原则，按式（3-25）计算。

$$J_{eq} = J_e K_e^2 + J_m K_m^2 + J_{wh}K_{wh}^2 + r^2 M K_{wh}^2 + J_s \qquad (3\text{-}25)$$

式中，J_e、J_m、J_s、J_{wh} 分别为发动机、电机、驱动轴和车轮转动惯量；K_e、K_m、K_{wh} 分别为发动机、电机与车轮到驱动轴的速比。

3.1.2.4　发动机能量计算模型

发动机能量消耗建模可归类为两种：一种为发动机理论模型，即在发动机各特征参数已知的条件下，利用热力学知识及燃料燃烧模拟求得发动机各输出参数；另一种为发动机实测模型，对实际选定的发动机进行实测，建立起数据库（发动机输出转矩、转速、燃油消耗

率），利用查表法或数据拟合法模拟发动机的工作特性。发动机理论模型具有应用范围广的特点，无需对发动机进行预先的测试，但模型建立比较困难，需要考虑的实际因素比较多。发动机实测模型比较简单，精确度也比较高，但需要预先确定出发动机的选型。本书采用的是发动机实测模型。

（1）发动机使用外特性建模

发动机使用外特性下输出转矩 T_e 是转速 ω_e 的函数，常用以下多项式表示。

$$T_e = \sum_{i=0}^{k} a_i \omega_e^i \omega_e \qquad (3-26)$$

系数可直接由 Matlab 提供的函数 INTERPER1 通过一维线性插值进行计算。

（2）发动机燃油消耗特性建模

发动机燃油消耗特性为发动机转矩 T_e 与转速 ω_e 的函数，可采用以下数学模型。

$$b_e = \sum_{j=0}^{s} \sum_{i=0}^{j} a_k T_e^i \omega_e^{j-1} \qquad (3-27)$$

式中，b_e 为发动机有效燃油消耗率，g/(kW·h)；a_k 为拟合系数，$k = 0.5(j+1)(j+2) - j - 1 + i$；$s$ 为曲面拟合阶数。

可由 Matlab 提供的函数 INTERPER2 通过二维线性插值进行计算。这样，发动机的能量消耗可由燃油消耗率（fuel_ratio）积分进行求解，而燃油消耗率则可通过由驱动系统所计算的发动机功率（或由转矩与转速）确定，如下所示。

$$\text{fuel\_ratio} = \frac{b_e(T_e, \omega_e) P_e(t)}{3600} \qquad (3-28)$$

式中，fuel_ratio 为燃油消耗率，g/s；$P_e(t)$ 为发动机功率，kW，即 $P_e(t) = \dfrac{T_e \omega_e}{1000}$。

3.1.2.5　电机能量计算模型

与发动机能量积分统计建模方法一样，建立电机稳态效率模型。由于不用考虑其动态控制过程，可以用直流电机模型来进行研究，而交流电机可以通过其交直轴等效变换为近似直流电机，因此，仅以直流电机的能量关系进行建模。

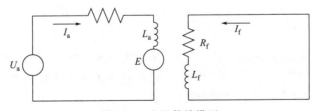

图 3-10　电机等效模型

电机等效模型如图 3-10 所示。电机的感应电动势与转矩满足如下关系式。

$$E = K_1 I_f \omega_r \qquad (3-29)$$

$$T_m = K_1 I_f I_a \qquad (3-30)$$

式中，ω_r 为电机转子转速，rad/s；I_a、I_f 为电机定子、转子电流，A；E 为电机感应电动势，V；T_m 为电机转矩，N·m；K_1 为电机结构参数常量。

电机定、转子的电压关系式如下。

$$U_a - E = I_a R_a + L_a \frac{dI_a}{dt}$$

$$U_f = I_f R_f + L_f \frac{dL_f}{dt} \tag{3-31}$$

式中，R_a、R_f 为电机定子、转子电阻，Ω；L_a、L_f 为电机定子、转子电感，H；U_a、U_f 为电机定子、转子电压，V。

通过上述方程，建立了电机的能量关系式，即可计算其输入、输出的机械功率与电功率。通过对其进行积分，便可以实现其能量的统计。也可根据其输出与输入功率的比值计算电机工作点的效率，即电机的稳态工作效率图，如图 3-11 所示。

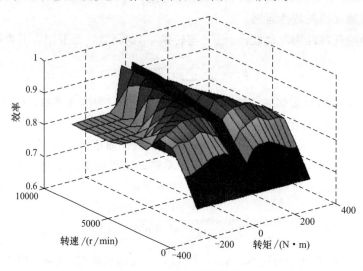

图 3-11　电机效率特性

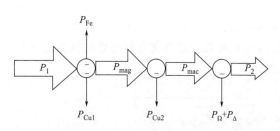

图 3-12　电机的功率流

P_1—输入功率；P_{Cu1}—定子铜损；P_{Fe}—定子铁损；
P_{mag}—电磁功率；P_{Cu2}—转子铜损；P_{mac}—总机械功率；
P_Ω—机械损耗功率；P_Δ—附加损耗功率；P_2—输出功率

一般情况下，电机的功率流如图 3-12 所示。

电机工作效率为

$$\eta = \frac{P_2}{P_1} \times 100\% \tag{3-32}$$

对于电动状态，输入功率是由式（3-31）所确定的定子电压与电流的乘积，输出功率为电机转子转速与转矩的乘积；对于发电状态，其方向正好相反，输入功率为电机转矩与转子转速之积的机械功率，输出功率为定子电压与电流之积的电功率。

3.1.2.6　电机逆变器能量计算模型

逆变器的主要功能是通过电力电子元器件，控制电池向电机输出所需的变频电流。对于直流电机，逆变器主要通过调节电压（升压或降压）来控制电机电流；对于交流电机，逆变器主要产生所需频率和相位的相电压。因此，可以把逆变器看作一个具有功率损失的变换设备，并假定其为恒定效率的功率转换设备（效率为恒定值 η_c）。其功率与电压、电流关系式如下。

$$P_c = \begin{cases} \eta_c \dfrac{I_a U_a}{1000} & I_a < 0 \\ \dfrac{I_a U_a}{1000 \eta_c} & I_a \geqslant 0 \end{cases} \tag{3-33}$$

式中，P_c 为逆变器功率，kW；η_c 为逆变器效率，%。

3.1.2.7 动力电池能量计算模型

由于混合动力汽车的能量计算要对电池 SOC 进行校正，即电池模型主要根据其逆变器功率要求来计算动力电池 SOC，因此存在如图 3-13 所示逆变器功率流关系和如图 3-14 所示电池 SOC 输入/输出关系。其中，P_c 为逆变器要求的功率。动力电池 SOC 定义为：通过对动力电池功率的积分得到其消耗的电能与其能量容量的比值。其计算能量流关系如图 3-15 所示。

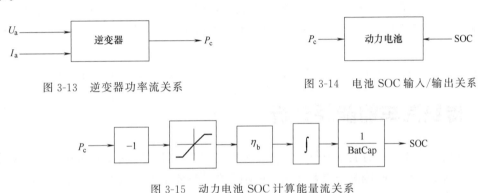

图 3-13 逆变器功率流关系   图 3-14 电池 SOC 输入/输出关系

图 3-15 动力电池 SOC 计算能量流关系

其中，积分环节的初始值为电池的初始能量，由于假定电系统正功率是放电，即电系统能量减少，而负值为充电，即电池能量增加，因此图 3-15 中首先要用负号。限定环节主要将动力电池输出功率限制在电池的 P_{bmax} 与 P_{bmin} 范围内，其中，P_{bmax} 为电池的最大输出功率，P_{bmin} 为最小再生充电功率。假定动力电池的充放电效率为恒定值 η_b，BatCap 为动力电池的电能容量，其大小为动力电池电压与电容（C）的乘积。

动力电池能量流可由下述表达式描述。

$$P_c = \begin{cases} P_{bmin} & P_c < P_{bmin} \\ P_c & P_{bmin} \leqslant P_c \leqslant P_{bmax} \\ P_{bmax} & P_c \geqslant P_{bmax} \end{cases} \tag{3-34}$$

$$P_b = \begin{cases} -\eta_b P_c & P_c < 0 \\ \dfrac{-P_c}{\eta_b} & P_c \geqslant 0 \end{cases} \tag{3-35}$$

$$SOC = \frac{1}{3600 \text{BatCap}} \int P_b \, dt \tag{3-36}$$

式中，η_b 为动力电池充放电效率，%；P_b 为动力电池功率，kW；BatCap 为动力电池电能容量，kW·h，$\text{BatCap} = \dfrac{C U_a}{1000}$，$C$ 为动力电池容量，A·h。

上述能量消耗模型可应用于传统客车与混合动力客车的能量消耗分析，为混合动力汽车的节能途径和节能机理研究提供了对比依据。

3.1.3 基于工况的油耗分析方法

在能量消耗模型的基础上，分析车辆燃油消耗的特征，主要对车辆行驶过程中发动机工作点的分布进行研究。根据工况燃油消耗的仿真结果，考查发动机的输出转速、转矩、燃油消耗率等，即研究发动机工作点的分布及工作点在发动机 MAP 图上的分布特性。

早期针对发动机工作点分布的研究，主要从发动机二维分布点着手，只能定性得到其工作点在发动机 MAP 图上的分布特性，很难直观和定量地分析发动机 MAP 图上工作的时间比例及所消耗的燃油比例。

本小节针对发动机工作点在其 MAP 图上的分布特性，利用统计分析的方法对其进行定量研究。

① 研究发动机不同工作点（区域）的时间比例，探求发动机负荷的时间分布情况。

② 研究发动机不同工作点（区域）累计消耗燃油分布，寻找主要消耗燃油的工作点（区域）。

上述定量分析可为发动机 MAP 图设计及汽车节能方向提供更有实际价值的指导。

3.2 传统汽车的能耗分析

如上所述，传统汽车的能量分析是混合动力汽车节能机理研究的重要基础。分析某混合动力客车的基准样车（即传统公交客车），在不同城市循环工况下能量消耗和燃油经济性，所研究的传统客车参数如表 3-2 所示。

表 3-2 所研究的传统客车参数

类别	项目	数值
整车	总质量/kg	15000
	整备质量/kg	11000
	轴距/mm	5600
	轮距(前/后)/mm	2020/1847
	风阻系数 C_D	0.65
	迎风面积/m^2	6.5
	外形尺寸(长×宽×高)/mm	11400×2480×2950
发动机	排量/L	7.127
	缸数/个	6
	最大热效率/%	40.89
	最大转矩/(N·m)	680(转速为 1400~1500r/min 时)
	最大功率/kW	157(转速为 2500r/min 时)
	最高转速/(r/min)	2500
传动系统速比	一挡	7.285
	二挡	4.193
	三挡	2.485
	四挡	1.563

续表

类别	项目	数值
传动系统速比	五挡	1.000
	超速挡	0.847
	倒挡	6.777
	驱动桥速比	6.333
轮胎	规格	10.00-20
	滚动半径/mm	509

3.2.1　典型循环工况的分析

整车燃油经济性在不同工况下的差别较大，其燃油经济性须针对与该车相适应的循环工况来进行研究。本小节选择六个典型城市的公交客车循环工况，如图 3-16 所示为城市公交客车循环工况。对于工况曲线，可通过以下特征值来进行研究：工况总运行时间 $T_{cyc}(s)$、行驶距离 $D(km)$、平均车速 $v_{avg}(km/h)$、最高车速 $v_{max}(km/h)$、最大加速度 $a_{max}(m/s^2)$ 及最大特定功率 $K_{max}(m^2/s^3)$（特定功率定义为 $2va$，表示单位质量的整车动能变化率，v 为车速，a 为加速度）。其中，运行时间 $T_{cyc}(s)$ 可从工况数据中直接得到，而循环工况的行驶距离 D、平均车速 v_{avg}、最高车速 v_{max}、最大加速度 a_{max}、最大特定功率 K_{max} 均可通过车速-时间历程曲线通过积分获得，其计算式分别如下。

$$D = \frac{1}{3600} \int_0^{T_{cyc}} v \, dt \tag{3-37}$$

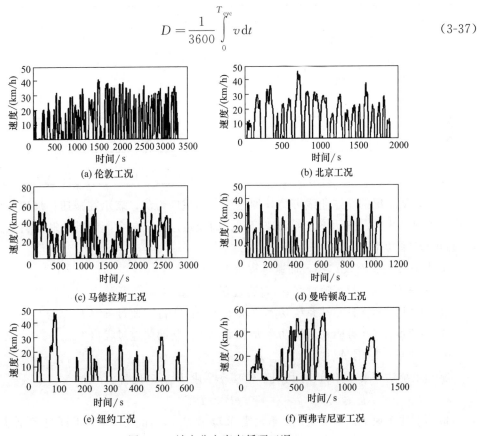

(a) 伦敦工况

(b) 北京工况

(c) 马德拉斯工况

(d) 曼哈顿岛工况

(e) 纽约工况

(f) 西弗吉尼亚工况

图 3-16　城市公交客车循环工况

$$v_{avg} = \frac{1}{T_{cyc}} \int_0^{T_{cyc}} v \, dt \tag{3-38}$$

$$v_{max} = \max(v) \tag{3-39}$$

$$a_{max} = \max(dv/dt) \tag{3-40}$$

$$K_{max} = \max\left(\frac{2v}{3.6} dv/dt\right) \tag{3-41}$$

按上述公式进行计算便可得到这些城市客车循环工况特征参数，结果如表 3-3 所示。其中各列代表不同典型城市公交客车循环工况。从循环时间和距离看，伦敦客车（London Bus）和马德拉斯客车（Madras Bus）城市循环工况较长，而北京客车（BeiJing Bus）、曼哈顿岛客车（Manhattan Bus）及西弗吉尼亚客车（Wvucity Bus）城市循环工况比较接近，纽约客车（New York Bus）城市循环工况运行的时间和距离最短。同时，这些城市循环工况的最高车速都不大，在 40~60km/h 之间，平均车速更低，只有 6~23km/h，但加速性较高，最大加速度在 1.1~2.8m/s² 之间，这反映了城市公交客车起步、加速、停车频繁的特征。

分别针对这些工况，计算该传统客车的燃油经济性，结果如表 3-4 所示。可见，不同循环工况下，同一传统客车的燃油经济性的差别很大。

表 3-3　典型城市公交客车循环工况参数统计

工况	伦敦	北京	马德拉斯	曼哈顿岛	纽约	西弗吉尼亚
T_{cyc}/s	3288	1925	2689	1089	600	1408
D/km	12.123	7.237	17.486	3.324	0.989	5.317
$v_{avg}/(km/h)$	13.269	13.526	23.401	10.977	5.925	13.586
$v_{max}/(km/h)$	41.949	46.725	62.543	40.708	49.557	57.639
$a_{max}/(m/s^2)$	1.313	1.090	1.730	2.056	2.771	1.143
$K_{max}/(m^2/s^3)$	15.397	18.861	34.376	23.907	37.107	19.578

表 3-4　传统客车在该工况下燃油经济性

工况	伦敦	北京	马德拉斯	曼哈顿岛	纽约	西弗吉尼亚
燃油经济性/(L/100km)	56.471	40.224	39.763	69.576	120.466	49.527

另外，从工况的车速曲线可统计加速度：加速度为负，表示在减速；加速度为正，表示加速；加速度为零，表示停车或匀速行驶。而减速过程又包含制动减速和滑行减速，可进一步通过驱动系功率 P_r 要求来判断。

① 加速度 $a = dv/dt > 0$：加速过程（T_{acc}）。

② 加速度 $a = 0$ 且车速 $v > 0$：匀速过程（T_{even}）。

③ 加速度 $a < 0$ 且驱动系功率要求 $P_r = 0$：滑行减速过程（T_{slide}）。

④ 加速度 $a < 0$ 且驱动系功率要求 $P_r < 0$：制动减速过程（T_{brake}）。

⑤ 车速 $v = 0$：停车过程（T_{stop}）。

驱动系统功率要求 P_r，可利用车轮功率要求 P_{wh} 来代替。

$$P_r = P_{wh} \tag{3-42}$$

根据上述车速 v、加速度 a、车轮需求功率 P_{wh}，标识工况的不同过程是非常重要的。只有通过对工况的加速、减速及怠速等过程的标识，才能分别研究这些过程的能量消耗特点，进而为混合动力汽车节能研究打下重要基础。下面将详细考查和分析该传统公交客车在这些典型城市公交客车循环工况下的能量消耗特点，主要考查其在制动和怠速时段，能量消耗情况及统计整车传动系统工作效率，并通过对能量消耗的分离及定量研究，从而为混合动力客车的节能机理研究提供重要依据。

3.2.1.1 整车制动工况下的能量损耗

典型城市客车循环工况都包含制动过程，分析传统客车在制动工况下的能量消耗，可为混合动力技术回收再生制动能量研究提供依据。对于某一给定循环工况下的整车性能仿真，当功率要求为负时，说明整车正在进行制动。对所有负功率进行积分求和即为该工况制动过程的总能量消耗 E_{brake}。

$$E_{brake} = \frac{1}{3600} \int_0^{T_{cyc}} P_{wh} dt \tag{3-43}$$

式中，P_{wh} 为车轮功率需求，kW；E_{brake} 为车轮制动能量，kW·h；T_{brake} 为制动减速过程时间，s。

根据上述约束，其表达式如下。

$$T_{brake} = \sum t \left(\frac{dv}{dt} < 0 \right) \& (P_{wh} < 0) \tag{3-44}$$

则制动时间比例为

$$\beta_{T\_brake} = \frac{T_{brake}}{T_{cyc}} \times 100\% \tag{3-45}$$

对所有发动机输出功率求和，代表该工况下总的驱动能量要求 E_{cyc}，其计算公式如下。

$$E_{cyc} = \frac{1}{3600} \int_0^{T_{cyc}} P_e dt \tag{3-46}$$

式中，P_e 为发动机输出功率，kW；E_{cyc} 为总驱动能量需求，kW·h。

总制动能量消耗 E_{brake} 与总驱动能量 E_{cyc} 的比值代表车轮最大制动能量比例（%）。

$$\beta_{E\_brake} = \frac{E_{brake}}{E_{cyc}} \times 100\% \tag{3-47}$$

根据上述分析，对传统城市客车在典型城市工况下的动力源（发动机）输出能量和车轮制动能量分别进行计算，并求其制动能量比例（%），结果如表3-5所示。

表 3-5 制动情况消耗的能量统计

工况	伦敦	北京	马德拉斯	曼哈顿岛	纽约	西弗吉尼亚
β_{T_brake}/%	29.55	31.83	15.58	37.80	66.22	35.77
E_{cyc}/(kW·h)	17.458	5.455	19.408	5.190	1.878	5.737
E_{brake}/(kW·h)	−3.429	−0.892	−3.185	−0.955	−0.359	−0.850
β_{E_brake}/%	19.64	16.35	16.41	18.40	19.14	14.82

从表3-5可以看出，针对每一个典型城市循环工况，制动工况所消耗的能量占总消耗能量的比例都在14%以上。其中，伦敦客车城市循环工况和纽约客车城市循环工况的最大制动能量占总能量的约20%，北京客车城市循环工况的最大制动能量占总能量的约16%。

3.2.1.2 发动机怠速模式下燃油消耗

对发动机怠速燃油消耗的定量研究，首先要标识出循环工况内的怠速过程。这可从典型城市公交客车循环工况的车速历程来判断。由于所研究的客车装备自动机械变速器（Automatic Mechanical Transmission，AMT），在滑行减速过程，离合器处于接合状态，发动机转速较高，而在制动减速过程（踩制动踏板）中离合器分离，发动机迅速回到怠速状态，所以传统客车只有在停车和制动减速过程中，发动机才处于怠速状态。因此，发动机怠速燃油消耗需要统计这两个过程的能量消耗。从车速 v、加速度 a、工况车轮功率要求 P_{wh} 标识怠速过程，计算发动机怠速时间 $T_{idle}(s)$。

$$T_{idle} = \sum t(v=0) \left| \left(\frac{dv}{dt} < 0 \right) \& \cdot (P_{wh} < 0) \right. \tag{3-48}$$

怠速时间内燃油消耗量 L_{idle} 为

$$L_{idle} = \int_0^{T_{idle}} \frac{fuel\_ratio}{\rho_{fuel}} dt \tag{3-49}$$

总燃油消耗量 L_{cyc} 为

$$L_{cyc} = \int_0^{T_{cyc}} \frac{fuel\_ratio}{\rho_{fuel}} dt \tag{3-50}$$

式中，L_{idle}、L_{cyc} 为怠速时间内燃油消耗量和总燃油消耗量，L；ρ_{fuel} 为燃油密度，g/L。

怠速时间比率 β_{T_idle} 与怠速燃油消耗比率 β_{L_idle} 分别为

$$\beta_{T\_idle} = \frac{T_{idle}}{T_{cyc}} \times 100\% \tag{3-51}$$

$$\beta_{L\_idle} = \frac{L_{idle}}{L_{cyc}} \times 100\% \tag{3-52}$$

按上述公式，计算传统城市客车在典型城市循环工况下发动机怠速时间比率及怠速燃油消耗比率，结果如表 3-6 所示。

表 3-6　发动机怠速时间及燃油消耗统计

工况	伦敦	北京	马德拉斯	曼哈顿岛	纽约	西弗吉尼亚
T_{idle}/s	1791	929	1114	590	481	645
L_{idle}/L	1.876	0.977	1.204	0.620	0.505	0.674
L_{cyc}/L	6.847	2.912	6.924	2.292	1.146	2.631
$\beta_{T\_idle}/\%$	54.45	48.24	41.41	54.13	80.03	45.78
$\beta_{L\_idle}/\%$	27.40	33.56	17.38	27.06	44.04	25.62

通过表 3-6 可以看出，不管是国内的北京客车城市循环工况，还是国外其他主要城市工况，公交客车循环工况的制动减速及停车怠速占的比例均较大，怠速时间占总循环工况时间均在 40% 以上。更为甚者，纽约客车城市循环工况的怠速时间甚至高达 80%，说明该城市的交通状况非常拥挤。由于传统客车在制动减速和停车过程中，发动机一直处于怠速状态，其所消耗的燃油占总燃油消耗的 17%～44%，如表 3-6 的最后一行所示。其中，纽约客车城市循环工况有约 44% 的燃油消耗在怠速段内，北京客车城市循环工况也有 33.6% 的燃油消耗在怠速段内。

3.2.2　整车传动系统工作效率

整车传动系统工作效率主要与三方面有关，即发动机的峰值效率 $\eta_{\text{fc\_pk}}$、发动机部分负荷效率因数 $F_{\text{fc\_part}}$ 和机械传动系统效率 η_{t}。其中，$\eta_{\text{fc\_pk}}$ 为发动机的峰值热效率与最大机械效率之积。对于选定的发动机，其为一定值。$F_{\text{fc\_part}}$ 为在某一工况下发动机的平均效率 $\eta_{\text{fc\_mean}}$ 与 $\eta_{\text{fc\_pk}}$ 的比值。因为绝大部分时间内发动机并不工作在峰值效率点，因此 $F_{\text{fc\_part}}$ 代表了发动机在某一工作过程内的平均效率和峰值效率的差别情况。η_{t} 为机械传动系统效率，主要指变速器效率与后桥效率之积，为车轮输出能量与其变速器输入能量比。对于传统汽车为车轮输出能量与发动机输出轴输出能量的比值（忽略离合器效率）。

$$\eta_{\text{t}} = \frac{\displaystyle\int_0^{T_{\text{cyc}}} P_{\text{wh}}\,\mathrm{d}t}{\displaystyle\int_0^{T_{\text{cyc}}} P_{\text{e}}\,\mathrm{d}t} \times 100\% \tag{3-53}$$

因此，整车传动系统总体效率 η_{veh} 为三者之积，即

$$\eta_{\text{veh}} = \eta_{\text{t}} F_{\text{fc\_part}} \eta_{\text{fc\_pk}} \tag{3-54}$$

按上述公式，分析整车在典型城市工况下的效率，计算结果如表 3-7 所示。从中可以看出，整车的总体效率其实并不高，在 $4\%\sim17\%$ 之间。虽然该传统客车选用的发动机为效率较高的柴油发动机，其峰值效率 $\eta_{\text{fc\_pk}}$ 达到 40.89%，但从表 3-7 中的部分效率因数 $F_{\text{fc\_part}}$ 反映来看，平均效率离发动机峰值效率偏差较大，这说明绝大部分时间发动机并不在其峰值效率附近工作，因此，尽管整车机械传动系统效率 η_{t} 较高，但整车总体工作效率 η_{veh} 并不高，最大的也只有 17% 左右，也就说明发动机本身的高效特点并没有充分发挥出来。

表 3-7　整车传动系统工作效率统计

工况	伦敦	北京	马德拉斯	曼哈顿岛	纽约	西弗吉尼亚
$\eta_{\text{fc\_pk}}/\%$	40.89	40.89	40.89	40.89	40.89	40.89
$F_{\text{fc\_part}}/\%$	40.33	31.14	44.64	30.82	11.43	30.71
$\eta_{\text{t}}/\%$	93.30	92.60	92.82	92.75	91.09	92.99
$\eta_{\text{veh}}/\%$	15.39	11.79	16.94	11.69	4.26	11.68

3.2.3　能量消耗特点及混合动力节能途径

通过对典型城市公交客车循环工况进行分析，并对整车在这些工况下的能量消耗情况做了详细定量的研究，结果表明，发动机怠速消耗较多燃油，占总燃油消耗量的 $17\%\sim44\%$；整车在制动过程消耗的能量占总消耗能量的 $14\%\sim20\%$；整车效率不高的关键原因在于发动机的部分效率因数过小，没有充分发挥发动机的峰值效率。因此，若减小发动机功率，并控制发动机在高效区工作，则发动机的负荷率得到提高，相应燃油经济性可以得到改善。

同时，上述分析表明，混合动力技术可以从以下途径来改善整车的燃油经济性：
① 选择较小排量的发动机，从而提高发动机部分负荷效率；
② 改善控制策略使发动机工作在高效区，以改善整车的燃油消耗；
③ 取消发动机怠速以节省燃油消耗；
④ 对制动能量进行再生回收。

3.3　混合动力城市客车的节能机理研究

通过传统型城市客车的能量消耗特点分析，可对比研究其混合型城市客车的能量消耗与

节能机理，并从混合动力汽车四点节能途径分别进行深入定量研究。表 3-8 为混合型与传统型城市客车参数对比，混合型客车的结构形式为双轴并联式，整车参数包括电机、发动机等。可见，基于传统城市公交客车，混合动力客车发动机由原来的 6 缸发动机变为 4 缸发动机，功率从原来的 157kW 变为 117kW，减小了约 25%。

表 3-8　混合型与传统型城市客车参数对比

项目		传统型城市客车	混合型城市客车
整车参数	质量/kg	15000	15000
	变速器	6 挡手动	6 挡 AMT
	风阻系数 C_D	0.65	0.65
	迎风面积/m²	6.5	6.5
	滚动阻力系数	0.008	0.008
发动机参数	缸数/个	6	4
	排量/L	7.11	4.98
	最大热效率/%	40.89	40.94
	最大功率/kW	157(2500r/min 时)	117(2300r/min 时)
	最大转矩/(N·m)	680(1400~1500r/min 时)	578(1400r/min 时)
仿真性能	发动机最大功率/kW	157	117
	电机最大功率/kW	—	30
	总功率/kW	157	147
	0~60km/h 加速时间/s	25.6	25.9

同时从该城市客车的加速性仿真对比可知，由于混合动力客车与传统客车总功率大小基本一样，所以动力性基本相同，0~60km/h 加速时间都在 25s 左右。因此，该混合动力客车与传统客车具有同等功率等级，从而在进行该混合动力客车与传统客车节能分析过程中，两者具有可比性。

3.3.1 　再生制动能量回收的节能贡献

传统客车在典型城市工况下制动能量消耗 E_{brake} 占总能量 E_{cyc} 的比值在 14%~20% 之间，但并不是所有制动能量都能够通过混合动力技术完全回收，其受到下述条件的约束。

① 前后轴荷系数的影响。对于后驱式客车，其后轴荷占总轴荷的 60%~80%。

② 再生制动系统回收效率，主要受电机、逆变器及电池的反向工作效率的影响。

③ 受电机及电池最大工作功率的约束。当制动功率大于其中任何工作极限功率时，则不能实现完全回收，另外，由于电系统本身的功率损失，太小的制动功率也不宜回收。

根据下式计算其制动功率。

$$P_{brake}(t) = P_{wh} \big|_{P_{wh}<0} = \frac{w_{wh}(t)T_{wh}(t)}{1000} \tag{3-55}$$

式中，$P_{brake}(t)$ 为制动功率，kW；$w_{wh}(t)$ 为转速，r/min。

根据式（3-55）计算该城市客车在典型城市工况下的制动功率分布情况，如图 3-17 所示，其中，虚线为车速，实线对应制动功率。可见，所有工况下的最大制动功率均不超过 60kW，而且大部分制动功率集中在 30kW 以下。因此，混合动力客车在选择电机时应当充分考虑这种分布特点。

该混合动力客车电机功率选择为 30kW，如表 3-8 所示。这样，当制动功率大于 30kW 时，超出的那部分能量则无法回收，但同时，若制动功率太小，考虑到再生制动系统功率损

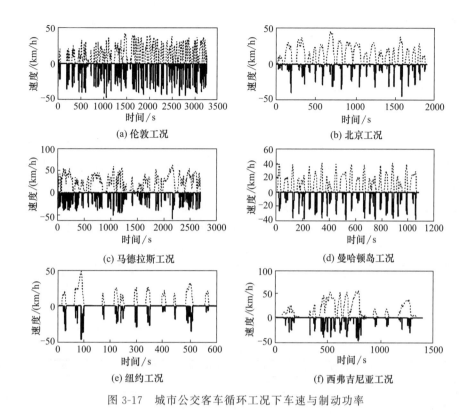

图 3-17　城市公交客车循环工况下车速与制动功率

失并防止其频繁波动，能量不宜回收（这里假定小于 5kW 可不回收）。因此，制动功率在 5～30kW 之间的那部分能量可通过电机进行回收，则有效制动能量 $E_{\mathrm{Effect\_brake}}$（kW·h）及其占总制动能量比率 $\beta_{\mathrm{Effect\_brake}}$（%）为

$$E_{\mathrm{Effect\_brake}} = \frac{1}{3600}\int_0^{T_{\mathrm{cyc}}} P_{\mathrm{brake}}\mathrm{d}t \quad -30 \leqslant P_{\mathrm{brake}} \leqslant -5 \tag{3-56}$$

$$\beta_{\mathrm{Effect\_brake}} = \frac{E_{\mathrm{Effect\_brake}}}{E_{\mathrm{brake}}} \times 100\% \tag{3-57}$$

理论上，前后制动力（或制动能量）分配应按理想制动力曲线（Ⅰ曲线）来进行，但对于混合动力汽车，由于在传统汽车摩擦制动力基础上增加了再生制动，即相当于要合理设计其复式制动系统，其研究工作非常复杂。为简化起见，本小节仅按照前后制动能量与轴荷大小成比例进行分配，并尽可能多地回收再生制动能量。根据该车实际轴荷分配情况，后轮载荷为整车重量的 70% 左右，则后轮制动总能量应占总制动能量约 70%（前轮摩擦制动能量为 30% 不能回收）。能量从后驱动轮到后桥、变速器、电机及电池整个过程的平均效率设定为 80%，则可回收的制动能量占总能量消耗的比率 β_{regen} 应为

$$\beta_{\mathrm{regen}} = \beta_{\mathrm{E\_brake}} \times \beta_{\mathrm{Effect\_brake}} \times 80\% \times 70\% \tag{3-58}$$

由上述分析可知，整个工况燃油消耗为 L_{cyc}（L），所产生的驱动总能量为 E_{cyc}（kW·h），通过再生制动回收分析，其可回收的制动能量 $E_{\mathrm{Effect\_brake}}$ 以电能形式保存下来，如果这部分能量释放传递给车轮［设定电能量从电池到电机、变速器、后桥、车轮的平均转换效率为 80%，相当于发动机可少输出 $0.8 \times E_{\mathrm{Effect\_brake}} \times 70\% \times 80\%$（kW·h）能量］，其可对应节

省的燃油消耗为 L_{brake}

$$L_{\text{brake}} = \frac{0.8 \times E_{\text{Effect\_brake}} \times 70\% \times 80\%}{E_{\text{cyc}}} L_{\text{cyc}} \qquad (3\text{-}59)$$

即节省的燃油消耗比例 $\beta_{\text{L\_brake}}$ 为

$$\beta_{\text{L\_brake}} = \frac{L_{\text{brake}}}{L_{\text{cyc}}} = 0.8\beta_{\text{regen}} \qquad (3\text{-}60)$$

对于该混合动力汽车,计算其在典型城市循环工况下,制动时可回收制动能量及其利用比率,结果如表 3-9 所示。由表 3-9 所计算的制动能量利用比率 $\beta_{\text{Effect\_brake}}$ 可见,所有循环工况下的有效制动能量比率都较高,达 $67\% \sim 82\%$。如表 3-10 所示为可回收的制动能量及节省的燃油比率。可以看出,在所有循环工况下,该混合动力客车可回收的制动能量占驱动消耗总能量的 $5.6\% \sim 8.5\%$,由此而节省的燃油消耗在 $4.5\% \sim 6.7\%$ 之间。

表 3-9　再生制动有效制动能量利用比率

工况	伦敦	北京	马德拉斯	曼哈顿岛	纽约	西弗吉尼亚
$E_{\text{Effect\_brake}}/(\text{kW} \cdot \text{h})$	2.623	0.731	2.264	0.727	0.272	0.576
$E_{\text{brake}}/(\text{kW} \cdot \text{h})$	3.429	0.892	3.185	0.955	0.359	0.850
$\beta_{\text{Effect\_brake}}/\%$	76.51	81.91	71.08	76.14	75.61	67.71

表 3-10　可回收的制动能量及节省的燃油比率

工况	伦敦	北京	马德拉斯	曼哈顿岛	纽约	西弗吉尼亚
$\beta_{\text{E\_brake}}/\%$	19.64	16.35	16.41	18.40	19.14	14.82
$\beta_{\text{regen}}/\%$	8.41	7.50	6.53	7.85	8.10	5.62
$\beta_{\text{L\_brake}}/\%$	6.73	6.00	5.23	6.28	6.48	4.49

3.3.2　消除怠速的节能贡献

由上述分析可知,对于传统客车,整车在制动减速和停车过程中,发动机处于怠速状态,由此计算的整车制动减速和停车怠速两种状态下的燃油消耗之和,即发动机怠速过程的燃油消耗为 $17\% \sim 44\%$(表 3-6)。而对于混合动力客车,通过对发动机的高速断油控制(制动减速段怠速)以及混合动力技术可实现对停车怠速控制,以消除发动机的怠速,达到节省 100% 怠速燃油消耗的理想状态。

针对上述城市公交客车循环工况,分别分析停车段怠速燃油消耗和制动减速段燃油消耗,以进一步分析混合动力客车消除怠速的节能贡献。

城市公交客车停车段时间比例 $\beta_{\text{T\_stop}}$ 和制动减速段时间比例 $\beta_{\text{T\_brake}}$ 计算如下。

$$\beta_{\text{T\_stop}} = \frac{T_{\text{stop}}}{T_{\text{cyc}}} \times 100\% \qquad (3\text{-}61)$$

$$\beta_{\text{T\_brake}} = \frac{T_{\text{brake}}}{T_{\text{cyc}}} \times 100\% \qquad (3\text{-}62)$$

式中,$T_{\text{stop}} = \sum t(v=0)$。

则怠速段时间比例为 $\beta_{\text{T\_idle}}$:$\beta_{\text{T}} = \beta_{\text{T\_stop}} + \beta_{\text{T\_brake}}$。

停车段怠速燃油消耗比率 $\beta_{\text{L\_stop}}$ 由下式求得。

$$\beta_{\text{L\_stop}} = \frac{L_{\text{stop}}}{L_{\text{cyc}}} \times 100\% = \frac{1}{L_{\text{cyc}}} \int_0^{T_{\text{stop}}} \frac{\text{fuel\_ratio}}{\rho_{\text{fuel}}} dt \times 100\% \qquad (3\text{-}63)$$

$$\beta_{L\_brake} = \frac{L_{brake}}{L_{cyc}} \times 100\% = \frac{1}{L_{cyc}} \int_0^{T_{brake}} \frac{\text{fuel\_ratio}}{\rho_{fuel}} dt \times 100\% \qquad (3\text{-}64)$$

按上述公式分别计算典型城市公交客车循环工况下，制动怠速与停车怠速段内的发动机燃油消耗，结果如表 3-11 所示。

可见，相对于传统客车，混合动力客车消除怠速可节省 17%～44% 的燃油。其中，北京客车城市循环工况能够节省 33.6% 的燃油，而纽约客车城市循环工况节省最多达 44% 的燃油。另外，从所计算的停车段怠速消耗燃油 β_{L_stop} 来看，即使不通过发动机的高速断油控制，仅由混合动力技术实现停车怠速控制，怠速节省燃油占总消耗燃油的 6%～35%，如表 3-11 的最后一行所示。其中，由于马德拉斯城市循环工况停车时间较短，其节省的燃油较少（只有 5.7%），而对于纽约客车城市循环工况，由于其停车怠速时间最长，因此节省燃油也最多（35%），对于北京客车城市循环工况，通过停车怠速控制能节省燃油消耗 20%。可见，对于混合动力城市客车，消除怠速的节能效果是相当可观的。

表 3-11　怠速时间与燃油消耗比率　　　　　　　　　　　　　　单位：%

工况	伦敦	北京	马德拉斯	曼哈顿岛	纽约	西弗吉尼亚
β_{T_brake}	24.90	16.41	25.83	16.33	13.81	10.01
β_{T_stop}	29.55	31.83	15.58	37.80	66.22	35.77
β_{T_idle}	54.45	48.24	41.41	54.13	80.03	45.78
β_{L_idle}	27.40	33.56	17.38	27.06	44.04	25.62
β_{L_brake}	13.55	13.04	11.61	9.40	8.99	6.79
β_{L_stop}	13.85	20.52	5.77	17.66	35.05	18.83

3.3.3　减小发动机排量的节能贡献

发动机排量减小对混合动力汽车节能机理研究，可通过仿真技术来考查。首先，假定该混合动力客车无再生制动、无怠速控制及发动机区域控制。然后，计算仅由减小发动机提高部分负荷率，由此带来整车效率的提高以及燃油经济性的改善。其具体可通过仿真软件 Advisor 的再开发，修改其中的控制模块及相关 M 文件，实现对该混合动力客车无怠速、无再生制动及发动机区域控制情况下的仿真。

按上述控制思想，对该混合动力客车燃油经济性进行计算（通过零 SOC 校正），并按式（3-53）和式（3-54）分别分析该混合动力客车，在典型城市循环工况下的发动机部分效率因数、机械传动系统效率（变速器能量输入包括发动机与电机的能量）及总体工作效率，统计结果如表 3-12 所示。

表 3-12　混合城市客车传动系工作效率及燃油经济性

工况	伦敦	北京	马德拉斯	曼哈顿岛	纽约	西弗吉尼亚
发动机峰值效率/%	40.94	40.94	40.94	40.94	40.94	40.94
部分负荷效率因数/%	41.02	35.64	49.60	34.33	15.67	33.54
机械传动系统效率/%	92.85	91.95	92.40	92.43	90.70	92.65
总体工作效率/%	15.59	13.42	18.76	12.99	5.82	12.72
部分负荷效率因数改善/%	1.71	14.45	11.12	11.39	37.08	9.22
总的效率改善/%	1.31	13.81	10.72	11.13	36.68	8.92
燃油经济性/(L/100km)	48.63	32.74	34.07	60.13	97.12	41.55
燃油消耗减少/%	13.88	18.61	14.32	13.58	19.38	16.11

从表 3-12 可以看出，与传统客车情况一样，循环工况对该混合城市客车的传动系统效率及燃油经济性的影响也很大。由于混合动力客车发动机排量减小，各循环工况下的发动机部分负荷效率因数均得到了改善。改善最明显的是纽约客车城市循环工况，发动机部分负荷效率从约 11% 提高到 15% 左右，而传统客车在此工况下，发动机大部分时间工作在怠速段，其负荷率严重偏低，相当于只有约 11% 的机会发动机工作在峰值效率点。当混合动力客车发动机排量减小后，同样工况下，从仿真结果来看，发动机有超过 15% 的机会工作在峰值效率点，即它的部分负荷效率因数提高到了约 37%。

图 3-18 比较了传统客车和混合动力客车在纽约客车城市循环工况下发动机实际工作点分布。可见，传统客车发动机大部分时间在离其高效区（80% 负荷率附近效率较好）偏远的地方工作，在 80% 负荷以上的高效区域工作的概率只有 39%，因而导致部分负荷效率因数偏低，而混合动力客车的发动机工作点落在 80% 负荷以上的高效区工作的概率为 50%，即工作点落在中高负荷率的概率得到提高。因此，混合动力客车的发动机部分负荷效率因数得到了较大提高，使得混合动力客车即使在无发动机区域控制、无怠速控制及无再生制动能量回收的情况下，其整车效率提高幅度相比其他工况为最大，即整车总传动系统效率从原来的 1.31% 提高到 36.68%，总的效率改善幅度为 36%。

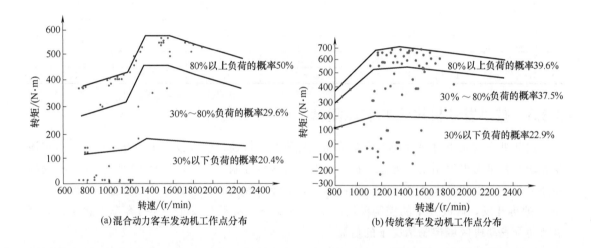

图 3-18　纽约客车城市循环工况下发动机工作点分布对比

不过应注意，整车总效率增益值和燃油经济性增益值并不完全相同。部分原因是在混合动力汽车中，电机和电池参与工作使得发动机效率增益，被能量多次流动造成的能量损失所抵消，还有一部分原因是发动机排量大小不同，其万有特性存在较大差别，因此，导致该工况下的燃油消耗仅降低了约 20%，如表 3-12 最后一行所示。

对于其他城市工况，减小发动机使发动机的负荷率均得到了提高，从而整车效率提高 2%～14%，燃油经济性改善 13%～19%。对于北京客车城市循环工况，传统客车与混合动力客车发动机工作点分布如图 3-19 所示。由图 3-19 可见，混合型客车相对传统型客车，发动机在中高负荷的工作概率明显提高。

如图 3-20 所示为仅仅通过减小发动机功率节能的情况下混合动力客车相对于传统型客车的燃油经济性对比。由此可见，较小发动机的排量对整车的节能效果非常明显。

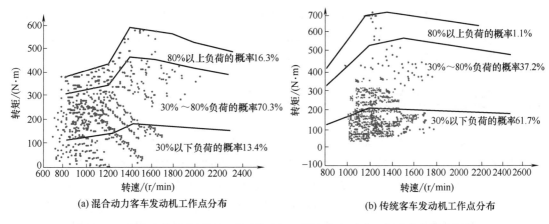

(a) 混合动力客车发动机工作点分布　　　(b) 传统客车发动机工作点分布

图 3-19　北京客车城市循环工况下发动机工作点分布对比（仅减小发动机排量）

3.3.4　发动机工作区域控制的节能贡献

由于减小发动机排量是由混合动力汽车本身设计所决定的，所以其他节能途径对燃油经济性的贡献都包含在减小发动机的节能贡献中。因此，对该混合动力客车进行发动机工作区域控制节能分析及仿真计算时，首先假定混合动力客车无怠速消除及无再生制动回收，并在此基础上进行燃油经济性计算；然后减去上述减小发动机的燃油经济性改善值，就是混合动力客车单独发动机区域控制所带来的节能贡献。

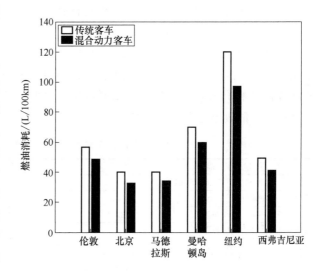

图 3-20　城市公交客车燃油经济性对比（仅减小发动机排量）

应用仿真软件 Advisor，通过修改相应控制策略参数，可控制发动机在设定的高效区域内工作，并进行燃油经济性仿真计算，通过相减便得到发动机区域控制对整车节能的贡献。表3-13 显示了在发动机区域控制（无发动机怠速及无再生制动）情况下，各城市循环工况下的燃油经济性对比。

表 3-13　混合动力客车在发动机区域控制时的燃油经济性

工况	伦敦	北京	马德拉斯	曼哈顿岛	纽约	西弗吉尼亚
燃油经济性/(L/100km)	47.19	31.66	32.98	58.44	95.51	40.56
燃油消耗减少/%	16.43	21.29	17.05	16.01	20.72	18.11
分离后燃油消耗减少/%	2.55	2.68	2.73	2.43	1.33	2.00

从表 3-13 的燃油经济性计算可见，与传统客车的燃油经济性相比，混合动力客车燃油消耗降低 16%～21%。单独考查发动机区域控制时的节能贡献，如表 3-13 中，分离后燃油

消耗减少值, 即燃油消耗减少 1%～3%。对于北京客车城市循环工况, 其燃油消耗改善为 2.68%。可见, 发动机高效区控制的节能效果并不显著, 主要由于发动机高效工作是通过电机对电池充电以增加发动机的负荷率来实现的, 这使得整个传动系统的功率损失增大, 使整车总体效率改善并不明显。

3.4 混合动力城市客车总节能潜力分析

在上述节能途径和节能机理分析的基础上, 对该混合动力客车总节省燃油情况进行了时间历程的综合仿真。首先, 按表 3-8 设定该混合动力客车的整车参数和动力总成参数, 然后对控制策略进行修改, 使得混合动力客车的控制策略按上述建模思路正确判断怠速工况, 并在怠速时控制发动机关闭; 同时, 按上述节能机理分析的简化比例来设定制动能量回收系数; 控制策略采用逻辑门限值策略, 协调发动机在高效区域内工作; 综合仿真结果包含减小发动机的节能, 因此, 仿真结果综合了混合动力客车的节能途径下的总节能潜力。

表 3-14 为该混合动力客车在典型城市循环工况下的燃油经济性的综合仿真结果, 并与上述全部节能途径的节能贡献情况进行对比。可见, 通过合理的假设, 对基于原传统客车改装成的混合动力客车, 在各个城市循环工况下, 其燃油消耗的降低都超过 30%。对于伦敦客车城市循环工况, 其能够节省燃油 36%; 而对于北京客车城市循环工况, 该混合动力客车能够节省燃油 40%; 对于纽约客车城市循环工况, 节省燃油最高超过 56%。可见, 混合动力客车的节能效果是非常显著的。

表 3-14 混合动力客车总节能潜力仿真与分析结果对比

	不同城市工况	伦敦	北京	马德拉斯	曼哈顿岛	纽约	西弗吉尼亚
综合仿真结果	仿真燃油消耗/(L/100km)	36.09	23.87	27.73	43.29	52.55	29.91
	燃油消耗总下降率/%	36.09	40.65	30.26	37.78	56.38	39.61
节能机理分析结果	减小发动机功率/%	13.88	18.61	14.32	13.58	19.38	16.11
	发动机区域控制/%	2.55	2.68	2.73	2.43	1.33	2.00
	制动回收/%	6.73	6.00	5.23	6.28	6.48	4.49
	消除怠速/%	13.85	20.52	5.77	17.66	35.05	18.83
	总增益/%	37.01	47.81	28.05	39.95	62.24	41.43

表 3-14 下半部分同时累积统计了上述节能机理分析的各节能途径的节能效果, 并统计其总增益, 如表 3-14 的最后一行所示, 这就是在上述合理假设与理论分析下的混合动力客车最大节能潜力。其中, 对于纽约客车城市循环工况, 最大节能潜力达到 62%; 而对于北京客车城市循环工况, 该混合动力客车最大节能潜力为 48%。

从仿真和分析结果对比来看, 百公里燃油消耗下降率大多数小于节能机理分析的总节能增益值, 造成这种差异的主要原因是: 通过节能机理分析并做合理简化进行的节能贡献分析, 没有考虑其在时域上受其他部件间相互制约的限制。而在仿真过程中, 并不完全与节能机理分析所简化的情况一样, 它要受各总成实际运行情况的限制 (如再生制动回收效率随工作点变化等因素), 因此, 造成节能机理分析的节能总增益和综合仿真结果值并不完全相等。

通过表 3-14 可知, 该混合动力城市公交客车各节能途径, 对燃油经济性的改善程度各不相同, 如图 3-21 所示。从中可见, 减小发动机排量与消除怠速对整车的节能效果最为明显。减小发动机排量是混合动力汽车的设计技术, 而消除怠速是其控制技术, 混合动力汽车

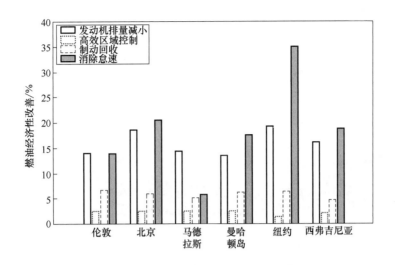

图 3-21　混合动力城市公交客车节能途径贡献率

节能机理研究揭示了无论设计，还是控制，对整车的节能都具有重要的影响。

3.5　本章结语

　　本章提出对新能源汽车节能研究的突破口是研究混合动力系统的节能机理。因此，本章以某混合动力公交车为研究对象，系统地介绍了混合动力系统的节能机理，其对新能源汽车如纯电动汽车、燃料电池汽车、插电式混合动力汽车的节能途径探索及节能潜力挖掘具有重要指导意义。

　　首先，本章在提出混合动力客车节能机理研究总体思想的基础上，建立了各动力总成的能量消耗分析模型，为进行节能机理分析和能量消耗定量研究提供分析依据。其次，在分析主要典型城市客车工况的基础上，计算和分析了某一传统公交客车在这些工况下的能量消耗特点，并对怠速燃油消耗、制动能量损失及发动机部分负荷工作点效率进行了定量的深入分析，由此提出了混合动力客车的四点节能途径。最后，针对该混合动力客车，对再生制动能量回收、消除怠速、减小发动机排量及发动机工作区域控制的节能途径分别进行了节能机理与节能贡献分析。

　　通过某款混合动力客车节能机理定量研究表明：混合动力客车通过减小发动机排量，提高了其负荷率，使整车效率得到提高，从而改善燃油经济性 13%～20%；发动机工作区域控制对燃油经济性改善的贡献在 1%～3% 之间；再生制动能量回收节能 4.5%～7%；而消除停车怠速可节省燃油 6%～35%。综合仿真分析表明其总节能潜力为 30%～60%。

　　研究混合动力汽车节能机理的关键在于能量消耗分析模型的建立。通过建立能量消耗分析模型，可以对比分析不同节能途径对混合动力汽车的节能贡献，其分析结果能够为混合动力汽车进一步的节能优化提供指导。其中，建模精度及系统的分析方法对混合动力节能机理的研究有着直接的影响，是节能机理研究中的难点和关键。

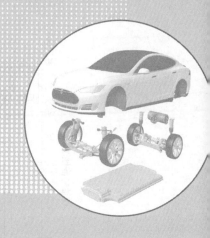

第4章
新能源汽车的控制策略

根据第3章所述，同理可知，对纯电动汽车、燃料电池汽车和插电式混合动力汽车等新能源汽车实施优化控制，可以归纳为对混合度为0的纯电动汽车和对多动力源形式混合的混合动力汽车各动力源间能量优化管理与动力协调分配的控制过程。因此本章以具有典型性的插电式混合动力汽车为例，主要介绍混合动力系统的控制策略，对其他各类型新能源汽车的控制方法设计同样具有指导和借鉴意义。

对于混合动力汽车，其将发动机、电机和能量储存装置（动力电池等）组合在一起，通过良好的匹配和优化的控制，可以充分发挥传统内燃机汽车和纯电动汽车的优点。混合动力汽车开发与传统汽车开发的主要不同在于整车控制系统的开发，这也是混合动力汽车开发的核心内容和技术难点。混合动力汽车的控制系统应该在满足整车动力性指标的前提下，通过各总成的协调控制，实现提高燃油经济性和降低排放的目标。

混合动力汽车的控制策略通过协调各部件间的能量流动，使整车效率达到最高，可以使整车获得较好的燃油经济性、较低的排放及较好的动态平顺性，控制策略对整车的燃油经济性影响很大。作为混合动力汽车技术开发的核心，控制策略的制定直接影响着能量在车辆内部的流动及整车的性能。因此混合动力汽车的控制策略研究至关重要，是混合动力汽车设计与研发的核心内容之一。

近年来，由于混合动力汽车的快速发展，越来越多的研究人员投入到混合动力汽车控制研究中来，不断提出新的控制方法，使得混合动力汽车控制策略的种类变得纷繁复杂，但总体上可以归纳成两类：稳态能量管理策略和动态协调控制策略。稳态能量管理策略又可大体分为：基于逻辑门限的控制策略、模糊逻辑控制策略以及基于优化的控制策略。

4.1　混合动力汽车的控制问题

与传统汽车相比，混合动力汽车的节能途径大致可以归结为两个方面：一方面，通过整车的设计来实现，如电机、发动机功率选择等，如何合理设计和选择这些参数是混合动力汽车研究的重要内容之一；另一方面，通过整车控制来实现，譬如控制发动机工作在高效区、取消发动机怠速以及再生制动控制等。混合动力汽车控制问题的核心在于如何在驱动模式下和制动模式下协调多个动力源的工作。

整车控制按照时间尺度和系统响应特性，又可以分为稳态控制和动态控制。一般而言，混合动力系统的动态过程主要是指各工作模式之间的切换过程和换挡过程，这些动态过程的控制品质关系到车辆的动态平顺性；稳态控制方面，主要是发动机和电机之间的转矩分配问题、动力电池荷电状态SOC的平衡问题和混合动力汽车的换挡规律问题等。整车的协调控制是由整车控制策略所决定的，控制策略是整车控制的核心，也是实现对动力系统进行能量管理的关键，其优劣直接影响整车的性能。在满足整车动力性要求的前提下，控制策略根据驾驶员的意图和行驶工况，对汽车各总成间的能量流动进行协调控制，以期达到最高的整车系统效率，从而获得整车良好的燃油经济性、排放性以及动态平顺性。

早期的混合动力汽车控制策略大多是基于速度控制的，即以车速作为选择混合动力汽车驱动模式的控制依据。这种控制策略较为简单，控制系统的开发相对容易，但是其控制参数单一、动态特性差，不能满足混合动力汽车对于整车控制系统的设计要求。现在的混合动力汽车控制策略，基本上都是基于转矩或者功率控制的，图4-1描述了混合动力汽车控制策略分类，同时也是本章介绍混合动力汽车控制策略的基本思路。

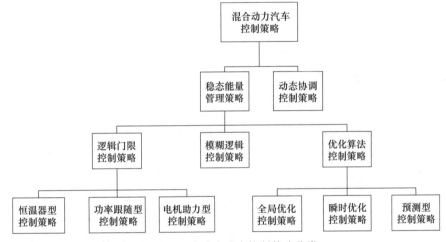

图 4-1　混合动力汽车控制策略分类

目前，对混合动力汽车控制的研究，主要集中在稳态能量管理策略，通过合理分配和优化动力源的工作来达到节能减排的目的，对于混合动力汽车的动态协调控制过程的研究较少。动态协调控制主要涉及模式切换的动态协调控制和换挡过程的动态协调控制。稳态控制方面，从规则和优化的角度将其划分为基于简单规则的逻辑门限控制策略、基于模糊规则的模糊逻辑控制策略以及基于优化的优化算法控制策略。逻辑门限控制策略和模糊逻辑控制策略都属于基于规则的控制策略，其主要原理就是设计一系列规则，通过规则的限制，使得混合动力汽车内部各部件尽量工作于最优工作区间。逻辑门限控制策略与模糊逻辑控制策略的主要区别在于各种门限值的表示方式，逻辑门限控制策略是通过设定门限值，控制发动机工作在最优工作曲线或者高效率区间，控制电动机的功率，补偿发动机功率输出，从而实现整个混合动力系统的优化；而模糊逻辑控制策略是通过门限值的模糊化，更好地反映各种模式之间存在过渡区这一客观事实。模糊控制器根据输入信号查询规则库中的相关规则，从而得到所需的控制信号，控制混合动力系统的工作。逻辑门限控制策略根据具体控制方法的不同又可以分成恒温器型控制策略、功率跟随型控制策略以及电机助力型控制策略；优化算法控制策略根据其具体的优化算法也可以分为全局优化控制策略、瞬时优化控制策略以及预测型控制策略。

混合动力汽车控制策略纷繁复杂，在实车上应用的并不一定是单一的某种控制策略，可能是采用几种不同控制策略相结合。因此，本章介绍控制策略在实车上应用实例时，也会存在几种策略结合应用的情况。

4.2 稳态能量管理策略

混合动力汽车稳态能量管理控制策略的作用，是在车辆的行驶过程中，在满足车辆的动力性和其他基本性能要求的前提下，根据动力总成及各部件的性能特征，控制和调节动力总成及各部件工作，使整车达到燃油经济性和排放等方面的目标性能。能量管理策略是混合动力系统控制算法中研究最多的内容之一，如何合理分配发动机和电动机之间的动力，使其既能满足驾驶员对整车驱动力的需求，又能实现发动机、电动机、动力电池以及整车效率的优化，是能量管理策略的核心问题。本章将稳态能量管理策略分为逻辑门限控制策略、模糊逻辑控制策略以及优化算法控制策略，从基于规则以及基于优化的角度详细介绍能量管理策略的原理及其在实车上的调试与应用。

4.2.1 逻辑门限控制策略

逻辑门限控制策略属于基于规则的控制策略的一种。其基本思想是优先保证发动机在较高效率区间内工作，在该区间以外（当发动机转矩或转速较小时）利用动力电池提供能量驱动电机工作。而动力电池的能量来源主要分为两部分：制动能量回收；发动机带动电机发电。其工作原理示意如图 4-2 所示，当电池组荷电状态 SOC 高于门限值，发动机转速较低或者输出转矩较小时，控制器都会控制发动机关闭，由电机驱动车辆，从而避免发动机在低效率区工作，只有当车辆行驶需求的功率较大时，发动机才开始工作；而当 SOC 低于门限值的时候，发动机工作，其输出功率一部分用于驱动车辆，其余功率用于动力电池充电。

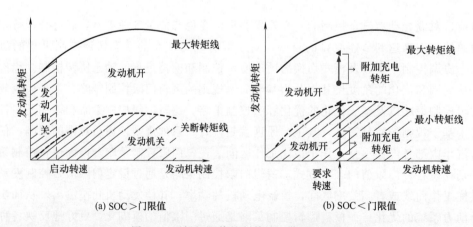

(a) SOC ＞门限值　　　　　　　(b) SOC ＜门限值

图 4-2　逻辑门限值控制策略工作原理示意

逻辑门限控制策略是一种简单易行、应用广泛的混合动力汽车控制策略。下面分别具体介绍恒温器型与功率跟随型控制策略相结合的控制策略和电机助力型控制策略的原理及应用。

4.2.1.1　恒温器＋功率跟随型控制策略

恒温器型控制策略和功率跟随型控制策略都属于基于简单规则的控制形式，其控制原理较为简单，发展较为成熟。恒温器型控制策略对发动机的工作较为有利，而对动力电池的要求较高；功率跟随型控制策略对于蓄电池组的损失减少，但发动机会在从低到高的整个负荷区间运行，影响了发动机的性能。综合恒温器型控制策略与功率跟随型控制策略的优缺点来看，单一的控制均存在较明显的不足，但是两者结合后形成的新的控制策略可以充分发挥两种控制策略的长处。因此，本小节着重描述一种将两者有机结合起来的恒温器＋功率跟随型控制策略的原理及其在实车上的应用。

（1）恒温器＋功率跟随型控制策略原理

关于恒温器＋功率跟随型控制策略原理，本小节首先分别介绍恒温器型控制策略与功率跟随型控制策略的原理，然后介绍两者结合的控制原理。

① 恒温器型控制策略原理。恒温器型控制策略主要应用于串联式混合动力汽车。串联式混合动力汽车的发动机与驱动车轮之间没有机械连接，发动机能够相对独立于车轮的运动工作，因此控制策略的主要目标，是使发动机在最佳油耗区和排放区工作并驱动发电系统发电。

如图 4-3 所示，在恒温器型控制模式下，当动力电池荷电状态 SOC 降到设定的低门限值时，发动机启动，在最低油耗点（或最佳排放点）按恒功率输出，一部分功率用于满足车轮驱动功率要求，另一部分功率向动力电池充电；当电池组 SOC 上升到所设定的高门限值时，由电动机驱动车轮，发动机关闭，此时汽车处于零排放、纯电动行驶状态。这种控制形式类似于温室的温度控制。在这种模式中，动力电池要满足所有瞬时功率的要求，其放电电流的波动会很大，经常出现大电流放电的情况，对动力电池的放电效率和使用寿命均有不利影响，而动力电池的过度循环所引

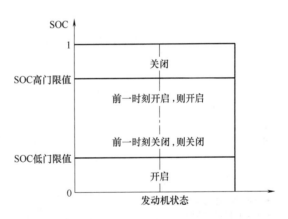

图 4-3　恒温器型控制策略发动机启停逻辑

起的损失，可能会减少发动机工作区间优化所带来的好处。这种模式对发动机比较有利，而对动力电池不利。

② 功率跟随型控制策略原理。在功率跟随型控制模式下，发动机的功率紧紧跟随车轮功率的变化，与传统汽车的运行相似，发动机总保持运转，仅当纯电动模式运行时才停机，由动力电池提供电能。这种模式的控制策略仅针对发动机的油耗进行最优控制，调节发动机在某一最优工作曲线上工作，强迫发动机的输出功率随着车辆需求功率的波动而动态响应，进行自适应调整；而动力电池作为功率均衡装置来满足具体的汽车行驶功率要求，其频繁的充放电循环将消失，与充放电有关的动力电池损失也被减少到最低限度。与恒温器型控制策略相比，采用这种控制策略对动力电池的损失减少，但发动机会在从低到高的整个负荷区间运行，而且发动机的功率会频繁变化，这会损害发动机的效率和排放性能，特别是在低负荷

区。上述问题也可以通过采用无级自动变速器（CVT）加以解决，通过调节 CVT 速比，控制发动机沿最小油耗曲线运行。此控制策略目前应用较多，但整车成本较高。

③ 恒温器+功率跟随控制策略原理。综合恒温器型控制策略与功率跟随型控制策略的优缺点来看，如果将两种控制模式结合起来，便可以充分利用发动机和动力电池工作的高效率区间，使其整体效率发挥更好。这种综合控制模式被称为恒温器+功率跟随控制策略。该控制策略是以发动机功率跟随控制模式为主，并结合恒温器控制模式的控制策略。

恒温器+功率跟随控制策略的具体实现方案如图 4-4 所示。发动机-发电机组的功率输出跟随整车的功率需求而变化，但把发动机限制在最优工作曲线附近工作，并限制发动机功率瞬时变化的速度和幅度（因为发动机功率的迅速变化将极大地损害发动机的效率和排放性能）。同时，把动力电池 SOC 限制在一个充放电内阻都比较低的区间内。也就是说，发动机在动力电池 SOC 较低或负载功率较大时均会启动；只有在负载功率较小且 SOC 高于预设的高门限值时，发动机被关闭；其余时刻保持发动机状态，这样可以避免发动机的频繁启停。在这种综合控制模式下，发动机一旦启动便在相对经济的区域内运转，对电动机的负载功率进行跟踪，当负载功率大于或小于发动机经济区域所能输出的功率时，可以通过动力电池的充放电对该功率差进行缓冲或补偿。采用该控制策略可以减少电能的循环损耗，避免电池大电流放电和发动机的频繁启停，降低了油耗，改善了排放性能。

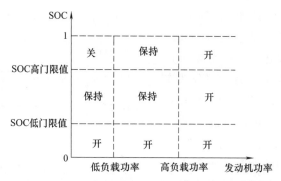

图 4-4　恒温器+功率跟随型控制策略的具体实现方案

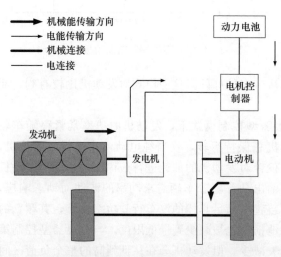

图 4-5　串联混合动力客车的结构布局

（2）恒温器+功率跟随型控制策略的应用

本小节介绍一种基于发动机最优工作区域的恒温器+功率跟随型控制策略在串联式混合动力客车上的应用。串联式混合动力客车的结构布局如图 4-5 所示：发动机和发电机之间通过机械连接构成辅助动力单元系统（APU）为整车提供能量，发电机、动力电池和电动机通过电连接方式与电机控制器相连，电动机和变速器之间通过机械连接将动力传到驱动轮。

① 控制策略。在该控制策略中，发动机的工作不再像前面内容描述的模式那

样，沿着发动机最优工作曲线工作，而是划定发动机优化的工作区域，并使发动机的转速保持在一个较小的波动范围，同时限制发动机的工作转矩，将该转速下油耗较高、功率较小的区域剔除。如图 4-6 所示，矩形框内的区域就是该控制策略所选择的优化区域。表面上看，它不如发动机的最优工作曲线燃油经济性好，但是在发动机的工作中避免了过于频繁的转速变化，而且 1800～3000r/min 一般是发电机的转速高效区域，发动机增加的油耗因发电机效率的提高而得到补偿。

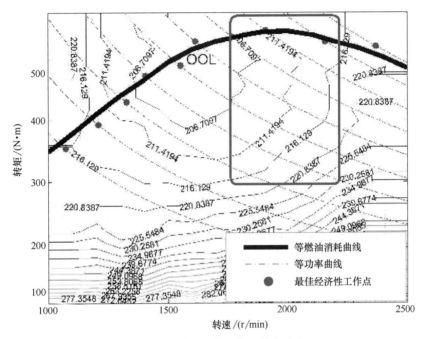

图 4-6　发动机最优工作区域的示意

该控制策略中的能量分配如下所述。

a. APU 系统单独驱动并维持动力电池的 SOC 值。在该客车运行过程中，当动力电池 SOC 处于设定的低门限值与高门限值之间，发动机开启且车辆需求功率低于 APU 所能输出的最大功率时，也就是当行驶工况及 APU、电池组的 SOC 满足式（4-1）中全部条件时，由 APU 系统单独驱动并维持动力电池的 SOC 值。

$$\begin{cases} v>0 \\ 0<P<P_{\text{fmax}} \\ \text{SOC\_low}<\text{SOC}<\text{SOC\_high} \\ \text{fc\_on}=1 \end{cases} \tag{4-1}$$

此时电机的输入功率 P_{mc} 以及 APU 的输出功率如式（4-2）所示。

$$\begin{cases} P_{\text{mc}}=L_{\text{acc}}T_{\text{max}}\dfrac{n}{9550\eta} \\ P_{\text{f}}=P_{\text{mc}}+P_{\text{b}} \end{cases} \tag{4-2}$$

式中，P_{b} 为动力电池的输出功率；P_{f} 为 APU 的输出功率；L_{acc} 为加速踏板开度；fc_on=1 表示发动机开，fc_on=0 表示发动机关。

b. APU 系统和电池组联合驱动模式。根据电机输入功率、动力电池的 SOC 值进行判断。当动力电池 SOC 在低门限值之上且需求功率超过 APU 所能输出的最大功率，即符合式（4-3）全部条件时，进入 APU 系统和动力电池联合驱动模式。

$$\begin{cases} v > 0 \\ P > P_{fmax} \\ SOC > SOC\_low \\ fc\_on = 1 \end{cases} \tag{4-3}$$

此时，主电机的功率如式（4-4）所示。

$$P_{mc} = P_f + P_b \tag{4-4}$$

APU 的功率为最大输出功率，如式（4-5）所示。

$$\begin{cases} P_f = P_{fmax} \\ P_b = \Delta SOC P_{b\_chg} \end{cases} \tag{4-5}$$

式中，ΔSOC 为动力电池 SOC 的变化量；P_{b_chg} 为控制策略要求给动力电池的充电功率。

c. APU 系统单独驱动模式。当汽车行驶和动力电池都需要 APU 系统输出功率时，汽车的动力性能优先于动力电池的需求。根据电机输入功率、动力电池 SOC 值进行判断，符合式（4-6）全部条件时，进入 APU 系统单独驱动模式。

$$\begin{cases} v > 0 \\ P > P_{fmax} \\ SOC < SOC\_low \\ fc\_on = 1 \end{cases} \tag{4-6}$$

此时，动力电池不再输出功率。APU 系统的输出功率跟随主电机的功率，并为其提供足够的能量。

d. 最小功率模式。当电机输入功率小于 APU 系统规定的最小值时，APU 系统不关闭，而是以最小功率工作，剩余功率用于给动力电池充电。根据电机输入功率、动力电池的 SOC 值进行判断，符合式（4-7）全部条件时，进入 APU 系统单独驱动并给动力电池充电模式。

$$\begin{cases} v > 0 \\ P < P_{fmin} \\ fc\_on = 1 \end{cases} \tag{4-7}$$

此时 APU 的输出功率为其最小功率，如式（4-8）所示。

$$P_f = P_{fmin} \tag{4-8}$$

e. 制动工作模式。制动工作模式包括单独再生制动、单独机械制动以及联合制动三种模式。

单独再生制动主要指滑行再生制动和制动强度不大情况下的制动。如式（4-9）条件所示，当动力电池 SOC 低于设定的高门限值，同时行驶车速超过设定的最低再生制动车速，且车辆制动需求的制动转矩可以全部由电机提供时，单独由电机工作于发电状态，为车辆提供制动力。

$$\begin{cases} v > v_{reg} \\ 0 < T_b < T_{gmax} \\ SOC < SOC\_high \\ Reverse = 0 \end{cases} \quad (4\text{-}9)$$

式中，v_{reg} 表示根据电机实际控制特性确定的最低再生制动车速；Reverse=0 表示前进行驶，Reverse=1 表示倒车。

当行驶车速低于设定的最低再生制动车速或者动力电池 SOC 在高门限值之上时，即汽车行驶状态满足式（4-10）条件时，单独由机械制动来提供所需的全部制动力。当汽车倒退行驶时，也进入单独机械制动模式。

$$\begin{cases} T_b > 0 \\ v < v_{reg} \text{ 或 } SOC > SOC\_high \text{ 或 } Reverse = 1 \end{cases} \quad (4\text{-}10)$$

当电机不能提供汽车需要的制动力矩时，如式（4-11）所示，由机械制动和再生制动共同提供制动力。

$$\begin{cases} v > v_{reg} \\ T_b > T_{gmax} \\ SOC < SOC\_high \end{cases} \quad (4\text{-}11)$$

② 仿真分析。利用 AVL Cruise 仿真平台对纽约工况、北京工况、上海工况、长春工况和国家标准工况进行仿真检验，并与传统客车、并联混合动力客车的燃油经济性比较，同时与在 Advisor 仿真软件下应用功率跟随型控制策略的串联混合动力客车进行综合比较，仿真结果如表 4-1 所示。其中，Advisor 和 AVL Cruise 都是汽车系统高级建模及仿真平台软件，相关内容将在第 5 章进行详细介绍。从表 4-1 可以看出，基于发动机最优工作区域的恒温器＋功率跟随型控制策略在一些工况下优势明显，尤其是纽约工况和上海工况下的油耗，比原串联混合动力客车的控制策略有了较大的提高。

表 4-1　四种客车不同工况下燃油经济性比较

项目	国家标准工况 /(L/100km)	北京工况 /(L/100km)	纽约工况 /(L/100km)	长春工况 /(L/100km)	上海工况 /(L/100km)
传统车（满载）	61.5	40.2	120.5	61.3	70.6
串联混合动力客车（Advisor）	—	29.0	80.1	34.4	45.9
并联混合动力客车	29.27	23.40	52.55	29.10	24.86
本书介绍的串联混合动力客车（Cruise 满载）	36.46	29.20	65.90	34.73	37.26
相比传统车节油/%	40.47	27.36	45.36	43.34	47.22

上述的控制策略在典型工况下以不同载荷运行时的油耗分析，如表 4-2 所示。其整车动力性能仿真结果如表 4-3 所示。仿真结果表明，该控制策略是可行的。

表 4-2　串联混合动力客车在不同载荷时的油耗

载荷情况	国家标准工况 /(L/100km)	北京工况 /(L/100km)	纽约工况 /(L/100km)	长春工况 /(L/100km)	上海工况 /(L/100km)
轻载	34.63	27.20	59.33	32.84	34.77
半载	35.05	28.55	62.34	33.02	36.09
满载	36.46	29.20	65.90	34.73	37.26

表 4-3　串联混合动力客车整车动力性能仿真结果

项目	最高车速	0～60km/h 加速时间	最大爬坡度	40km/h 爬坡度
整车动力性能仿真结果	94 km/h	24s	25%	6.2%

4.2.1.2　电机助力型控制策略

电机助力型控制策略是并联混合动力汽车普遍采用的一种控制策略。它实际上是一种固定的门限值控制，也属于逻辑门限值控制策略的一种。本小节主要介绍电机助力型控制策略的基本原理及其应用。

（1）电机助力型控制策略的基本原理

电机助力型控制策略的主要思想是：将发动机作为汽车的主动力源，电力驱动系统作为辅助动力源，电机对发动机的输出转矩起"削峰填谷"的作用，同时将动力电池 SOC 值保证在一定范围内。电机助力型控制策略目标简明，代码转化率高，将发动机限制于优化工作区域，同时保证动力电池 SOC 值，比较好地考虑了充电的效率和强度。充电转矩随荷电状态值变化，但由于此类控制策略的门限值事先已经设定好并且是固定值，控制较为粗略，因此它对工况及参数漂移的适应能力较差，并且这种控制策略只能保证发动机工作于相对比较理想的区域，不能达到最优。其控制目标也没有充分考虑排放问题。

（2）电机助力型控制策略的应用

本小节以国内早期开发的某混合动力客车控制系统的设计为例，介绍电机助力型控制策略的应用。该控制系统采用电机助力型控制策略，基于符合德国汽车电子类开放系统和对应接口标准 OSEK（Open Systems and the Corresponding Interfaces for Automotive Electronics）的实时多任务操作系统，在保证整车动力性的前提下，以实现最佳的燃油经济性为控制目标。具体采用门限值控制方法，对发动机工作区间进行限制。

① 整车参数及系统主要控制参数。该混合动力客车结构是典型的双轴并联形式，相关内容已经在第 2 章中详细介绍过。这种形式总成集成难度较小，适合于混合动力客车的初期研发阶段。整车及各总成的主要参数见表 4-4。

表 4-4　整车及各总成的主要参数

参数	数值	参数	数值
整车质量/kg	15000	电机最高转速/(r/min)	5000
迎风面积/m^2	7.3	动力电池容量/(A·h)	40
发动机最大功率/kW	140	动力电池单节电压/V	12
发动机最大转矩/(N·m)	560	动力电池数量/节	25
发动机最高转速/(r/min)	2500	变速器挡位数量/个	6
电机额定功率/kW	30	主减速器速比	6.333
电机额定转矩/(N·m)	200	转矩合成装置速比	2.0

在该控制策略中，系统主要控制参数如下。

a. 电池 SOC 控制下限：若 SOC 低于该值，则表明电池电量不足，需要充电。

b. 电池 SOC 控制上限：若 SOC 高于该值，则表明电池电量饱满，不再对电池充电。

c. 纯电动车速上限：电池 SOC 高于下限值时，汽车起步后，达到该车速之前，由电机单独驱动。

d. 发动机关闭转矩：电池 SOC 高于下限值时，在该转矩值以下，关闭发动机。

e. 发动机最小转矩：电池 SOC 低于下限值时，发动机最小工作转矩不低于该值。

　　f. 电机最大制动转矩：电机能够产生的最大制动转矩。

　　② 控制策略。根据不同工况，采取如下控制策略。

　　a. 起步或小负荷行驶工况。若动力电池 SOC 大于下限值，并且汽车处于车速低于纯电动车速上限值的起步阶段，或者需要的发动机转矩小于发动机关闭转矩值，则关闭发动机，由动力电池提供功率驱动汽车行驶，以避免发动机在低效区工作；若动力电池 SOC 小于下限值，则发动机工作，其提供的功率在驱动汽车行驶的同时，带动电机发电，向动力电池充电。此时，为避免发动机在低效区工作，当需求转矩过小时，强制拉升发动机转矩至设定的最小工作转矩值。

　　b. 中速行驶工况。汽车行驶所需的功率由发动机单独提供。当动力电池 SOC 小于下限值时，发动机还提供一部分额外功率驱动电机，给动力电池充电。

　　c. 加速或高速行驶工况。如果此时发动机输出的最大转矩不能满足车辆行驶需求，在动力电池 SOC 大于下限值的情况下，电机提供额外的转矩弥补发动机转矩的不足。

　　d. 减速制动工况。根据动力电池 SOC 和制动踏板反馈出的制动转矩要求，电机再生制动系统和机械制动系统，两者可以单独工作也可以同时工作。当动力电池 SOC 小于控制上限值而且制动转矩小于电机最大制动转矩值时，电机再生制动单独工作；当动力电池 SOC 小于上限值而且制动转矩要求大于电机最大制动转矩值时，电机再生制动和机械制动系统同时工作；当动力电池 SOC 不小于上限值时，无论制动转矩要求大小，均由机械制动系统单独工作。

　　③ 控制策略试验结果分析。如图 4-7 所示是电机助力控制策略整车转鼓试验数据曲线。从图 4-7 中可以看出，控制策略能够根据加速踏板的输入要求，合理分配发动机和电机的转矩，使实际车速与《汽车燃料消耗量试验方法　第 1 部分：乘用车燃料消耗量试验方法》（GB/T 12545.1—2008）中要求的车速基本吻合。两条车速曲线开始阶段差距较大，其原因是机械式自动变速器换挡时间较长，导致整车起步加速缓慢。从电机转矩曲线图中可以看到，当整车速度要求下降时，电机能够进行能量回收（87～126s）；加速时，电机能够助力，只是由于目前各总成的实际情况尚不理想，所以，作为初步的控制策略，在换挡时要求电机关闭，而恰恰加速时又在连续换挡，并且换挡时间又比较长，使得电机助力不断被打断。因此，图中显示的电机助力作用比较微弱，仅残留若干脉冲（第 35s 附近）。电机转矩曲线图中开始段的大转矩脉冲是电机启动发动机的过程。

　　该混合动力客车是国内早期开发的车型，其各项性能指标较为落后，但是根据其试验数据的对比，也能充分说明电机助力型控制策略在混合动力汽车上应用的可行性。在整车转鼓试验中，对传统驱动模式（即发动机单独驱动模式）和混合驱动模式的动力性、经济性进行了对比，发现电机参加驱动后，最高车速从 90km/h 提高到 94km/h，0～60km/h 加速时间由 43s 缩短到 36s，油耗由 35.5L/100km 减少到 31.3L/100km（节油 11.8%）。试验证明，采用电机助力型控制策略的控制器实现了对混合动力客车多能源总成的控制意图，提高了整车动力性和燃油经济性。

4.2.2　模糊逻辑控制策略

　　模糊逻辑控制理论产生自 20 世纪 60 年代，目前已经广泛应用于军事科学、工业过程控制和航天航空等自动控制领域。模糊逻辑是经典数理逻辑与模糊数学相结合的产物。在处理复杂、非线性和不确定系统的控制问题中得到了广泛应用。

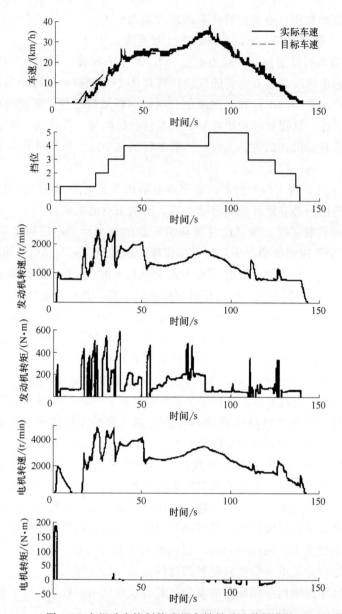

图 4-7　电机助力控制策略整车转鼓试验数据曲线

特别是在计算机技术出现以后，模糊技术与计算机结合形成的模糊控制系统，为计算机模拟人脑实现复杂控制提供了一条更加有效的途径。模糊控制的基本特征是利用人的经验、知识和推理技术及控制系统提供的状态条件信息，而不依赖物理过程的精确数学模型，因此简化了复杂的控制问题。由于模糊逻辑控制具有很高的自由度和非线性，理论上可以逼近任何非线性系统。

模糊逻辑控制策略与传统逻辑门限控制策略的控制思路大致相同，规则集也基本类似，两者之间的主要区别在于各种门限值的表示方式。从本质上说，模糊逻辑控制策略也是一种基于规则的控制策略，但模糊逻辑控制不依赖系统的精确数学模型，而是主要根据工程经验来制定控制规则。模糊推理算法在计算上也不是特别复杂，具有良好的控制品质。因此，模糊逻辑控制策略在混合动力汽车领域的应用日益受到人们的重视，近年来人们对该控制的研究成果较多，显示出良好的应用前景。

美国俄亥俄州立大学和奥克兰大学在新一代汽车合作伙伴计划 PNGV 资助下，率先开展了混合动力模糊控制策略的研究，显示了模糊逻辑在控制混合动力系统这一复杂、强非线性和不确定性系统上具有的潜力。俄亥俄州立大学的方法是利用模糊控制器的输出，直接修正加速踏板输入的发动机喷油量，从而达到控制发动机工作点的目的；奥克兰大学的方法则基于功率分配，利用模糊控制器调节电机的发电功率，从而实现需求功率在发动机和电机间的最佳分配。

本小节首先介绍模糊控制原理，包括模糊控制器的工作原理以及模糊推理过程，然后介绍模糊控制策略在国内某混合动力客车上的实际应用。

4.2.2.1　模糊控制原理

模糊控制是基于模糊推理过程，模仿人类思维方式，通过计算机构造模糊控制器，对难以建立精确数学模型的对象，实现人类语言表达的比较模糊的控制规则。本小节介绍模糊控制器的工作原理及模糊推理过程。

（1）模糊控制器的工作原理

如图 4-8 所示，模糊控制器由规则库、模糊逻辑推理机制、模糊化接口和逆模糊化接口四个部分组成。模糊控制器是模糊控制系统的核心，通常由软件编程实现。其控制算法的简繁直接影响到控制器的实时性。模糊控制器的工作过程就是运用模糊逻辑，进行从输入量到输出量映射的过程，一般来说包括五个步骤。

① 输入量模糊化。根据对应的隶属函数，确定输入量的隶属程度，输入量

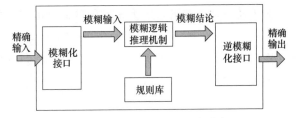

图 4-8　模糊控制器的组成示意

是论域内的数值。输入量的模糊化可以通过查表或函数计算等方法实现。

② 模糊逻辑运算。当模糊推理规则的前件含有几个部分时，就需要对几个输入量进行模糊逻辑运算，以得到模糊逻辑推理所需的单一前件。

③ 模糊蕴含。根据总结归纳的模糊规则，由前件蕴涵出后件。在模糊蕴涵进行过程中，各条规则的权重可取不同值。蕴涵结果由前件和输出量隶属函数得出，为一系列隶属函数表示的模糊集合。

④ 模糊合成。将各条规则蕴含出的一系列隶属函数合成为输出量隶属函数。

⑤ 输出逆模糊化。将模糊合成的隶属函数数值化，得出模糊系统的清晰输出量。

（2）模糊推理

模糊推理（或近似推理）就是应用模糊逻辑，对模糊值进行推理运算并产生模糊结论。

① 模糊化过程。模糊化过程即将精确输入量转换成模糊值的过程。模糊值又称为语言值，它是用自然语言描述的模糊变量值，如"太低（TL）""低（L）""适中（M）"等都是模糊值。

在控制应用中，常用的模糊化方法为单元集模糊化，即将精确输入值 u_i 模糊化为一个

模糊单元集 $\widetilde{A} = \left\{ \dfrac{1}{u_i} \right\}$，其隶属函数为一条竖线，如式（4-12）所示。

$$\mu_{\widetilde{A}}(x) = \begin{cases} 1, x = u_i \\ 0, x \neq u_i \end{cases} \tag{4-12}$$

② 模糊逻辑运算。实际应用中，基于规则的逻辑门限值控制策略，能量管理算法被表示成"IF…THEN…"形式的控制规则。在模糊控制的"IF…THEN…"规则中，THEN 前面的部分称为前件，THEN 后面的部分称为后件，根据 IF-THEN 规则得到的计算结果称为模糊结论（该结论是个模糊集）或简称为结论。事实上，前件往往由多个条件（模糊原子命题）组成，条件之间有逻辑运算操作，如非（～）、与（∧）、或（∨）等，这些运算符在模糊逻辑中定义。

模糊逻辑是模糊推理的理论基础，在经典逻辑学中，逻辑变量、逻辑函数的取值为 {0，1}，通常称为二值逻辑。逻辑运算符的运算规则遵循布尔代数运算规则。在模糊逻辑中，逻辑变量、逻辑函数的取值是 [0，1] 闭区间，是一种特殊的多值逻辑。逻辑运算符的运算规则遵循模糊数学的运算规则。

譬如，设 U 为所有命题构成的论域，u 为 U 中的元素，T 为命题的真值函数。

对于经典二值逻辑，T 为 u 到二元值 {0，1} 的一个映射，如式（4-13）所示。

$$T: u \in U \to \{0,1\} \tag{4-13}$$

对于模糊多值逻辑，T 为 u 到闭区间 [0，1] 的一个映射，如式（4-14）所示。

$$T: u \in U \to [0,1] \tag{4-14}$$

模糊命题的一般形式是"$\widetilde{P}: x\,\mathrm{is}\,\widetilde{A}$"，命题真值 $T(\widetilde{P})$ 由模糊集合 $\widetilde{A}$ 的隶属函数 $\mu_{\widetilde{A}}(x)$ 给出，如式（4-15）所示。

$$T(\widetilde{P}) = \mu_{\widetilde{A}}(x) \tag{4-15}$$

模糊逻辑运算符的常见定义见式（4-16）～式（4-21）。

$$非（～）运算\ T(\sim\widetilde{P}) = 1 - T(\widetilde{P}) \tag{4-16}$$

与（∧）运算，常见的有取小和代数积，如式（4-17）和式（4-18）所示。

$$取小\ T(\widetilde{P} \wedge \widetilde{Q}) = \min[T(\widetilde{P}), T(\widetilde{Q})] \tag{4-17}$$

$$代数积\ T(\widetilde{P} \wedge \widetilde{Q}) = T(\widetilde{P})T(\widetilde{Q}) \tag{4-18}$$

或（∨）运算，常见的有取大、代数和与有界和，如式（4-19）～式（4-21）所示。

$$取大\ T(\widetilde{P} \vee \widetilde{Q}) = \max[T(\widetilde{P}), T(\widetilde{Q})] \tag{4-19}$$

$$代数和\ T(\widetilde{P} \vee \widetilde{Q}) = T(\widetilde{P}) + T(\widetilde{Q}) - T(\widetilde{P})T(\widetilde{Q}) \tag{4-20}$$

$$有界和\ T(\widetilde{P} \vee \widetilde{Q}) = \min\{1, [T(\widetilde{P}) + T(\widetilde{Q})]\} \tag{4-21}$$

由此可见，模糊命题的逻辑运算是相应的隶属函数的运算。

③ 模糊蕴含方法。"IF $\widetilde{P}$ THEN $\widetilde{Q}$"的语义规则等价于蕴涵式。

$$\widetilde{R} = \widetilde{P} \to \widetilde{Q} \tag{4-22}$$

这是一个二元模糊关系，其隶属函数的求法有多种方法，其中两种在模糊控制中最常用的蕴涵运算，分别是 Mamdani 最小蕴涵和 Larsen 积蕴涵，如式（4-23）和式（4-24）所示。

$$Mamdani\ 最小蕴涵\ \mu_{\widetilde{R}}(x,y) = \min[\mu_{\widetilde{P}}(x), \mu_{\widetilde{Q}}(y)] \tag{4-23}$$

$$Larsen\ 积蕴涵\ \mu_{\widetilde{R}}(x,y) = \mu_{\widetilde{P}}(x)\mu_{\widetilde{Q}}(y) \tag{4-24}$$

④ 模糊推理过程。为不失一般性，以多输入单输出控制器规则库中的第 k 条规则："IF u_1 is $\widetilde{A}_{k1}$ AND u_2 is $\widetilde{A}_{k_2}$ AND $\cdots$ u_n is $\widetilde{A}_{k_n}$ THEN y is $\widetilde{B}_k$"为例，设总共有 m 条规则，模糊推理过程总结如下。

a. 先求前件的满足度 ρ_k，这一步也称为规则匹配，如式（4-25）所示。

$$\rho_k = \bigwedge_{i=1}^{n} \mu_{\widetilde{A}_{k_i}}(u_i) \tag{4-25}$$

b. 根据蕴涵运算的定义，求单条规则的结论（以 Larsen 积蕴涵为例），如式（4-26）所示。

$$\mu_{\widetilde{B}_k}^{c}(y) = \rho_k \mu_{\widetilde{B}_k}(y) \tag{4-26}$$

c. 对 m 条规则的结论进行合成，并逆模糊化为最终的精确量输出。结论的合成和逆模糊化有两种方法：方法一是先对单条规则结论逆模糊化，然后合成为单一结果；方法二是先进行结论合成，然后对合成结论进行逆模糊化。结论的合成方法有累加法、取最大值法、代数和法、有界和法等。逆模糊化方法有重心法（COG）、最大隶属值法、最大值平均法等。以累加法结论合成和重心法逆模糊化为例，这一步的计算过程如式（4-27）和式（4-28）所示。

结论合成

$$\mu_{\widetilde{B}_k}(y) = \sum_{k=1}^{m} \mu_{\widetilde{B}_k}^{c}(y) \tag{4-27}$$

重心法逆模糊化

$$y = \frac{\int y\mu_{\widetilde{B}}(y)\mathrm{d}y}{\int \mu_{\widetilde{B}}(y)\mathrm{d}y} = \frac{\sum_{k=1}^{m} c_k \int \mu_{\widetilde{B}_k}^{c}(y)\mathrm{d}y}{\sum_{k=1}^{m} \int \mu_{\widetilde{B}_k}^{c}(y)\mathrm{d}y} \tag{4-28}$$

式中，$\int \mu_{\widetilde{B}}(y)\mathrm{d}y$ 为 $\mu_{\widetilde{B}_k}^{c}(y)$ 的面积；c_k 为 $\mu_{\widetilde{B}_k}^{c}(y)$ 的重心，计算如式（4-29）所示。

$$c_k = \frac{\int y\mu_{\widetilde{B}_k}^{c}(y)\mathrm{d}y}{\int \mu_{\widetilde{B}_k}^{c}(y)\mathrm{d}y} \tag{4-29}$$

4.2.2.2 模糊控制策略

本小节以某混合动力客车为例介绍模糊控制策略的应用。将需求转矩与发动机最优转矩的差值、动力电池 SOC 和电机的转速为输入，以发动机转矩指令为输出，构建具有多条控制规则的模糊控制器，用以确定发动机与电机的最佳转矩分配，从而实现系统的总体能量转换效率最高。

（1）模糊转矩控制器设计

由于在整车动力系统优化过程中会产生不同的动力系统部件组合，因此设计的控制器必须具有一定的通用性，即能够根据不同的动力系统部件组合相应改变控制器的输入和输出变量值。为此，本小节描述的模糊转矩控制器设计过程，采用了把输入/输出变量的实际物理值转换成比例值的办法，即在模糊化之前先把输入变量实际物理值转化成相应的比例值，也就是论域变换；在模糊化、模糊推理和非模糊化过程中均采用比例值。最后将输出变量的比例值还原成相应的实际物理值，也就是论域逆变换。

模糊转矩控制器的设计主要包括四个方面的内容，分别是：

① 模糊控制器输入量的确定；

② 计算模糊变量隶属度函数；

③ 确定模糊控制规则；

④ 模糊转矩控制器输出控制变量的求取。

模糊转矩控制器的结构原理如图 4-9 所示。它由三个模块组成，第一个模块为转矩识别模块，作用是将踏板信号解释成需求转矩 T_r；第二个模块为模糊推理器，三个输入分别为需求转矩 T_r、动力电池 SOC 以及电机的转速，输出发动机转矩值；第三个模块也是转矩识别模块，主要是根据模糊推理器的输出最终确定发动机的期望转矩。电机期望转矩则按 $T_m = T_r - T_e$ 来计算（假定转矩耦合器速比为 1）。

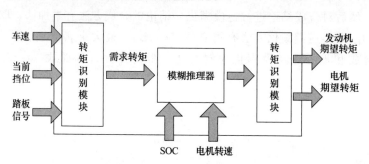

图 4-9 模糊转矩控制器的结构原理

（2）输入输出和隶属度函数

根据模糊转矩控制器的设计目标和发动机 MAP 图效率的高低，可以将模糊转矩控制器的输入变量确定为：动力耦合处的整车需求转矩 T_{req} 与当前车速下发动机最优曲线转矩 T_{e_opt} 的差值 ΔT、动力电池的荷电状态值 SOC 以及当前转速下的电机转速 N_m。模糊转矩控制器的输出变量确定为发动机的转矩命令 T_e。整车需求转矩与当前车速下发动机的最优曲线转矩差值为 $\Delta T = T_{req} - T_{e\_opt}$，将转矩差 ΔT 分成五个模糊子集 {MN，N，ZERO，P，MP}，通过论域变换，其论域范围确定为 $[-1, 1]$，公式如式（4-30）所示。

$$\begin{cases} \dfrac{\Delta T}{T_{e\_max} - T_{e\_opt}} & \Delta T \geqslant 0 \\[3mm] \dfrac{\Delta T}{T_{e\_opt}} & \Delta T < 0 \end{cases} \tag{4-30}$$

类似地，根据 SOC 的范围把动力电池 SOC 也分成五个模糊子集。五个模糊子集为 {lower，low，optimal，high，higher}；为在转矩分配时综合考虑电机的因素，将电机转速也分为高低两个模糊子集 {low，high}，通过论域变换，论域确定为 $[0, 1]$；发动机输出转矩分为五个模糊子集 { smaller，small，optimal，big，bigger}，同样根据论域变换，其论域也为 $[0, 1]$。

模糊转矩控制器输入端的转矩需求，与当前车速下发动机最优曲线转矩差值 ΔT、动力电池 SOC 值、电机转速及输出端对发动机转矩期望的各个隶属度函数，如图 4-10 所示。根

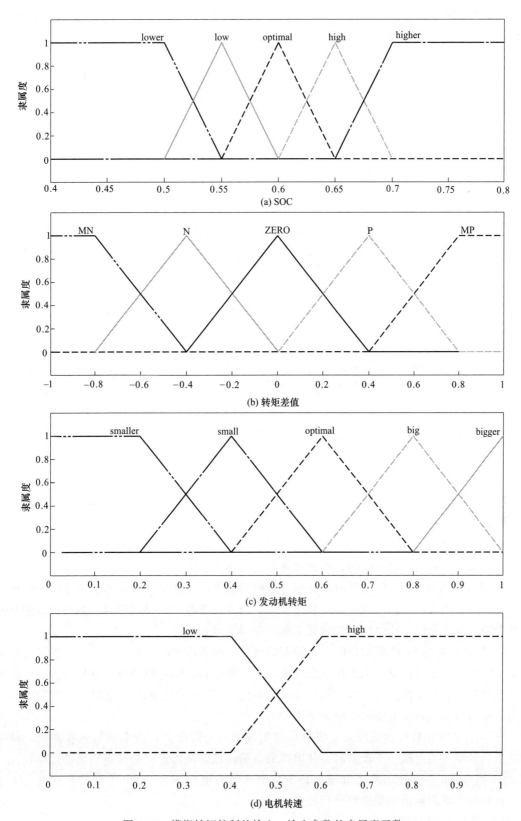

图 4-10 模糊转矩控制的输入、输出参数的隶属度函数

据仿真分析的经验，输入语言变量和输出语言变量均采用三角形的隶属度函数。此种隶属度函数运算简单，有利于提高运算速度且能满足控制精度要求。

（3）模糊控制规则

模糊控制规则设计，与传统逻辑门限控制策略的控制规则设计方法基本相同，都是建立在对被控对象物理特性的理解和控制工程经验基础之上。控制知识的模糊化，需要用到输入/输出的模糊值分配，在输入论域上分配的模糊值越多，控制规则的细化程度就越高，但是规则不宜过多，否则运算量就会过大，影响运算速度。本小节描述的模糊控制规则，根据电机转速的高低分为两部分，具体见表 4-5。在模糊推理过程中，与（AND）运算采用取小，蕴涵运算采用 Mamdani 方法，结论合成采用累加法，逆模糊化则采用面积重心法。

表 4-5　模糊转矩分配控制规则

电机转速较低时的模糊转矩分配控制规则						
T_e		SOC 状态				
		lower	low	optimal	high	higher
转矩差	MN	optimal	optimal	smaller	smaller	smaller
	N	big	optimal	small	small	small
	ZERO	bigger	big	optimal	optimal	optimal
	P	bigger	bigger	big	big	optimal
	MP	bigger	bigger	bigger	big	big
电机转速较高时的模糊转矩分配控制规则						
T_e		SOC 状态				
		lower	low	optimal	high	higher
转矩差	MN	optimal	optimal	smaller	smaller	smaller
	N	big	optimal	small	small	small
	ZERO	big	big	optimal	optimal	optimal
	P	bigger	big	big	optimal	optimal
	MP	bigger	bigger	bigger	big	optimal

模糊控制策略的基本控制规律如下。

① 当动力电池 SOC 值在正常范围内时，车辆驱动转矩由发动机提供；只有当需求转矩超出发动机最优转矩一定范围时，电机才开始助力或者发电。

② 当动力电池 SOC 值偏低时，在尽可能的情况下，发动机提供比车辆驱动需求更多的转矩为动力电池充电。但当需求转矩超过发动机最大转矩时，发动机不再有能力提供额外的转矩为动力电池充电，此时应优先保证车辆的驱动需求。

③ 当动力电池 SOC 值偏高时，车辆驱动转矩一般仍由发动机提供，当驱动需求转矩超过发动机最优曲线时，发动机工作在最优曲线上，剩余转矩由电机补充。这样一方面可以保持发动机在高效区工作，另一方面可以使动力电池 SOC 尽快回到正常范围内。当需求转矩超出发动机的最大转矩范围时，电机必须助力。

④ 综合考虑电机转速的因素，将模糊控制规则分为两部分：当电机转速较高时，使电机的负荷较高；当电机转速较低时，使电机的负荷较低，从而使电机获得更高的效率。

⑤ 当总转矩需求超出发动机最大转矩范围和动力电池 SOC 超出正常的充放电上下限时，由传统逻辑门限值控制策略进行控制。

（4）模糊控制查询表

在整个模糊转矩控制算法中最大的难点是如何保证算法的实时性。此并联混合动力客车的转矩和转速信号对实时性要求很高，如图 4-11 所示。因此，要将模糊逻辑控制算法应用于该并联混合动力客车的控制，必须要保证算法的实时性。从整个模糊转矩控制算法来看，输入量的模糊化和逆模糊化输出，是整个模糊算法中最复杂也是最耗时的一部分。传统模糊控制器的实现一般采用单片机或专用模糊控制芯片。对于常用的单片机实现而言，

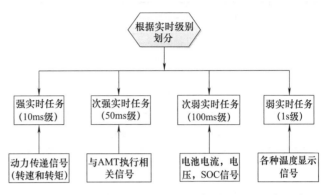

图 4-11　某并联混合动力客车各种信号的实时要求级别

尽管其价格便宜，但由于其运算速度和存储容量的限制，多用于简单控制过程或"慢"过程。专用模糊控制芯片运算、推理速度较快，但其价格比较昂贵，到目前为止应用得也十分有限。事实上，无论是单片机或是专用模糊控制芯片，为保证模糊控制算法实时性和较快的响应速度，一般都采用查表法来实现模糊逻辑控制。

采用查表法来实现模糊逻辑控制的具体做法为：将模糊控制算法和控制规则，经过离线的计算生成模糊查询表，然后将模糊查询表存放在控制器中，在实际控制过程中，控制器通过查表的方式来实现模糊控制。显而易见，模糊查询表是体现模糊控制算法的最终结果，在通常情况下，查询表是通过事先的离线计算取得的。一旦将其存放到控制器当中，在实际的控制过程中，模糊控制计算过程便转换为计算量不大的查找查询表的过程。尽管在离线的情况下完成模糊控制算法的计算量比较大且费时，但以查找查询表的方式实现的模糊控制却具有良好的实时性，所以本小节描述的模糊控制策略是通过查询表格的方式，来实现转矩分配的。模糊控制器查询表见表 4-6 和表 4-7。

表 4-6　模糊控制器查询表（电机转速较低时）

T_e		SOC								
		0.4	0.45	0.5	0.55	0.6	0.65	0.7	0.75	0.8
转矩差	−1.0	0.648	0.648	0.648	0.648	0.212	0.190	0.182	0.171	0.171
	−0.9	0.648	0.648	0.648	0.648	0.212	0.190	0.182	0.171	0.171
	−0.8	0.648	0.648	0.648	0.648	0.212	0.190	0.182	0.171	0.171
	−0.7	0.648	0.648	0.648	0.648	0.212	0.190	0.182	0.171	0.171
	−0.6	0.676	0.676	0.676	0.648	0.233	0.222	0.212	0.212	0.212
	−0.5	0.728	0.728	0.723	0.648	0.309	0.288	0.288	0.288	0.288
	−0.4	0.786	0.786	0.733	0.648	0.406	0.377	0.385	0.385	0.385
	−0.3	0.815	0.815	0.733	0.648	0.454	0.432	0.433	0.434	0.434
	−0.2	0.818	0.818	0.736	0.664	0.484	0.469	0.465	0.465	0.465
	−0.1	0.842	0.842	0.749	0.749	0.561	0.547	0.547	0.547	0.547
	0	0.913	0.913	0.841	0.799	0.642	0.628	0.630	0.630	0.630
	0.1	0.932	0.932	0.868	0.834	0.66	0.648	0.648	0.648	0.648
	0.2	0.939	0.939	0.868	0.837	0.681	0.686	0.648	0.648	0.648
	0.3	0.939	0.939	0.856	0.856	0.735	0.723	0.648	0.648	0.648
	0.4	0.948	0.948	0.905	0.909	0.803	0.719	0.648	0.648	0.648
	0.5	0.953	0.953	0.926	0.932	0.834	0.719	0.648	0.648	0.648

续表

T_e		SOC								
		0.4	0.45	0.5	0.55	0.6	0.65	0.7	0.75	0.8
转矩差	0.6	0.966	0.956	0.926	0.926	0.843	0.731	0.705	0.705	0.705
	0.7	0.974	0.964	0.934	0.759	0.870	0.759	0.750	0.750	0.750
	0.8	0.982	0.972	0.966	0.942	0.937	0.812	0.801	0.804	0.804
	0.9	0.984	0.974	0.966	0.962	0.957	0.848	0.834	0.834	0.834
	1.0	0.984	0.974	0.966	0.962	0.957	0.848	0.834	0.834	0.834

表 4-7　模糊控制器查询表 (电机转速较高时)

T_e		SOC								
		0.4	0.45	0.5	0.55	0.6	0.65	0.7	0.75	0.8
转矩差	−1.0	0.658	0.658	0.658	0.656	0.472	0.259	0.223	0.228	0.220
	−0.9	0.658	0.658	0.658	0.656	0.472	0.259	0.223	0.228	0.220
	−0.8	0.658	0.658	0.658	0.656	0.472	0.259	0.223	0.228	0.220
	−0.7	0.658	0.658	0.658	0.656	0.472	0.259	0.223	0.228	0.220
	−0.6	0.672	0.672	0.674	0.648	0.472	0.259	0.235	0.241	0.230
	−0.5	0.728	0.728	0.723	0.648	0.309	0.288	0.288	0.288	0.288
	−0.4	0.786	0.786	0.733	0.406	0.377	0.385	0.385	0.385	0.385
	−0.3	0.815	0.815	0.733	0.648	0.454	0.432	0.433	0.434	0.434
	−0.2	0.818	0.818	0.736	0.664	0.484	0.469	0.465	0.465	0.465
	−0.1	0.842	0.842	0.749	0.749	0.561	0.547	0.547	0.547	0.547
	0	0.887	0.887	0.841	0.799	0.642	0.628	0.603	0.603	0.603
	0.1	0.902	0.902	0.868	0.834	0.66	0.648	0.648	0.648	0.648
	0.2	0.909	0.929	0.868	0.837	0.681	0.686	0.648	0.648	0.618
	0.3	0.919	0.919	0.856	0.856	0.735	0.723	0.648	0.648	0.618
	0.4	0.922	0.912	0.896	0.856	0.802	0.719	0.648	0.648	0.648
	0.5	0.932	0.912	0.896	0.896	0.834	0.719	0.648	0.648	0.648
	0.6	0.947	0.947	0.924	0.906	0.870	0.731	0.705	0.705	0.705
	0.7	0.947	0.947	0.924	0.906	0.870	0.759	0.750	0.750	0.750
	0.8	0.945	0.945	0.926	0.912	0.907	0.812	0.750	0.750	0.750
	0.9	0.964	0.964	0.926	0.912	0.887	0.847	0.804	0.804	0.804
	1.0	0.964	0.964	0.926	0.912	0.887	0.847	0.804	0.804	0.804

（5）离线仿真验证

在 Advisor2002 环境下，将所建立的模糊逻辑控制策略仿真模块，嵌入已经建立好的整车控制模型中，即可进行模糊逻辑控制策略的仿真。仿真时采用北京城市公交客车工况作为标准的循环工况。如图 4-12～图 4-14 所示为 Advisor2002 平台下模糊控制策略的仿真结果。

整车动力性仿真结果见表 4-8。仿真结果证明，模糊逻辑控制策略可以满足此并联混合动力客车的动力性设计指标的要求。整车燃油经济性仿真结果见表 4-9，结果显示：使用模糊逻辑控制策略比传统逻辑门限值控制策略，其百公里油耗降低 4.6%。根据仿真结果，模糊逻辑控制策略的应用较好地实现了整车动力性与燃油经济性。

表 4-8　整车动力性仿真结果

性能参数	指标值	仿真值	符合性判定
最高车速/(km/h)	≥80	89	符合
0～60km/h 加速时间/s	<30	17.3	符合
最大爬坡度/%	25	25	符合
4%坡度持续行驶速度/(km/h)	40	64.4	符合

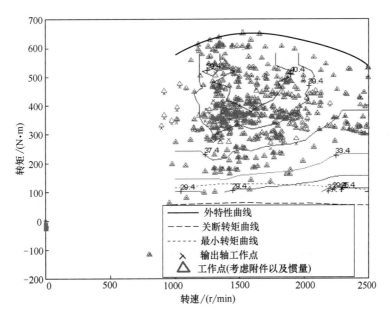

图 4-12　发动机工作点分布

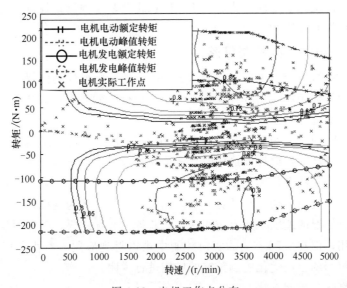

图 4-13　电机工作点分布

表 4-9　整车燃油经济性仿真结果

客车行驶循环	燃油消耗/(L/100km)		
	模糊逻辑控制策略	逻辑门限控制策略	降低/%
北京循环	26.9	28.2	4.6

4.2.3　优化算法控制策略

关于混合动力汽车的稳态能量管理控制策略，本章前文已经从基于规则的角度，介绍了逻辑门限控制策略以及模糊逻辑控制策略，本小节对优化算法控制策略进行具体介绍。

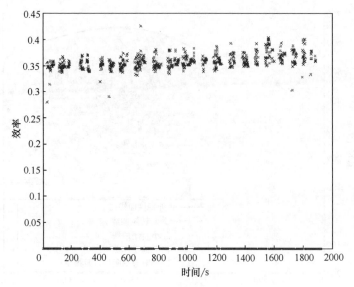

图 4-14　发动机效率分布

对于混合动力汽车整车控制策略的优化研究，是以提高整车动力性和燃油经济性为目的的。本小节内容将围绕基于全局优化、基于实时优化及基于预测型控制优化三方面，展开对混合动力汽车优化控制算法的介绍。

4.2.3.1　基于全局优化的控制策略

应用全局优化算法的控制策略，一般以某一确定的行驶循环为前提，以整车燃油经济性和排放性最优作为目标函数，用各种优化方法求解该行驶循环下，混合动力汽车的最优控制规律。目前，全局最优控制策略采用的理论包括变分法、Bellman 动态规划理论（Dynamic Programming，DP）和多目标数学规划，而使用的优化方法以动态规划和遗传算法居多。当同时追求燃油经济性和排放性能最优时，多采用加权方法，将多目标寻优转化为单目标寻优，较少采用更为先进的多目标直接寻优方法。全局优化方法的优点是理论上可以找到真正意义上的最优解。其突出的缺点是计算必须以确定的行驶循环为基础，由于所依据的行驶循环与车辆实际运行工况的差别，使得应用该方法获得的寻优结果，只能对实际控制策略的制定起到指导性作用，但在实际车辆的实时控制中难以得到应用。本小节以动态规划理论为例，对混合动力汽车的全局优化控制策略的应用进行说明。

（1）动态规划优化控制算法

动态规划方法是解决具有多阶段决策最优化问题的一种数学方法。1957 年，美国数学家贝尔曼等人在研究多阶段决策过程优化问题时，提出了著名的最优性原理，把多个阶段决策过程转化为一系列的单阶段问题，从而使多维问题简单化。动态规划方法问世以来，在工程技术、经济管理和最优控制等方面都得到了广泛的应用。

动态规划是具有一个动态规划系统模型、一个目标函数值和多个控制与状态的一种多阶段最优问题的优化程序，控制信号可以在一个范围内逆向寻优，目标函数限定在一定的范围内。这种方法得到的优化结果，取决于动态系统（线性或非线性）状态变量的仿真步长，步长越小，精度越高。这种方法也适用于不同的目标函数、状态变量及输入的边界条件。然而，动态规划方法的应用主要受限于运算能力，因为输入和状态变量数目的增加，会直接导致运算时间和计算机内存需求的呈指数化增加。因此，只有针对少量输入和状态变量的最优化问题应用动态规划方法才是可行的。

动态规划的思想是将同一类活动过程分成若干个相互联系的阶段，在每一个阶段都需要做出决策。这个决策不仅是这一阶段的效益，同时也是下一阶段的初始状态。每个阶段的决策决定以后，就得到一个决策序列。最后通过正向寻优方法找到这组决策序列，从而获得各个阶段效益总和最优，可由式（4-31）表示。

对于一个具体的优化问题，选择 $u(k)$（$k=0,1,\cdots,N-1$）来表示最大或最小目标函数。

$$J = G_N[x(N)] + \sum_0^{N-1} L_k[x(k),u(k),w(k)] \tag{4-31}$$

$$x(k+1) = f[x(k),u(k),w(k)], k=0,1,\cdots,N-1 \tag{4-32}$$

其中

$$x(k) \in X(k) \subset \mathfrak{R}^n, u(k) \in U[x(k),k] \subset \mathfrak{R}^m \tag{4-33}$$

式中，$x(k)$ 为 $X(k)$ 状态空间中的第 k 步状态向量；$u(k)$ 为控制向量；$w(k)$ 为预先决定的干扰量；f 为对应于动态系统的动力学的传递函数；L 为同步传递目标函数值；G_N 为对应于 N 阶段的目标函数值。

g_i 和 h_i 为状态变量或控制变量，如式（4-34）和式（4-35）所示。

$$g_i[x(k)] \leqslant 0, i=1,2,\cdots,q \tag{4-34}$$

$$h_i[u(k)] \leqslant 0, j=1,2,\cdots,q \tag{4-35}$$

显然，如果 $U = \{u^0, u^1, u^2, \cdots, u^{N-1}\}$，那么向量 u^k 和状态向量 $x(k)$ 将满足 $u_{optimal}(k) = u^k[x(k)]$，那么对应于同一多阶段系统中的子系统，有 $\tilde{U} = \{u^r, u^{r+1}, u^{r+2}, \cdots, u^{N-1}\}$（$0 < r < N$），则每一个阶段的累积目标函数可表示为式（4-36）。

$$\tilde{J} = G_N[x(N)] + \sum_{k=r}^{N-1} L_k[x(k),u(k),w(k)] \tag{4-36}$$

优化过程从终端开始，按逆向方式推导，依次完成从当前阶段到过去阶段的目标函数最小值的累积计算，对应于最后一个阶段的目标函数，可以表示为式（4-37）。

$$\tilde{J}[x(N-1)] = \min_{u(N-1)} \{G_N[x(N)] + L_k[x(N-1),u(N-1),w(N-1)]\} \tag{4-37}$$

相似地，对应于任意阶段的累积优化函数可以表示为式（4-38）。

$$\tilde{J}(x(k)) = \min_{u(k)} \{\tilde{J}[x(k+1)] + L_k[x(k),u(k),w(k)]\} \tag{4-38}$$

式中，$\tilde{J}[x(k)]$ 为对应于 $x(k)$ 状态变量的累积优化函数，它表示了从终端到当前 k 阶段的目标函数优化结果的累积最小值。

综上，对给定的最优化问题的动态规划方法优化过程可以归纳为：

① 针对一个线性或非线性的动态系统建立动态模型，并确定动态系统的控制向量和状态向量；

② 根据目标函数的优化目标完成各个阶段的目标函数值计算；

③ 最后逆向寻优找到对应于状态向量的最优控制量。

（2）混联式混合动力汽车动态规划优化控制算法的应用

以丰田普锐斯混联式混合动力汽车为例，其混合动力系统 THS（Toyota Hybrid Sys-

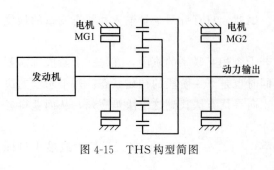

图 4-15　THS 构型简图

tem）构型简图如图 4-15 所示。

混联式混合动力汽车基于循环工况的动力总成参数优化匹配，以及控制策略的优化都属于多阶段的最优化问题。混联式混合动力汽车动态规划控制的优化问题可以描述为：对于给定的循环工况，在任意的 k 阶段，动力源的输出功率与车辆需求功率之间都应该满足式（4-39）。

$$P_{\mathrm{d}} = P_{\mathrm{e}} + P_{\mathrm{MG1}} + P_{\mathrm{MG2}} \tag{4-39}$$

式中，P_{d} 为车辆需求功率；P_{e} 为发动机输出功率；P_{MG1} 和 P_{MG2} 分别为电机 MG1 和电机 MG2 的功率。

而驱动电机的转矩 T_{MG2} 可由需求功率 P_{d} 通式［式（4-40）］决定。

$$T_{\mathrm{MG2}} = \frac{P_{\mathrm{d}} - T_{\mathrm{e}}(\mathrm{theta})\omega_{\mathrm{e}} - T_{\mathrm{MG1}}\omega_{\mathrm{MG1}}(\omega_{\mathrm{e}}, v)}{\omega_{\mathrm{MG2}}} \tag{4-40}$$

其中，发动机转矩 T_{e} 和驱动电机的转速 ω_{MG2} 是通过状态量及输入量来计算的。但对于给定的循环工况，每一时刻状态量 v 可以唯一确定，则 T_{MG2} 取决于其他的状态量和控制量。那么，以整车燃油消耗最低为优化目标，动力源之间的功率分配优化控制实质，是电机 MG1 转矩和节气门开度（Theta）两个控制量的控制率求解问题。因此，该系统的燃油消耗只与两个状态量［发动机转速 $\omega_{\mathrm{e}}(k)$ 和电池 SOC(k)］及两个控制量（T_{MG1} 和 Theta）有关。从该时刻开始，不同的功率需求 P_{d} 和控制率 U 会产生不同的新状态 X，同时面临着新的控制率选取问题，这样一直到整个循环结束。由于整车仿真的初始条件都会给定，因此整车燃油消耗最小的优化控制问题可以归纳为：初始状态 $x(0) = x_0$ 给定，终端 $x(N)$ 自由的优化控制问题，如图 4-16 所示。

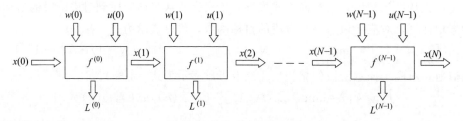

图 4-16　DP 动态规划状态量和控制量递推关系

综上，DP 动态规划方法示意如图 4-17 所示，其中包含四个部分：动态模型、状态量、控制量和目标函数。

图 4-17 中各模块主要表示如下。

① 动态模型：以混联式混合动力汽车普锐斯 THS 整车模型为动态仿真模型。

② 状态量：发动机转速 $\omega_{\mathrm{e}}(k)$、车速 $v(k)$ 和动力电池的 SOC(k) 值等。

③ 控制量：驱动电机的转矩 T_{MG2}、节气门的开度 Theta 和发电机的转矩 T_{MG1}。

控制量与状态量的对应关系如表 4-10 所示。

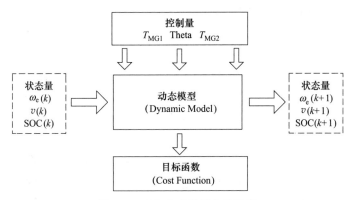

图 4-17 DP 动态规划方法示意

表 4-10 状态量和控制量的对应关系

状态量	控制量
发动机转速 $\omega_e(k)$	节气门开度 Theta
动力电池 SOC(k)	发电机的转矩 T_{MG1}

④ 目标函数。以整车油耗最低为优化目标，同时需要考虑动力电池 SOC 的修正，因此动态规划的目标函数中包含两个子函数，如式（4-41）所示，等号右侧第一项为 SOC 校正目标子函数，等号右侧第二项为油耗目标子函数。

$$J = \alpha (\mathrm{SOC_N} - \mathrm{SOC_f})^2 + \sum_{k=0}^{N-1} \mathrm{fuel}_k \qquad (4\text{-}41)$$

式中，$\mathrm{SOC_f}$ 为最终的 SOC 值；α 为加权因数。

⑤ 约束条件。整个优化过程应满足以下电机和发动机的转速、转矩约束条件，如式（4-42）所示，优化计算过程中，如果这些控制量或状态量超出了限定区域，计算程序将给出惩罚并记录下来。优化计算的调试主要是根据这些惩罚来完成的。

$$\omega_{e\_min} \leqslant \omega_{e\_k} \leqslant \omega_{e\_max}$$
$$\dot{\omega}_{e\_min} \leqslant \dot{\omega}_{e\_k} \leqslant \dot{\omega}_{e\_max}$$
$$\omega_{MG1\_min} \leqslant \omega_{MG1\_k} \leqslant \omega_{MG1\_max} \qquad (4\text{-}42)$$
$$T_{MG1\_min} \leqslant T_{MG1\_k} \leqslant T_{MG1\_max}$$
$$\omega_{MG2\_min} \leqslant \omega_{MG2\_k} \leqslant \omega_{MG2\_max}$$
$$T_{MG2\_min} \leqslant T_{MG2\_k} \leqslant T_{MG2\_max}$$

⑥ 动态规划优化算法求解步骤如下。

a. 整车需求功率计算。根据给定的循环工况，计算整车需求功率。

b. 各阶段采用不同控制方案进行整车油耗计算。在满足约束条件下，利用动态系统（整车仿真模型）来完成每个阶段不同控制方案的油耗计算，并将计算结果储存在带有标识的表格中。

c. 全局寻优。应用步骤②中的计算结果，将上述整车油耗最低目标函数，用 Matlab 编程语言中的最小值函数，从终端开始，按逆向方式推导，依次完成从当前时刻到过去时刻的整车最低油耗的累加值最小的计算，并记录每一时刻、每一个状态下的最小值 j 和最小值所对应的控制量 u_i，并分别存储于矩阵 J_1 和 U_i 中。

DP 核心计算程序如下。

```
a= interp2(x2_SOC_grid,x1_We_grid,FC_interp,table_x2_n(:),table_x1_n
(:),'nearest');
% 计算过去时刻的油耗累加和
b= reshape(FC_inst(:)+ a,N_x1_We,N_x2_SOC,N_u1_Theta,N_u2_Tg);
% 以 We、SOC、Theta 和 Tg 为索引,计算过去时刻到现在时刻的最小油耗值
%   FC_inst(:) 为当前油耗值
[J1(:,:,:),U1(:,:,:)]= min(b,[],4);% 以 Tg 为索引查找最小油耗值
[J2(:,:,:),U1(:,:,:)]= min(J1,[],3);% 以 Theta 为索引查找最小油耗值
%   利用 min 函数寻找从第一步直到此步的油耗最小值
%   for J1:x 代表 We,y 代表 SOC,z 代表 Theta,J1 为最小油耗值
%   for J2:x 代表 We,y 代表 SOC,J2 为最小油耗值
%   for U1 代表控制量 Theta 值
%   for U2 代表控制量 Tg 值
```

d. 正向求解。根据车辆的初始状态 [如 $SOC(0) = 0.7$,发动机转速 $\omega_e(0) = 1000 r/min$],在步骤 c 所得到的最优控制率矩阵中,利用插值方法可以得到对应于给定初始条件的最优控制。

基于上述方法,可以实现混联式混合动力汽车的 DP 动态规划优化控制算法的建模与运算。

4.2.3.2　基于实时优化的控制策略

由于全局优化算法计算量巨大,因此无法在线运行。为满足实时控制寻优的需要,一些学者提出了应用实时优化算法的控制策略。本小节首先介绍基于实时优化控制策略的基本原理,然后描述一种实时优化算法与逻辑门限判断相结合的控制策略在某混合动力客车上的应用。

(1) 基于实时优化的控制策略原理

实时优化算法的核心思想是在车辆行驶的每个瞬时时刻,计算所有满足驾驶员需求转矩的发动机和电机输出转矩组合,所对应的燃油消耗量与耗电量,将该瞬时的燃油消耗表示为发动机燃油消耗与耗电量的等效燃油消耗,调整电机输出转矩,获得该瞬时燃油消耗的最小值。最后,将该最小值所对应的发动机和电机输出转矩组合作为动力总成的工作点。

实时优化的目标函数与全局优化方法的目标函数之间唯一的区别,是只追求当前时刻的最优值,而不是全局的最优值。这种转化的优点是使得求解的数学方法变得很简单,计算速度可以满足在线运行的需要,所带来的问题是必须将实时的动力电池电量消耗转化为当量油耗。而这个转化过程中,发动机、电机和动力电池的效率变化,以及制动过程回收的能量比例等因素的不确定性,给实时优化算法实施带来了一定的困难。

仅考虑混合动力汽车燃油经济性的实时优化控制策略,可以表示为式 (4-43)。

$$J = \sum \min\{\dot{m}_f[T_{mc}(t)] + \dot{m}_{fbat}[T_{mc}(t)]\Delta t\} \tag{4-43}$$

式中,$\dot{m}_f$ 表示发动机燃油消耗率;$\dot{m}_{fbat}$ 表示动力电池充放电等效燃油消耗率;T_{mc} 表示电机输出转矩;Δt 表示一个控制周期的时间。

　　此外，实时优化的控制策略也可以考虑燃油经济性和排放的综合性能。它通过设定一组权重值来表示对尾气中各污染物成分的关注程度，用户可以根据自己的需要设定各项权值，从而在燃油消耗和污染物各成分之间获得综合最优性能。式（4-44）表示综合考虑燃油经济性和排放性能的实时优化的控制策略。

$$J = \sum \min \left\{ (W_1 \cdot Q(t) + W_2 \cdot NO_x(t) + W_3 \cdot CO(t) + W_4 \cdot HC(t) + W_5 \cdot PM(t) \cdot \Delta t \right\}$$

$$(4-44)$$

　　式中，W_1、W_2、W_3、W_4、W_5 分别为油耗、NO_x、CO、HC 和 PM 的权重系数；$NO_x(t)$ 表示每一瞬时 NO_x 的排放量；$CO(t)$ 表示每一瞬时 CO 的排放量；$HC(t)$ 表示每一瞬时 HC 的排放量；$PM(t)$ 表示每一瞬时 PM 的排放量；$Q(t)$ 表示每一瞬时燃油消耗量。

　　（2）实时优化算法与逻辑门限值相结合的自适应控制策略

　　本小节介绍该种算法在某混合动力客车上的应用。该混合动力客车具体采用实时优化与逻辑门限值相结合的自适应控制策略，其基本思想是：除了在指定的范围内通过自适应寻优确定转矩输出外，其余情况均通过逻辑门限值确定纯电动、发动机驱动和联合驱动工作模式的触发条件。通过实时优化算法决定发动机驱动模式是由发动机单独驱动还是发动机驱动并充电。当汽车制动时，按照 Advisor 仿真软件确定的控制策略进行制动能量回收。

　　这种控制策略将一些易于用门限值确定工作模式的区域提取出来，而不必经过复杂的实时优化算法判断，在不影响仿真结果的前提下可以节省大量的计算时间。控制策略的关键是各个门限值的确定。通过对该混合动力客车发动机和电机的特性分析，确定了不同模式工作区的划分，见图 4-18。

　　控制策略具体表述如下。

　　① 最小转矩曲线下的区域（Ⅰ区）是不允许发动机运行的区域。当外界负荷需求落在这一区域时，电机单独驱动，车辆进入纯电动模式。

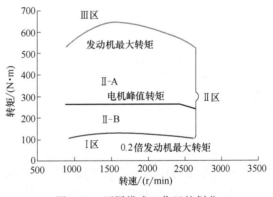

图 4-18　不同模式工作区的划分

　　② 当外界负荷需求落在Ⅱ-B 区时，根据发动机燃油消耗、电机等效燃油消耗和发动机排放组成的目标函数决定所用动力源，进行自适应控制。

　　③ 当行驶需求转矩大于电机的峰值转矩，并且小于发动机在该转速下的最大转矩时（Ⅱ-A 区），由发动机单独提供驱动力。发动机是否驱动电机对动力电池充电取决于 SOC 和电机、动力电池的效率，进行自适应寻优。

　　④ 当行驶需求转矩大于发动机在给定转速下的最大转矩时（Ⅲ区），发动机和电机联合驱动。

　　⑤ 减速时，根据减速请求部分回收制动能量。

　　自适应控制策略流程如图 4-19 所示。

　　在完成自适应控制策略的建模后，针对此混合动力客车的结构布置，建立了能嵌入 Advisor 的仿真分析平台。仿真工况为北京工况，SOC 初始值设为 0.55。本小节描述的自适应控制策略与 Advisor 仿真软件原有的自适应控制策略比较，如表 4-11 所示。

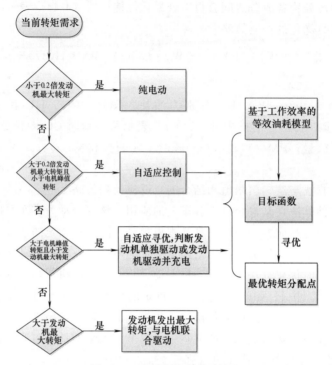

图 4-19　自适应控制策略流程

表 4-11　两种自适应控制策略的仿真结果

控制策略	百公里油耗/L	仿真时间/s
本小节提出的自适应控制策略	24.4	37
Advisor 原有自适应控制策略	37.8	256

从表 4-11 中可以看出，本小节介绍的瞬时优化算法与逻辑门限值相结合的自适应控制策略，明显缩短了计算时间，而且提高了计算精度，百公里油耗也有了很大改善。

本小节介绍的自适应控制策略与逻辑门限值、模糊控制策略仿真比较结果，如表 4-12 所示。以表 4-12 中可以看出，与逻辑门限值控制策略相比，优化后的自适应控制策略燃油经济性改善 19.2%，HC 排放量降低 25%，CO 排放量降低 48.8%，NO_x 排放量降低 23%，PM 排放量降低 6.9%；与模糊控制相比，百公里油耗降低 3.6%，NO_x 排放量降低 80.2%，其他几项排放均有所增加，但由于 HC、PM 等的排放量不大，因此总的排放量还是降低了。

表 4-12　三种不同控制策略的仿真结果

控制策略	百公里油耗 /L	HC 排放量 /(g/km)	CO 排放量 /(g/km)	NO_x 排放量 /(g/km)	PM 排放量 /(g/km)
逻辑门限值	30.2	0.938	1.426	2.615	0.303
模糊控制	25.3	0.156	0.398	10.17	0.208
自适应控制	24.4	0.701	0.73	2.013	0.282

动力电池 SOC 变化的比较如图 4-20 所示。由于初始 SOC 值较低，三种控制策略都让

电机更多地工作在发电状态，主要由发动机提供驱动转矩，因而电池有更多的充电机会，所以 SOC 终值都有不同程度的提高，电池电量保持得都很好。

虽然优化后的自适应控制策略与逻辑门限值和模糊控制策略仿真时间相比较长，但仿真时间已经缩短为 Advisor 原有自适应控制策略的 1/7，同样达到整车燃油性和排放性能综合最优的目的。

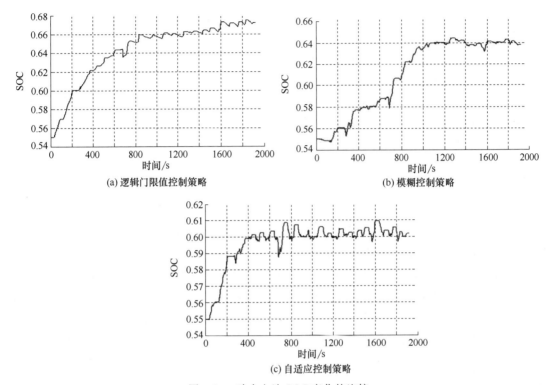

图 4-20　动力电池 SOC 变化的比较

本小节描述的瞬时优化算法与逻辑门限判断相结合的自适应控制策略，可以使混合动力客车在仿真时间缩短且保持电池 SOC 状态稳定的情况下，燃油经济性和排放性能有较大改善，从而验证了建立的自适应控制策略的有效性，为自适应控制策略的实际应用提供了理论依据。

4.2.3.3　基于预测型控制优化的控制策略

预测型控制是一种基于模型的控制算法，其功能就是根据对象的历史信息和未来输入预测其未来输出。对于汽车来说，如果能预先知道汽车未来的行驶状况，比如车速、道路信息等，就可以应用预测控制方法来提高燃油经济性和降低排放。目前研究较多的是汽车行驶工况识别和驾驶员意图识别，本小节主要介绍基于工况识别的预测控制，以及基于神经网络的混合动力汽车驾驶意图识别控制的原理和应用。

（1）基于工况识别的控制策略

行驶工况对于混合动力汽车的控制具有至关重要的意义。如果能够成功预测到未来一段时间内的行驶工况，对于控制策略的决策是大有帮助的。目前，提出的预测方法有两种：一种是根据过去一段时间内的行驶工况来推测未来情况；另一种是通过 GPS 等方式直接获取未来路况。预测的结果主要被用来调节动力电池电量，例如，如果前方出现交通拥挤路况，车速缓慢且需经常停车，使用电机驱动比较合适，当前阶段就应采取给动力电池充电的策略；如果前方是高速公路，应由发动机单独驱动，当前阶段就不必过多地储备电池电量，而应更多地使用发动机驱动。

循环工况是一个国家或地区强制规定的一段车速（或坡度）时间历程。汽车实际车速跟随工况车速，用于考核整车性能（如经济性）。在中国结合实际情况和混合动力汽车的类型与用途，需要制定相应比较全面的混合动力汽车循环工况考核标准，即标准循环工况。

由于标准循环工况只具有一定程度上的代表性而不具有广泛性，从而使得混合动力汽车的设计出现了首尾不能兼顾的局面：一方面，若在设计过程中只考虑少数标准循环工况，也就是说过于强调针对性的话，则会使设计出来的混合动力汽车适应性不足，其实际使用的性能与所预想达到的性能可能会有很大的差别；另一方面，若设计过程中过于考虑多循环工况，也就是说过于强调适应性的话，则会丧失针对性，其使用性能也许不能达到目标。因此，国际上先进的做法是通过工况的自适应识别进行参数调节，使混合动力汽车动力源得到最佳发挥。

本小节主要介绍一种基于目标控制的混合动力汽车多工况自适应控制策略，即在车辆运行过程中，自动地对实际行驶工况进行分类和识别，同时为了减少过于复杂的自适应控制逻辑，给出了精简的自适应控制算法，并说明其离线仿真验证结果。

① 循环工况特征参数的选择。对循环工况的识别以其自身的特征参数为依据。目前通用的工况特征参数有：循环平均车速、循环行驶平均车速、最高车速、最大加速度、最大减速度、平均加速度、平均减速度、急速时间、停车次数和急速时间比例等。但在识别过程中对所有参数进行分析是没有必要的，在实际识别过程中也受到硬件条件的限制。因此，根据特征参数对整车燃油经济性的影响，选择以下参数作为循环工况的评价特征指标：循环平均车速、平均运行车速（去除停车时间）、停车时间比例、平均加速度和平均减速度。

同时，选择中国的城市综合工况、北京工况、长春工况、上海工况和国外的纽约工况作为标准循环工况。

② 特征参数的提取。循环工况的主要输入信号是车速历程，因此须将工况的速度时间信息转换成工况的特征指标（即特征值），而这些特征值参数是进行实时工况识别过程所需的查表参数。

其中，平均速度 $\bar{v}$、平均运行速度 $\bar{v}_1$、停车时间比例 η、平均加速度 $\bar{a}_{acc}$ 和平均减速度 $\bar{a}_{dec}$ 的计算公式，分别见式（4-45）～式（4-49）。

$$\bar{v} = \frac{\int v \, dt}{t} \tag{4-45}$$

$$\bar{v}_1 = \frac{\int v \, dt}{\int t' \, dt} \tag{4-46}$$

$$\eta = \frac{t - \int t' \, dt}{t} \times 100\% \tag{4-47}$$

$$\bar{a}_{\text{acc}} = \frac{\int \frac{\mathrm{d}v}{\mathrm{d}t}_{\text{acc}} \mathrm{d}t}{\int t_{\text{acc}} \mathrm{d}t} \tag{4-48}$$

$$\bar{a}_{\text{dec}} = \frac{\int \frac{\mathrm{d}v}{\mathrm{d}t}_{\text{dec}} \mathrm{d}t}{\int t_{\text{dec}} \mathrm{d}t} \tag{4-49}$$

式中，v 为实际车速；t 为运行时间；t' 为速度不为零时刻；t_{acc} 为加速时刻；t_{dec} 为减速时刻。

标准工况特征值参数如表 4-13 所示。

表 4-13 标准工况特征值参数

工况序号	平均速度 /(km/h)	平均运行速度 /(km/h)	停车时间 比例/%	平均加速度 /(m/s²)	平均减速度 /(m/s²)
1 综合	14.99	21.67	30.81	0.565	−0.762
2 北京	13.52	19.65	31.20	0.467	−0.516
3 纽约	5.92	17.36	65.89	1.496	−1.043
4 长春	14.29	20.37	29.84	0.608	−0.858
5 上海	13.35	18.83	29.13	0.691	−0.744

③ 循环工况识别网络。循环工况的识别过程指在所经过的时间区间内，识别出何种标准工况与当前行驶工况相关。考虑到系统的实时性，所开发的识别网络应尽可能简单和可靠，典型的竞争型神经网络在训练的过程中，要对权值不断进行修改。本小节对传统的神经网络进行了简化，并保留其竞争算法，使得权值在识别网络中相对稳定。简化竞争网络如图 4-21 所示。

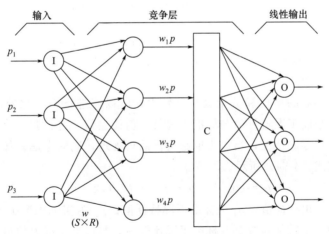

图 4-21 简化竞争网络

竞争层输入如式（4-50）所示。

$$u_i = \sum_{j=0}^{M} w_{ij} p_j \tag{4-50}$$

竞争层输出如式（4-51）所示。

$$O_i = u_i - \theta_i, i = 1,2,3,\cdots,Q \tag{4-51}$$

网络输出如式（4-52）所示。

$$y_l = f(O_i), l = 1, 2, 3, \cdots, L \tag{4-52}$$

针对性能指标函数 $E(k)$，按照梯度下降法确定网络的权重系数，如式（4-53）所示。

$$\Delta w_{ij}(k) = -\Delta_t \frac{\partial E(k)}{\partial w_{ij}} \tag{4-53}$$

式（4-50）~式（4-52）中，θ_i 为输出层神经元的阈值；M 为输入层的节点数，即输入的数量；Q 为竞争层神经元数量；p_j 为网络输入；Δw_{ij} 为输入节点的权重；L 为输出层神经元数量；y_l 为输出层的输出；$f(Q_i)$ 为线性输出函数；Δ_t 为步长。

④ 工况自适应识别能量管理控制策略。自适应能量管理控制策略构架如图 4-22 所示。首先根据当前工况的储存信息进行特征参数的提取，然后根据特征参数进行循环工况识别，最后基于所识别工况进行动力源的能量分配。

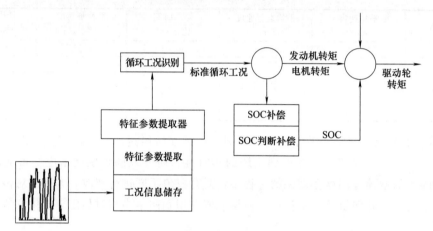

图 4-22　自适应能量管理控制策略架构

取 $M = 5$，$Q = 5$，$L = 5$，其中 $p_1 = \bar{v}$，$p_2 = \bar{v}_1$，$p_3 = \tilde{a}_{acc}$，$p_4 = \tilde{a}_{dec}$，$p_5 = \eta$。输出为 5 个标准循环工况的加权值，即 $y_1 \sim y_5$，分别对应城市综合、北京、纽约、长春和上海城市工况特征参数加权值。

由于各个特征参数的单位和数量级相差较大，所以需进行归一化处理，且处理方法很多。本小节选择对当前工况特征值与标准工况特征值的差值，进行归一化的处理方法。由于此差值存在正、负和零的情况，所以先取绝对值后再处理，同时考虑差值可能为零，故选择反余切的方法，如式（4-54）所示。

$$\tilde{p}_1 = \cos^{-1}(|p_1 - p_a|), l = 1, 2, \cdots, L \tag{4-54}$$

式中，p 为归一化特征值；p_1 为标准工况特征值；p_a 为实际工况统计特征值。

当未知工况的每个特征参数都与标准工况比较后，与标准工况差值最小的则胜出，即未知工况识别为 $\min(y_1, y_2, y_3, y_4, y_5)$ 所对应的标准工况。

⑤ 建模与仿真分析。工况自适应算法的实现必须基于某一整车模型及其控制策略平台进行考查。本小节介绍的工况自适应控制算法采用前向仿真建模法，在 Matlab/Simulink 环境下，建立整车动力源控制策略，在正向仿真软件 Cruise 平台下搭建整车模型，其中整车控制策略包括驱动力控制、制动力控制和 AMT 换挡动态控制，而工况自适应的控制模型即包含在驱动力控制中。

在 Matlab/Simulink 的环境下，搭建工况自适应识别子模型。该模型主要包括特征参数提取模块和工况识别模块两部分，并集成到整车控制策略平台中。将工况识别模块嵌入整车模型的控制策略中，在 Cruise 环境下进行在线识别仿真。

将多工况自适应控制定义为 HEV-MM，将未加入识别的单一模式控制定义为 HEV-SM，而 ICV-CM 定义为内燃机汽车所对应的控制模式。测试整车性能的循环工况信息如表4-14 所示。

表 4-14 测试整车性能的循环工况信息

工况	平均车速/(km/h)	平均加速度/(m/s²)	平均减速度/(m/s²)	怠速时间比例/%
1	13.52	0.26	−0.24	29.85
2	11.72	0.35	−0.31	38.32
3	12.22	0.41	−0.44	38.51

从监视窗口观察整个工况识别过程，为方便比较，把工况识别所选择的模式和仿真当前工况的特征值集合在同一张图中，并标出转换值。如图 4-23 和图 4-24 所示分别为平均车速和平均运行车速模式识别仿真结果。识别出的数据 1～5 序号依次对应城市综合、北京、纽约、长春和上海工况。

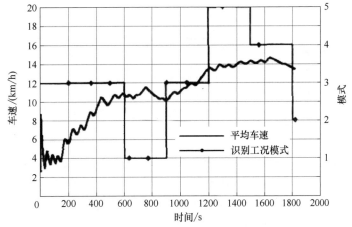

图 4-23 平均车速和识别出的模式

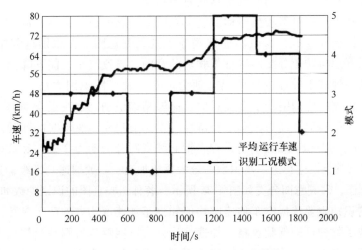

图 4-24 平均运行车速和识别出的模式

表 4-15 为整车性能仿真对比结果，对于混合动力系统，仿真初始 SOC 设定相同。HEV-MM 是多工况自适应的能量管理控制策略，可自适应转换到已识别出优化后的标准循环工况的控制参数进行控制；HEV-SM 在整个过程中只有一种能量管理控制策略，即基于国家标准循环下优化的控制参数；ICV-CM 是内燃机汽车的控制方式。由表 4-15 可以看出，HEV-MM 的评价指标均优于所对应的 HEV-SM，分别为 5.12%、4.24% 和 0.6%。相比于 ICV-CM，内燃机汽车提升则更为明显。识别后的百公里油耗比未加识别有所增加，这是因为工况识别在综合考虑燃油经济性与动力电池电量平衡时，会多输出一部分动力进行充电，从而使燃油消耗相对较多。表 4-15 中综合优化目标是考虑整车经济性与动力电池 SOC 电量的平衡，其计算公式如式（4-55）所示。

$$J_{\mathrm{HEV}} = \frac{\mathrm{FE}}{\mathrm{FE}_0} w_1 + \frac{\mathrm{SOC}_0}{\mathrm{SOC}} w_2 \tag{4-55}$$

式中，FE 为百公里油耗，L；FE_0 为燃油经济性目标值；SOC_0、SOC 分别为动力电池电量状态仿真初始值和终值；w_1、w_2 分别为燃油经济性和电池电量状态权重。

表 4-15 整车性能仿真对比结果

测试工况	控制方式	百公里油耗/L	SOC 终值	综合优化目标 J_{HEV}
1	HEV_MM	28.10	0.673	3.552
	HEV_SM	27.48	0.639	3.7437
	ICV_CM	59.20	—	7.104
2	HEV_MM	30.18	0.657	4.1838
	HEV_SM	29.35	0.6375	4.3689
	ICV_CM	68.70	—	8.244
3	HEV_MM	29.57	0.685	3.7161
	HEV_SM	28.32	0.670	3.738
	ICV_CM	71.40	—	8.568

仿真结果证明，基于目标控制的混合动力汽车多工况自适应控制策略能够根据实时车速的采集、分析和比较，使得在运行一段时间后，寻找出与之相近的标准工况，控制算法自动按基于此标准工况已优化的控制参数进行控制，从而达到更好的自适应效果，保证混合动力汽车在电量平衡的基础上达到节约燃油的目的。

（2）基于神经网络的混合动力汽车驾驶意图识别

目前，混合动力汽车对驾驶员驱动或制动意图的识别，还只是靠加速踏板开度和制动踏板开度，但仅靠踏板开度这一参数不能精确地识别驾驶意图，在识别过程中可能会出现误差，从而使能量管理与转矩分配不符合驾驶员的意图，导致汽车性能下降。

本小节介绍一种基于神经网络的混合动力汽车驾驶意图识别方法，该方法通过多个参数，运用自适应模糊神经网络识别驾驶意图，能够精确识别，解决混合动力汽车在运行中出现的问题，进一步提高混合动力汽车的经济性。本小节只介绍驱动时的驾驶意图识别方法。

① 驾驶意图分类及识别参数确定。首先把驾驶意图分为动力模式与经济模式。在确定行驶模式后，再对驾驶意图进行进一步识别，分为紧急加速、一般加速、平缓加速、低速巡航和高速巡航 5 种意图。驾驶意图分类如图 4-25 所示。各种驾驶意图的识别参数如图 4-26 所示。

行驶模式的识别主要依据汽车加速度均值和汽车加速度均方差两个参数。加速度均值在一定程度上反映了驾驶员的驾驶风格，加速度均值大可能意味着驾驶员侧重动力性。但仅仅根据加速度均值来判断驾驶风格可能会产生误判，因为加速度均值只是反映了一段时间内加

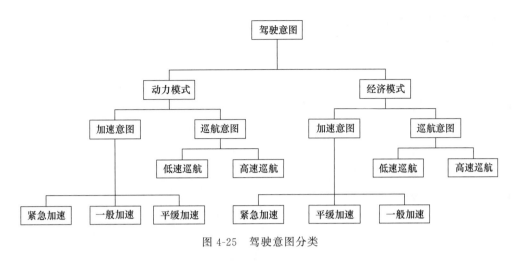

图 4-25 驾驶意图分类

图 4-26 驾驶意图识别参数

速度的平均水平，不能反映出加速度的分散程度。因此，引入加速度均方差联合加速度均值来判断驾驶员偏重经济性还是动力性，从而更合理地确定行驶模式。

加速紧急程度的识别主要依据加速踏板开度和加速踏板开度变化率两个参数。加速踏板开度反映汽车负荷，也在一定程度上反映了加速的紧急程度。但仅依靠加速踏板开度还不能完全准确反映出驾驶员加速的紧急程度，因此引入加速踏板变化率并结合加速踏板开度，来对加速的紧急程度进行区分。

巡航意图的识别主要靠汽车平均加速度和车速两个参数。汽车平均加速度用来确定巡航意图，车速则用来分辨高速巡航还是低速巡航。

② 紧急加速与平缓加速的识别。加速踏板开度和加速踏板开度变化率的隶属度函数如图 4-27 和图 4-28 所示。

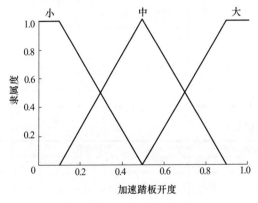

图 4-27 加速踏板开度的隶属度函数

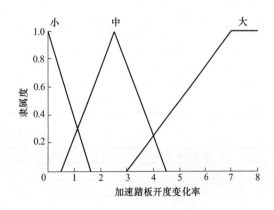

图 4-28 加速踏板开度变化率的隶属度函数

为了通过数据对神经网络进行训练，从而生成模糊推理规则，建立了如图 4-29 所示的基于 Takagi-Sugeno 模型的模糊神经网络。

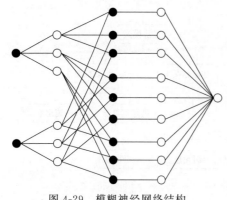

图 4-29　模糊神经网络结构

神经网络分为 5 层：第 1 层为输入层，节点数 2 个（即加速踏板开度和加速踏板开度变化率），这一层的节点只是将输入变量直接传递到下一层；第 2 层为隶属函数层，6 个节点（即加速踏板开度 3 个，加速踏板开度变化率 3 个），其功能是完成输入量的模糊化；第 3 层为模糊规则层，9 个节点，其节点数与控制规则的条数相等，用以完成模糊推理条件的匹配工作；第 4 层为模糊推理层，其节点数与第 3 层相同；第 5 层为输出层，1 个节点，输出为驾驶意图。

选择某混合动力汽车实际运行中，加速踏板开度和加速踏板开度变化率的 22 组数据作为模糊神经网络的训练数据，如表 4-16 所示。同时，选择了另外 22 组数据作为检验数据，如表 4-17 所示。

表 4-16　训练数据

加速踏板开度	加速踏板开度变化率/s^{-1}	驾驶意图
0.17	0.78	3
0.35	3.25	4
0.63	5.36	4
0.24	2.66	3
0.88	0.85	5
0.21	6.23	3
0.98	2.56	5
0.55	7.68	4
0.41	2.41	4
0.75	7.23	5
0.26	5.88	3
0.63	7.63	4
0.85	0.69	5
0.45	0.61	3
0.12	6.58	3
0.22	0.68	3
0.77	0.80	5
0.96	0.33	5
0.38	5.22	4
0.20	0.87	3
0.52	3.35	4
0.16	6.74	3

表 4-17　检验数据

加速踏板开度	加速踏板开度变化率/s^{-1}	驾驶意图
0.13	2.36	3
0.75	2.85	5
0.88	0.64	5
0.22	0.82	3

续表

加速踏板开度	加速踏板开度变化率/s^{-1}	驾驶意图
0.17	4.18	3
0.23	5.23	3
0.42	0.88	3
0.36	0.69	3
0.38	3.42	4
0.23	2.61	3
0.55	5.88	4
0.16	7.68	3
0.85	0.77	5
0.41	0.62	3
0.86	6.58	5
0.25	0.72	3
0.96	0.80	5
0.23	0.55	3
0.78	5.88	5
0.26	0.83	3
0.95	3.32	5
0.18	7.65	3

将以上样本数据加载到 Matlab 模糊逻辑工具箱中，对模糊神经网络进行训练。训练以后，输出的误差为 0.08，误差很小，满足要求。用检验数据对训练后的模糊神经网络进行检验，检验结果如图 4-30 所示。

从图 4-30 中可以看出，输出即驾驶意图，模糊神经网络的输出值与检验数据的真实值之间差异很小。模糊神经网络的输出值与检验数据的真实值之间的微小差异不会影响对驾驶意图的识别。可见经过神经网络离线训练的模糊推理系统能够辨别驾驶员不同的加速意图。加速意图推理规则如表 4-18 所示。

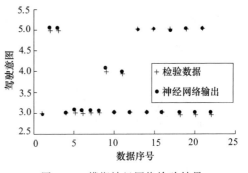

图 4-30 模糊神经网络检验结果

表 4-18 加速意图推理规则

踏板开度变化率	踏板开度		
	小	中	大
小	缓	缓	中
中	缓	中	急
大	缓	中	急

③ 巡航意图的识别。巡航意图的识别是指对汽车加速度进行监测，若在一段时间内 ($t > 30s$) 汽车平均加速度很小，则汽车进入巡航状态。根据车速则可区分出低速巡航和高速巡航。

实验证明汽车在巡航时，平均加速度一般为 $-0.1 \sim 0.1 \text{m/s}^2$。也就是说正负不会超过 0.1m/s^2。加速度均值和车速的隶属函数如图 4-31 及图 4-32 所示。巡航意图推理规则如表 4-19 所示。

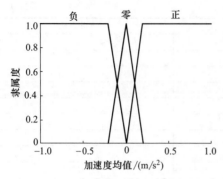

图 4-31　加速度均值的隶属函数

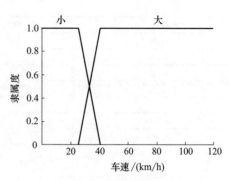

图 4-32　车速的隶属函数

表 4-19　巡航意图推理规则

车速	加速度均值		
	负	零	正
小	正常行驶	低速巡航	正常行驶
大	正常行驶	高速巡航	正常行驶

④ 经济模式和动力模式的识别。对经济、动力模式的识别，主要靠汽车加速度均值和汽车加速度均方差两个参数完成。加速度均值和加速度均方差的隶属函数如图 4-33 及图 4-34 所示。

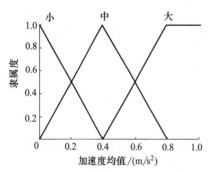

图 4-33　加速度均值的隶属函数

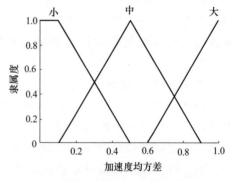

图 4-34　加速度均方差的隶属函数

得到模糊推理规则方法与前面叙述过的方法相同，不再赘述，模糊推理规则如表 4-20 所示。

表 4-20　模糊推理规则

加速度均值	加速度均方差		
	小	中	大
小	经济模式	经济模式	经济模式
中	经济模式	经济模式	动力模式
大	动力模式	动力模式	动力模式

⑤ 基于驾驶意图识别的混合动力汽车控制策略仿真。对驾驶员意图进行识别的目的是能够更精确地确定驾驶员对转矩的需求，从而优化混合动力汽车的控制策略。为了验证通过数据训练后，驾驶意图识别系统的可靠性及对整车控制策略优化的帮助，本小节以某混联混合动力汽车为基础，分别对有无驾驶意图识别的控制策略进行了仿真对比。混联混合动力汽

车的构型如图 4-35 所示。

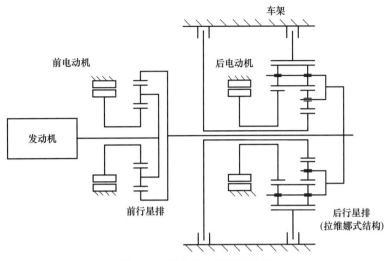

图 4-35　混合动力汽车的构型

在正向仿真软件 Cruise 中建立整车模型并进行仿真。不同工况仿真结果对比结果如表 4-21 所示。

表 4-21　不同工况仿真结果对比

工况	驾驶意图识别前综合油耗/(L/100km)	驾驶意图识别后综合油耗/(L/100km)	节油/%
NEDC	6.10	5.80	4.9
BEIJING	4.70	4.50	4.3
CHINAURBAN	4.53	4.50	1.0
EUDC	7.00	6.76	3.4
UDC	4.60	4.50	2.2
平均	5.39	5.21	3.3

不同车型仿真结果对比如表 4-22 所示。从仿真对比结果可以看出，运用自适应神经网络得到的模糊推理系统可以很好地识别驾驶意图，并且基于驾驶意图识别的控制策略，可以进一步降低油耗。因此，运用此驾驶意图识别方法，可以有效地优化混合动力汽车的控制策略，从而进一步提高混合动力汽车的燃油经济性。

表 4-22　不同车型仿真结果对比

车型	油耗/(L/100km)	节油/%
传统车	8.10	
没有驾驶意图识别的混合动力汽车	5.39	33
有驾驶意图识别的混合动力汽车	5.21	35

4.3　动态协调控制策略

本章前文已经从规则与优化的角度，具体介绍了混合动力汽车的稳态能量管理策略。对于混合动力汽车的动态协调控制将在本节进行具体介绍，主要包括动态品质的评价指标以及动态协调控制方法。

　　混合动力汽车的动态协调控制，包括变速器的换挡过程、工作模式之间的切换动态过程控制。由于混合动力汽车动力源的响应特性不同，当汽车进行模式切换或者换挡时，如果不对整车进行协调控制，就有可能造成传动系统的动力中断或转矩波动，从而导致动力不足或者冲击度过大等问题，影响整车动力性和动态平顺性。通过在混合动力汽车模式切换或者换挡过程中对动力源的输出扭矩进行协调控制，使问题得以解决或优化，从而使混合动力汽车具有良好的动态品质。

　　良好的动态过程控制品质是混合动力汽车走向实用化的关键性技术之一。本节针对双行星排功率分流式混合动力汽车，描述其模式切换过程中的协调控制算法。该汽车构型如图4-36所示，其中，PG1表示前行星排，PG2表示后行星排，其齿圈被固定于变速器机壳上。系统通过PG1实现功率分流和无级变速的功能，PG2形成固定速比，起到对电机MG2的减速增扭作用。

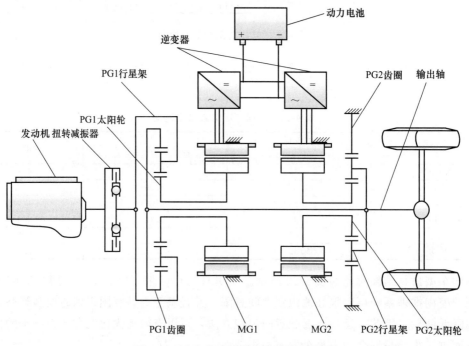

图 4-36　功率分流式混合动力汽车构型

4.3.1　动态品质评价指标

　　至今还没有统一的标准对混合动力汽车的动态品质进行评价，以模式切换过程为例，一般需考虑模式切换时的动力性、舒适性和耐久性等。

　　在混合动力汽车进行模式切换时，为避免出现动力中断、动力不足或者动力突变等现象，对其进行协调控制使动力源输出的动力更加平稳，从而保证整车在模式切换时具有良好的动力性、耐久性以及舒适性。

　　模式切换过程中的动力性是指，双行星排功率分流式混合动力汽车在模式切换时从后排行星架输出的总转矩，应能在短时间内较好地满足驾驶员对动力源的总输出转矩的需求。例如，在 MG2 单独驱动（纯电动模式）时，若驱动力不足以驱动汽车，应能快速启动发动机，进入发动机参与驱动的模式，若切换过程不及时或反应缓慢，会使动力源总输出转矩小于总需求转矩，影响整车动力性。一般而言，减少模式切换的时间可以提高车辆模式切换时的动力性。

模式切换过程中的耐久性是指，双行星排功率分流式混合动力汽车在模式切换时应尽量减小动力源的转矩突变。由于在模式切换时，动力源的输出转矩变化较快，而且由于发动机、电机 MG1 以及 MG2 都是通过行星排机构刚性连接，如果在模式切换时不加以适当控制，会使整车及零部件承受很大的动载荷，从而会降低整车及零部件的寿命。

模式切换过程中的舒适性是指，双行星排功率分流式混合动力汽车在模式切换时不应使乘员感到不适。这是对混合动力汽车模式切换性能的进一步要求，也是一款成熟混合动力汽车应具有的品质。目前来说评价舒适性有主观和客观两种方法。主观评价法对于评车师的要求很高，而且由于每个人对于传动系统转矩冲击与振动的感觉也存在差异，很难得到一个精确的判断。客观评价法借鉴换挡冲击对人体的作用，将冲击度作为评价整车舒适性的指标。

冲击度是指车辆纵向加速度 a 的变化率，如式（4-56）所示。

$$j = \frac{\mathrm{d}a}{\mathrm{d}t} = \frac{\mathrm{d}^2 v}{\mathrm{d}t^2} \tag{4-56}$$

由于整车纵向加速度 a 取决于总驱动力以及总的行驶阻力，模式切换时间较短，可认为模式切换时总的行驶阻力不变，因此整车冲击度取决于模式切换时总驱动力的变化率。通过限制总驱动力的变化率可将冲击度限制在正常要求的范围内。目前，全世界对冲击度的指标尚无统一标准，德国推荐的冲击度范围是 $|j| \leqslant 10\mathrm{m/s}^3$，我国的推荐值是 $|j| \leqslant 17.64\mathrm{m/s}^3$。

4.3.2 系统动力学模型分析

关于该系统的动力学模型，主要将系统分为前行星排、后行星排及系统输出三部分，通过自由体图进行动力学分析，建立系统的动力学模型。

4.3.2.1 前行星排动力学分析

如图 4-37 所示为前行星排的自由体图。图中，J_e、J_g、J_{r_1}、J_{c_1} 与 J_{s_1} 分别表示发动机、电机 MG1、前行星排齿圈、行星架与太阳轮的转动惯量；T_e、T_g、T_{r_1}、T_{c_1} 和 T_{s_1} 分别表示发动机、电机 MG1、前行星排齿圈、行星架与太阳轮的转矩；ω_e、ω_g、ω_{r_1}、ω_{c_1} 和 ω_{s_1} 分别表示发动机、电机 MG1、前行星排齿圈、行星架与太阳轮的转速；R_1 与 S_1 表示前行星排齿圈和太阳轮的半径；F_1 代表前排行星轮的内力。

该自由体图表征了发动机在电机 MG1 的作用下，通过前行星排齿圈输出转矩。图 4-37 中，虚线框内所示部分为前行星齿轮机构 PG1，由于行星轮的重量较轻，可以将其视作理想的传力机构。忽略工作过程中的摩擦损失和黏滞损失，根据欧拉定律，其内力关系如式（4-57）所示。

$$\begin{cases} J_{r_1}\dot{\omega}_{r_1} = F_1 R_1 - T_{r_1} \\ J_{c_1}\dot{\omega}_{c_1} = T_{c_1} - F_1 S_1 - F_1 R_1 \\ J_{s_1}\dot{\omega}_{s_1} = F_1 S_1 - T_{s_1} \end{cases} \tag{4-57}$$

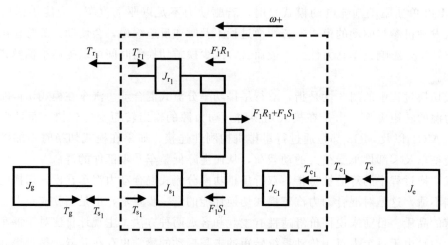

图 4-37 前行星排的自由体图

另外，前行星排的行星架和太阳轮分别与发动机和电机 MG1 相连接，假设转矩和转速向左为正，那么可得式（4-58）。

$$\begin{cases} J_e\dot{\omega}_e = T_e - T_{c_1} \\ J_g\dot{\omega}_g = T_{s_1} - T_g \end{cases} \tag{4-58}$$

根据动力源与前行星排之间的连接关系，结合式（4-57）和式（4-58），可得式（4-59）及式（4-60）。

$$(J_e + J_{c_1})\dot{\omega}_e = T_e - F_1R_1 - F_1S_1 \tag{4-59}$$

$$(J_g + J_{s_1})\dot{\omega}_g = F_1S_1 - T_g \tag{4-60}$$

最后，根据前行星排内部的齿轮啮合关系，各部件的转速应满足式（4-61）。

$$\omega_g + \omega_{r_1}k_1 = (k_1 + 1)\omega_e \tag{4-61}$$

式中，k_1 为前行星排的特征参数，$k_1 = R_1/S_1$。

4.3.2.2 后行星排动力学分析

如图 4-38 所示为后行星排的自由体图。图中，J_m、J_{c_2} 与 J_{s_2} 分别表示电机 MG2、后行星排行星架与太阳轮的转动惯量；T_m、T_{c_2} 与 T_{s_2} 分别表示电机 MG2、后行星排行星架和太阳轮的转矩；R_2 与 S_2 表示后行星排齿圈和太阳轮的半径；F_2 表示后排行星轮的内力。

结合对前行星排自由体图的分析，其内力关系如式（4-62）所示。

$$\begin{cases} (J_m + J_{s_2})\dot{\omega}_m = T_m - F_2S_2 \\ J_{c_2}\dot{\omega}_{c_2} = F_2S_2 + F_2R_2 - T_{c_2} \end{cases} \tag{4-62}$$

由于后行星排齿圈与机壳固定连接，其转速恒等于零，结合行星排内各部件的转速关系，后行星排的转速关系如式（4-63）所示。

$$\omega_m = (k_2 + 1)\omega_{c_2} \tag{4-63}$$

式中，k_2 为后行星排特征参数，$k_2 = R_2/S_2$。

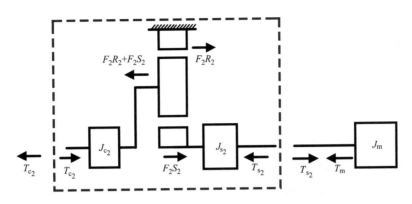

图 4-38　后行星排的自由体图

根据式（4-62）和式（4-63），可以得到后行星排输出转矩 T_{c_2} 与输入转矩 T_m 之间的关系，如式（4-64）所示。

$$T_{c_2} = T_m(1+k_2) - [(J_m + J_{s_2})(1+k_2)^2 - J_{c2}]\dot{\omega}_{c_2} \tag{4-64}$$

4.3.2.3　系统输出

如图 4-39 所示为输出部分的自由体图。图中，T_f 表示车辆受到的阻力矩；FD 表示主减速器。

该自由体图表征前行星排齿圈与后行星排行星架的输出转矩耦合后传递给主减速器，用于克服车辆的行驶阻力。在仅考虑车辆纵向动力学，并忽略车轮打滑的前提下，可得式（4-65）。

$$\frac{\dot{\omega}_{r_1}}{i_o} R_t^2 M + 4\dot{\omega}_{r_1}/i_o J_t = (T_{c_2} + T_{r_1})i_o - T_f \tag{4-65}$$

式中，i_o 为主减速比；R_t 为车轮半径；M 为整车质量；J_t 为车轮转动惯量。

在平直路面行驶时，车辆受到的阻力矩如式（4-66）所示。

$$T_f = T_{fb} + Mgf_rR_t + 0.5\rho AC_D\left(\frac{\omega_{r_1}}{i_o}\right)^2 R_t^3 \tag{4-66}$$

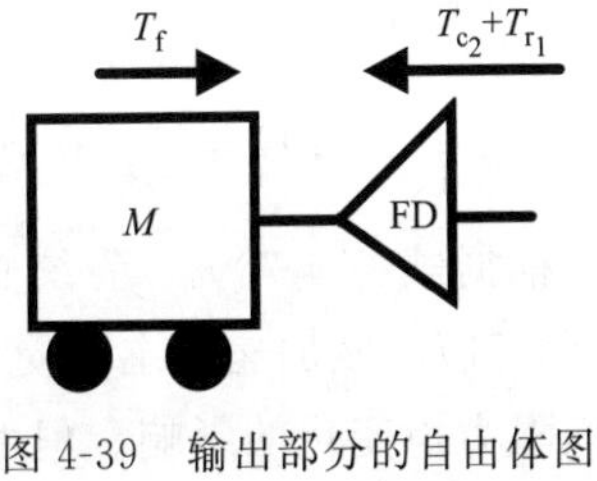

式中，T_{fb} 为制动力矩；f_r 为滚动阻力系数；ρ 为空气密度；A 为迎风面积；C_D 为空气阻力系数。

由于前排齿圈与后排行星架固连，因此两者转速相同，结合式（4-57）、式（4-64）~式（4-66），可得式（4-67）。

$$\dot{\omega}_{r_1}\left[R_t^2\frac{M}{i_o} + \frac{4J_t}{i_o} + J_{r_1}i_o + (J_m + J_{s_2})(1+k_2)^2 i_o - J_{c_2}i_o\right]$$

$$= [T_m(1+k_2) + F_1R_1]i_o - T_{fb} - Mgf_rR_t - 0.5\rho AC_D\left(\frac{\omega_{r_1}}{i_o}\right)^2 R_t^3 \tag{4-67}$$

综上，由式（4-59）~式（4-61）及式（4-67）便可以描述该 EVT 系统的动力传动情况，整理如式（4-68）所示，即系统的动力学模型。

图 4-39　输出部分的自由体图

$$\begin{cases} (J_e + J_{c_1})\dot{\omega}_e = T_e - F_1 R_1 - F_1 S_1 \\[4pt] (J_g + J_{s_1})\dot{\omega}_g = F_1 S_1 - T_g \\[4pt] \omega_g + \omega_{R_1} k_1 = (k_1 + 1)\omega_e \\[4pt] \dot{\omega}_{r_1}\left[R_t^2 \dfrac{M}{i_o} + \dfrac{4J_t}{i_o} + J_{r_1} i_o + (J_m + J_{s_2})(1 + k_2)^2 i_o - J_{c_2} i_o\right] \\[4pt] = [T_m(1 + k_2) + F_1 R_1]i_o - T_{fb} - Mg f_r R_t - 0.5\rho A C_D (\omega_{r_1}/i_o)^2 R_t^3 \end{cases} \tag{4-68}$$

4.3.2.4　系统冲击度分析

本小节首先分析影响系统冲击度的因素，然后分析冲击度的产生原因。

(1) 影响冲击度的因素

车速与前行星排齿圈的关系如式 (4-69) 所示。

$$v = \frac{\omega_{r_1}}{i_o} R_t \tag{4-69}$$

根据式 (4-56) 中有关冲击度的定义，结合式 (4-69)，冲击度可表示为式 (4-70)。

$$j = \frac{\ddot{\omega}_{r_1}}{i_o} R_t \tag{4-70}$$

根据式 (4-68) 所示的系统动力学方程，可以得式 (4-71)。

$$\ddot{\omega}_{r_1}\left[\frac{J_v'}{k_1^2 i_o J_g'} + \frac{\left(1 + \dfrac{1}{k_1}\right)^2 J_v'}{i_o J_e'} + 1\right] = -\frac{1}{k_1 J_g'}\dot{T}_g + (1 + k_2)\left[\frac{\left(1 + \dfrac{1}{k_1}\right)^2}{J_e'} + \frac{1}{k_1^2 J_g'}\right]\dot{T}_m$$

$$+ \frac{1 + \dfrac{1}{k_1}}{J_e'}\dot{T}_e - \left[\frac{\left(1 + \dfrac{1}{k_1}\right)^2}{i_o J_e'} + \frac{1}{k_1^2 i_o J_g'}\right]\dot{C} \tag{4-71}$$

其中，$J_v' = R_t^2 M/i_o + 4J_t/i_o + J_{r_1} i_o + (J_m + J_{s_2})(1 + k_2)^2 i_o - J_{c_2} i_o$ ；$J_e' = J_e + J_{c_1}$；

$J_g' = J_{s_1} + J_g$；$C = T_{fb} + Mg f_r R_t + 0.5\rho A C_D \left(\dfrac{\omega_r}{i_o}\right)^2 R_t^3$。

　　根据式 (4-70)，系统的冲击度主要受到前行星排齿圈加速度的影响，而根据式 (4-71)，该加速度主要受到三大动力源（发动机、电机 MG1 和电机 MG2）输出转矩和车辆阻力矩变化的影响。但由于分析冲击度时考虑的是动态过程，时间过程很短，其阻力矩的变化很小，可以忽略。因此，影响冲击度的因素主要是三大动力源转矩的变化率。

　　(2) 冲击度产生的原因

　　该混合动力汽车的工作模式主要包括纯电动（EV）模式、电子无级变速（EVT）模式及制动模式。本小节以稳态能量管理策略中，该混合动力汽车由纯电动（EV）模式向电子无级变速（EVT）模式切换过程为例，说明冲击度产生的原因。此时，将启动发动机，并根据控制思想将发动机转速调整到需求转速下。稳态能量管理策略中，EV 模式下输出转矩由 MG2 单独提供，而 EVT 模式下需求转矩由发动机从机械路径上输出的部分和 MG2 输出部分叠加组成，两种模式转矩分别如式 (4-72) 和式 (4-73) 所示。

$$T_{\text{out\_EV}} = T_m(1 + k_2) \tag{4-72}$$

$$T_{out\_EVT} = \frac{T_e k_1}{1 + k_1} + T_m(1 + k_2) \tag{4-73}$$

式中，T_{out_EV} 表示 EV 模式下系统的输出转矩；T_{out_EVT} 表示 EVT 模式下系统的输出转矩。

EVT 模式下，发动机转矩根据需求功率和车速求得，而电机 MG2 用于补偿发动机从机械路径输出的转矩，以满足整车需求。同时，发动机转速利用闭环 PID 的方法，通过电机 MG1 进行调节。表 4-23 表示模式切换过程中，各动力源转矩变化率的情况。定义冲击度方向与整车行驶方向相同为正，否则为负。在 EV 模式到 EVT 模式切换的瞬态过程中，当发动机转速低于目标转速时，MG1 将输出正转矩，使发动机转速快速增大。为保证模式切换的快速性，同时根据 PID 的控制原理，此时 MG1 将产生一个较大的正向目标转矩，并且由于电机的响应速度较快，即会出现较大的电机 MG1 转矩变化率 $\dot{T}_g$。此过程中，由于发动机转速较低，只能输出较小的转矩，用于辅助发动机启动。相应地，根据式（4-73），MG2 的输出转矩将不变或逐渐减小。也就是说，此时的电机 MG2 转矩变化率 $\dot{T}_m$ 和发动机转矩变化率 $\dot{T}_e$ 都较小。另外，在驱动模式切换的瞬态过程中，没有制动力矩，且时间较短，可近似视作阻力矩变化率 $\dot{C} \approx 0$。结合式（4-70）和式（4-71）可知，在 EV 模式向 EVT 模式切换的过程中，由于 MG1 的快速响应，会产生负向冲击度。而在 EVT 模式向 EV 模式切换时，根据式（4-72）和式（4-73），切换前主要由发动机提供输出转矩，切换后将由 MG2 单独提供全部输出转矩。因此，模式切换后，稳态能量管理策略将使得 MG2 快速增大。然而，发动机输出转矩并不会瞬间消失，而是以一定响应速率逐渐下降。此时，由于 MG2 响应速度远快于发动机，即 $|\dot{T}_m| > |\dot{T}_e|$，这就将导致整车出现正向冲击。

表 4-23　模式切换时动力源的转矩变化率

模式切换	$\dot{T}_g$	$\dot{T}_m$	$\dot{T}_e$	$\dot{C}$	j
EV 到 EVT 模式	非常大	较小	较小	约为 0	负向冲击
EVT 到 EV 模式	较小	非常大	较大	约为 0	正向冲击

通过以上分析可见，稳态能量管理策略忽略了各部件的转动惯量和响应速度，在 EV 到 EVT 的模式切换过程中，MG1 的快速响应将导致负向冲击。而在 EVT 到 EV 的模式切换过程中，发动机与 MG2 响应速度不协调将导致正向冲击。因此，在稳态能量管理策略的基础上，对电机 MG1 与 MG2 的输出转矩进行协调控制，对于抑制系统的冲击，提高平顺性具有重要意义。

4.3.3　动态协调控制

根据对该双行星排功率分流式混合动力汽车的动力学分析可知，系统中各动力源的转矩变化率是影响系统冲击度的主要因素。在发动机启动过程中，由于发动机转矩响应速度较慢，难以获得良好的瞬态控制特性，需要限制 MG1 转矩的变化速率，并让 MG2 提供适当的补偿转矩；而在发动机停机过程中，MG2 转矩的增大与发动机转矩的减小不协调，需要使两者协调变化。

可以看出，发动机转矩估计是建立动态协调控制的基础。因此，本小节将首先建立发动机的转矩估计策略，然后根据当前状态量和稳态能量管理策略的输出量，针对具体的模式切换情况，建立基于预测模型的动态协调控制策略，分别预测满足平顺性要求的 MG1 和 MG2 转矩变化量，再根据该预测值对稳态能量管理策略进行调整，实现动态协调控制。

4.3.3.1 发动机转矩估计

动态协调控制策略的目的是通过协调控制各动力源转矩的变化率，实现模式的平稳切换，防止较大冲击的发生。而如前文所述，发动机转矩估计是动态协调控制的基础。因此，本小节将建立发动机的转矩估计策略。

根据系统动力学模型，可以得到发动机转矩与电机 MG1 和 MG2 转矩之间的关系，如式（4-74）所示。

$$\left[\frac{i_o k_1}{1+k_1}+\frac{J'_v}{k_1(1+k_1)J'_g}\right]T_e=$$

$$\left[\left(1+\frac{1}{k_1}\right)J'_v+\frac{J'_e i_o}{\left(1+\frac{1}{k_1}\right)}+\frac{J'_v J'_e}{k_1(1+k_1)J'_g}\right]\dot{\omega}_e-i_o T_m-\frac{J'_v}{k_1 J'_g}T_g+C \qquad (4\text{-}74)$$

由于电机 MG1 和 MG2 转矩在电机控制器中会有较为精确的估计，而发动机转速在实车中也有相应的传感器，容易获得，因此式（4-74）的中 T_m、T_g 和 ω_e 可直接采用汽车 CAN 总线上的信号，而 C 也可由制动踏板和车速计算得到。可见，在该系统中，根据已知的状态量，将式（4-74）离散化，便可以得到发动机转矩的估计量，如式（4-75）所示。

$$\left[\frac{i_o k_1}{1+k_1}+\frac{J'_v}{k_1(1+k_1)J'_g}\right]T_e(n)=\left[\left(1+\frac{1}{k_1}\right)J'_v+\frac{J'_e i_o}{\left(1+\frac{1}{k_1}\right)}+\frac{J'_v J'_e}{k_1(1+k_1)J'_g}\right]$$

$$[\omega_e(n)-\omega_e(n-1)]-i_o(1+k_2)T_m(n)-\frac{J'_v}{k_1 J'_g}T_g(n)+C \qquad (4\text{-}75)$$

式中，n 表示当前采样点；$n-1$ 表示前一采样点。

根据上述分析可知，本小节所提出的发动机转矩估计策略，其本质是利用行星式混合动力系统内部高度耦合的特性，充分考虑系统内部的转动惯量和加速度的影响，采用易于得到的状态信号，对难以准确估计的发动机转矩进行估计。

本小节结合行星式混合动力系统特性提出的发动机转矩估计策略，无需考虑发动机自身复杂特性，避免了建立发动机模型，没有庞大的计算成本，易于保证实时性，又无需额外增加传感器，也避免了大量实验标定工作。另外，该估计策略由系统动力学模型的非线性方程组推导而来，所获得的估计结果也具有良好的非线性特性。

4.3.3.2 电机 MG1 转矩协调控制策略

根据式（4-68）的系统动力学方程和式（4-69）的系统冲击度方程，可以得到 MG1 转矩变化率与冲击度之间的关系，如式（4-76）所示。

$$\dot{T}_g=\left\{(1+k_2)\left[\frac{\left(1+\frac{1}{k_1}\right)^2}{J'_e}+\frac{1}{k_1^2 J'_g}\right]\dot{T}_m+\frac{1+\frac{1}{k_1}}{J'_e}\dot{T}_e\right.$$

$$\left.-\ddot{\omega}_r\left[\frac{J'_v}{k_1^2 i_o J'_g}+\frac{\left(1+\frac{1}{k_1}\right)^2 J'_v}{i_o J'_e}+1\right]-\left[\frac{\left(1+\frac{1}{k_1}\right)^2}{i_o J'_e}+\frac{1}{k_1^2 i_o J'_g}\right]\dot{C}\right\}k_1 J'_g \qquad (4\text{-}76)$$

根据前面小节的分析，在模式切换的瞬态过程中，没有制动力矩，且行驶阻力变化很小，即 $\dot{C} \approx 0$，将式（4-69）代入式（4-76）并离散化，可得式（4-77）。

$$\Delta T_g = U_m [T_m(n+1) - T_m(n)] + U_e [T_e(n+1) - T_e(n)] - U_j j \qquad (4-77)$$

式中，ΔT_g 表示 MG1 转矩的变化量；$n+1$ 示下一采样时刻；$U_m = (1+k_2)$

$\left[\dfrac{\left(1+\dfrac{1}{k_1}\right)^2}{J_e'} + \dfrac{1}{k_1^2 J_g'} \right] k_1 J_g'$；$U_e = (k_1+1) \dfrac{J_g'}{J_e'}$；$U_j = \left[\dfrac{J_v'}{k_1^2 i_o J_g'} + \dfrac{\left(1+\dfrac{1}{k_1}\right)^2 J_v'}{i_o J_e'} + 1 \right] \dfrac{k_1 J_g' i_o}{R_t}$。

在式（4-77）中，$T_m(n+1)$ 与 $T_e(n+1)$ 分别为预测的下一时刻 MG2 转矩与发动机转矩，由能量管理策略的输出信号经过一阶惯性环节得到，如式（4-78）所示。

$$\begin{cases} T_m(n+1) = T_{m\_ctr} \dfrac{1}{\tau_m s + 1} \\[3mm] T_e(n+1) = T_{e\_ctr} \dfrac{1}{\tau_e s + 1} \end{cases} \qquad (4-78)$$

式中，T_{m_ctr} 与 T_{e_ctr} 分别为 MG2 与发动机的转矩控制信号；τ_m 与 τ_e 分别为 MG2 与发动机的时间常数；s 为拉氏因子。

式（4-77）中，$T_m(n)$ 为当前时刻从 CAN 线上采集的 MG2 转矩；$T_e(n)$ 为当前时刻的发动机转矩估计值。限制整车允许的最大冲击度为 $|j_{max}|$，那么，MG1 转矩变化量 ΔT_g 取值的下限 $|\Delta T_g|_{min}$ 和上限 $|\Delta T_g|_{max}$，如式（4-79）所示。

$$\begin{cases} |\Delta T_g|_{min} = U_m [T_m(n+1) - T_m(n)] + U_e [T_e(n+1) - T_e(n)] - U_j |j_{max}| \\[2mm] |\Delta T_g|_{max} = U_m [T_m(n+1) - T_m(n)] + U_e [T_e(n+1) - T_e(n)] + U_j |j_{max}| \end{cases}$$
$$(4-79)$$

根据上述分析，电机 MG1 的协调控制策略为：根据冲击度的允许值计算得到 MG1 转矩变化量的允许范围，若输出的控制信号值与当前时刻的转矩值差值大于允许的上限，则输出需求转矩 $T_g(n) + |\Delta T_g|_{max}$；若该差值小于下限，则输出需求转矩 $T_g(n) + |\Delta T_g|_{min}$；在允许范围内时，则直接输出稳态能量管理策略的需求转矩。

4.3.3.3 电机 MG2 转矩协调控制策略

类似电机 MG1 的协调控制，根据式（4-68）表示的系统动力学方程和式（4-69）中表示的系统冲击度方程，也可以解得 MG2 转矩与冲击度之间的关系，如式（4-80）所示。

$$\dot{T}_m = \dfrac{-j \dfrac{i_o}{R_t} \left[\dfrac{J_v'}{k_1^2 i_o J_g'} + \dfrac{\left(1+\dfrac{1}{k_1}\right)^2 J_v'}{i_o J_e'} + 1 \right] + \dfrac{1}{k_1 J_g'} \dot{T}_g - \dfrac{1+\dfrac{1}{k_1}}{J_e'} \dot{T}_e + \left[\dfrac{\left(1+\dfrac{1}{k_1}\right)^2}{i_o J_e'} + \dfrac{1}{k_1^2 i_o J_g'} \right] \dot{C}}{(1+k_2) \left[\dfrac{\left(1+\dfrac{1}{k_1}\right)^2}{J_e'} + \dfrac{1}{k_1^2 J_g'} \right]}$$
$$(4-80)$$

将式（4-80）化简并离散化可得式（4-81）。

$$\Delta T_m = U_g' [T_g(n+1) - T_g(n)] - U_e' [T_e(n+1) - T_e(n)] - j U_j' \qquad (4-81)$$

式中，ΔT_{m} 表示 MG2 的转矩变化量；

$$U'_{\mathrm{j}} = \left\{ \frac{i_{\mathrm{o}}}{R_{\mathrm{t}}} \left[\frac{J'_{\mathrm{v}}}{k_1^2 i_{\mathrm{o}} J'_{\mathrm{g}}} + \frac{\left(1+\frac{1}{k_1}\right)^2 J'_{\mathrm{v}}}{i_{\mathrm{o}} J'_{\mathrm{e}}} + 1 \right] \right\} \Big/$$

$$\left\{ (1+k_2) \left[\frac{\left(1+\frac{1}{k_1}\right)^2}{J'_{\mathrm{e}}} + \frac{1}{k_1^2 J'_{\mathrm{g}}} \right] \right\}, \quad U'_{\mathrm{g}} = \frac{1}{k_1 J'_{\mathrm{g}}} \Big/ \left\{ (1+k_2) \left[\frac{\left(1+\frac{1}{k_1}\right)^2}{J'_{\mathrm{e}}} + \frac{1}{k_1^2 J'_{\mathrm{g}}} \right] \right\}; \quad U'_{\mathrm{j}} =$$

$$\frac{1+\frac{1}{k_1}}{J'_{\mathrm{e}}} \Big/ \left\{ (1+k_2) \left[\frac{\left(1+\frac{1}{k_1}\right)^2}{J'_{\mathrm{e}}} + \frac{1}{k_1^2 J'_{\mathrm{g}}} \right] \right\}。$$

在式（4-81）中，$T_{\mathrm{g}}(n+1)$ 与 $T_{\mathrm{e}}(n+1)$ 分别为预测的下一时刻 MG1 转矩与发动机转矩，由能量管理策略的输出信号经过一阶惯性环节得到，如式（4-82）所示。

$$\begin{cases} T_{\mathrm{g}}(n+1) = T_{\mathrm{g\_ctr}} \dfrac{1}{\tau_{\mathrm{g}} s + 1} \\[2mm] T_{\mathrm{e}}(n+1) = T_{\mathrm{e\_ctr}} \dfrac{1}{\tau_{\mathrm{e}} s + 1} \end{cases} \tag{4-82}$$

式中，$T_{\mathrm{g\_ctr}}$ 为能量管理策略输出的 MG1 需求转矩；τ_{g} 为 MG1 的时间常数。

与电机 MG1 的动态控制类似，$T_{\mathrm{g}}(n)$ 与 $T_{\mathrm{e}}(n)$ 分别为当前时刻从 CAN 线上采集得到的 MG1 转矩与发动机转矩估计值。若限制当前最大冲击度为 $|j_{\max}|$，那么，MG2 转矩变化量 ΔT_{m} 取值的上限 $|\Delta T_{\mathrm{m}}|_{\max}$ 和下限 $|\Delta T_{\mathrm{m}}|_{\min}$ 可被分别计算得到，如式（4-83）所示。

$$\begin{cases} |\Delta T_{\mathrm{m}}|_{\min} = U'_{\mathrm{g}}[T_{\mathrm{g}}(n+1) - T_{\mathrm{g}}(n)] - U'_{\mathrm{e}}[T_{\mathrm{e}}(n+1) - T_{\mathrm{e}}(n)] - j_{\max} U'_{\mathrm{j}} \\ |\Delta T_{\mathrm{m}}|_{\max} = U'_{\mathrm{g}}[T_{\mathrm{g}}(n+1) - T_{\mathrm{g}}(n)] - U'_{\mathrm{e}}[T_{\mathrm{e}}(n+1) - T_{\mathrm{e}}(n)] + j_{\max} U'_{\mathrm{j}} \end{cases} \tag{4-83}$$

根据上述分析，电机 MG2 的协调控制策略为：根据冲击度的允许值计算得到 MG2 转矩变化量的允许范围，若下一时刻 MG2 需求转矩与当前 MG2 转矩的差值小于允许范围的下限，则输出需求转矩为 $T_{\mathrm{m}}(n) + |\Delta T_{\mathrm{m}}|_{\min}$；若该差值大于上限，则输出需求转矩为 $T_{\mathrm{m}}(n) + |\Delta T_{\mathrm{m}}|_{\max}$；当该差值处于上下限之间时，则直接输出稳态能量管理策略的需求转矩。

4.3.3.4　小结

本小节通过对双行星排功率分流式混合动力汽车系统进行动力学建模，分析稳态能量管理策略在模式切换过程中产生系统冲击的原因。在此基础上，结合非线性观测器的原理，建立发动机转矩估计模型。最后，结合模型预测控制的思想，建立基于预测模型的动态协调控制策略，通过对电机 MG1 的转矩限制以及对电机 MG2 的转矩补偿实现动态协调控制，最终通过协调控制达到抑制冲击、提高动态平顺性的目的。

4.3.4　动态协调控制策略仿真验证

为了验证动态协调控制策略的控制效果，分别在 AMESim 和 Simulink 仿真软件中建立了整车模型及整车控制策略。在动态协调控制策略中，三动力源被简化为一阶惯性环节，各动力源参数，如表 4-24 所示。

表 4-24　各动力源参数

项目	发动机	MG1	MG2
峰值功率/kW	167	90	100
转动惯量/(kg·m²)	1.35	0.33	0.60
时间常数/s	0.3	0.01	0.01

如图 4-40 所示为联合仿真平台示意。左侧点划线框内为 AMESim 整车模型，其中，虚线框内为各关键部件，实线框内为惯性元件，用于模拟各部件的转动惯量，其余部分为传感器和信号收发接口。右侧点划线框内为控制策略的顶层架构，包括参数估计、模式选择、能量管理和动态协调四个主要模块。

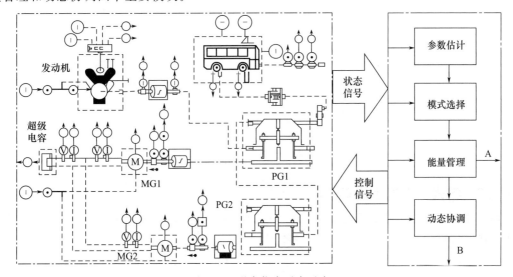

图 4-40　联合仿真平台示意

在联合仿真平台下，为了对比分析，分别进行了稳态能量管理策略仿真和集成动态协调的能量管理策略仿真。当无动态协调时，控制策略将由 A 口输出，有动态协调时，控制策略从 B 口输出。

4.3.4.1　系统动力学模型验证

基于中国典型城市工况，本小节对整车动力学模型、发动机转矩估计模型和动态协调控制效果进行仿真验证。车速仿真结果如图 4-41 所示。可见，集成动态协调控制策略后，整

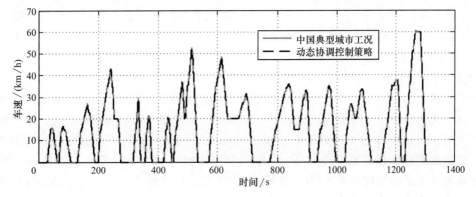

图 4-41　车速仿真结果

车控制策略能良好地满足工况需求。

4.3.4.2　发动机转矩估计

如图 4-42 所示为发动机转矩估计结果与 AMESim 中仿真情况的对比。由图 4-42 可见，由控制策略估计得到的发动机转矩与仿真结果吻合较好，多数情况下两者误差不超过 3%，符合工程应用的需求，这是动态协调控制策略顺利实施的基础。

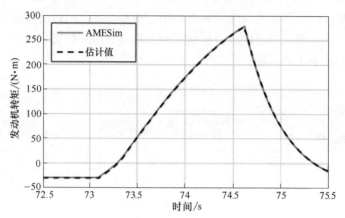

图 4-42　发动机转矩估计结果与 AMESim 中仿真情况的对比

4.3.4.3　模式切换过程仿真验证

在验证系统动力学模型和发动机转矩估计的准确性后，本小节以 EV 模式和 EVT 模式的相互切换过程为例，就系统冲击度和各动力源的响应情况进行对比说明。

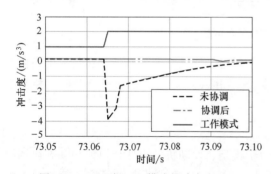

图 4-43　EV 到 EVT 模式的冲击度对比

（1）EV 到 EVT 模式切换过程

如图 4-43 所示为 EV 模式到 EVT 模式的冲击度对比。由图 4-43 中可见，加入动态协调策略后，系统冲击度得到了有效抑制，模式切换平稳。如图 4-44 所示为 EV 到 EVT 的动态调节，在未进行动态协调时，MG1 转矩快速上升，而 MG2 难以提供足够的补偿转矩，使得系统输出转矩下降，导致系统出现负向的冲击度；在进行动态协调控制之后，MG1 转矩的上升速率得到了有效抑制，MG2 也可以平稳增长以补偿输出转矩，使得系统输出转矩平稳变化，从而保证了良好的平顺性。

（2）EVT 到 EV 模式切换过程

如图 4-45 所示为 EVT 到 EV 模式的冲击度对比。可见，在不进行动态协调的情况下，系统将产生很大的正向冲击度（峰值冲击度绝对值超过 $12m/s^3$），不仅影响乘坐舒适性，在拥堵的城市交通环境中也可能导致交通事故的发生。而在加入动态协调控制后，系统冲击度得到有效减少（峰值冲击度绝对值小于 $3m/s^3$）。如图 4-46 所示，在 EVT 模式切换到 EV 模式后，稳态能量管理策略会使得 MG2 输出转矩大幅增加，导致系统输出转矩的明显增加；而在加入动态协调控制后，MG2 转矩在 EVT 模式中已经受到控制，主动进行补偿，在模式切换后仍平稳下降，系统输出转矩仅在模式切换瞬间小幅度减小，总体上仍平稳下降。

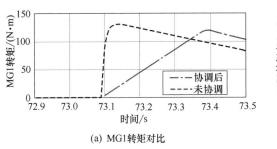

(a) MG1转矩对比

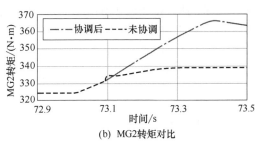

(b) MG2转矩对比

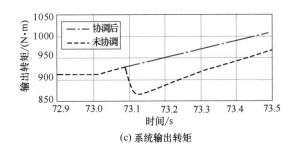

(c) 系统输出转矩

图 4-44　EV 到 EVT 的动态调节

综上所述，加入动态协调控制后，无论是 EV 到 EVT 模式，还是 EVT 到 EV 模式，系统输出转矩都能平稳过渡，系统的冲击度得到显著改善。在不同的切换过程中，动态协调策略会根据具体的模式切换过程，来决定是否对动力源进行补偿或限制，并且动态调整补偿值或限制值，在保证系统平顺性的同时，对复杂工况和驾驶员的操作也有良好的工况适应性。

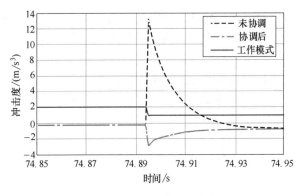

图 4-45　EVT 到 EV 模式的冲击度对比

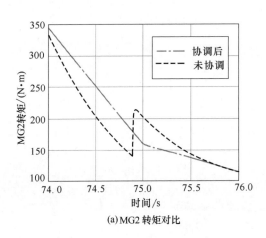

(a) MG2 转矩对比

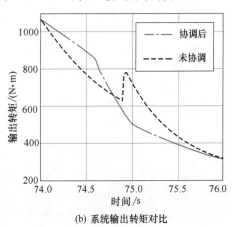

(b) 系统输出转矩对比

图 4-46　EVT 到 EV 模式的动态调节

本小节利用 AMESim 和 Simulink 联合仿真平台，分别对建立的系统动力学模型、发动机转矩估计模型以及动态协调控制策略算法模型进行验证。仿真结果显示，在不同的模式切换过程中，所提出的预测模型和反馈控制相结合动态协调控制策略，都能保证系统输出转矩的平稳变化，显著降低了系统的冲击度。

4.4　本章结语

控制策略是新能源汽车系统设计的核心与难点，制定合理的控制策略对于新能源汽车的研发具有至关重要的意义。本章基于混合动力系统构型，从稳态控制与动态控制两个方面出发，详细介绍了稳态能量管理策略以及动态协调控制策略，并依据实例详细介绍了这些控制问题。

关于稳态能量管理策略，本书将其具体划分为基于逻辑门限的控制策略、模糊逻辑控制策略与基于优化的控制策略，并围绕恒温器型、功率跟随型、电机助力型控制策略，展现基于逻辑门限简单规则的控制，从全局优化、实时优化以及预测控制角度详细讲解优化控制算法。

控制策略作为新能源汽车研发的关键技术之一，同时也是新能源汽车实现节能减排的重要途径。其关键技术是，在实现整车动力性指标的基础上，如何提高新能源汽车的经济性、排放性及行驶平顺性。同时，控制策略的实时性也是其开发过程的关键所在。

就目前发展来看，新能源汽车控制策略的研究正在逐渐成为当前人们研究的焦点，当前控制策略也变得纷繁复杂。单一的控制策略已经越来越不能满足高性能控制的要求，集成多种算法的控制策略逐渐成为今后的研究重点和难点。随着电子技术和信息技术的发展，新能源汽车的控制策略的智能化，将成为未来控制策略发展的主题。

第5章
新能源汽车仿真技术

在研发包括混合动力汽车在内的新能源汽车时，要综合考虑的问题很多，如部件的选择、最佳系统方案的确定、整车控制策略的合理制定与优化等。通过仿真技术，可以在技术方案确定之前，建立各动力子系统及整车的仿真模型，依据模型的仿真计算结果为待选的子系统以及新能源汽车构型提供设计参数，从而简化了原先各种规格的待选子系统的准备工作及不同构型的试制工作。通过仿真可以交替使用待选的子系统模型，对各种方案进行仿真，通过一系列仿真结果分析，可以找到最佳的技术方案。在确定各个子系统和整车的构型后，通过仿真软件还可以快速地建立并优化整车的能量分配策略。另外，通过硬件在环仿真，将系统的一部分以数学模型描述，并把它转化为仿真模型；另一部分以实物（或物理模型）方式引入仿真回路，从而更准确地反映出真实系统的特性，因此具有成本低、重复性好等一系列优点。总而言之，仿真技术作为新能源汽车研发过程中的重要技术，不仅便于灵活地调整设计方案、优化设计参数，而且可以降低研究费用，缩短开发周期。

本章在简要概述仿真技术后，主要从离线仿真技术和硬件在环仿真两方面，详细介绍仿真技术在新能源汽车性能仿真中的应用。基于前述同样原因，本章关于新能源汽车仿真技术的介绍将主要针对（插电式）混合动力系统展开介绍，其应用开发实例均主要以混合动力汽车为主。上述应用具体包括基于 Advisor 仿真平台的混合动力系统开发、基于 AVL Cruise 仿真平台的混合动力系统开发、基于 AMESim 仿真平台的混合动力系统开发和硬件在环仿真实例。

5.1 仿真技术概述

本节首先介绍关于仿真技术的几个基本概念，然后针对汽车仿真中的两个基本类型——正向仿真与逆向仿真的基本原理和用途做简要介绍。

5.1.1 仿真的基本概念

系统仿真技术：系统仿真技术是建立在控制理论、相似理论、信息处理技术和计算机技术等理论基础之上，以计算机和其他专用设备为工具，利用系统模型对真实或假想的系统进行试验，并借助专家经验知识、统计数据和信息资料对试验结果进行研究，进而做出决策的一门综合性和试验性的学科。按照参与仿真模型的种类不同，可将系统仿真分为物理仿真、数学仿真及物理-数学仿真。

物理仿真：物理仿真又称物理效应仿真，是指按照实际系统的物理性质构造系统的物理模型，并在物理模型上进行试验研究。物理仿真形象直观，逼真度高，但不如数学仿真方便；尽管不必采用昂贵的原型系统，但在某些情况下构造一套物理模型也需要花费较大的投资，且周期也较长，在物理模型上做试验也不易修改系统的结构与参数。

数学仿真：数学仿真是指首先建立系统的数学模型，并将数学模型转化为仿真计算模型，通过仿真模型的运行达到模拟系统运行的目的。现代数学仿真由仿真系统的软件/硬件环境、动画与图形显示、输入/输出等设备组成。数学仿真在系统设计和分析阶段是十分重要的，通过它可以检验理论设计的正确性与合理性。数学仿真具有经济性、灵活性和仿真模型通用性等特点。但是，数学仿真由于针对实物系统进行了一系列的简化，其仿真结果与实物实验的结果根据数学模型的不同而存在着差异。

物理-数学仿真：物理-数学仿真又称半实物仿真，或硬件在环仿真。它将系统的一部分以数学模型描述，并把它转化为仿真模型；另一部分以实物（或物理模型）方式引入仿真回路。硬件在环仿真不仅能更准确地反映真实系统的特性，而且保持了传统数学仿真价格低、重复性好等一系列优点。关于硬件在环仿真将在本章5.3节中进行详细介绍。

实时仿真：实时仿真是指仿真试验中所取得时间标尺 τ（模型时间）与自然时间标尺 T 之间严格对应，即 $\tau = T$。如果 $\tau/T > 1$，则称为超实时仿真；如果 $\tau/T < 1$，则称为亚实时仿真。实时仿真是进行硬件在环仿真的前提。

5.1.2　逆向仿真模型与正向仿真模型

按照仿真过程中信息流动的方向不同，可以把汽车的仿真模型划分为逆向仿真模型与正向仿真模型两大类。

如图5-1所示是逆向仿真模型示意。逆向仿真循环的数据流方向与实际系统的能量流方向相反，逆向仿真模型从满足循环工况要求出发，计算动力系统各部件必须提供的扭矩、转速、功率等。仿真信息沿整车阻力模型、车轮模型、传动系统模型，最终到达动力总成模型。即主要回答，当满足一定的行驶要求时，车辆的组成部件应满足的工作特性。逆向仿真

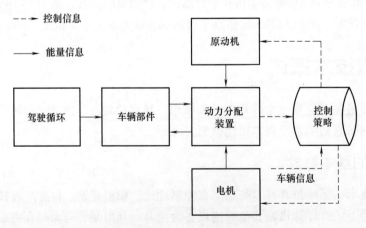

图 5-1　逆向仿真模型示意

一般只能反映系统的静态特征，其过程比较简便，不需要建立驾驶员模型，也不考虑动力系统（尤其是离合器和变速器）的动态过程，计算步长较大（一般为1s），计算速度快，多用于系统设计阶段的参数匹配、能量管理策略确定和车辆动力性计算等。

如图5-2所示是正向仿真模型示意。正向仿真中，仿真循环的数据流方向与实际系统的能量流动方向相同。正向仿真模型具有驾驶员信息，把驾驶员指令转化为实际的输出转矩、转速，在整车控制模块中，根据整车控制策略提出对各总成的转矩需求。动力总成模型根据该转矩需求及其能够提供的转矩限制，向传动系统输出转矩，经过车轮模型最终到达车辆模型，实现车辆的正常行驶。正向仿真模型可以集成硬件在

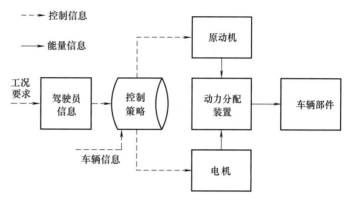

图5-2 正向仿真模型示意

环仿真与驾驶员在环仿真，从而更真实地模拟系统运行状态和逻辑结构。它主要用于控制器快速原型的开发。

汽车的仿真研究可以将逆向仿真与正向仿真结合，先利用后向仿真确定系统的基本参数与设计控制策略。待对各部件有了深入了解后，再应用正向仿真对真实系统进行在线调试，最大限度地逼近实车，从而对前一阶段确定的动力系统参数和控制策略进行验证，并对系统进行更深入细致的分析和测试。

5.2 离线仿真技术

国外早在20世纪70年代初就开始研究包括电动汽车在内的新能源汽车的建模与仿真技术。到目前为止，其开发的适用于电动汽车（包括混合动力汽车与纯电动汽车）的知名仿真软件就达数十套之多，一些大型的汽车公司也都有各自的专用仿真系统。除此之外，国外的研究机构还进行了大量有关电动汽车整车及部件的建模与仿真研究工作，尤其对一些关键部件，如动力电池、电机、能量管理策略等的建模方式与优化方法上取得了突破，得出了许多宝贵的经验和结论，表5-1给出了当前适用于新能源汽车的一些仿真软件。同时，结合一些样车试验，取得了相关部件的实际数据，为进一步研究提供了重要的参考依据。

表5-1 当前适用于新能源汽车的一些仿真软件

软件名称	使用范围	开发者	仿真方法	开放性和通用型	GUI界面
SIMPLEV	纯电动汽车、串联式混合动力汽车	Idaho美国国家工程实验室	逆向仿真	在源代码中修改控制方法很困难	交互式菜单
HVEC	纯电动汽车、串联式混合动力汽车	LawrenceLivermore美国国家实验室	逆向仿真	结构固定、柔性差	菜单界面
V-ELph	串、并联混合动力汽车	Texas A&MUniversity	逆向仿真	易于改变部件、燃料和控制方法	友好
Advisor	纯电动汽车、混合动力汽车、燃料电池汽车及常规车辆	美国能源可回收试验室（NREL）	逆向仿真	易于改变模型和控制方法	友好

续表

软件名称	使用范围	开发者	仿真方法	开放性和通用型	GUI 界面
Cruise	纯电动汽车、混合动力汽车、燃料电池汽车	AVL 公司	正向仿真	易于改变模型和控制方法	友好
PSAT	纯电动汽车、混合动力汽车、燃料电池汽车及常规车辆	USACAR、NASA、EPA 和 DOE	正向仿真	易于改变模型和控制方法	友好
HEVSim	混合动力汽车	Opal-RT 技术公司	—	开放性和可扩展性	交互式菜单
AMESim	纯电动汽车、混合动力汽车（包括液压混合动力）、燃料电池汽车及常规车辆	LMS Imagine. Lab AMESim	正向仿真	易于改变模型和控制方法	友好

大部分电动汽车用仿真软件开发集中在美国。开发方式主要有一次开发和基于 Matlab/Simulink 再开发两种方式。仿真方法有逆向仿真与正向仿真，大部分软件采用逆向仿真，即根据循环工况计算各部件工况。也有部分仍然采用正向仿真，即根据驾驶员行为或循环工况，调节部件使车辆各部件跟随路面循环工况。结合软件的开发方式和复杂程度，可以把上述的电动汽车用仿真软件归纳为三类。

第一类是功能较少、一次开发的电动汽车用仿真软件。特点为算法简单，功能单一，只能针对特定的车型。其典型代表是 SIMPLEV 和 HVEC。

第二类是基于 Matlab 软件进行再开发的仿真软件。该类软件以 Matlab 软件为开发平台，实行了可视化和交互式操作。由于 Matlab 突出的数值分析与程序处理能力，使这类软件具备了非凡的数值处理和可编程功能。这类软件的典型代表是 Advisor 和 PSAT。

第三类是专用的电动汽车仿真软件。该类软件专门针对电动汽车仿真应用，功能强。其典型代表包括 Cruise、AMESim。

上述软件中，目前在混合动力汽车仿真中使用最为广泛的为：Advisor、Cruise 和 AMESim。下面结合仿真实例分别介绍在这三个仿真平台上一些实际应用。

5.2.1 基于 Advisor 仿真平台的混合动力系统开发

Advisor（Advanced Vehicle Simulator）是一种汽车系统高级建模和仿真平台软件。它于 1994 年 11 月由美国能源部（US DOE）开发，旨在管理混合动力驱动系统子合同项目，并于 1998 年 1 月正式命名为 Advisor。它是基于 Simulink 提供的交互式、图形化建模环境的平台，同时能够依托 Matlab 提供丰富的仿真资源。

Advisor 具有基于模块化的编程思想、代码完全公开的特点。其相关的模型均是根据经验建立的准静态模型。它主要用于快速分析传统汽车、纯电动汽车以及混合动力汽车的动力性与经济性。同时，Advisor 也能够解决诸如跟随工况运行中，车速是否能跟随循环工况要求车速、如何使动力电池荷电状态在整个循环周期内合理波动、如何分配发动机提供的转矩与转速等问题。鉴于代码开源、功能多样，能够满足混合动力汽车仿真的一般用途，Advisor2002 及以前的版本可以在网上免费下载，Advisor2002 获得极为广泛的应用。

混合动力汽车具有众多构型，然而 Advisor 里面所列举的构型非常有限，其平台下主要列举了当前国际上几种常用并联混合、串联混合及带行星机构的丰田普锐斯混联混合形式。然而，即使针对其中某一种混合形式，也同样存在多种子混合形式，如并联混合形式，电机在离合器、变速器前后各个位置不同，就存在多种形式的并联混合构型。针对行星混联混合形式，由于行星机构与动力源连接方式不同，更是存在多种可能的行星混联形式。当然，还有电源的复合系统，也是一种混合构型的变异，国内也进行了多方面的研究。

本小节采用 Advisor 建立某混合动力军用越野汽车模型，并进行性能仿真测试和验证。这种在 Advisor 软件平台下，针对混合动力构型做出的再开发方法，也可以供其他构型的再开发借鉴。

5.2.1.1　技术方案概述

混合动力汽车因其能大幅度降低油耗和减少排放，得到了全球各大汽车公司的认可，并纷纷推出自己的产品或实用样车。另外，混合动力在军用汽车上的应用，除了具有上述两大显著优势外，还可根据需要在一定范围内按纯电动模式运行，具有一定的隐形功能。因此研制开发军用混合动力汽车，对于加强国防建设，更具有特殊、重要的实际意义。

军用混合动力技术在提高汽车的机动能力和动力性能时，必须要求双轴四轮驱动。但是，Advisor 软件主要是针对民用轿车，不能对双轴驱动汽车进行性能仿真。因此，本小节以 Advisor 软件为平台，对其进行再开发，开发双轴混合动力汽车性能仿真模块，以适应国内自主开发军用混合动力汽车的需要。

本小节以 BJ212 吉普车为研究车型，对其进行理论改装，使其成为串联型双轴驱动混合动力汽车。改装后，混合动力型 BJ212 吉普车动力传动系统的布置方案如图 5-3 所示。

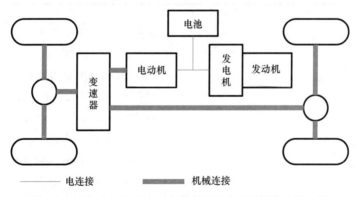

图 5-3　混合动力型 BJ212 吉普车动力传动系统的布置方案

如图 5-3 所示，发动机与发电机之间采用机械连接，发动机可带动发电机发电；发电机与动力电池和电动机采用电连接，发电机发出的电量能供给到电动机或者存储到动力电池中；电动机与变速箱采用机械连接，通过变速箱传动轴等来驱动车辆行驶；电动机与动力电池和发电机采用电连接，一方面电机可以从动力电池和发电机处获得电能，另一方面电动机还能将通过制动能量回收获得的能量存储到动力电池中。

混合动力型 BJ212 吉普车基本参数如表 5-2 所示。

表 5-2　混合动力型 BJ212 吉普车基本参数

部件	项目	参数值
整车基本参数	整车质量/kg	2500
	迎风面积/m²	2.72
	空阻系数	0.90
	车轮半径/m	0.338
	滚阻系数	0.015

续表

部件	项目	参数值
动力传动系统参数	主减速器速比	3.84
	变速器前进挡高挡速比	1.0
	变速器前进挡低挡速比	1.58
	传动系统平均效率	0.85
发动机参数	最大功率/kW	55(3500~4000r/min)
	最大转矩/(N·m)	170(2000~2500r/min)
电动机参数	额定功率/kW	100
	额定转速/(r/min)	1200
	最高转速/(r/min)	4000
	平均工作效率	0.934
铅酸电池模型参数	标准放电容量/(A·h)	91
	放电时间/h	5
	选用的铅酸电池数目/块	20

仿真计算性能指标及参数如表 5-3 所示。

表 5-3   仿真计算性能指标及参数

项目	参数值	项目	参数值
最高车速/(km/h)	130	0~50km/h 加速时间/s	<6
30km/h 最大爬坡/%	60	50km/h 纯电动行驶距离指标/km	30

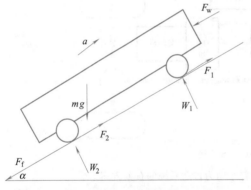

图 5-4   双轴驱动汽车驱动时的受力分析

5.2.1.2   汽车双轴驱动动力学模型的搭建

本小节主要以四轮驱动混合动力军用越野汽车为例，对 Advisor 进行再开发，使它能对双轴四轮驱动混合动力汽车的性能进行仿真。首先，分析双轴驱动汽车驱动时的受力情况。如图 5-4 所示为双轴驱动汽车驱动时的受力分析。根据力平衡原理，可推导出汽车在迭代步骤末所产生的速度（即极限末车速）。

$$v_t = \frac{mg\cos\alpha\mu_{max} - mg\,(f_1\cos\alpha + \sin\alpha) - \frac{1}{2}\cos\alpha mg f_2 v_0 - \frac{1}{8}\rho C_D A v_0^2 + \frac{mv_0}{dt}}{\frac{3}{8}\rho C_D A v_0 + \frac{1}{2}mg f_2 \cos^2\alpha + \frac{m}{dt}} \tag{5-1}$$

式中，m 为汽车质量，kg；f_1 为汽车前轮的滚阻系数；f_2 为汽车后轮的滚阻系数；F_1 为汽车前轮的驱动力，N；F_2 为汽车后轮的驱动力，N；ρ 为空气密度，kg/m^3；C_D 为风阻系数；A 为汽车迎风面积，m^2；α 为行驶路面坡度，%；μ_{max} 为路面最大附着系数；dt 为仿真迭代步长，s；v_0 为迭代时刻初速度，m/s；v_t 为迭代时刻末速度，m/s。

制动情况下，建模方法与上述方法完全相同，只是 F_1 及 F_2 的方向与驱动情况相反。因此，同理可导出制动极限附着情况下，汽车所能达到的最低车速。

在 Matlab/Simulink 环境下建立双轴四轮驱动仿真模块，如图 5-5 所示，这样，在极限

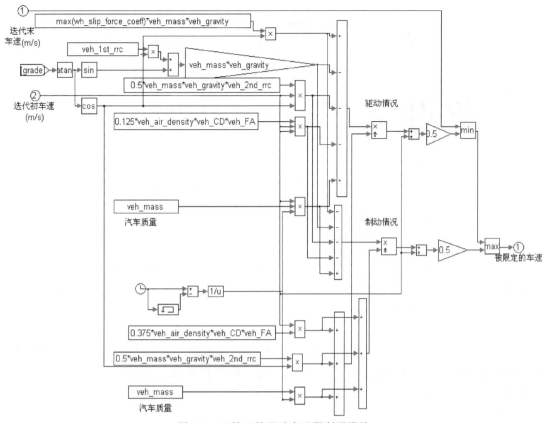

图 5-5 双轴四轮驱动车速限制子模块

附着力限制下，四轮驱动汽车的车速不会超过汽车的实际运行能力。同样，还须考虑对驱动/制动力的限制。这部分建模比较简单，本书不做赘述。

5.2.1.3 双轴驱动模型在 Advisor 中的嵌入

只有将上面建立的双轴四轮驱动模块嵌入 Advisor 的图形输入界面（GUI），才能参与汽车的性能仿真。该四轮驱动模块的嵌入过程可分为如下几个关键步骤。

（1）双轴四轮驱动模块装入库

如图 5-6 所示，将双轴四轮驱动模块加入原 Advisor 串联混合动力汽车控制库（vc）中，从而为串联混合动力四轮驱动汽车的性能仿真提供了库模块。

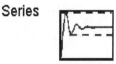

图 5-6 新增串联型整车控制模块库

（2）构造双轴驱动汽车顶层模块

在 Advisor 原有的前轮驱动汽车顶层模块的基础上，用所建的四轮驱动模块替换前轮驱动模块，从而组装成如图 5-7 所示的双轴驱动顶层模块。为方便起见，将其取名为 BD_SER_4WD。

（3）配置装载文件

将原有的前轮驱动串联混合动力汽车配置的装载文件，即 SERIES_defaults_in.m 中的头两条语句修改为：

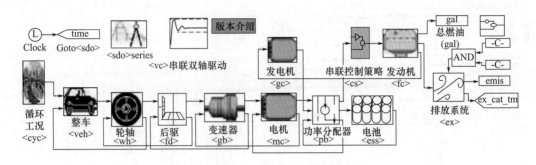

图 5-7　双轴四轮驱动顶层模块

vinf. name='SERIES_4WD_defaults_in';

vinf. drivetrain. name='series_4WD';

然后，将 optionlist. mat 文件装载到 Matlab 空间，在 Matlab 空间出现的 options 结构变量的 options. drivetrain 属性中，添加一项名为 series_4WD 的驱动链，并将修改后的装载文件取名为 SERIES_4WD_defaults_in. m，最后，存储更新原来的 optionlist. mat 文件。

上述是使 Advisor GUI 能够正常识别新构型的关键步骤。由于 Advisor 推出多个版本，上述关键步骤针对的是早期 Advisor2. 1～2. 2 版本的操作步骤，而针对 Advisor 最常用的 2002 版本，其关键操作也可以用 optionlist 文件来实现。

具体语句格式如下。

optionlist ('add', 'drivetrain', 'series_4WD');％在动力传递系统中增加用户定义的串联四驱构型 series_4WD。

另在 InputFigControl. m 文件中大约第 400 语句行位置处，增加以下程序语句。

case'series_4WD'

fields2remove= {'torque_coupling'};

上述语句针对串联混合动力系统，不需要加载"torque_coupling（转矩耦合器）"部件。

(4) 修改相应的 m 文件

为了使 Advisor 能够识别所增加的模块，确保正确调用串联四轮驱动汽车顶层模块，在 Advisor \ gui \ block_diagram_name. m 文件的 switch drivetrain 语句中，增加下面语句。

case'series_4WD';

bd_name='BD_SER_4WD';

这样，在 Advisor 的 GUI 界面中，便可看到新的驱动链配置项（BD_SER_4WD），如图 5-8 所示。

(5) 更换显示汽车配置图像

在 Advisor\gui\gui_image. m 文件中，输入双轴四轮驱动串联混合汽车的图像文件名，便可将原有的界面图像替换成四轮驱动模式的界面图像。如图 5-8 左上所示四轮驱动车型配置图。

通过以上五个步骤，即完成了对四轮驱动串联混合动力汽车的 GUI 创建。用户通过这个界面可以方便地配置汽车参数，进行汽车的性能仿真。

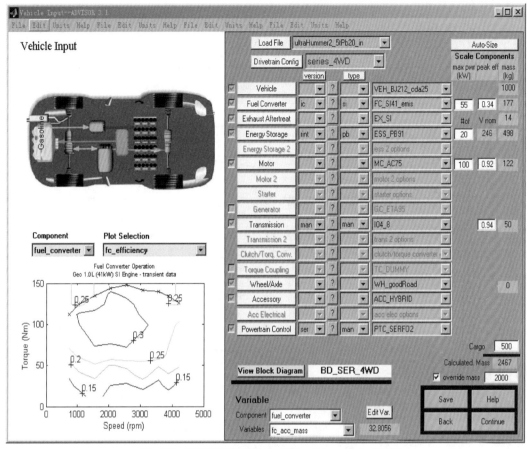

图 5-8 双轴驱动串联混合汽车 Advisor 输入 GUI

5.2.1.4 仿真结果分析

通过前面完成的界面，配置汽车参数，进行汽车的性能仿真，结果如表 5-4 所示。

表 5-4 BJ212 轻型越野车动力性能

项目	最高车速/(km/h)	最大爬坡度（在干燥,坚硬的土路面)/%	
		无拖挂时	拖挂 800kg
测试值	98	49.86	34.43
模拟值	97.5	50.4	34.5

从表 5-4 可看出，模拟值与测试值吻合较好，说明所开发的双轴四轮驱动模块能够较好地满足双轴四轮驱动混合动力汽车性能仿真的需要。

表 5-5 混合型 BJ212 越野车动力性能仿真

项目		模拟计算结果
最高车速/(km/h)	单独发动机工作	96.5
	发动机+驱动电机	131.8
30km/h 最大爬坡度（按无拖挂质量计算)/%	单独发动机工作	25.8
	发动机+驱动电机	66.8
加速性/s	0~50km/h	2.6
	0~80km/h	6.9
纯电行驶里程/km	车速 50km/h	33.7

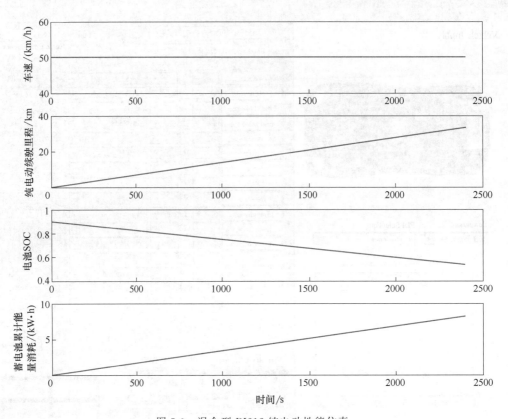

图 5-9　混合型 BJ212 纯电动性能仿真

依据表 5-5 与图 5-9、图 5-10 的仿真结果，可以看出混合动力 BJ212 汽车比传统 BJ212 汽车具有更好的动力性。同时，仿真结果表明，混合动力 BJ212 汽车油耗为 10.67 L/100km，比传统车的油耗 15L/100km 降低了 28.9%，经济性也有较大的提高。另外，混合动力 BJ212 汽车能以 50km/h 的车速纯电动行驶 30km，使该车具有一定的无噪声隐形功能。该车的另一个优点是可用作小型户外移动电站，能更好地适应野外作战的需要。因此，深入研究混合动力技术在军用汽车上的应用，具有更重要的实际意义。

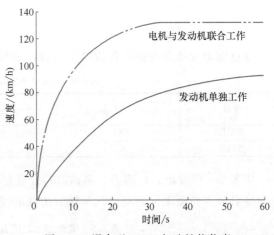

图 5-10　混合型 BJ212 加速性能仿真

5.2.1.5　小结

本小节通过仿真计算，验证了所开发的四轮驱动模块在 Advisor 平台上运行的可靠性和准确性。它适应了国内混合动力汽车研究的实际需要。本小节建立的双轴模块，原则上也适用于其他混合动力布置形式（如并联式），只是需要根据具体情况修改其控制策略。另外，采用本小节类似的方法，也可建立三轴、四轴混合动力汽车模块。

Advisor 还可用于混合动力汽车新构型（如混联构型）的开发，以及混合动力汽车控制策略的开发和参数匹配验证等。

5.2.2　基于 AVL Cruise 仿真平台的混合动力系统开发

AVL Cruise 软件可以轻松实现对复杂车辆动力传动系统的仿真分析。通过其便捷通用的模型元件，直观易懂的数据管理系统，以及基于工程应用开发设计的建模流程和软件接口，AVL Cruise 软件已在整车生产商与零部件供应商之间搭建起了沟通的桥梁。

其主要特点简述如下。

① 便捷的建模方法和模块化的建模方式使得不同项目组可以对模型进行方便快捷的整合。可以快速搭建各种复杂的动力传动系统模型，亦可同时进行正向或逆向仿真分析。

② 可以实现对车辆循环工况油耗（不同的循环工况）、等速油耗（任意挡位和车速下）、稳态排放、最大爬坡度（考虑驱动防滑）、最大牵引力（牵引功率）、最大加速度、最高车速、原地起步连续换挡加速、超车加速性能（直接挡加速性能）、车辆智能巡航控制、制动/反拖/滑行等一系列车辆性能的计算分析。

③ 在基于传统车辆模型的基础上可以快速搭建纯电动汽车或混合动力车辆模型，并可通过与 Matlab（API、DLL、Interface）或 C（BlackBox）语言的接口，实现整车控制策略的设计开发；能够便捷地对新型动力传动模式（AT、AMT、DCT、CVT 等）及其控制策略进行研究分析。

鉴于现阶段 AVL Cruise 软件的广泛应用基础，本小节以双轴并联混合动力汽车为研究对象，首先，利用正向仿真软件 Cruise 来快速完成整车模型的搭建；然后，在 Matlab/Simulink 环境下搭建整车标准化、平台化的控制策略。通过仿真手段，从整车性能参数匹配设计，主要动力部件的瞬态控制及仿真、控制策略，以及主要性能参数优化方面来验证基于 Cruise 软件的混合动力汽车正向仿真平台的可行性、通用性与便捷性。

5.2.2.1　技术方案概述

混合动力车辆的种类多种多样，其具体的结构设计也各不相同。本小节主要的研究对象是双轴并联混合动力汽车。并联式结构的发动机与电机以机械能叠加的方式驱动汽车。发动机与电机分属两套系统，可以分别独立地向汽车传动系统提供驱动转矩，因此该构型有三种驱动模式：发动机单独驱动模式，电动机单独驱动模式，发动机和电动机联合驱动模式。根据车辆的行驶状况，电机既可以用作电动机驱动车辆，又可以用作发电机进行制动能量回收，发动机则可以直接通过传动机构驱动车轮，因此该装置更接近传统的汽车驱动系统，并得到比较广泛的应用。并联式混合动力汽车可以在比较复杂的工况下使用，但是对内燃机工作状态的优化和对能量系统的管理，则提

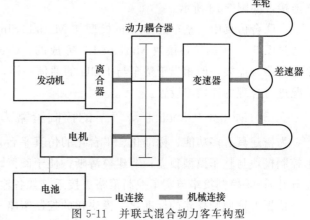

图 5-11　并联式混合动力客车构型

出了更高的要求。并联式混合动力客车构型如图 5-11 所示。

根据混合动力客车的构型特点，制定其控制策略。整车控制策略控制算法流程如图 5-12 所示。其中，驱动功能的控制为整个控制策略中的主要部分。它又分为加速、减速、匀速 3 种模式。

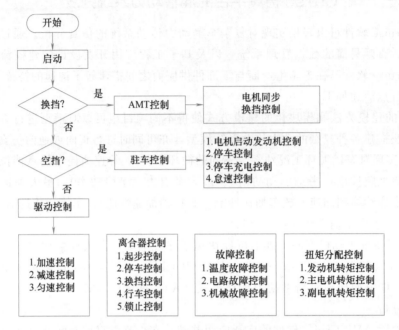

图 5-12　整车控制策略控制算法流程

本小节搭建的是 Cruise 与 Matlab/Simulink 的联合仿真平台。其中，整车模型的建模在 Cruise 中完成；而混合动力控制策略则搭建在 Matlab/Simulink 中。两者通过接口进行信号交互，完成联合仿真。

5.2.2.2　AVL Cruise 整车模型的搭建

依据技术方案概述中的客车构型，搭建混合动力客车的整车模型。在 Cruise 软件平台上，通过从模块库中直接拖拽出部件模块的方式来搭建整车模型，并通过对属性的修改来快速完成整车模型的参数设定。然后，通过部件之间连线的方式，完成部件间的机械连接和电气连接，如图 5-13 所示。

在联合仿真中，整车的 Cruise 模型与 Matlab/Simulink 中的控制策略模型的信号交互，是通过图 5-13 中的接口模块 MatlabDLL 完成的。Cruise 与 Matlab/Simulink 平台的控制策略之间信号连接，即相当于整车与 HCU 的通信一样，需要根据控制策略和仿真模型的具体情况进行合理的连接与设置。

5.2.2.3　Matlab/Simulink 环境下的控制策略建模

为搭建具有多功能、标准化、平台化的仿真平台，搭建控制策略时需要遵循如下原则：①控制模块与整车模型独立；②建模清晰，便于阅读、修改（如子模块化，各种驱动模式独立分开）；③控制策略与实车控制策略更接近（如各输入判断条件以实际能实现测量为准）。

依据上述原则搭建的标准化、模块化的控制策略平台，如图 5-14 所示。

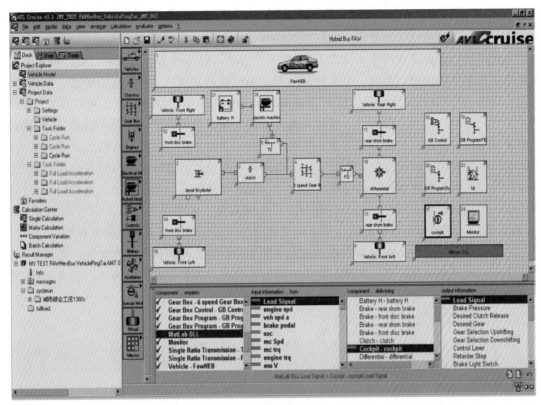

图 5-13 AVL Cruise 整车模型

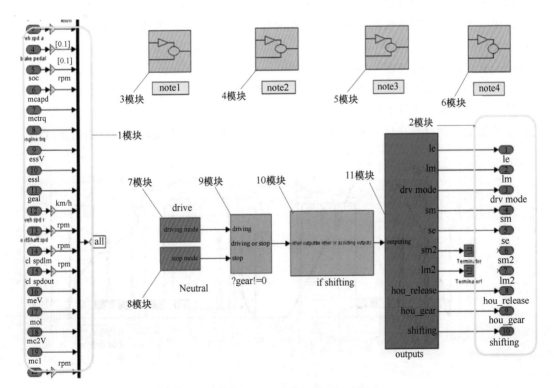

图 5-14 模块化的整车控制策略顶层模块

图 5-14 中 1 模块为输入，11 模块为输出，3～8 模块分别为转矩分配模块、电机温度控制模块、离合器功能模块、电机主动同步换挡模块、驱动功能模块、驻车功能模块。其中，驱动功能模块为保证其通用性，设置了 12 种驱动模式（包括停车、纯电动、滑行再生制动、发动机单独驱动、助力、充电、停车过渡过程、电机启动发动机、停车充电模式、换挡、快速助力、制动），兼顾了混合动力轿车和客车。对于不同车型的特殊需要，可以相应添加或减少模式的数量。输入参数和输出参数设置考虑到上述的第③条建模原则，设置了正向仿真平台必需的输入变量：加速踏板信号、发动机转速、实际车速、制动踏板信号、动力电池荷电状态、电机转速、实际挡位、期望车速、变速箱输出轴的转速等。输出变量包括：发动机负荷信号、主电机负荷信号、副电机负荷信号、整车工作模式、期望的离合器工作状态、要求挡位、换挡标识等。同样，对于不同车型或特殊需要，也可以在 Simulink 中在预留的输入/输出端口，直接加入或删减输入和输出变量，这样则保证了仿真平台的兼容性。

采用标准化、模块化的编辑控制算法，既便于调试，提高调试和仿真速度，也便于业内交流学习，能够避免在对部件或控制算法的部分修改时，类似逆向仿真软件由于交叉性、复杂性导致的不必要的错误。

5.2.2.4　仿真结果分析

以客车在城市综合工况为例，进行以下三方面的仿真及分析。

（1）整车及主要动力部件的仿真

如图 5-15 所示为整车的希望车速、实际车速与驱动模式之间的仿真结果。可以看到，整车实际车速与希望车速吻合得很好，在不同的车速下，驱动模式正确（注：混合动力汽车的工作模式与其当前所处的工况密切相关，不同特点的工况对应着不同的模式。因此，在一个工况中，不一定所有的驱动模式都出现才为合理）。从图 5-16 中可以清晰看出，启动车辆时，驱动模式为换挡过程>电机快速助力>发动机单独驱动等，发动机及电机在换挡模式时的转速控制都与实车的控制相接近。这说明 Cruise 与 Simulink 结合建立的仿真平台与其他正向软件一样，不仅可以实时观测控制结果，还能从整体上仿真验证整车参数的匹配是否满足设计目标的要求。设计者可以根据仿真结果进行某些主要整车参数的重新设置，以达到满足整车性能要求的目标。仿真平台还可以进行如动力性、经济性及转向等特性的测试。

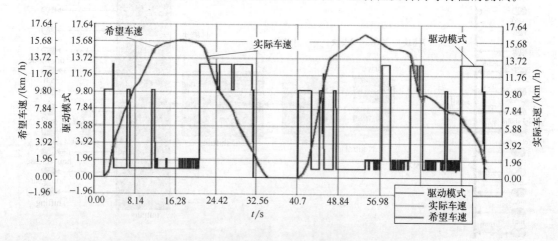

图 5-15　整车的希望车速、实际车速与驱动模式之间的仿真结果

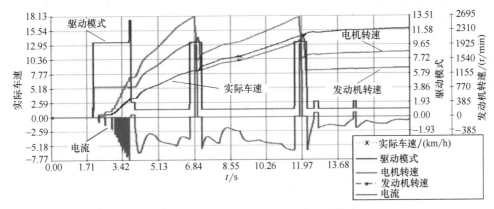

图 5-16　发动机、电池、电机与驱动模式

（2）主要动力部件在换挡过程中的瞬态仿真

由图 5-17 的仿真结果可以得到，在离合器开始分离到完全分离的过程中，电机的负荷信号为零，电池的电流为零，电池不供给电机能量，电机的转速维持不变；在离合器接合的过程中，发动机的转速降低，驾驶员根据加速的要求踩油门踏板，此时发动机的负荷信号逐渐升高。如图 5-18 所示为没有主动同步控制的降挡仿真，与升挡过程类似，不再赘述。

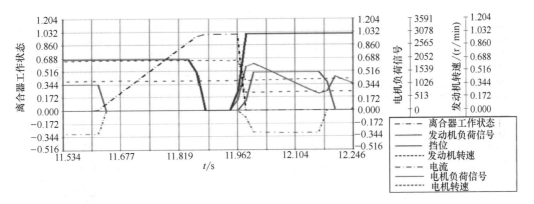

图 5-17　没有主动同步控制的升挡仿真

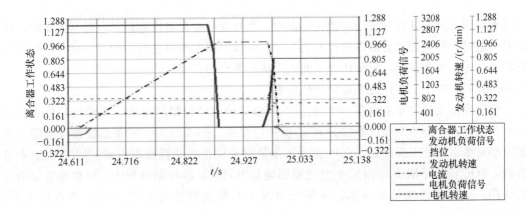

图 5-18　没有主动同步控制的降挡仿真

　　图 5-19 中，在离合器开始分离到完全分离的过程中，发动机和电机的负荷信号都为零，电池的电流为零，都不参与工作；从离合器完全分离到开始接合的过程中，发动机不参与工作，负荷信号仍旧为零，由于升挡降速，电机根据目标转速将电机的实际转速调低，电机的负荷信号为－1，全力降速，电池的电流逐渐减小，直至离合器开始接合，主动同步调速完成；在离合器接合的过程中，电机的负荷信号为零，不参与调速，保留传统汽车由驾驶员来控制行车的习惯，这时只有发动机单独工作。如图 5-20 所示的降挡过程与升挡分析类似。

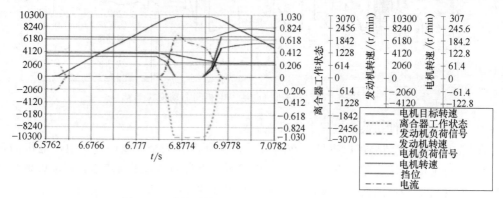

图 5-19　升挡时换挡过程与主要动力部件的仿真图

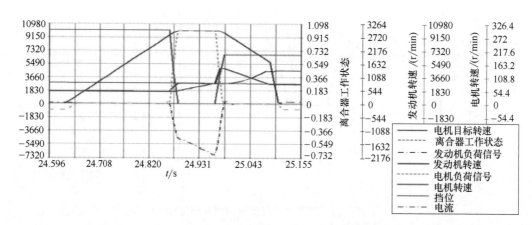

图 5-20　降挡时换挡过程与主要动力部件的仿真图

　　能够对瞬态过程进行分析的功能充分说明，所开发的平台可以进行正向仿真的同时，还可以对动态过程的主要动力部件进行人为干预，可以对控制结果进行观测及调试。这与实际车辆的调试过程极为接近，充分体现了此正向仿真平台的实用性。

　　(3) 控制策略中主要性能参数的优化仿真

　　一般所要优化的主要参数有 SOC 的上下限值、纯电动门限值车速、发动机的最大和最小转矩系数等。本小节主要以参数 SOC 为例进行介绍。图 5-21 中，4 条曲线重合说明整车控制策略对城市综合工况而言，SOC 的上下限值对未校正的油耗没有影响。从图 5-22 中可以看到，SOC 的上下限值对 SOC 的变化量影响是不同的，即控制过程中，电机起着辅助的驱动作用；从优化控制结果可知，在整个工况中尽量选择变化小的 SOC。仿真结束后，SOC 保持在较高水平上，故 SOC＝0.5～0.9。可见这个仿真平台可以实现优化控制。一般

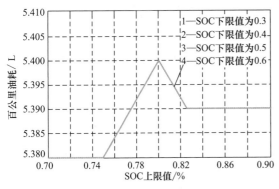

图 5-21　SOC 上下限值与百公里油耗之间的关系

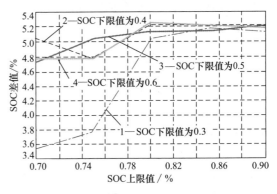

图 5-22　SOC 上下限值与 SOC 差值之间的关系

情况下，优化工作在某些优化软件上才能进行。而本小节所开发的平台，能够对设计者所关心的主要参数进行有效的优化，这又一次证明了所开发平台的实用性。

综上，对应于预先制定的控制策略和控制逻辑，仿真结果给予了充分的验证。而且，只要对输入、输出变量及参数中某几个进行改动，在 Cruise 软件上对部件的参数进行重新输入，就可以完成一个完整的正向整车仿真模型。从而证明本小节提出的基于 Cruise 整车模型与 Matlab/Simulink 控制策略结合的混合动力汽车正向仿真平台，具有通用性、多功能性及实用性。

5.2.2.5　小结

对于实际工程而言，在整车的设计开发初期，设计者最需要的是有一个可靠、方便、快捷、标准化的仿真平台，以便对设计概念车进行相对准确的预测计算，对于给定的整车参数，可以达到什么样的性能指标，正是 Cruise 软件的优势所在。但要明确的是，Cruise 软件只提供通用性、平台性的整车模型。完整的研发仿真平台还需要通用的控制策略。在精度方面，与其他逆向仿真软件基本相同。在实用性方面解决了以下三个较重要的问题。

① 正向控制方面。例如，Advisor 等其他逆向仿真软件的控制策略，基本是循环工况＞轮胎＞主要动力部件，这相当于需求功率＞实际功率的能量链，由于没有驾驶员模型，即没有加速踏板等信号，这就与实际车辆的控制差异很大，而正向仿真软件 Cruise 中，加入了 COCKPIT 驾驶员模型，满足了这个要求。

② 瞬态控制方面。对于早期的逆向仿真软件，离合器基本包括分离、接合、滑转 3 种状态。而本小节所提及的 Simulink 环境下的整车控制策略中包括 4 种状态，即起车、换挡、停车、正常行驶。与 Cruise 平台下的整车模型进行联合仿真，便可实现整车的瞬态控制。另外，在其他车型中，甚至可以加入发动机退出工作、发动机进入工作两种离合器工作状态。当离合器工作在换挡状态时，就可以对发动机、电机进行主动同步调速控制等动态控制。

③ 参数优化方面。Cruise 环境下的整车模型是封闭的，对于用户只要修改属性中的整车参数，就可以完成所要设计的车型。对于控制策略方面，只要对其中所关心的参数通过 m 文件进行修改，就可以直接进行优化计算，方便快捷，避免了逆向仿真软件的交叉性、复杂性导致的调试性差的缺点，提供一个真正可信且稳定可靠的仿真平台。

通过对某型混合动力客车在特定工况下的整车性能参数等方面的仿真分析，充分证明了正向仿真软件 Cruise 平台的合理性、便捷性与通用性。本小节提出的可标准化研发环境，为新能源汽车初期研发提供了可靠高效的正向仿真平台，有利于业内人士间的交流与研究。

5.2.3 基于 AMESim 仿真平台的混合动力系统开发

LMS Imagine. Lab AMESim（Advanced Modeling Environment for performing Simulation of Engineering Systems）为多学科领域复杂系统建模仿真平台。LMS Imagine. Lab AMESim 拥有一套标准且优化的应用库，包含 4500 个多领域的模型。用户可以在这个单一平台上建立复杂的多学科领域的系统模型，并在此基础上进行仿真计算与深入分析，也可以在这个平台上研究任何元件或系统的稳态和动态性能。

AMESim 面向工程应用的定位，使得 AMESim 成为在汽车、液压和航天航空工业研发部门的理想选择。工程设计师完全可以应用集成的一整套 AMESim 应用库来设计一个系统。AMESim 使得工程师可以迅速达到建模仿真的最终目标：分析和优化工程师的设计，从而帮助用户降低开发成本和缩短开发周期。

本小节在 AMESim 软件平台，搭建一种新型的轮毂马达液压驱动系统。然后，制定其控制策略，并在 Simulink 中搭建系统的控制策略和行驶动力学模型。最后，将两者联合建模仿真，验证本节提出的轮毂马达液压驱动系统构型和制定的控制策略的合理性与有效性。

5.2.3.1 技术方案概述

重型商用车在工作过程中，经常会遇到乡间小路、矿山路面、建筑工地等不牢固地面，以及泥浆、冰雪等光滑路面。这类路面的附着系数都很小，一般为 0.3～0.4，偶尔还伴随着较大坡度。一般重型商用车的工作环境比较复杂，遇到的良好硬路面约占其工作环境的 90%，而遇到上述的坏路面大约占 10%。为保证重型商用车在坏路面的通过性的同时，也使其能具有良好的经济性，本小节提出一种轮毂马达液压驱动系统（Hydraulic In-Wheel Motor Drive System，HIMDS，以下简称"轮毂液驱系统"）。轮毂液驱系统是在重型商用车本身液压系统基础之上，增加的一套静液压前桥辅助驱动系统，其具体结构如图 5-23 所示。该系统的主要元件包括控制器、液压控制阀组、取力器、变量泵与两个结构相同的径向柱塞式轮毂液压马达。发动机 PTO 和取力器的输入轴固定连接，取力器的输出轴与变量泵的输入轴固定连接，变量泵的进出油口通过高压管路与液压控制阀组连接，液压控制阀组的油口又通过高压管路，与安装在两个前轮轮毂上两个结构相同的轮毂液压马达进出油口连接。当变量泵反向时，高、低压油口交换。在该系统中，变量泵是液压辅助驱动系统的动力源。它通过取力器从变速器中间轴获取原车机械传动系统的部分动力，进而通过液压油驱动轮毂马达转动，整车由原来的后轴驱动变成了全轮驱动。通过调节变量泵的开度，可以使马达的转速与后轮相匹配，也可以使其输出功率与工况需求相匹配。

图 5-23 中的轮毂液驱系统采用闭式回路设计。采用闭式回路后，该系统具有液压系统所共有的功率密度高、布局方便、过载保护能力强和控制方式灵活等优点的同时，又具备了由马达输出转速矢量及转矩矢量为坐标轴组成的所有 4 象限中物理调速和连续调速的能力。系统中的变量泵结构示意如图 5-24 所示。A、B 为变量泵的主油道进出油口，当变量泵的排量反向时，进出油口交换。S 为补油泵的进油口，通过补油泵为闭环回路系统补充液压油。通过左侧两个三位三通阀调节变量泵斜盘的位置调节变量泵的排量。

上述轮毂液驱系统是基于某重型汽车搭建的，为研究方便，结合实际工程经验，将挂车

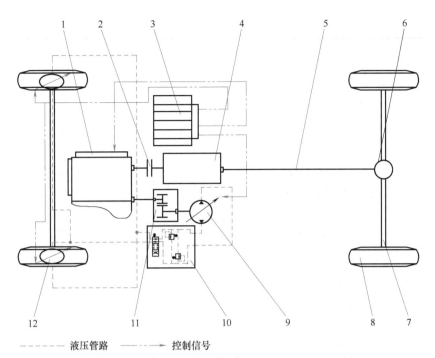

图 5-23 轮毂液驱系统结构

1—发动机；2—离合器；3—控制器；4—变速器；5—传动轴；6—主减速器；7—半轴；8—轮胎；

9—变量泵；10—控制阀组；11—取力器；12—轮毂马达

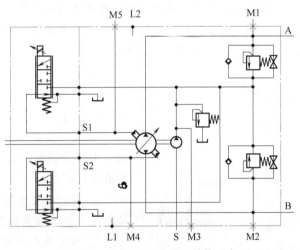

图 5-24 系统中的变量泵结构示意

1/3 的重量等效到牵引车头上，从而将整车简化成一辆不带挂车的重型商用车，其主要参数如表 5-6 所示。

表 5-6 轮毂液驱重型商用车主要参数

部件	项目	参数值
整车主要参数	整车整备质量/kg	9200
	整车满载质量/kg	带挂车总质量最小 55t，最大 100t
	前轴与中轴轴距/mm	3150
	中轴与后轴轴距/mm	1350

续表

部件	项目	参数值
整车主要参数	迎风面积/m^2	6.7
	空气阻力系数	0.8
	车轮半径/m	0.544
	滚阻系数	0.008
	重心到前轴距离/mm	2890(满载 55t 时)、3100(满载 100t 时)
	整车重心高度/mm	2148
发动机主要参数	最大转矩/(N·m)	1806(1400r/min 时)
	最大功率/kW	275(1900r/min 时)
传动系主要参数	前进挡数量/个	12
	各挡速比	$i_1=12.10, i_2=9.41, i_3=7.31, i_4=5.71, i_5=4.46, i_6=3.48,$ $i_7=2.71, i_8=2.11, i_9=1.64, i_{10}=1.28, i_{11}=1.00, i_{12}=0.78$
	主减速比	5.73
液压泵参数	排量/(mL/r)	75
	最高转速/(r/min)	3600
	流量/(L/min)	270
液压马达参数	功率/kW	41
	最大工作压力/MPa	40
	排量/(mL/r)	1043
	最大工作转速/(r/min)	71
	最大空转转速/(r/min)	600

5.2.3.2　系统控制策略

　　根据轮毂液驱重型商用车整车的使用特性和液压系统本身的特性，将系统工作模式划分为系统完全关闭、联合驱动和液驱系统开启但暂时不助力三种模式。整车动力系统工作模式转换关系如图 5-25 所示，图中序号表示各模式转换的条件。

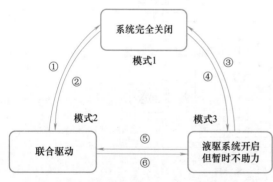

图 5-25　整车动力系统工作模式转换关系

图 5-25 中各数字的含义如下：

　　① 驾驶员关闭液驱系统，或者整车行驶挡位超过 6 挡，或者油液温度过高；

　　② 驾驶员启动液驱系统，且无驻车制动、无紧急制动、行驶挡位不超过 6 挡及油液温度正常；

　　③ 驾驶员关闭液驱系统，或者行驶挡位超过 8 挡，或者油液温度过高；

　　④ 驾驶员启动液驱系统且行驶挡位大于 6 挡、小于 8 挡，或者是驾驶员启动液驱系统且行驶挡位小于 6 挡时有紧急制动或者驻车制动；

　　⑤ 驾驶员启动液驱系统，且行驶挡位小于 6 挡、无紧急制动、无驻车制动及油液温度正常；

　　⑥ 驾驶员启动液驱系统，且行驶挡位大于 6 挡、小于 8 挡或者有紧急制动。

　　需要说明的是，模式切换过程中为什么要设置 8 挡这一阈值？当轮毂液驱系统在辅助驱动时整车行驶到 6 挡，认为整车暂时脱离此坏路况，但有可能紧接着又遇到该类坏路。所以，当整车行驶超过 6 挡未到达 8 挡，紧接着又进入 6 挡时，轮毂液驱系统自动恢复助力状态。而当整车行驶超过 8 挡时，认为整车彻底脱离此坏路况，系统也完全关闭，当挡位再次降到 6 挡时，系统也不能自动恢复到助力状态。

上述三种模式下的具体控制分述如下。

（1）系统完全关闭

汽车在良好的路面行驶，轮毂液驱系统不开启，整车由发动机单独驱动。

（2）联合驱动

汽车遇到不好的路面，驾驶员开启轮毂液驱系统。轮毂液驱系统与发动机共同驱动汽车。当系统进入辅助驱动工况时，变量泵的排量控制既要使得液驱系统提高整车的动力性能，又要避免前后轮轮速产生干涉，从而造成整车的牵引效率下降。在本系统中，提出以前轮转速跟随后轮转速的控制思想对该轮毂液驱系统中的变量泵排量进行控制。当汽车没有换挡时，前轮转速跟随后轮转速时有

$$n_m = n_f = n_r \tag{5-2}$$

因流量连续性原理，有

$$q_m = q_p \tag{5-3}$$

从而有

$$k = \frac{2n_m V_m}{n_p V_{p_{max}}} = \frac{2n_r V_m i_p}{n_e V_{p_{max}}} = \frac{2i_p}{i_g i_0} \times \frac{V_m}{V_{p_{max}}} \tag{5-4}$$

式中，k 为变量泵斜盘开度比例；n_m 为马达转速；n_f 为前轮转速；n_r 为后轮转速；q_m 为马达流量；q_p 为变量泵流量；n_p 为变量泵转速；V_m 为马达排量；$V_{p_{max}}$ 为变量泵最大排量；n_e 为发动机转速；i_p 为取力器传动比；i_g 为变速器传动比；i_0 为减速器传动比。

从式（5-4）可以看出，若采用前轮跟随后轮转速的方法去调节泵的排量，当挡位固定时，变量泵的排量将会是一个固定不变值，不管后轮的转速怎么变化，变量泵在当前开度下，前轮转速都可以跟随后轮的转速。当车辆换挡之后，泵的排量响应也要发生变化。在不同的挡位下，变量泵所需要的排量，如表 5-7 所示。

表 5-7　挡位与变量泵开度的对应关系

挡位	开度	挡位	开度
1	0.3009	4	0.6376
2	0.3869	5	0.8163
3	0.4980	6	1

根据以上分析，在不同挡位下，将变量泵斜盘控制在对应的开度下，就可以实现前轮轮速对后轮轮速的跟随，这给泵排量的控制提供了主要依据。通常，把这种方法称为查表法。考虑到换挡、路面随机性等动态因素，在上述查表法的基础上，结合动态 PI 调节方法，提出一种前馈＋反馈的控制方法，其控制方法示意如图 5-26 所示。

该控制方法的前馈将查表所得到的各挡位对应的变量泵排量进行静态分析，直接给出变量泵排量输出的稳定值，实现排量控制的快速

图 5-26　前馈＋反馈控制方法示意

性和基本准确性。反馈 PI 调节主要用于修正因外界因素导致的前后轮轮速偏差，以保证前

轮转速跟随后轮的精确性。

（3）轮毂液驱系统开启但不进行助力

驾驶员已经开启轮毂液驱系统，但是在行驶过程中驾驶员踩下制动踏板或进行换挡时，系统应该处于旁通模式而暂时不进行助力。当驾驶员松开制动踏板或者换挡完毕之后，系统恢复助力状态。

5.2.3.3　仿真平台的搭建

AMESim 软件有着丰富的液压元件模块，采用其搭建轮毂液驱动系统模型有利于考虑液压系统动态响应研究。同时，也有利于模型的快速建立。而 Matlab/Simulink 软件方便用户根据自己的需要搭建模型，有利于排除研究中的次要因素而抓住主要因素。另外，Matlab/Simulink 还可以实现与 dSPACE 的无缝接合，方便后续的硬件在环测试。基于以上原因，本研究采用 AMESim 软件搭建轮毂液驱系统的模型，采用 Matlab/Simulink 软件搭建整车行驶动力学和控制策略算法模型。

如图 5-27 所示为 Simulink 顶层模块，其主要包括 S 函数（S-Function）、车辆行驶动力学模型（Vehicle_Model）、控制策略模型（Controller）和示波器（Scope）四个组成部分。

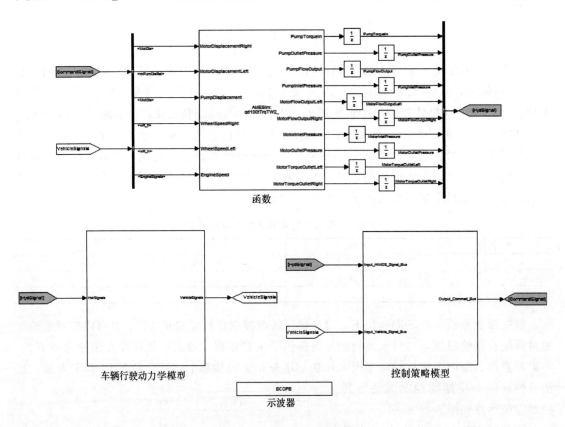

图 5-27　Simulink 中顶层模块

图 5-27 中的示波器（Scope）用以显示系统中的关键参数，其他各部分的功能和结构分别如下。

（1）S 函数（S-Function）

S 函数是 Matlab/Simulink 与 AMESim 软件数据交换的接口，主要用于实现两者的数据交换。图 5-27 中 Matlab/Simulink 的 S 函数与 AMESim 软件中的 S 函数共同完成数据的传输。而在该仿真平台中，在 AMESim 软件中搭建的为轮毂液驱系统模型，如图 5-28 所示，其主要包括 A、B、C、D、E 五个部分，下面分别对这 5 个部分进行说明。

A 部分：变量泵。作为液压系统的动力源，从发动机 PTO 获取动力，驱动电机和负载运转。

B 部分：S 函数。它是 AMESim 中的轮毂液驱系统和 Matlab/Simulink 中传统汽车与控制策略的数据交换接口。

C 部分：电机和负载。电机接收来自变量泵供给的动力，并驱动前轮转动（整车和前轮在 Matlab/Simulink 中搭建）。

D 部分：系统的冷却回路。由一个三位三通换向阀、一个溢流阀、一个节流阀、单向阀及冷却器组成。其能保证系统总是从低压回路回油冷却，避免了过多能量损失。

E 部分：系统的补油回路。由一个补油泵、两个过滤器、一个溢流阀和两个单向阀组成，以持续不断地为回路供给油液。

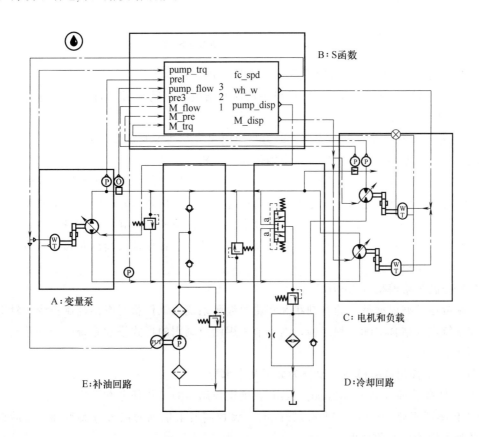

图 5-28　AMESim 中液压系统

（2）车辆行驶动力学模型（Vehicle_Model）

车辆行驶动力学模型用来模拟整车行驶情况，是研究轮毂液驱系统是否起到辅助驱动作用的重要环节。车辆行驶动力学模块如图 5-29 所示。

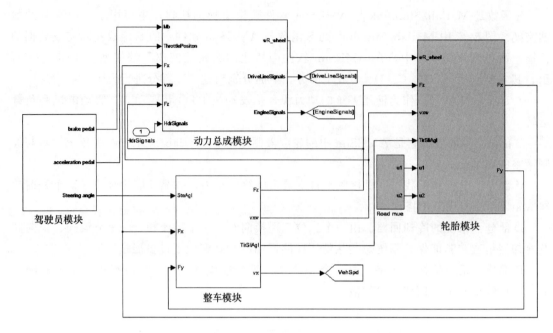

图 5-29　车辆行驶动力学模型

图 5-29 中的车辆行驶动力学模型分为如下 4 个模块。

① 驾驶员模块 (Driver)。驾驶员模块对加速踏板和制动踏板进行控制，也对液驱系统的开启和关闭进行控制。

② 动力总成模块 (Drive Line)。动力总成模块将发动机的输出动力经离合器、变速器、传动轴、主减速器和差速器，最后经半轴传递到车轮，驱动整车行驶。

③ 轮胎模块 (Tire)。轮胎模块一方面接收来自动力总成模块传递的轮速信息，另一方面接收来自整车模型传递的各车轮垂直载荷信息等，计算出各车轮的纵向和横向输出力。

④ 整车模块 (Vehicle)。整车模块接收来自轮胎模块的纵向和横向的输出力，计算出整车纵向和横向的行驶速度。同时根据整车速度变化计算出各轮轴载荷的转移，并将车轮上的载荷传递给轮胎模型。

(3) 控制策略模型 (Controller)

控制策略模型根据整车的行驶状况和轮毂液驱系统的工作状况发出控制指令。针对此系统的控制特点，结合实际工程经验，本小节采用函数调用的形式搭建系统的控制策略，如图 5-30 所示。

图 5-30 中控制策略模型主要分为如下几个部分。

① 主任务管理 (Task_Management)。确定控制器的工作任务和顺序。

② 传感器管理 (Sensor_Management)。将控制器采集到的信号分类整理，然后根据各信号的特点做相应的预处理。

③ 函数管理 (Function_Management)。接收来自传感器管理模块输出的信号，通过计算可判断出车辆及轮毂液驱系统的当前状况，最终结合驾驶员的指令对系统各部件将要执行的动作做出判断。函数管理模块主要包括车速估计、模式切换、变量泵排量调节和电机排量控制几个部分。

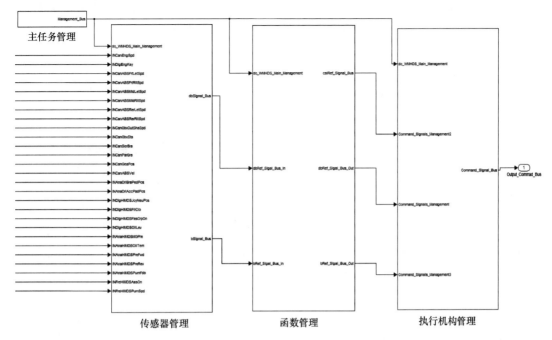

图 5-30 控制策略模型总体框架

④ 执行机构管理（Actuator_Management）。根据函数管理模块计算出对变量泵、阀组等原件的控制量，转换成相应的电控信号输出。

5.2.3.4 仿真结果分析

（1）低附着路面仿真结果分析

低附着路面上的仿真条件：整车由静止开始在附着系数为 0.3 的路面上起步。

从图 5-31 可以看出，整车车速由零逐步上升并最终稳定在 1.7m/s 左右，整车在低附着路面能够正常起步。在前 2s 内，由于离合器的滑磨，发动机的转速与后轮的轮速还没有达到速比关系，前后轮速有着较大的差异。但是 2s 以后，离合器完全结合，发动机的转速和后轮转速以一定的传动比运动，前后轮的转速也迅速达到一致。这说明，系统所使用的前馈＋反馈控制方法能够迅速、准确地使得前轮转速达到目标值，控制效果良好。

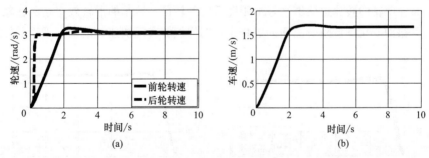

图 5-31 轮速与车速

从图 5-32 可以看到，前轮也有牵引力输出，这说明前轮已由从动轮变成了驱动轮，与后轮共同输出牵引力驱动整车前进。车辆刚起步时所需的牵引力较大，随着车速的稳定，前后轮输出牵引力减小并逐渐稳定。从变量泵排量变化曲线可以看出，在变量泵开启的初期，排量有些许的超调，然后迅速地稳定在 0.3 左右。前馈的快速性和反馈的精确性都得到充分的体现。

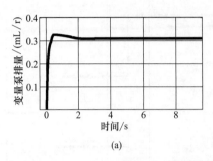
(a)

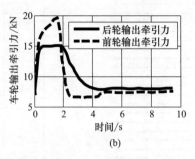
(b)

图 5-32　变量泵排量与车轮牵引力输出

如图 5-33 所示为变量泵进出油口压力与流量。在整车起步时，需要动力源提供很大的转矩，此时系统的压力迅速升高。当汽车起步之后，由于车速逐渐稳定，车辆所需的转矩下降，系统的油压也逐渐下降并趋于稳定。

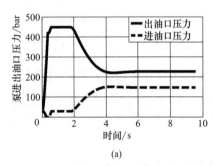
(a)

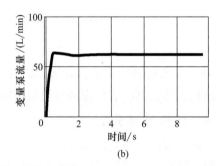
(b)

图 5-33　变量泵进出油口压力与流量

$1bar = 10^5 Pa$，下同

（2）高附着到低附着路面仿真结果分析

高附着到低附着路面上的仿真条件为整车从静止开始在良好的路面上起步，在第 4s 时刻，路面的附着系数由 0.8 变为 0.3。

同样，从图 5-34 的车速曲线可以看出，整车在行驶的过程中能够稳定地由高附着路面驶向低附着路面。前轮的转速也能够很好地跟随后轮的转速，整车的滑转效率达到比较理想的状态。在高附着路面变化到低附着路面的过程中，同样能够实现快速、准确、平稳的控制。

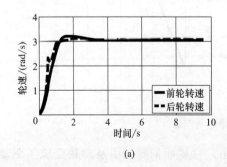
(a)

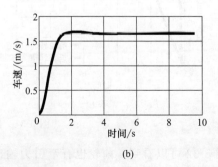
(b)

图 5-34　轮速与车速

与低附着路面的情况类似，如图 5-35 所示，在起步时期，前后轮胎输出较大牵引力；起步之后，前后轮输出牵引减小并逐渐稳定。但是，在第 4s 时刻，轮胎输出牵引并没有多大的变化。这是因为汽车行驶稳定之后所需的牵引力也稳定在低附着路面所能够提供的牵引力之上。从变量泵的曲线可以看出，排量调节快速且平稳。同时，因为整车没有换挡，排量没有出现多大变化。

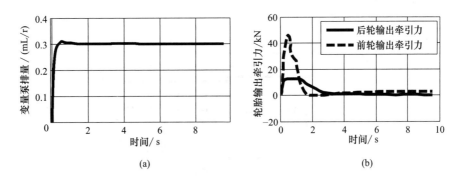

图 5-35　变量泵排量与车轮牵引力输出

如图 5-36 为变量泵进出油口压力曲线和流量。其变化的原因与低附着路面上一致，此处不再赘述。

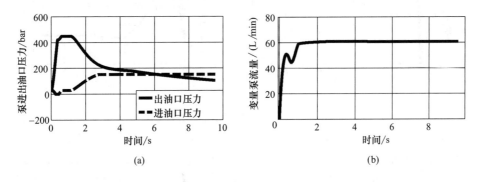

图 5-36　变量泵进出油口压力与流量

（3）低附着到高附着路面仿真结果分析

低附着到高附着路面上的仿真条件为整车由静止开始起步，在第 2.5s 时刻，路面的附着系数由 0.3 变为 0.8。

同样，从图 5-37 的车速曲线可以看出，整车能够稳定地由低附着路面驶向高附着路面。前轮的转速也能够很好地跟随后轮的转速，整车的滑转效率达到一个比较理想的状态。在附着系数由高变为低的时刻，轮速会有一些微小的变化，如图 5-37（c）所示。

从图 5-38 中变量泵排量曲线也可以看出，控制策略的控制速度快，控制精度高。前后轮的输出牵引力在车辆起步时期急剧上升，随着车速的稳定也迅速减小并逐渐稳定。在路面附着系数发生对接变化的时刻，牵引力也出现的微小的变化。

如图 5-39 所示，为变量泵的进出油口压力变化和流量变化曲线。其具体的变化原因与上述工况相同，此处不再赘述。

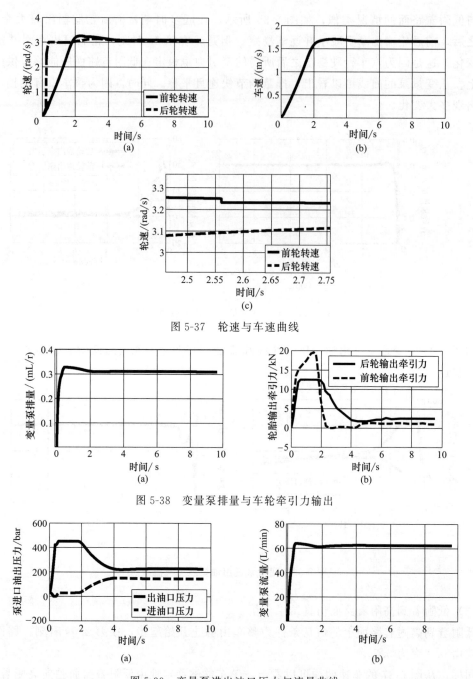

图 5-37　轮速与车速曲线

图 5-38　变量泵排量与车轮牵引力输出

图 5-39　变量泵进出油口压力与流量曲线

5.2.3.5　小结

本小节在 Matlab/Simulink 平台上搭建了整车行驶动力学和系统控制策略的仿真模型，在 AMESim 平台上搭建了液驱系统的仿真模型，通过 S 函数建立两者离线联合仿真的平台。针对液驱系统的使用情况，选择了低附着路面、高到低附着路面和低到高附着路面等几种典型工况，通过 AMESim 平台进行了离线仿真。仿真结果表明，该液驱系统能够显著提高重型商用车在不同面上的通过性能，通过在 AMESim 平台下的仿真验证了该构型及控制策略的多工况的适应性和可行性。

AMESim 平台为多学科领域复杂系统建模仿真平台，该平台具有大量标准且优化的应用库，可方便用户快速地建立精细的系统模型。该平台十分适用于液压混合动力汽车的开发，同时也能够用于油电混合动力汽车以及纯电动汽车的开发。具体的开发内容除了包括参数匹配、构型分析、控制策略开发及优化外，还可用于动态控制的开发。

5.3 硬件在环仿真技术

硬件在环（HIL）仿真是一种半实物仿真系统。系统中一部分用仿真模型在计算机上实时运行，另一部分以实物硬件形式接入仿真回路。HIL 克服了传统方法需要在真实环境下测试的缺点，可以根据需要模拟控制对象运行及故障状态。实验的重复性好，可进行极限条件下的测试，从而排查 ECU（Electric Control Unit）算法错误，做系统极限及失效测试，达到整个系统的完整性能预测与分析，进而缩短了开发周期，节约人员、设备及资金的投入。其根本思想是用实时运算的数学模型替代传统测试中真实的实车系统，从而应用计算机仿真技术实现脱离被控对象的测试开发。

5.3.1 技术方案概述

HIL 仿真平台一般包括实时仿真控制器（目标机）、信号接口及处理模块（包括线束）、真实 ECU 和上位机监控程序 4 个部分。本书介绍的为将 Cruise 里搭建的整车模型下载到 Simulator 软件中，通过在 Simulator 中运行的实时车辆模型模拟混合动力汽车控制单元 HCU 的工作环境；将控制策略 Simulink 模型下载到高性能控制器 TTC 中，采用 TTC 模拟混合的动力汽车整车控制器。TTC 与 Simulator 通过 CAN 总线、电线连接，进行 CAN 信号和模拟信号的交互，硬件在环仿真平台结构原理示意如图 5-40 所示。

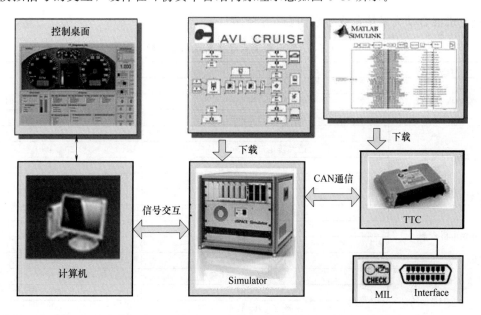

图 5-40 硬件在环仿真平台结构原理示意

5.3.2 混合动力客车构型及 Cruise 模型

本小节中的混合动力系统主要由发动机、M1 电机、M2 电机、AMT 变速器、动力电池等部件构成，如图 5-41 所示。其中 M2 电机的主要作用是：在车辆起步或者车辆低速行驶时提供动力，以及在较低速时调节发动机工作点至高效工作区域内。M1 电机主要是在电池电量不足时，吸收发动机转矩为电池充电及车速较高时调节发动机工作点至高效工作区域内。

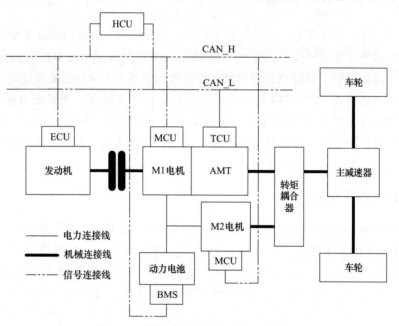

图 5-41 混合动力客车的动力系统结构

双电机混合动力系统总成参数如表 5-8 所示。

表 5-8 双电机混合动力系统总成参数

项目	内容	参数
发动机参数	额定功率/kW	121(2500r/min 时)
	最大转矩/(N·m)	600(1400~1500r/min 时)
	最高转速/(r/min)	2500
Ⅰ轴电机参数	额定/峰值功率/kW	30/50
	最大转矩/(N·m)	200/400
	最高转速/(r/min)	3000
	基速/(r/min)	1500
Ⅱ轴电机合成器	速比	3.8
Ⅱ轴电机参数	额定/峰值功率/kW	58/116
	最大转矩/(N·m)	224/448
	最高转速/(r/min)	9970
	基速/(r/min)	2500
电池参数	电池类型	镍氢
	容量/(A·h)	80
	额定电压/V	388
	放电深度/%	50(放电范围 30%~80%)

5.3.3 能量管理控制策略及模型

首先介绍本小节提出的混合动力汽车的能量管理策略，然后简要介绍依据该控制策略思想搭建的 Simulink 控制策略模型。

5.3.3.1 能量管理策略

依据该混合动力汽车的构型特点，其能量管理策略主要包括三个部分：转矩需求计算、车辆运行模式选择、转矩分配，具体见图 5-42。

（1）转矩需求计算

根据混合动力的动力耦合方式进行转矩叠加，获取叠加后的转矩外包络线，将外包络线通过曲线拟合使得需求转矩平缓，为此获取的变速器输出轴处等效需求转矩如下。

在不同车速以及油门踏板开度下计算出需求转矩，如下式所示。

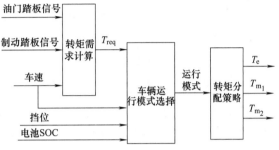

图 5-42 能量管理控制框图

$$T_{req} = f(a, v) \tag{5-5}$$

式中，a 为油门踏板开度；v 为车速。

等效需求转矩见图 5-43。

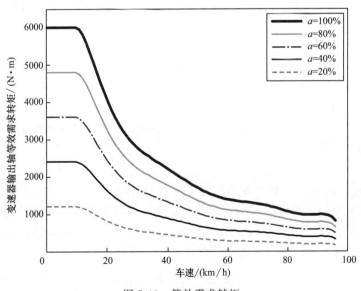

图 5-43 等效需求转矩

（2）车辆运行模式选择

发动机最优工作曲线对应的转矩为

$$T_{e\_opt}(n_e) = f\{\min[g_e(n_e, T_e)], n_e\} \tag{5-6}$$

假设发动机工作点优化前油耗为

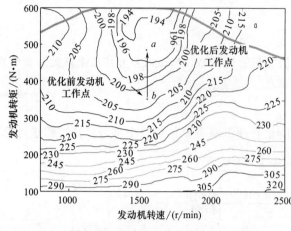

图 5-44　发动机工作点优化前后

$$g_b = f_1\left[\frac{T_{req}}{i_{g(n)}, ni_{g(n)}}\right] \quad (5\text{-}7)$$

式中，n 为变速器输出轴转速。

$$n = \frac{vi_0}{0.377r} \quad (5\text{-}8)$$

则发动机工作点被优化后的油耗为

$$g_a = f_2\left[T_{e\_opt} ni_{g(n)}, ni_{g(n)}\right] \quad (5\text{-}9)$$

当发动机优化后的等效油耗低于发动机优化前的等效油耗时，则表示此时发动机的工作点需要调节，否则发动机的工作点不需要调节。

图 5-44 中，发动机由 b 点调节至 a 点运行时，需要让发动机释放出更大的功率为电池充电，而实际车辆运行时的发动机需求功率在 b 点已经足够，在此过程为电池充电所消耗的油耗（g/h）为

$$\Delta m = g_a P_a - g_b P_b \quad (5\text{-}10)$$

式中，P_a 为发动机优化后输出功率，kW；P_b 为发动机优化前输出功率，kW。

若多余的能量全部用于驱动，则表示此时不对发动机工作点进行优化。这部分燃油获得的能量为 $1/g_b(\mathrm{kW \cdot h/g})$。

若对发动机的工作点进行优化调节，此时需要将多余的能量给电池充电，然后电池最终还是会将能量释放。为此会经历电池充电和放电的二次转化过程，此时计算得到这部分燃油获得的能量。

$$\frac{1}{g_a} = \frac{P_a - P_b}{V_m}\eta_{gen}\eta_{inv}\eta_{chg}\eta_{inv}\eta_{dis}\eta_{mot} \quad (5\text{-}11)$$

式中，$\eta_{gen} = \eta_{gen}(T_m, n_m)$；$\eta_{mot} = \eta_{mot}(T_m, n_m)$；$\eta_{inv} = \eta_{inv}(I_{inv}, U_{inv})$；$\eta_{chg} = \eta_{chg}(SOC, P_{batt})$；$\eta_{dis} = \eta_{dis}(SOC, P_{batt})$。上述参数均通过插值获取。

当 $g_b > g_a$ 时，表示发动机转矩直接用于驱动更优，无需对发动机的工作点进行调节。此时可以推导出

$$g_a > g_b \eta_{gen}\eta_{inv}\eta_{chg}\eta_{inv}\eta_{dis}\eta_{mot} \quad (5\text{-}12)$$

反之，当 $g_b < g_a$ 时，需要对发动机进行调节工作点。

考虑到电池充电后再放电的效率以及电机放电效率均无法确定，故简化效率 η_{inv}、η_{dis}、η_{mot} 均为常数，取整个工况下的平均效率，即 $\eta_{gen} = 0.8$，$\eta_{inv} = 0.99$，$\eta_{chg} = 0.9$，$\eta_{dis} = 0.9$，$\eta_{mot} = 0.8$，则

$$\frac{1}{g_a} = \frac{P_a - P_b}{V_m}0.51 \quad (5\text{-}13)$$

取 $f(t) = 1/g_a(t) - 1/g_b(t)$，若 $f(t) > 0$，需要调节发动机转矩，反之亦然。

$$f = \frac{P_a - P_b}{g_a P_a - g_b P_b}0.51 - \frac{1}{g_b} \quad (5\text{-}14)$$

假设 $\Delta P_e = P_a/P_b$ 为发动机优化后与优化前的功率之比，$\Delta g_e = g_a/g_b$ 为发动机优化后与优化前的油耗之比。

$$f = \frac{1}{g_b} \times \frac{0.51\Delta P_e - \Delta P_e \Delta g_e + 0.49}{\Delta P_e \Delta g_e - 1}$$

$$(5-15)$$

图 5-45 中，A、C、D、F 区域继续保持发动机原状态；B 区域采用电机发电优化发动机转矩；E 区域采用电机助力优化发动机转矩。

故可求得发动机单独驱动模式与发动机驱动并发电模式之间的效率切换线。通过对这些点的拟合即可获取发动机单独驱动时最低工作临界线 $T_{e\_opt\_down}(n_e)$，而发动机外特性曲线则作为上界限。

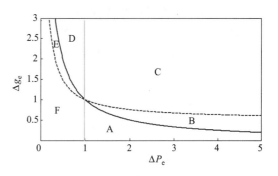

图 5-45 功率比与油耗比

由于该混合动力车辆可分为两种并联模式，故需要分别获取其等效的切换曲线，如图 5-46 和图 5-47 所示。

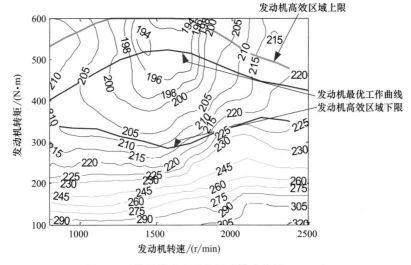

图 5-46 并联模式 1 下的驱动模式分界

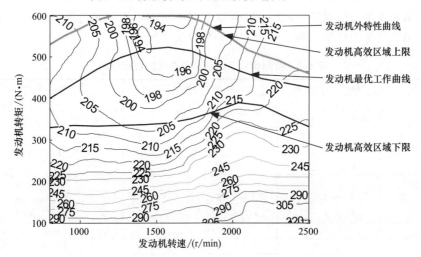

图 5-47 并联模式 2 下的驱动模式分界

利用上述求解发动机单独驱动的高效区下限与发动机外特性曲线作为运行模式切换的条件，构建发动机单独驱动还是并联模式 1、并联模式 2 驱动的迁移规则，以及电机单独驱动、串联模式、再生制动、机械制动等模式之间的切换规则，具体见图 5-48。

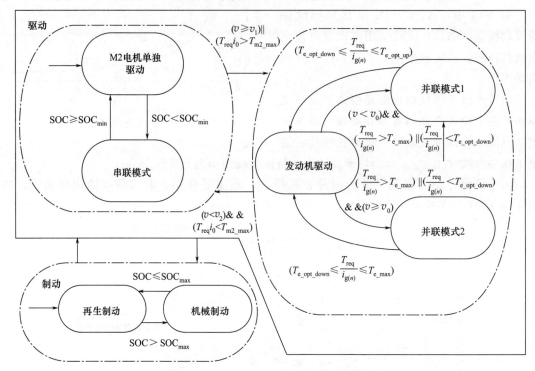

图 5-48　基于 Stateflow 的运行模式决策机

图 5-48 中，并联模式 1 与并联模式 2 分别为并联驱动与行驶充电。其中行驶充电指发动机处于驱动并充电模式，此时，发动机处于最佳工作曲线上；并联驱动指发动机与电机联合驱动，发动机运行在外特性曲线上。

（3）转矩分配策略

转矩分配策略就是混合动力车辆运行在各个运行模式下，对发动机与电机进行转矩分配，使其在满足车辆总需求转矩同时，尽可能让发动机与电机的运行效率较高。混合动力车辆典型运行模式可分为以下几种，具体分配原则见表 5-9。

表 5-9　典型模式下发动机与电机的目标转矩

工作模式	发动机目标转矩	M1 电机目标转矩	M2 电机目标转矩
纯电动	$T_e = 0$	$T_{M1} = 0$	$T_{M2} = T_{req}/i_{M2}$
发动机驱动	$T_e = T_{req}/i_{g(n)}$	$T_{m1} = 0$	$T_{m2} = 0$
并联模式 1			
行驶充电	$T_e = T_{e\_opt}$	$T_{M1} = 0$	$T_{M2} = (T_{req} - T_{e\_opt}i_{g(n)})/i_{M2}$
并联驱动	$T_e = T_{e\_max}$	$T_{M1} = 0$	$T_{M2} = (T_{req} - T_{e\_max}i_{g(n)})/i_{M2}$
并联模式 2			
行驶充电	$T_e = T_{e\_opt}$	$T_{M1} = T_{req}/i_{g(n)} - T_{e\_opt}$	$T_{M2} = 0$
并联驱动	$T_e = T_{e\_max}$	$T_{M1} = T_{req}/i_{g(n)} - T_{e\_max}$	$T_{M2} = 0$
串联模式	$T_e = T_{e\_chg}$	$T_{M1} = -T_{e\_chg}$	$T_{M2} = T_{req}/i_{M2}$
再生制动	$T_e = 0$	$T_{M1} = 0$	$T_{M2} = T_{req}/i_{M2}$
机械制动	$T_e = 0$	$T_{M1} = 0$	$T_{M2} = 0$

5.3.3.2　能量管理策略模型

依据上述的能量管理策略思想，搭建混合动力汽车能量管理策略 Simulink 模型，如图 5-49 所示。

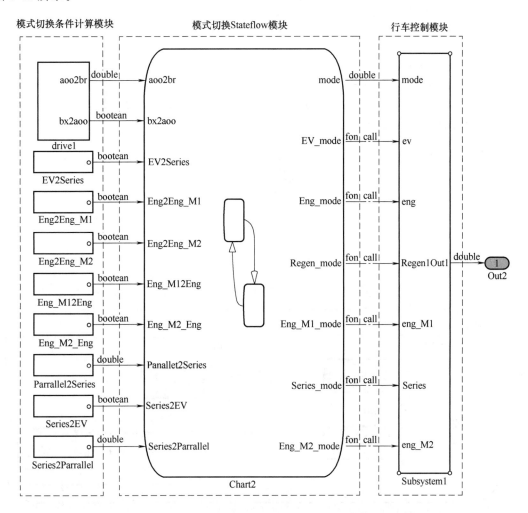

图 5-49　顶层的模块

如图 5-49 所示，顶层模块分为模式切换条件计算模块、模式切换 Stateflow 模块和行车控制模块三部分。

图 5-49 中，模式切换条件计算模块的内部结构基本一致。以发动机驱动切换至并联模式的切换条件为例，其具体的结构如图 5-50 所示。

如图 5-50 所述，当车速小于某标定值且需求转矩大于发动机高效区域上限，或者小于发动机高效工作下限时，车辆即满足切换到并联模式工作的条件。

图 5-49 中的模式切换 Stateflow 模块内部结构如图 5-51 所示。

图 5-51 中，根据当前行驶工况是否满足相应的模式切换条件，车辆可以在图 5-51 中的各个模式之间合理地切换。

图 5-49 中的行车控制模块包括纯电动、发动机驱动、并联模式、行驶充电、串联模式、

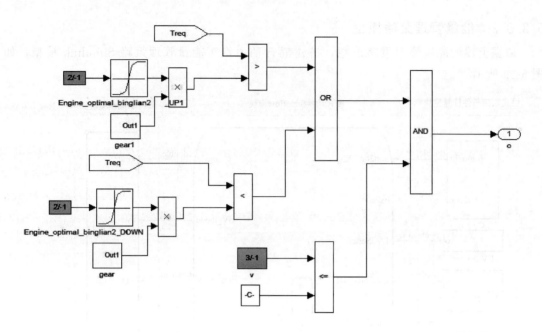

图 5-50　发动机驱动切换至并联模式切换条件

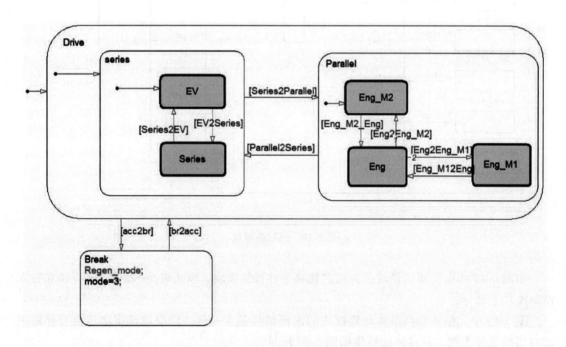

图 5-51　模式切换 Stateflow 模块内部结构

再生制动、机械制动。其具体内部结构如图 5-52 所示。

如图 5-52 所示，车辆运行模式包含了车辆行驶的各个模式。各个模式对应的模块中即包含了该模式下对各主要部件的具体控制，这些控制的主体思想即依据前面能量管理策略进行制定。

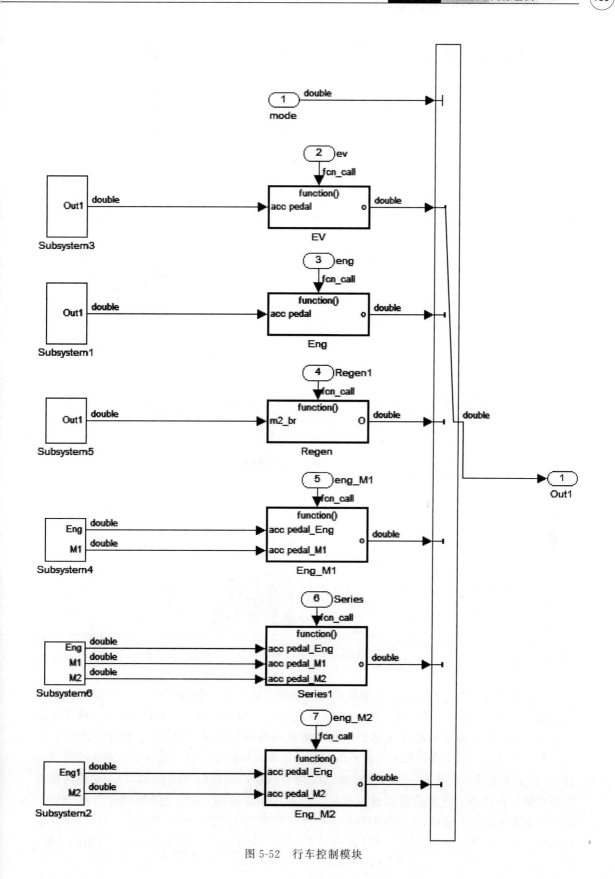

图 5-52　行车控制模块

5.3.4　硬件在环试验台

本书采用先进的快速原型仿真软件设计，将 Cruise 离线仿真的结果与硬件在环的试验仿真结果对比，验证控制策略的实时性、合理性以及整车信号通信精度是否满足要求，为后续实车试验提供了良好的保障。

具体操作是将 Cruise 仿真模型下载至 Dspace/Simulator 中，将其作为实时仿真的车辆底层模型。其中，Simulator/ds1006 处理器板是 Dspace 用于快速原型 RCP 和半实物仿真（HIL）领域处理速度最快的处理器板。它采用 64 位 Opteron 处理器，主要应用于处理动力系统和虚拟车辆等复杂的、大型的、对处理器性能要求极高的模型。采用该处理器能够满足实车工作环境的精度要求。

将整车控制策略下载至 TTC 模拟车辆的整车控制器，其中 TTC 是一款汽车多用途高性能控制器，具体型号为 TTC200。其采用的是 32 位飞思卡尔 MPC555 处理器，具有多路 I/O 数字量输入/输出接口，及多路 A/D 与 D/A 数模转换接口，能够满足车辆控制需求。该控制器可通过 CAN 总线接口与 Simulator 的底层仿真模型进行硬件在环仿真，来模拟车辆真实运行环境，见图 5-53。

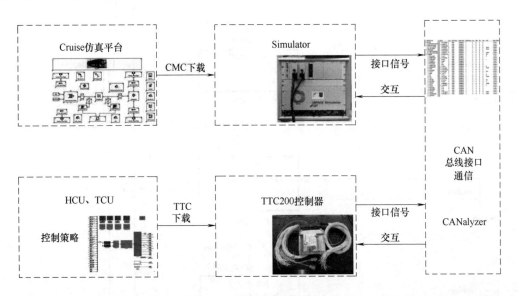

图 5-53　硬件在环系统构成

系统整体模型通过 Cruise 仿真建模并将该模型下载至 Simulator 中，在 CANalyzer 软件中配置整车需要通信的信号。定义每一个信号的位数、数据类型等，来构建 CAN 总线的信号接口。而将整车控制策略与自动变速器控制策略共同下载至 TTC 进行硬件在环仿真实验。其中，驾驶员模型模拟加速踏板开度和制动踏板开度信号。按照混合动力整车控制单元 HCU 在实车上信号的类型，将加速踏板总线信号与制动踏板信号输入 HCU。发动机模型根据车辆运行状态，计算出发动机转速和油门开度，并通过 CAN 总线将信号传入 HCU，整车控制器 HCU 通过 CAN 总线向发动机模型发出目标油门开度和启停指令。M1 与 M2 电机模型将当前的转速、转矩和工作模式通过 CAN 总线发送给 HCU。HCU 根据控制策略，将电机启停指令与电机目标负荷率通过 CAN 总线发送给电机模型。整车模型将计算出的车速发送给 HCU，电池模型将计算得到的电池荷电状态、电池电压和电池电流发送给 HCU。HCU 根据控制策略，将电池输出电流限流指令通过 CAN 总线发送给电池模型。自动变速器模型将变速器输入轴转速、变速器输出轴转速、挡位、离合器输入轴转速、离合器输出转速通过 CAN 总线发送给 TCU。与此同时整车控制器 HCU 将车速、发动机转速与发动机目标油门开度通过 CAN 总线发送给 TCU。TCU 将目标挡位与离合器指令通过 CAN 总线发送给自动变速器，如图 5-54 所示。

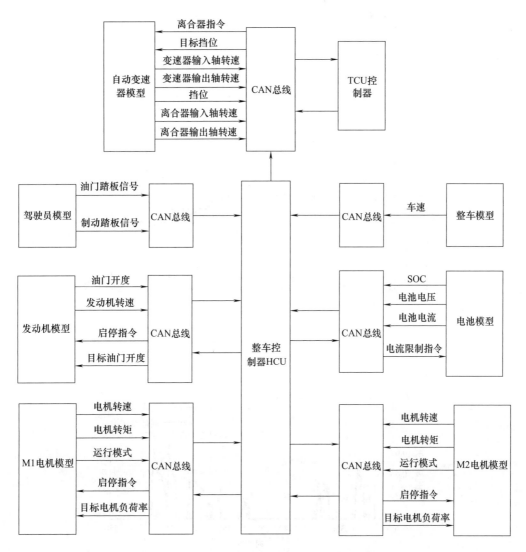

图 5-54　信号通信结构

5.3.5　实验结果分析

　　模型离线仿真与硬件在环实验验证结果如图 5-55～图 5-57 所示，分别为车速、电池 SOC、加速踏板开度的对比验证曲线。

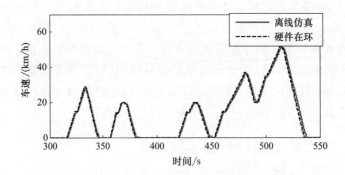

图 5-55　车速时间历程

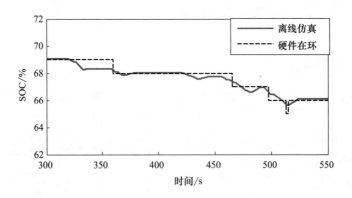

图 5-56　电池 SOC 时间历程

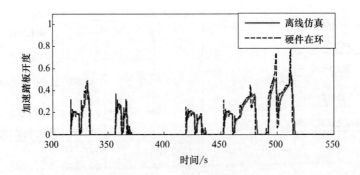

图 5-57　加速踏板开度时间历程

从上述对比曲线可知，离线仿真曲线与硬件在环试验曲线基本重合，误差较小，可满足精度要求。为进一步了解能量管理控制策略下的发动机与电机运行状态，给出标准城市工况下的发动机、M2 与 M1 电机的工作点统计图。

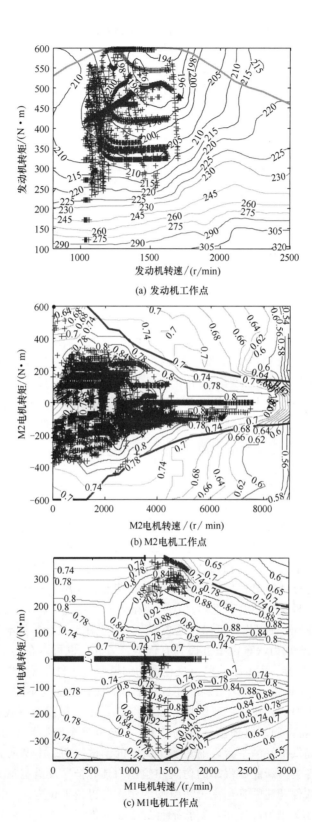

(a) 发动机工作点

(b) M2电机工作点

(c) M1电机工作点

图 5-58　发动机与电机工作点

从图 5-58 可以看出，发动机大多数时间运行在高效区域附近。而 M1 电机与 M2 电机的工作点，因为需要调节发动机工作点而分布较散，但总体来看其工作点大多数也落在合理工作区域内。

表 5-10　混合动力客车仿真与试验结果

指标		试验结果	仿真结果	误差/%
北京工况	油耗/(L/100km)	20.19	19.12	5.30
	原始 SOC/%	73.00	73.00	—
	终止 SOC/%	71.98	72.02	3.92
国家标准城市工况	油耗/(L/100km)	22.24	21.82	1.89
	原始 SOC/%	73.00	73.00	—
	终止 SOC/%	70.99	70.90	4.48

从试验曲线可知，整车控制策略实时性较好及 CAN 总线信号通信正常，从表 5-10 对比结果来看，其误差基本上都控制在 5.30% 以内，验证了策略以及总线信号的合理性，为后续实车试验提供了良好的基础。

5.3.6　小结

① 结合混合动力车辆的驱动模式设计整车能量管理控制策略，基于发动机最佳工作区域思想寻求发动机单独驱动的高效运行区域，从而对车辆的切换规则进行优化，设计了基于 Stateflow 的多模式能量管理控制策略，并进行离线仿真与硬件在环实时试验验证其合理性。

② 将建立的 Cruise 仿真模型下载至 dSPACE/Simulator 仿真环境中，同时将控制策略模型下载到 TTC200 控制器中，利用 CAN 总线进行实时通信模拟实车仿真环境。硬件在环试验结果表明，整车控制策略实时性较好以及 CAN 总线通信良好，为后续实车试验提供了良好的平台，减少实车试验的调试周期。

5.4　本章结语

本章主要从离线仿真技术和硬件在环仿真两方面详细介绍仿真技术在新能源汽车仿真中的应用。离线仿真方面结合实例分别介绍了 Advisor、Cruise 和 AMESim 在实际项目中的应用。这三款软件有一定的共性：均可以用于混合动力汽车关键部件的选择、最佳结构的确定、整车控制策略的合理制定和优化。同时也各有特点：Advisor 为逆向仿真软件，它基于 Simulink 搭建，具有模块化的编程思想、代码完全公开的特点；Cruise 和 AMESim 为正向仿真软件，其中，AMESim 使得用户可以在这个单一平台上建立复杂的机电液多学科领域的系统模型，在搭建液压混合动力汽车模型方面具有优势；另外，也可以在 AMESim 上研究混合动力汽车的稳态和动态性能。而 Cruise 具有便捷通用的模型元件和直观易懂的数据管理系统，使用时相对简单。另外，Cruise 和 AMESim 还具有丰富的接口，能与不同的商用软件联合仿真，也能够用于硬件在环测试。硬件在环仿真方面，将 Cruise 整车模型下载至 dSPACE/Simulator 模拟整车，同时将控制策略模型下载到 TTC 中模拟整车控制器。采用硬件在环试验可以为后续实车试验提供良好的平台，缩短实车试验的调试周期。本章所介绍的以混合动力系统仿真技术对其他各类型新能源汽车的仿真和验证均具有指导及借鉴意义。

随着专业商用软件功能的日趋完善，模型的建立变得越来越方便。同时，各科技公司提供的硬件在环解决方案也为硬件在环实验平台的搭建提供了一些通用的解决方案。如今，新能源汽车仿真的关键技术在于仿真精度和仿真速度的提高。

第6章
动力总成实验方法与测试技术

前面章节介绍的新能源汽车构型分析、参数匹配和控制策略等关键技术，均处于新能源汽车研发过程中的前段仿真阶段，然而离线仿真一般用于前期方案的论证（构型分析、参数匹配和控制思想等）。由于仿真模型做了必要的简化，仿真工况与真实部件的运行工况也存在差别，所以仿真与汽车实际运行情况存在一定的差别。目前仿真分析存在精度不够高的问题，仍需要一个真实的实验环境来做进一步的验证，以提高仿真的精确性。新能源汽车实验台架恰恰提供了一个解决上述关键技术的开发平台。新能源汽车动力总成台架实验可以用于动力总成控制模块的调试、标定与整车动力性能、经济性能的实验，从而大幅度减少整车道路实验和标定的时间及工作量，大大降低了开发风险与成本。

本章主要从三大部分内容展开介绍。首先，介绍新能源汽车实验台架，总结新能源汽车台架的优势与意义；其次，详细地介绍动力总成实验的三大关键技术；最后，介绍以模块化思想为中心的实验台架的研究与开发流程。根据前述章节分析和描述，本章介绍的实验方法与测试技术所基于的新能源汽车试验台架，仍主要针对混合动力系统展开。

6.1 新能源汽车实验台架概述

实验是汽车开发过程中必不可少的技术手段与环节。混合动力实验有两种实验平台，即混合动力汽车实车实验平台与混合动力汽车台架实验平台。混合动力汽车实车实验平台由一辆混合动力汽车和相关的数据采集设备组成。由于受整车总布置和车上各总成型号的限制，实车实验平台上只能进行特定总成和整车的实验。与实车实验相比，台架实验具有不受外界自然环境的影响及各零部件的布置不受整车总布置限制的优点。一方面，台架的模块化可以为不同类型的发动机及其控制器、电机及其控制器、动力电池及其管理模块，以及整车控制器提供所需的实验环境；另一方面，目前测功机有足够的控制精度和响应速度，来模拟整车运行时的道路阻力变化。此外，整车惯量可以通过飞轮来模拟，并且有足够的数据采集设备采集相关的实验数据。通过以上对比可知，台架实验相比于实车实验有着一系列优势。所以开发混合动力汽车时，一般会在实车道路实验前进行大量的台架实验。混合动力实验台架的优势和意义总结如下。

① 混合动力实验台架能够为电机、动力电池等各零部件总成提供与整车相同的实验调试环境，将总成放在近似真实的实验环境中进行相关的实验。可以针对混合动力汽车的特殊要求进行研制与开发，从而指导各总成的研究方向与需要重点解决的问题。

② 混合动力实验台架可以对各总成部件进行性能评估。对于需要评估的总成只需提出实验条件的要求，模块化的实验台架可以根据其要求重组，以提供所需的实验环境。

③ 通过台架实验可以解决动力集成的关键技术，如对于动态切换、换挡过程的控制。仿真技术只能提供一个理论上的指导，关键问题的解决仍然需要在实验台架上反复实验调试。

④ 混合动力实验台架可以进行整车控制器的测试，包括控制策略的调试与优化，控制器硬件对混合动力汽车环境的电磁兼容性等。

⑤ 混合动力实验台架可以完成整车动力性实验，并且通过工况循环可实现经济性的测试。

鉴于混合动力实验台架的上述特点，国内相关研究单位也展开了一系列针对混合动力实验台架的研究，但多数仍停留在仿真阶段。其主要原因有两点：一是资金匮乏，混合动力实验台架成本相对较高，高校及一些研究单位没有足够多的资金搭建混合动力实验台架；二是技术储备不足，国内在混合动力实验台架方面的研究较少，可借鉴的技术方案不多，缺少足够的技术支持。

虽然国外混合动力汽车的技术已经比较成熟，并且各大公司相继有样车推出，甚至已投放市场。然而，由于技术保密等，关于上述混合动力实验平台的技术公开报道不多。因此，这将对国内台架方案设计及技术方案的确定带来一定的困难。

综合以上分析，混合动力汽车的实验研究在我国尚处于起步发展阶段，建立一整套完整的具有国内先进水平的混合动力实验台架系统，不管对混合动力汽车的理论研究还是混合动力技术成果的推广，都具有十分重要的现实意义。而且混合动力汽车实验台架的研究与开发，有利于提升我国混合动力汽车整车和混合动力汽车总成的总体实验水平；有利于建立一整套统一、规范、科学的混合动力汽车实验规程、实验方法和实验标准；有利于建立统一、科学的混合动力汽车整车和零部件总成的评价体系。

混合动力汽车实验台架的最终建立，可直接对混合动力汽车整车控制目标，如动力性能、经济性能和排放性能进行全面的检测，同时也可对混合动力汽车动力总成控制系统进行全面调试与检测，缩短整车实验和标定周期，降低混合动力汽车研制的风险和成本。混合动力汽车实验台架的研制过程中取得的宝贵经验，对混合动力汽车整车和零部件总成的设计具有十分重要的指导意义。

本章将对混合动力汽车动力总成实验方法与测试技术进行系统的分析研究，以便为相应的实验提供技术参考，指导混合动力汽车整车及零部件的研究及开发方向。因此开展混合动力汽车实验技术的研究是非常必要的。

本章的主要内容如下。

① 系统分析混合动力汽车实验台架的实验技术，主要包括台架控制系统技术、数据通信技术及台架主控制系统开发技术。

其中，台架控制系统技术主要针对动力总成控制技术、负载调节控制技术以及动态控制技术；数据通信技术针对混合动力汽车中多个控制器间的数据传输方式，设计基于 CAN 总线的架构方案；台架主控制系统开发技术主要分析研究基于 Matlab/dSPACE 的软硬件开发平台的现代控制器的开发手段。

② 基于模块化的设计思想，对搭建不同结构方案的混合动力汽车实验平台进行实验，提供简捷而有效的方法；对实验平台进行功能分析；对混合动力台架进行功能模块的划分，并进行具体实验台架设计与测试的应用实例分析。

③ 在混合动力总成实验台架的开发与研究基础上，通过台架控制器实验和动力性实验验证了台架结构方案与技术方案，论证实验台架研究与开发的意义和作用。

6.2 动力总成实验关键技术

在进行混合动力总成实验前，应对动力总成的控制技术及通信技术进行研究分析，以便更好地控制整个实验过程，完成实验台架测试任务。动力总成实验关键技术包括动力总成控制技术、CAN 通信技术及实验台架监控技术。

6.2.1 动力总成控制技术

混合动力总成的核心是控制系统，它包括硬件和软件两部分。研发控制系统的关键是控制软件的开发，而控制策略更是研究的第一步。实验台架需要提供整车行驶的负载，因此台架实验技术还包括整车负载模拟技术，即道路行驶阻力模拟技术与整车惯量模拟技术。对于因动力总成造成的动态切换问题，需要整车控制器来协调解决，即本小节所介绍的负载调节与动态控制技术。

6.2.1.1 动力控制技术

混合动力汽车通过发动机与电机的协同工作，达到降低油耗的目的。一般而言，混合动力汽车的核心部件包括发动机、电机以及动力电池。本小节分别从这三个核心部件的角度介绍混合动力汽车的动力控制技术。

（1）发动机控制

传统汽车发动机控制，驾驶员根据路况和负荷的不同，通过油门踏板改变发动机的供油量，达到汽车加速、减速等行驶工况。油门执行器和踏板属于机械连接，简单易控。与传统汽车相比，混合动力汽车增加了电机等新部件，需要考虑发动机与电机的功率匹配问题，从而产生了发动机须根据整车控制要求来协调控制。

通过调节主电机与发动机协调工作，使发动机始终工作在最佳经济区是混合动力汽车节能的关键。在混合动力汽车发动机控制中，可以依据发动机效率将发动机万有特性图划分成几个不同的区域，如图 6-1 所示。

如图 6-1 所示，将整个发动机的

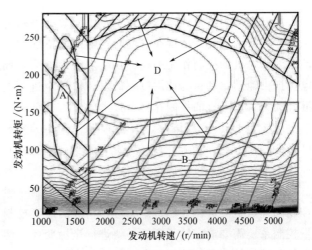

图 6-1　混合动力汽车发动机万有特性图

万有特性图分为四个区域。

A区：发动机转速较低（一般低于 1500r/min），在此区域通过调高发动机负荷也不能有效降低油耗，因此在此区域发动机比油耗较高。

B区：发动机转速较高，但发动机负荷率低。发动机处于低负荷区时比油耗很高。

C区：发动机负荷很高，甚至单独由发动机驱动已经不能满足要求，要满足整车驱动要求，必须要电机助力。

D区：发动机转速较高，负荷率大于 60%，整个区域内比油耗都较低。

控制策略的目标是在车辆行驶中，无论整车处于何种驱动状态，都能控制发动机工作在 D 区域内。为了达到这个目标，当发动机处于不同区域时，通过调节发动机与电机，使发动机的工作点始终落在最佳区域内。

在混合动力汽车中，发动机控制器与整车控制器相连。发动机根据整车控制器要求的转速和转矩，调整油门执行机构的开度，使发动机处在最优效率区间工作。首先，驾驶员根据路况和负载的要求，操纵加速或制动踏板，并将此信号传给整车控制器；其次，整车控制器根据这个指令，对发动机控制器发出转速或转矩要求，再由发动机控制器对油门执行机构进行控制。

（2）电机控制

车用电机控制系统是混合动力汽车的关键技术。在介绍电机控制系统之前，首先简要说明车用电机驱动系统。车用电机驱动系统因其受到车辆空间限制和使用环境的约束，比普通的电传动系统具有更高的性能和比功率，并且能适应较严酷的工作环境。所以，现阶段电机永磁化、控制数字化和系统集成化是车用电机驱动系统的发展趋势。

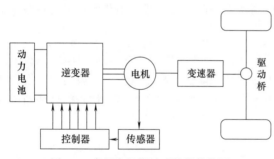

图 6-2　车用电机驱动系统结构简图

如图 6-2 所示为车用电机驱动系统结构简图。

在混合动力汽车的运行模式中，可以通过控制电机的工作，调整发动机的工作点，使其工作在高效区。具体体现在怠速时，电机准备启动及用电机进行发动机的自动启动。对混合动力汽车电机的控制作用不仅体现在发动机方面，而且体现在如下方面：①驱动力不足时，电机提供辅助驱动；②使用过剩的发动机转矩进行充电；③制动能量回收再利用等。所以，混合动力汽车电机的控制在整个技术中尤为关键。

对于电机的控制策略，矢量控制（Field Oriented Control，FOC）和直接转矩控制（Direct Torque Control，DTC）是两种典型的电机控制策略。

矢量控制，其核心思想是将电机的三相电流、电压、磁链经坐标变换，转换成以转子磁链定向的两相参考坐标系。参照直流电机的控制思想，完成电机转矩的控制。磁场定向矢量控制的优点是具有良好的转矩响应，精确的速度控制，以及零速时可实现全负载。但是，矢量控制系统需要确定转子磁链，要进行坐标变换，运算量很大，而且要考虑电机转子参数变动的影响，使得系统比较复杂。

直接转矩控制，是通过对定子磁链定向，实现对定子磁链和转矩的直接控制。其控制思想是通过实时检测电机转矩和磁链的幅值，分别与转矩和磁链的给定值比较，由转矩和磁链调节器直接从一个离线计算的开关表中，选择合适的定子电压空间矢量，进而控制逆变器的功率开关状态。直接转矩控制不需要复杂的矢量坐标变换对电机模型进行简化处理，没有脉宽调制 PWM 信号发生器，控制结构简单，受电机参数变化影响小，能够获得较好的动态性能。但是这种控制方法的不足在于逆变器开关频率不稳，转矩、电流波动大，实现数字化控制需要很高的采样频率。

混合动力汽车的电机控制具有自身的特点，其要求在恒转速、恒功率区工作，同时保持高效率。另外，其还要求具有较大的调速范围与较高的动态性能。目前，从比较实用的控制方法来看，异步电机矢量控制（FOC）是较好的控制方法。在混合动力汽车的交流异步电机驱动系统中，其控制方法可采用简单的标量控制。其中，电压/频率（VVVF）方法由力矩给定计算转差频率，在基速区使 v/f 为常数，基速区外 v 为常数，实现恒力矩/恒功率调速。该方法的动态性能及低速区的控制性能欠佳。交流异步电机的矢量控制通常采用电流磁通模型及电压磁通模型，分解电流的励磁及力矩分量，以达到良好的控制特性。

（3）动力电池系统监测与控制

混合动力技术结合传统内燃机与电池电机系统，平均功率由内燃机提供，峰值功率由电机补充。动力电池系统在混合动力技术中是一个重要的部分。如图 6-3 所示为混合动力台架布置方案。

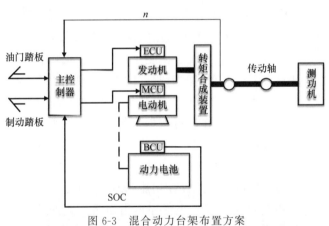

图 6-3　混合动力台架布置方案

━━━ 机械连接　━ ━ ━ 电连接　━━▶ 信号线

图 6-3 中，主控制器根据油门踏板信号、转速信号及动力电池荷电状态 SOC 值来确定发动机、离合器、电机及动力电池的控制命令。该命令主要是考虑当前动力电池荷电状态下，如何有效地合理分配电机功率与发动机功率。动力电池的 SOC 值反映了电池当前的能量储存状态，是控制策略中决定高压系统是否工作的一个重要参数，SOC 值对于动力电池管理系统尤为重要。因此，动力电池 SOC 值的估计非常关键，它成为决定混合动力技术能否有效发挥其潜能的制约环节。由于动力电池系统本身是一个高度非线性系统，因此对动力电池 SOC 值进行估计至今仍为世界攻关项目。

可以采用记录电池端电压、电流及温度的方法来估计动力电池 SOC 值，并根据一定的算法进行数据处理，找出 SOC 值与电压、电流之间的关系。在实际应用中，根据实验所确定的三者关系来估计当前动力电池 SOC 值。实验电池测试系统的组成及原理如图 6-4 所示。

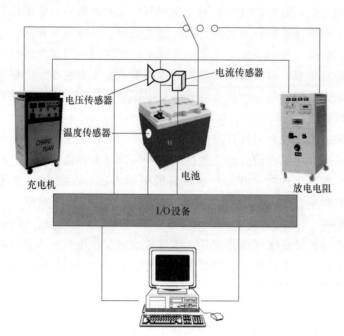

图 6-4　实验电池测试系统的组成及原理

图 6-4 中，传感器所检测到的电池电压、电流及温度信号，通过数据采集卡或信号调理板输入工业控制计算机。根据动力电池系统采用的单体电池数目，确定监测预留通道来对电池端电压进行监测。选用 A/D 板，分别配置测量单体电池端电压、电流、温度传感器，用于采集温度、电流、电压信号，以实现实时监测。检测系统可以使用 VB 或 VC 语言编写电池数据采集界面。该数据采集界面可以同时对电压传感器、温度传感器及电流传感器信号，通过所选用的 A/D 板通道进行采集。在进行数据采集前，首先须设定采样间隔、存储文件路径及文件名，接着单击"开始采样"按钮，系统就以设定的采样间隔进行采集。可以通过选择通道的下拉菜单来对各通道的信号进行实时图形化显示，也可以按"观看历史曲线"按钮来观看它的历史曲线。程序编制成定时保存功能，即当定时器到一定的时间，对所采集的信号数据进行存盘备份，以免偶然失误，令程序退出而丢失数据的情况发生（如小电流充电，一次完整的实验可能需要好几个小时，这么长的时间内偶然情况时有发生）。

混合动力汽车电池监测系统的主要特点是向整车控制器提供准确的 SOC 值。电池的监测系统主要根据各种电流、电压和温度传感器实时监测的信号来正确估算动力电池 SOC 值，并在危险的工况下关断电池系统与电机系统的连接，避免汽车制动时，过大电流对电池系统造成的损害。

6.2.1.2　负载调节与动态控制技术

（1）负载调节控制技术

实验台架需要提供整车行驶的负载。因此，台架实验还应包括整车负载模拟，即道路行驶阻力模拟和整车惯量模拟，这部分由测功机来完成。测功机本身应具有吸收能量或传递动力的功能，并具有测量转矩装置。还要有特性控制装置以保证其在不同工况下稳定工作。测功机外壳通过轴承支撑在支架上。工作时，在所受外力作用下能自由地回转。在其外壳上装有力臂，连接载荷单元。这样，就能将作用在外壳上的转矩测量出来。根据模拟整车工况的要求，整车控制器对测功机实施转矩控制。

（2）动态控制技术

发动机、电机与变速器即使已经达到了混合动力汽车所要求的功能与性能，具有成熟的控制技术，但当将其组合为一个传动系统集成到整车上时，也可能会出现一些问题。比较典型情况，如动态切换问题、变速器换挡时同步时间延长问题。这些问题不是由各总成本身控制引起的，而是由动力合成造成的，所以需要整车控制器来协调解决。

下面分别就两个方面进行分析。

① 行驶模式切换中的动态控制技术。对于电机和发动机都可以提供驱动转矩的并联混合动力系统，需要解决由状态切换引起的动态切换控制问题。即由于发动机与电机具有不同的动态特性，在状态切换过程中，当发动机与电机的转矩发生大幅度变化时，如果不对发动机与电机的输出转矩进行控制，将使得发动机与电机的输出转矩发生较大波动，影响整车的平顺性。

通过对现状的调查研究，发现丰田混合动力系统利用其特有的动力分配机构很好地解决了这一问题。下面以丰田混合动力系统为例，简要介绍由状态切换引起动态控制问题的解决方法。丰田混合动力系统的结构示意如图 6-5 所示。

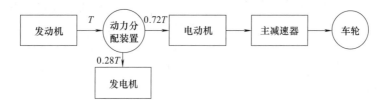

图 6-5　丰田混合动力系统的结构示意

图 6-5 中，丰田混合动力系统主要由电动机、发动机、发电机、动力分配装置组成。动力分配装置是一个行星齿轮结构。太阳轮、齿圈和行星齿轮分别与发电机、电动机和发动机直接连接。太阳轮与齿圈的齿数分别为 $z_S = 30$、$z_R = 78$，发动机转矩 T_{ENG} 分配到电动机上的转矩 T_{RING} 与发电机轴上的转矩 T_{GEN} 分别为

$$T_{GEN} = \frac{T_{ENG}}{\dfrac{z_R}{z_S} + 1} \tag{6-1}$$

$$T_{RING} = \frac{z_R}{z_S} T_{GEN} \tag{6-2}$$

发动机转速 n_{ENG}、电动机转速 n_{MOTOR} 和发电机转速 n_{GEN} 及车速 v_K 的关系如下。

$$\frac{z_R}{z_S} n_{GEN} + n_{MOTOR} = \left(1 + \frac{z_S}{z_R}\right) n_{ENG} \tag{6-3}$$

$$n_{MOTOR} = 36.75 v_K \tag{6-4}$$

丰田混合动力系统控制的输入量为加速踏板位置、车速、发电机转速及可用的动力电池功率，输出量为发动机目标功率、发电机和电动机转矩。控制系统根据加速踏板与车速得到驾驶员需要输出的转矩，并由该转矩和电机转速求得输出的驱动功率，再考虑给动力电池充

电的功率得到最终的需求功率。其控制过程如下。

a. 根据最终的需求功率和发动机最小功率限值，将发动机效率最高时的转速作为发动机的目标转速。

b. 根据发动机目标转速和电动机转速及式（6-3）得到发电机的目标转速。发电机控制单元通过 PI 控制算法调节发电机转矩实现控制。

c. 根据测得的发电机转矩，由式（6-1）计算发动机转矩，由式（6-2）计算发动机作用到电动机上的转矩。

将总的需求转矩减去发动机作用在电机轴上的转矩，即可得到电动机需要输出的转矩。由电动机控制器控制该转矩。

丰田控制算法的关键在于其结构的特殊性。可根据测得发电机的转矩及发电机和发动机之间的速比，计算出发动机的转矩，再根据确定电机的输出转矩进行控制。其算法实质是电动机转矩对发动机转矩的补偿控制。

② 电机辅助换挡。动力装置与动力合成装置连接示意如图 6-6 所示。该结构中由于电机、合成装置与变速器的输入轴直接连接，与传统汽车的变速器相比，在很大程度上增加了变速器输入轴的转动惯量。如果仍然按照传统汽车 AMT 的同步调节方式，由于一轴的转动惯量的增加而导致的同步时间延长，将会使换挡过程增加 2s 甚至更长。由于 AMT 是动力中断换挡，因此将影响到整车的动力性。

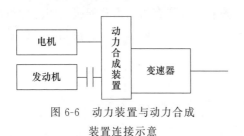

图 6-6　动力装置与动力合成装置连接示意

分析这一结构，换挡过程中离合器分离，发动机动力传递中断，但电机仍通过动力合成装置与变速器的输入轴连接。如果电机此时被动地处于自由状态，即零转矩状态或关断跟随转动，则会出现上述换挡时间过长的情况。但如果此时利用电机的快速动态响应特性，主动调节一轴的转速，让电机辅助 AMT 换挡，则可以缩短同步时间。

以升挡为例，整个控制过程如下。

a. AMT 或整车控制器根据换挡规律检测到升挡信号后，利用与发动机的协同控制，通过减小油门的方法瞬间降低发动机的转矩。同时，电机进入零转矩状态。

b. 分离离合器，摘空挡，选挡。

c. AMT 进入同步过程，根据输出轴转速和目标挡位，将计算出的一轴的目标转速传给电机。电机通过转速控制模式将一轴的转速调至该目标转速，当转速与目标转速的误差小于给定值时，电机进入零转矩状态。AMT 同步过程结束。

d. 挂挡，接合离合器，根据当前的加速踏板与控制策略，恢复发动机油门和电机目标转矩。当然，要对发动机的油门和电机的目标转速进行处理，保证换挡前后输出的转矩不发生突变。

另一种方案与此相似，不同之处在于电机主动同步时的控制方式。上述方案采用的是速度控制模式。利用转矩控制模式的速度闭环控制，同样可以实现主动同步过程。

虽然上述电机主动同步辅助 AMT 换挡过程的解决方案对电机的动态响应特性要求较高，但目前电机控制技术已经能够满足换挡过程的时间响应要求。在实际应用中仍需要进一步的详尽分析和实验验证。

6.2.2　CAN 通信技术

CAN 通信技术是混合动力汽车研发的关键技术之一。混合动力汽车在传统汽车的基础上新增了电机、动力电池等部件，为了获得优异的节能减排效果，需要通过电机控制器、动力电池管理系统、能源总成控制系统，对发动机、电机进行协调控制，而这些协调控制均是通过 CAN 通信实现的。

6.2.2.1　CAN 技术简介

CAN 是一种先进的串行通信协议。最初它是为了解决汽车中众多的控制与测试仪器之间的数据交换而开发的一种串行数据通信总线，属于现场总线范畴。它有效支持分布式控制及实时控制，并采用了带优先级的 CSMA/CD 协议对总线进行仲裁。因此，CAN 总线允许多站点同时发送。另外，CAN 采用短帧结构，且每帧信息都有校验及其他检错措施，保证了数据的实时性和低传输出错率。其传输介质可以使用双绞线、同轴电缆或光纤。

CAN 总线是一种多主总线，与传统的传输协议相比，CAN 总线有以下特点。

① CAN 协议的最大特点之一就是废除了传统的站地址编码方式，扩展了对通信数据进行编码的方式。这样就使网络内的节点数在理论上不受限制。这种按数据块进行编码的方式，还能让不同的节点同时接收到相同的数据。通信方式灵活，可实现点对点和广播方式传输数据。

② CAN 总线以报文为单位进行数据传输。数据传输用短帧结构，数据段长度最多为 8 个字节。8 个字节不会占用过长的总线时间，从而保证了通信的实时性，同时传输时间短，受干扰的概率低。CAN 的通信速率可高达 Mbps 级。CAN 协议采用了循环冗余 CRC 检验，并可提供相应的错误处理功能，保证了数据通信的可靠性。

③ 采用非破坏性基于优先权的总线仲裁技术。具有暂时性错误和永久性故障节点的判别及故障节点的自动脱离功能。不关闭总线即可任意挂接或拆除节点，使系统其他节点的通信不受影响，增强了系统的灵活性和可扩展性。

④ 采用统一的标准和规范，使各设备之间具有较好的互操作性和互换性。系统的通用性好 [1991 年 Philips Semiconductors 制定并发布了 CAN 技术规范（Versfon20），包括 A 和 B 两部分。1993 年 11 月 ISO 正式颁布了 CAN 国际标准 ISO 11898]，且现场布线和安装简单，易于维护，经济性好。

6.2.2.2　混合动力汽车 CAN 总线的应用

（1）CAN 标准及总控系统

对于 CAN 标准，博世公司首先推出了车载分布式实时控制器总线标准，没有规定应用层。J1939 是由 SAE 提出的一种通信协议，可作为应用层用于商用车各控制器之间的实时数据交换。J1939 是一个高速通信网络，它支持 ECU（Electronic Control Unit，电子控制单元），这些 ECU 在汽车上是物理分布的。

CAN 总线标准包括 ISO 参考模型的第 1 层物理层和第 2 层数据链路层。其中第 1 层负责物理信息传输、译码、位时序和位同步等功能；第 2 层负责总线仲裁、信息分段以及数据安全、数据确认、错误检测等功能。应用层协议由 CAN 用户依据应用领域自行定义。

J1939 协议大体上描述了网络分层结构、下级文档结构，并为所有预先分配值和名字提供控制。J1939 协议系列文件为电子系统提供一个开放互连系统和一个标准的构架，允许电子设备之间进行通信。

J1939 使用 CAN 总线。总线空闲时，该协议允许任何 ECU 在网络上传送信息。每个信息包括一个标志符，该标志符确定信息优先权、谁发送它以及它包含什么数据。当标志符被传送时，仲裁机构开始工作，从而避免总线冲突。对于每个 ECU 单元，访问网络的机会是相同的。但在多个 ECU 同时要求传输信息时，高优先权的信息优先使用总线。

J1939 的网络定义使用 CAN 协议中的 29 位标志符（CAN 扩展帧），其对应关系如图 6-7 所示。

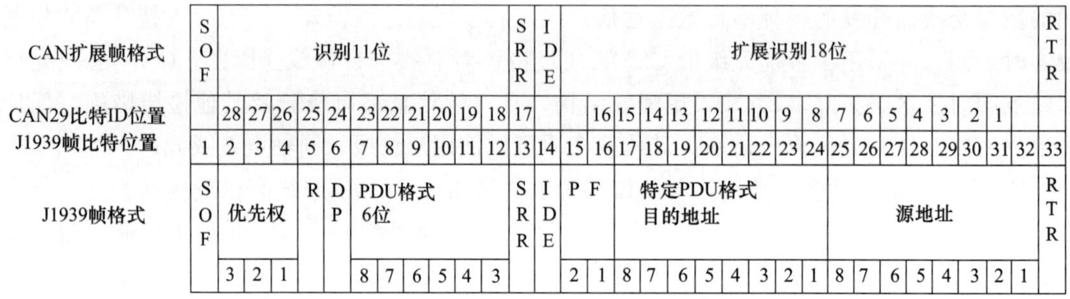

CAN扩展帧格式
SOF
识别11位
SRR
IDE
扩展识别18位
RTR
CAN29比特ID位置
28 27 26 25 24 23 22 21 20 19 18 17 16 15 14 13 12 11 10 9 8 7 6 5 4 3 2 1
J1939帧比特位置
1 2 3 4 5 6 7 8 9 10 11 12 13 14 15 16 17 18 19 20 21 22 23 24 25 26 27 28 29 30 31 32 33
J1939帧格式
SOF
优先权
R
DP
PDU格式 6位
SRR
IDE
PF
特定PDU格式 目的地址
源地址
RTR
3 2 1
8 7 6 5 4 3
2 1 8 7 6 5 4 3 2 1 8 7 6 5 4 3 2 1

图 6-7　CAN 总线标准与 J1939 协议标志符的转换关系

总控系统功能模块如图 6-8 所示。

主程序入口
初始化
总线接收数据模块
总线发送数据模块
直流电机发送的信息
发动机发送的信息
电池发送的信息
传感器发送的信息
油门踏板发送的信息
离合器发送的信息
发送到电机的信息
发送到发动机的信息
发送到电池的信息
发送到传感器的信息
发送到油门踏板的信息
发送到离合器的信息
接收数据文件处理
……
发送数据文件处理
接收数据可视化显示
……
发送数据可视化显示
主程序出口

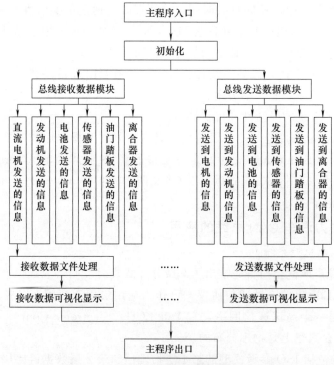

图 6-8　总控系统功能模块

基于 CAN 总线的上述特点，混合动力汽车控制系统与各子控制系统的网络通信，采用 CAN 总线通信技术。如图 6-9 所示是基于 CAN 总线的混合动力汽车控制系统结构示意。其

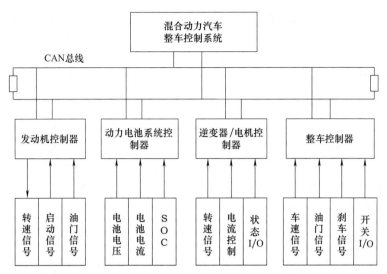

图 6-9　基于 CAN 总线的混合动力汽车控制系统结构示意

中，电机、发动机、动力电池等各总成控制模块，与整车控制模块之间成功地实现了 CAN 总线数据通信。

目前，混合动力汽车控制系统中，为了便于调试，采用的是点对点的通信方式，即 HCU 与各个 ECU 之间的点对点。各个控制器所用的 CAN 控制器与收发器的类型不尽相同，包括诸如 SJA1000、AS82527 和 DSP 的芯片 CAN 控制器等多种类型。

（2）CAN 通信应用实例

下面介绍一个 CAN 通信的应用实例，即 MPC5×× 芯片在混合动力汽车 CAN 通信中的应用。

这里的 MPC5×× 芯片是它的第二代产品 MPC565。它内含 3 个 CAN 控制器（CAN A、CAN B 和 CAN C）。其中，CAN C 模块可以两用。国内对该芯片的 CAN 编程和实际应用较少，这方面的技术资料也只有通过摩托罗拉公司提供的用户文档得到，因此，首先要了解 MPC565 的 CAN 控制器的结构。

在 MPC565 中，每个 CAN 控制器都有 16 个信息体（MSG），每个 MSG 都可以配置为标准格式（ID 共有 11 位）或扩展格式（ID 共有 29 位），都可以配置为发送或接收方式。这可以通过每个 MSG 中的 CODE 来控制实现。

对 CAN 的操作主要是对其进行初始化、接收 MSG、发送 MSG 和出错时的错误处理等。其程序流程如图 6-10 所示。它和实际混合动力汽车的控制思路相似，只是简化了其中的中间处理过程，但反映了实际 CAN 通信的基本过程。

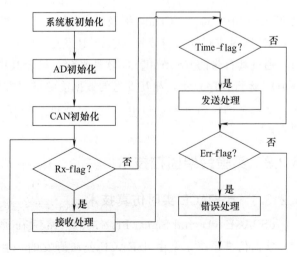

图 6-10　MPC565 CAN 通信程序流程

① 初始化。初始化过程主要进行波特率设定、中断设置和 ID 定义设置，如图 6-11 所示。

图 6-11　CAN 初始化流程

② MPC565 与 Candy 板进行 CAN 通信。对上面主要寄存器进行配置后，编制 MPC565 的主控制程序，并和 IXXAT 公司提供的产品 Candy 板进行实际调试。由其自带的 CAN 监控软件，可在 CAN 总线上进行 CAN 信息的收集和发送。设定 CAN 波特率后，总线上如果存在相同波特率的 CAN 信息，就可以把该信息的全部内容（包括发送时刻、ID 号和 CAN 数据）在窗口下实时显示出来。这对 MPC565 控制器的 CAN 调试提供了非常方便的平台。

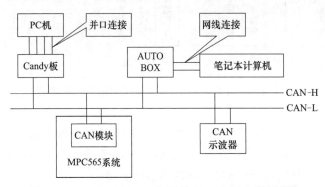

图 6-12　MPC565 与 Candy 板及 AUTOBOX 联调系统

Candy 板的一端与 PC 机的打印机并口相连，而它的另一端为 CAN 端口，并与 MPC565 的 CAN 模块发送端直接相连。首先，对 AD 进行采样，对采样信号进行处理后由 MPC565 的主程序进行发送，然后在 Candy 板的监控软件窗口下实时地显示。当 AD 采样值改变时，CAN 发送的信息也相应地改变。

通过窗口显示的和发送的信息与在数字示波器上的对比可知，接收到的信息正是 MPC565 发送的信息。从上述的结果可以看出，按上述步骤配置发送寄存器，可以正确地进行 CAN 信息的发送。另外，在 Candy 的监控软件下也可通过手动来设定要发送的数据。通过 Candy 板发送出去，在 MPC565 中断悬挂寄存器（IFLAG）相应的中断位产生了标识号，通过接收主程序把信息接收回来。

③ MPC565 与原型机 AUTOBOX 进行 CAN 通信。为了进一步验证 MPC565 上开发的 CAN 通信程序，利用 dSPACE 公司开发的原型 AUTOBOX 进行相互之间的通信，如图 6-12 所示为 MPC565 与 Candy 板及 AUTOBOX 联调系统。实验结果表明，MPC565 上的两个 CAN 同时进行发送与接收（CAN B 发送，CAN A 接收），而 AUTOBOX 上有 4 个 CAN 口，通过其自带的 ControlDesk 软件平台，设定其中一个 CAN 来进行发送和接收，并匹配好 ID，运行程序显示，相互发送的数据能够被对方正确接收。

通过本例可以看到，利用 CAN 总线进行传输非常方便与快捷，并能满足通信的实时要求。

6.2.3　实验台架监控技术

6.2.3.1　dSPACE 实时仿真技术

dSPACE（Digital Signal Processing And Control Engineering，数字信号处理与控制工程）实时仿真系统，是由 dSPACE 公司研发的一套基于 Matlab/Simulink 的控制系统开发及测试工作平台，实现与 Matlab/Simulink 的完全无缝连接。dSPACE 实时系统拥有高速计算能力的硬件系统，包括处理器、I/O 等，还拥有方便易用的实现代码生成/下载和实验/调试的软件环境。如图 6-13 所示为 dSPACE 的开发流程。

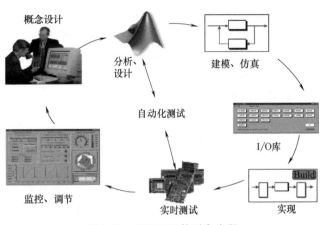

图 6-13　dSPACE 的开发流程

dSPACE 可以很好地解决以下问题。

控制系统开发初期，把 dSPACE 实时系统作为控制算法及控制逻辑代码的硬件运行环境。通过 dSPACE 提供的各种 I/O 板，在原型控制算法与控制对象之间搭建起一座实时桥梁；让控制工程师将全部精力放在控制算法的研究和实验上，从而开发出最适合控制对象与环境的控制方案。

当产品型控制器制造完以后，还可以用 dSPACE 实时仿真系统来仿真控制对象或环境，从而允许对产品型控制器进行全面、详细的测试，甚至在极限条件下的应用，也可以进行反复测试。在 dSPACE 实验工具软件的帮助下，测试工程师不用再像过去那样，用很多信号监测仪器，费力地监测各种实验信号，而只需在计算机屏幕上，随时观看测试工具记录下的各种信号和曲线即可，从而大大节约测试费用，缩短测试周期，增加测试的安全性及可靠性。

dSPACE 实时系统具有很多其他仿真系统所不能比拟的优点。

① 实时性好。一旦代码下载到实时系统，代码本身将独立运行。实验工具软件只是通过内存映射，访问实验过程中的各种参数及结果变量，实验过程不会中断。

② 可靠性高。dSPACE 实时系统硬件、代码生成及下载软件、实验工具软件等都是由 dSPACE 工程师精心设计、制造和调试的，不存在任何兼容性问题，可靠性高，是可以信赖的软/硬件平台。

③ 灵活性强。dSPACE 实时仿真系统允许用户在单板系统和多板系统、单处理器系统和多处理器系统、自动生成代码和手工编制代码之间进行选择，使 dSPACE 系统具有很强的灵活性，从而可以适应用户各方面的应用需求。

④ 快速性好。dSPACE 实时模块和 Matlab/Simulink 内建模块的无缝接合，使得用户可以在短时间内完成模型构建、参数修改、代码生成和下载等工作，从而大大节省了开发时间。

⑤ 组合性强。dSPACE 在设计时已经考虑了各种用户可能的需求，设计了标准组件系统，系统可以根据需要进行多种组合。用户可以根据需要选择运算速度不同的多种处理器，最快的处理器浮点运算速度高达 1000MFlops；I/O 接口同样具有广泛的可选性。通过选择不同的 I/O 配置可以组成不同的应用系统。

⑥ 过渡性好，易于掌握和使用。由于 dSPACE 以 Matlab/Simulink 仿真软件为基础，而 Matlab/Simulink 建模功能非常强大且使用简便，其在离线仿真领域的应用已十分广泛。利用其中的 RTW 功能，能够非常方便地将离线仿真分析和设计，转换到 dSPACE 的实时

仿真分析和设计中。

⑦ 对产品型实时控制器的支持性强。能够针对用户的最终需求将仿真代码转换到产品型控制器的需求中。dSPACE 提供的代码生成工具，能快速地将仿真代码转换为产品型控制器代码，并具有丰富的产品型控制器与 dSPACE 实时系统的硬件接口，从而能够将 dSPACE 实时系统纳入闭环测试中。

6.2.3.2 监控测试技术

本小节重点介绍实验工具软件：ControlDesk、MLIB/MTRACE 及参数调整软件。

（1）ControlDesk

ControlDesk 是 dSPACE 开发的实验工具软件，其用户界面如图 6-14 所示。虽然控制器的开发及仿真的建立，还是使用 Matlab/Simulink，但是模型一旦通过 RTI 实现并下载到实时仿真系统后，剩下的就是 ControlDesk 提供对实验过程的综合管理。它主要由四部分构成，如下所述。

① Basic ControlDesk：包括实验管理、硬件管理和源代码编辑器。

② Instrumentation Kits：用于建立直观的仪表界面，其中包括了常规仪表和参数编辑器、汽车仪表板和航空仪表板等。

③ Automation Kits：自动实现 ControlDesk 的大部分操作，并可提供自动实验扩展工具。

④ Multiprocessoe Extension：对 ControlDesk 进行扩展以适应 dSPACE 多处理器系统。

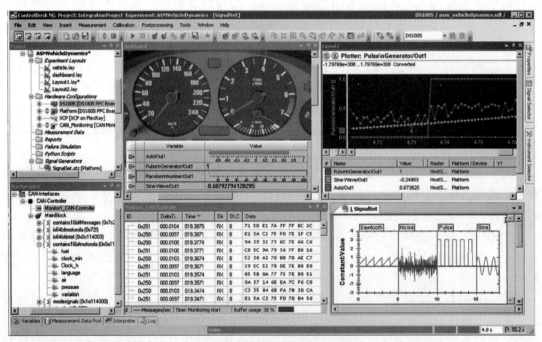

图 6-14　ControlDesk 用户界面

利用 ControlDesk 可以实现的功能如下所示。

① 对实时硬件的图形化管理。ControlDesk 可以方便地对硬件进行注册和管理、检查内存大小及处理器时钟频率，并利用 Windows 拖放方式方便地完成目标程序的下载，用

START 和 SOTP 来控制实时程序的启动及停止，并能通过 Error Message Logging 窗口实现错误监视功能。

② 用户虚拟仪表的建立。用户可以从仪表库中采用拖放方式建立所需要的虚拟仪表。通过建立的虚拟仪表与实时程序进行动态数据交换、跟踪实时曲线、完成在线调参，并能记录实时数据，实现实时数据回放等。

③ ControlDesk 可以图形方式访问 RTI 生成的变量文件。通过拖放操作在变量与虚拟仪表之间建立联系，除了访问一般变量外，还可以访问诸如采样时间、中断优先级、程序执行时间等其他与实时操作相关的变量。

④ 在 ControlDesk 界面中可以实时变量树生成参数文件。通过参数文件对实时实验进行批参数修改，并可通过多个参数文件的顺序，调入研究不同参数组对实时实验的影响。

⑤ 实验过程自动化。提供用户到 ControlDesk 所有组成部分的编程接口，对耗时及需要重复进行的实验过程实现自动化。可利用 Macro Recorder 记录 ControlDesk 的操作，并提供到 Matlab 的接口，实现与 Matlab 的数据交换。

（2）MLIB/MTRACE

MLIB 和 MTRACE 是 dSPACE 中 CDP 软件包中的两个库。利用它可以实现自动实验与参数调整，大大增强 dSPACE 实时系统的自动实验能力。使用这两个库可以在不中断实验的情况下，从 Matlab 直接访问 dSPACE 板上运行应用程序中的变量。甚至无需知道变量的地址，有变量名就足够了。这样，就可以利用 Matlab 的数字计算及图形能力进行顺序自动测试、数据记录和控制参数的优化。MLIB/MTRACE 自动实验大致流程如图 6-15 所示。

MLIB 与 MTRACE 联合使用可组成一个完美的整体。有 Matlab 强大的计算能力做支持，可以自动执行所能想到的任何实验。譬如控制器的优化：用 MTRACE 记录数据，然后将数据传送给 Matlab，Matlab 自动计算出新的控制器参数，并通过 MLIB 送回处理器板或控制板。

总之，dSPACE 是进行基于 Simulink 模型半实物仿真和实时控制的首选工具，利用以上软件工具可以完成从系统建模、分析、离线仿真到实时仿真的全过程，如图 6-16 所示。

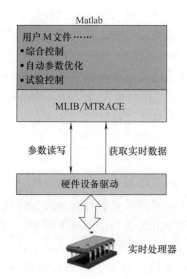

图 6-15　MLIB/MTRACE 自动实验大致流程

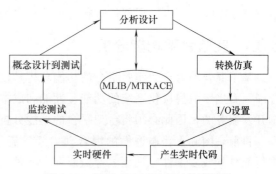

图 6-16　利用 dSPACE 实时仿真过程

6.2.4　小结

混合动力汽车动力总成实验包括三大关键技术：动力总成控制技术、CAN 通信技术及实验台架监控技术。对三大关键技术进行分析是控制整个实验过程，完成实验台架测试任务的必要条件。完成以上分析，接下来就是对实验台架的研究开发。

6.3　实验台架研究与开发

国际上普遍遵循的 HEV 开发流程，通常需要基于三个平台，即计算机仿真平台、台架实验平台和实车开发平台。计算机仿真平台具有适应性强、费用低、开发周期短等优点，但由于受动力系统复杂的数学模型的制约，仿真结果的真实性需要通过实验来检验。一般情况下，该平台多用于整车参数匹配和性能预测分析阶段。实车平台的优点是能够为开发对象提供真实的运行环境，但成本高，周期较长，适应性差。HEV 实验平台的研究与开发，一方面通过强大的零部件实验功能支持计算机仿真平台的开发；另一方面可以取代实车平台进行除可靠性能以外的整车实验。更进一步，可以通过在实验平台上进行多能源控制器性能实验，支撑多能源控制器开发平台的建设。

本节以模块化设计思想为指导，在分析混合动力实验平台功能的基础上，进行台架系统各模块的划分和构建。所谓模块化设计，是指在功能分析的基础上，将产品或系统划分为若干功能、结构独立的基本单元——模块，并使模块系列化、标准化，通过模块的有效选择与组合，实现不同功能的产品或系统，以满足不同需求的设计方法。模块化设计方法在组建通用系统、缩短产品设计周期、节约成本、提高产品质量方面有显著效果，在开发功能与结构相近的产品方面，有突出的优势，因此在现代科研和生产中被广泛应用。进行模块化设计，需要对系统工程的原理和方法、标准化理论、模块化理论有相当的理解，否则难以设计出有生命力的模块化系统。

采用模块化设计方案的必要性源自测试对象的特殊性。HEV 系统的部件类型繁多，结构复杂多样，开发对象涵盖串联、并联和混联多种结构与车型，因此测试对象具有很强的不确定性。对于每个测试对象都建设与之对应的实验台是不现实的，也是开发成本所不能允许的。HEV 系统实验平台必须具有很强的通用性，为柔性测试平台，不同的测试对象能够共享。当测试对象改变时，实验台的改动应尽可能小。处理上述通用性问题正是模块化设计的优势所在。同时，尽管不同 HEV 系统结构差异明显，但总是由特定的部件按一定的连接关系组合而成的，可以根据部件进行清晰的模块划分，这也为模块化设计提供了方便。

6.3.1　实验台架功能分析

基于混合动力台架实验平台的功能分析是模块化设计的前提和关键。功能分析是否充分合理，直接影响模块化系统的功能、性能和成本。混合动力实验平台的开发是为混合动力汽车开发服务的，因此必须将台架平台的功能分析放到混合动力汽车整个系统工程中。

目前，国际上普遍遵循的混合动力开发流程（图 6-17）是先进行概念设计，继而依次进行元件（或零部件）选型、参数匹配、元件研发、元件实验及标定、控制策略算法制定、计算机离线仿真、系统集成，最后是整车实验。如前文所述，这个开发流程通常需要三个平台的建设，即计算机仿真平台、实验平台和实车平台。进一步分析不难发现，随着瞬态和动态测功机的出现，实验平台的动态问题得以解决，可以做到模拟包括大强度加速和制动过程在内的所有工况。不仅如此，汽车电子技术的发展，已经可以提供高可靠性的电子元器件，足以满足汽车实际运行的恶劣环境。因此，实车平台的实验功能完全可以在台架实验平台上得以实现。不过，作为快速开发的有效手段，计算机仿真平台仍然不可或缺，也就是说整个开发流程至少需要两个平台。

基于上述分析，参照图 6-17 的开发流程，不难确定混合动力台架实验平台的两大功能，即元件实验及标定功能与整车（包括控制器原型）台架实验功能。

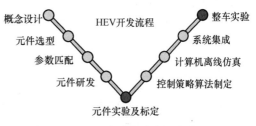

图 6-17 混合动力汽车开发流程

6.3.1.1 元件实验及标定功能

混合动力元件实验及标定在整个开发流程中起着承上启下的作用。一方面，它可以检验元件研发的实际效果，评价元件的优劣，为元件的改进提供实验依据；另一方面，由于混合动力汽车元件类型繁多，在计算机仿真时理论建模困难，故需要通过元件的实验及标定获得实验数据进行实验建模。目前，混合动力汽车多采用机-电混合方式。采用元件的类型通常有发动机、电机和动力电池系统。台架实验平台的元件实验及标定功能主要是发动机、电机和动力电池的实验及标定功能（图 6-18）。当然，随着混合动力汽车研究的深入，其他混合形式如电-电混合、电-液混合也会逐步趋于成熟。台架实验平台也应具有其他元件的实验及标定功能。

（1）发动机实验及标定

混合动力发动机实验及标定包括传统实验的内容，也包括针对混合动力的新内容。传统实验的内容包括发动机外特性、部分负荷特性、万有特性以及排放特性。这些特性数据的获取，可以为计算机仿真平台的建设提供真实的发动机模型。再者，混合动力发动机往往基于某一型号传统内燃机进行改造，实验数据可以为评价改造技术效果提供依据。除了传统实验内容外，混合动力特有的实验内容包括发动机启动性能和启动质量实验，这主要是考虑混合动力汽车上发动机频繁启动，对乘坐舒适性及动力性能的影响而进行的实验。

发动机实验和标定实验台架结构如图 6-19 所示。在进行传统实验时，需要采集发动机

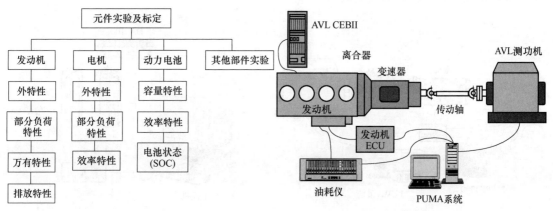

图 6-18 混合动力元件实验和标定　　　　图 6-19 发动机实验和标定实验台架结构

输入数据和输出数据。输入数据包括对发动机油门开度（或节气门开度）和测功机转速的命令；输出数据包括转速、转矩、油耗和尾气排放。上述数据除了排放需要后处理外，其他数据可以通过测功机的软件系统同步测量。这些实验数据是进行发动机计算机仿真建模的基础，也是混合动力整车控制策略制定的依据。

上述实验功能主要是发动机稳态实验功能。发动机动态性能包括启动性能、动态油耗、排放性能等。启动性能可以用启动时间来衡量。需要采集的数据包括发动机启动过程的时间、转速以及转矩。此外，后面系统优化可能需要动态油耗和排放。实验平台必须满足上述实验功能。

（2）电机系统实验及标定

电机系统实验及标定的内容包括：电机驱动外特性、再生制动外特性、效率特性、部分负荷特性等数据。这些数据是电机建模仿真及整车仿真的基础，也是整车控制策略制定的依据。

电机系统实验及标定的台架结构如图 6-20 所示。实验和标定过程中需要采集的数据包括电机的负荷率（相当于发动机的油门开度）、电机系统端电压和输入电流、电机系统输出的转速和转矩。这些数据的采集可通过恒和 PZ4000 功率计和测功机软件系统共同完成。

（3）动力电池系统实验及标定

动力电池是混合动力汽车的重要部件。它对混合动力汽车控制策略的研究和制定起着非常重要的作用。动力电池系统实验及标定的目的是确定所选电池的特性，为控制策略与控制参数的确定提供依据。它的具体功能包括：

① 记录动力电池充放电过程的电压和电流历程曲线，获取电池系统充放电特性数据；

② 根据采集的实验数据，确定动力电池的容量特性；

③ 根据采集的实验数据，制定有效的、精度较高的 SOC 的估测算法；

④ 确定电池 SOC 与电压、电流以及温度之间的关系。

动力电池系统实验及标定，直接决定了整车能量二次转换效率。这对整车控制和性能有着直接的影响。如图 6-21 所示是动力电池系统实验及标定台架结构示意。由于混合动力汽车上的电池组功率比较大，一个电池组通常由许多单体电池串接而成，因此单体的性能对整个电池组的性能有着至关重要的影响。除了对整个电池组的总电压和电流进行采集与监测外，实验中还需要对单体电池实施监测。本实验平台采用的是恒和 100 通道数据采集模块，可以满足对众多单体电池的检测要求。

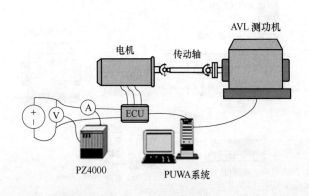

图 6-20　电机系统实验及标定的台架结构

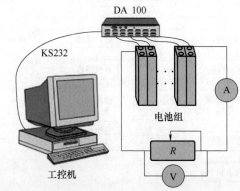

图 6-21　动力电池系统实验及标定台架结构示意

（4）其他实验功能

混合动力汽车的驱动系统除了机-电混合类型外，还有电-电混合类型（如燃料电池混合动力汽车）和电-液混合类型。混合动力开发实验平台应具有上述混合类型的实验及标定功能。

6.3.1.2　整车台架实验功能

元件实验及标定功能仅仅是混合动力实验平台的基本功能，其另一大功能是取代整车开发平台，进行整车动力性、经济性以及排放性能实验，整车控制器原型的性能实验及整车控制算法验证实验。用实验开发平台取代整车开发平台可以大大加快整车研发的进度，节约整车研发成本，降低技术风险。整车台架实验包括控制器性能实验、控制算法验证实验以及整车性能实验，如图6-22所示。

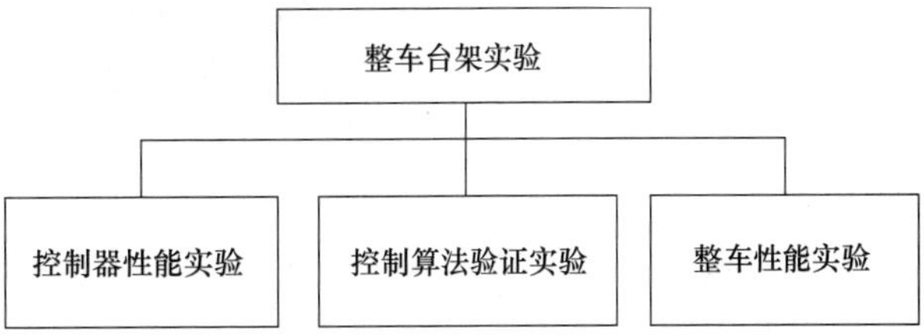

图6-22　台架实验平台整车实验功能

（1）整车性能实验功能

为了说明混合动力实验平台相对于传统实验台架和实车平台的优势所在，在此先对传统整车实验过程做一些简单的分析。传统汽车整车实验内容包括动力性能、经济性能和排放性能实验。整车动力性能实验过程是，实验样车遵照一定的实验规范，按概念设计阶段提出的各项动力性能要求，在适当的实验场地或转鼓上，在符合实验要求的实验环境中进行实验，如最大加速度实验、最高车速实验和最大爬坡度实验等。整车经济性能实验过程是，实验样车按照规定的实验循环，在适当的实验场地或转鼓上，在符合实验要求的实验环境中，运行所规定的循环，采集从实验循环开始到实验循环结束整车行驶的距离、整车油耗等数据，最后计算处理得到整车经济性能结果。整车排放性能实验的过程与经济性实验相似，只是排放性能实验只能在转鼓上进行，测取的是污染物的排放量。

从传统汽车整车实验过程，不难发现：

① 样车的试制是整车性能实验的必要条件和前提；

② 整车性能实验必须具备场地、环境条件或设备条件，两者必居其一。

这种以样车为实验对象获得整车性能实验结果的实验方法，工作量大、周期长、成本高、对实验场地和设备的要求高，且易受到实验环境和实验条件的限制。在样车试制完成后，对于整车驱动系统结构改动的余地很小，技术风险比较大，因而不能满足新型汽车，特别是混合动力汽车的研发要求。

通过模块化设计，混合动力实验平台只要添加整车惯量模拟模块、负载模拟模块和软件系统的工况循环闭环控制模块，就可以使整车性能实验越过样车实制阶段，无需专用实验场地，无需昂贵的转鼓设备，直接以新车型的驱动系统为实验对象，获取可靠的整车性能数据。

如图6-23所示是混合动力实验开发平台整车性能实验台架系统结构示意。针对不同的车型，台架平台只需更换动力输出模块，就可以做到一台多能，进行传统汽车、混合动力汽车的整车性能实验。

（2）整车控制器实验功能

混合动力台架实验平台除了取代实车平台进行整车性能实验的功能外，还可取代实车平台进行混合动力整车多能源控制器性能实验。控制器实验的目的是检验新开发的控制器硬件

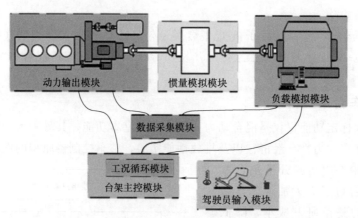

图 6-23　混合动力实验开发平台整车性能实验台架系统结构示意

输入/输出精度和可靠性，找出控制器的设计缺陷。此外，控制器实验的另一个目的是检验软件和硬件的集成效果。

如图 6-24 所示是某混合动力控制器台架实验。在该台架上，进行了控制器数字量、模拟量的输入/输出实验，通过恒和多通道数字示波器，采集输入/输出数据并分析其精度和响应等。此外还检验了混合动力公交客车整车控制软件和硬件的集成度，表明混合动力公交客车该型控制器具有较高的应用价值，为后续整车多能源控制器的开发提供了宝贵的实验数据和经验。

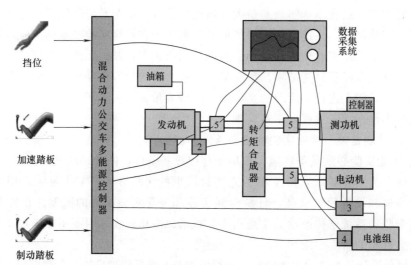

图 6-24　某混合动力控制器台架实验

1—发动机控制单元；2　离合器控制单元；3—电机控制器；4—电池监控单元；5—转速转矩仪

除了进行某一特定控制器的实验外，混合动力台架实验平台还可以进行控制器对比实验。实验中采用不同的控制器，在控制策略与控制参数及其他实验条件相同的条件下，对比实验结果，可以评价新开发的整车控制器优劣。

（3）整车控制策略实验功能

混合动力台架实验平台的另一项功能是整车控制策略实验。这一功能是在实现上述功能的基础上得到的。首先，实验平台必须具有十分可靠的混合动力驱动模块、整车惯量模拟模块、整车行驶阻力模拟模块、主控制模块；接着，采用不同的控制策略，进行整车性能实验；最后，才能根据实验结果评价控制策略的可行性和优劣。

台架实验平台的整车控制策略实验，大大减少了以往用实车进行控制策略实验的工作量和强度，节约了成本，缩短了新车型开发的周期。同时，为整车控制策略的优化研究提供了一个通用的实验平台。上述提到的某混合动力公交客车的控制策略实验，就是在此类实验平台上进行的（图6-24）。由于当时实验条件的限制，只对稳态条件下控制策略的稳定性问题进行了研究。

6.3.2 实验台架功能模块设计

基于对混合动力台架实验平台功能的细致分析，可以对台架实验平台进行模块划分与建设。根据模块化设计的思想，功能模块的划分应尽可能做到标准化与通用化。

本小节介绍两种混合动力台架实验平台模块划分思想。

6.3.2.1 按部件划分方案

如图6-25所示是台架实验平台模块划分，以各动力总成为模块，以不同模块的组合实现一台多能的目标。具体模块有：

① 发动机模块，包括发动机及其控制系统；
② 离合器模块，包括离合器及其控制系统；
③ 变速器模块，包括变速器及其控制系统；
④ 动力电池模块，包括动力电池及其管理系统；
⑤ 电机模块，包括电机及其控制系统；
⑥ 测功机模块，包括测功机及其控制系统。

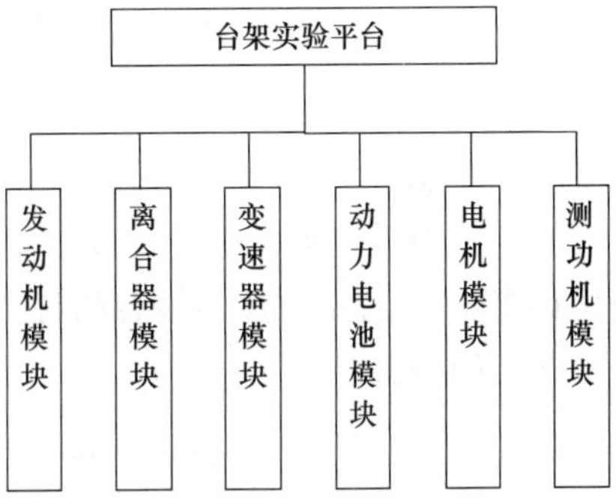

图 6-25　台架实验平台模块划分

利用上述全部或部分模块进行组合，可以形成以下若干种实验台方案。

① 混合动力汽车动力总成实验方案。其中，串联形式如图6-26所示，是由各模块组成的典型串联形式的混合动力汽车动力总成布置方案。典型并联形式和并联S/A形式的模块组合方式分别如图6-27和图6-28所示。

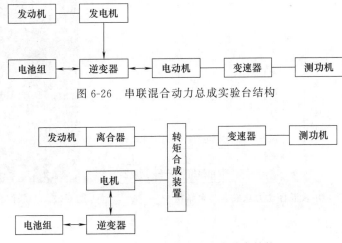

图 6-26　串联混合动力总成实验台结构

图 6-27　并联混合动力总成实验台结构

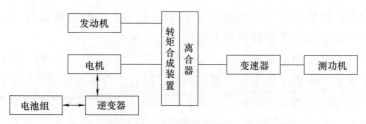

图 6-28　并联 S/A 混合动力总成实验台结构

② 纯电动汽车动力总成实验台结构如图 6-29 所示。

图 6-29　纯电动汽车动力总成实验台结构

③ 传统汽车动力总成实验台结构如图 6-30 所示。

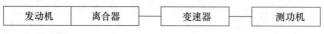

图 6-30　传统汽车动力总成实验台结构

④ 混合动力汽车关键动力总成单项台架实验方案，主要包括发动机台架实验和电机台架实验。其中，发动机实验可以用发动机模块和测功机模块组成发动机实验台。电机实验台结构如图 6-31 所示，该实验台的特点是既可以进行电机电动状态的实验，也可以进行电机发电状态的实验。

图 6-31　电机实验台结构

目前，混合动力汽车动力总成实验台的并联形式（并联混合动力总成实验台，见图 6-32 和图 6-33）已经搭建成功，并在该实验台上对所研制的混合动力城市客车多能源动力总成控制器进行了调试。考虑到调试的效率和目标，在初步调试中，该实验台尚未采用变速器。该实验台各组成模块的结构和控制原理介绍如下。

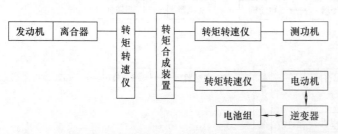

图 6-32　并联混合动力总成实验台结构

图 6-33　并联混合动力总成实验台

（1）发动机模块

并联混合动力总成实验台采用一汽大连柴油机厂生产的额定功率 81kW 的 CA498Z 型直

喷柴油发动机。由于 CA498Z 发动机不是电控柴油机，故对其启动、停机和油量调节进行了简单的电控改造。启动和停机控制由工控机通过继电器操纵电磁阀实现，油量调节则由工控机通过步进电机拉动喷油泵齿条实现。

（2）离合器模块

对 CA498Z 柴油机配用的膜片弹簧离合器进行了电控改造。执行机构采用电磁阀操纵气动装置实现。

（3）动力电池模块

实验台采用铅酸动力电池系统。该系统由 25 节额定工作电压为 12V、额定容量为 80A·h 的动力铅酸电池串联而成，额定输出电压为 300V。动力电池管理系统由工控机与电压、电流、温度传感器以及相关调节电路组成。动力电池管理系统对每一节电池的端电压、电流及温度进行监测，并按一定的算法计算动力电池 SOC，最后，向多能源动力总成控制器提供动力电池工作状态信号和 SOC 值。

（4）电机模块

实验台所用的电机是重庆电机厂生产的 27/60kW 三相交流感应电机。电机控制系统由中国科学院电工所研制。采用全数字矢量控制策略，工作电压 250/375V，开关频率 5kHz，冷却方式为水冷。

（5）转矩合成装置

转矩合成装置结构见图 6-34。该转矩合成装置由 3 个常啮合直齿轮构成，齿数分别为 43、40、27，电机输出至测功机端的传动比为 1.481。转矩合成装置采用飞溅方式润滑。

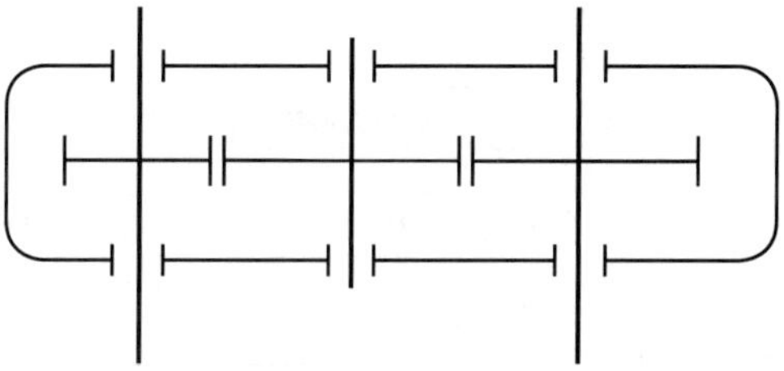

图 6-34 转矩合成装置结构

（6）测功机模块

由于条件的限制，实验台所用测功机是在旧式电力测功机基础上，加装变频调速系统改造而成的。其特性是在 0～3500r/min 的转速范围内，能够以某一恒定转速工作，但动态响应时间较长。所以，该测功机只能作为吸功装置工作，无法动态模拟汽车行驶阻力。如果应用 AVL 测功机后，应该可以解决这一问题。

（7）多能源动力总成控制器

多能源动力总成控制器采用 Intel 16 位单片机 80C196KC 作为 CPU，利用 C 语言编程，实现并联电动助力型控制策略，其电路原理如图 6-35 所示。

6.3.2.2 按功能划分方案

如图 6-36 所示是台架实验平台模块划分。本小节对图 6-36 各模块的组成内容和建设情况进行详细介绍。

（1）驾驶员输入模块

混合动力台架实验平台中的驾驶员输入模块由钥匙门、加速踏板、制动踏板和换挡手柄组成。该模块的作用是，将驾驶员的驾驶意图转换成电信号发送到整车主控制模块进行处理。

为了提高可靠性，实验平台的驾驶员输入模块均采用产品级的部件。钥匙门采用某公交客车的钥匙门；加速踏板和制动踏板采用韩国 ComeSys 公司的 F3-312-41 型踏板；换挡手柄采用某轿车的自动变速器的换挡手柄。

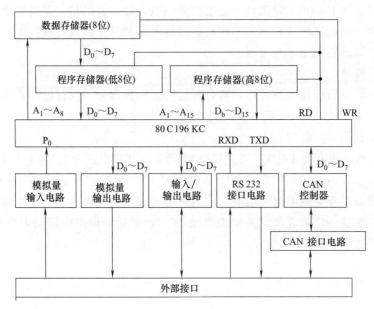

图 6-35　控制器电路原理

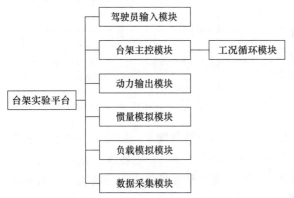

图 6-36　台架实验平台模块划分

（2）台架主控模块

台架主控模块是实验平台的关键模块，必须具有很高的可靠性、通用性和实验可达性。该模块不仅可以用于不同结构的整车实验，还应该具有快速实验的功能，最好能够采用模块化的编程语言。此外，主控模块还应具有丰富的 I/O 接口和强大的对外通信功能，以保证模块的通用性。

根据上述要求，混合动力台架实验系统采用具有国际性先进水平的 dSPACE 公司的 AutoBox 和 MicroAutoBox 作为主控模块。只要与 AutoBox 和 MicroAutoBox 对比实验的结果达到要求，研发的混合动力多能源控制器也可以作为平台的主控模块。

除了硬件外，台架主控模块软件部分还包括工况循环子模块。该模块的功能是保证在台架上实现特定的工况循环，进行整车性能实验。

（3）动力输出模块

由于混合动力汽车部件和结构的多样性，决定了动力输出模块的不确定性和多样性。一般机-电混合动力汽车的动力输出模块包括发动机、电机、动力电池和机械式自动变速器（AMT）。其他混合动力输出模块会随着混合形式、整车布置结构的不同而不同。

（4）惯量模拟模块

根据上文的功能分析，惯量模拟模块的功能是模拟整车惯量。从理论上讲，现代先进的瞬态和动态测功机已经完全可以模拟整车的惯量，而且惯量模拟模块的存在增加了实验平台的复杂程度和成本。尽管如此，实践表明，在实验平台上加入惯量模拟模块是必要的。出于通用性考虑，惯量模拟模块应采用柔性设计思想。

① 惯量模拟模块的必要性。表现在如下几个方面。其一，加装飞轮组有利于保持台架系统转速的相对稳定性。多次实验表明，在没有飞轮组的情况下，由于台架系统惯量较小，很小的转矩变化就会引起台架系统转速的较大波动。如图 6-37 所示为没有飞轮组台架系统的转速。图 6-37 中竖线左侧为转速控制模式，右侧为转矩控制模式。在转矩控制模式下，因动力源和测功机转矩的微小不平衡，引起了整个系统转速的突变，表明在没有惯量模拟模块的情况下，不易保持转速的相对稳定性，使得整个系统的转速控制变得困难。其二，加入惯量模拟模块可以避免复杂的加速阻力矩的计算，从而提高整个系统的控制精度和响应速度。其三，惯量模拟模块的存在，可使负载模拟模块（下文介绍）的控制大大简化。在加速阶段，负载模拟模块只需模拟输出空气阻力、爬坡阻力和滚动阻力；在减速阶段，测功机除了模拟输出上述三种阻力外，只需模拟输出机械制动阻力矩即可。

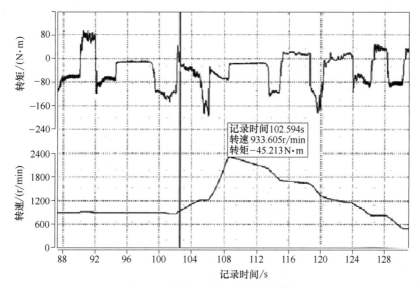

图 6-37　没有飞轮组台架系统转速

综合分析利与弊，混合动力台架实验平台加装惯量模拟模块是必要的。

② 惯量模拟模块的设计计算。综合分析优劣，台架实验平台惯量模拟模块拟采用锻钢制造的飞轮。考虑到飞轮组的通用性，飞轮采用多片设计。每一片飞轮的惯量，等于某一种常见车型的整车惯量转换到主减速器输入轴处的等效惯量。

参照图 6-38，整车惯量包括整车平移质量的惯量、车轮的转动惯量和主减速器的转动惯量。驱动系统的转动惯量由于真实地存在，故不用进行等效计算。整车惯量等效计算的任务是将整车平移质量 m、前后车轮的转动惯量 J_{wf} 和 J_{wr}，以及差速器的转动惯量 J_d 转换成主减速器输入端的当量转动惯量（如图 6-38 所示，传动系统类型为后驱），亦即主减速器输入端处的当量转动惯量是整车平移质量 m、前后车轮的转动惯量 J_{wf} 和 J_{wr} 以及差速器的转动惯量 J_d 之和。最后，等

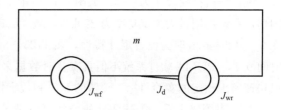

图 6-38　整车惯量转化示意

效到主减速器输入端处的整车等效惯量按下式计算。

$$J = \frac{mr^2 + J_w + J_d}{i_0^2} \tag{6-5}$$

式中，m 为整车质量，kg；r 为车轮滚动半径，m；J_w 为从动轮和驱动轮转动惯量之和，kg·m^2；J_d 为差速器的转动惯量，kg·m^2；i_0 主减速器速比。

将 6 种车型的参数代入式 (6-5)，计算得到飞轮主片的惯量数值，见表 6-1。为了更加精确地模拟整车惯量，还设计若干片惯量等于 1kg·m^2 的小片，以便做调整之用。

表 6-1　各片飞轮的转动惯量

飞轮片次	1	2	3	4	5	6
转动惯量/(kg·m^2)	9.0	12	31	20.7	16.8	9

为了保证通用性，设计的飞轮组轴和联轴器应能承受的最大静转矩在 5000N·m 以上。转速在 0～3500r/min 的范围内，有良好的动平衡。实验平台上所有机械连接的联轴器，均按如图 6-39 所示的结构和端面尺寸设计。

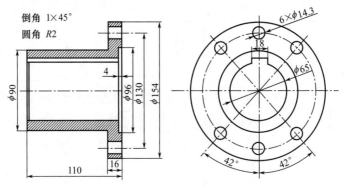

图 6-39　飞轮组两端联轴器结构尺寸

(5) 负载模拟模块

负载模拟模块的功能是为元件实验、标定以及整车实验提供必要的负载。对此功能进行细化，负载模拟模块必须具备如下功能：

① 较大的功率，适当的转速和转矩范围，能够满足上述实验功能的需要；

② 具有恒转速、恒转矩以及根据外部负荷命令输出转矩的能力；

③ 响应快，精度高；

④ 具有实时数据采集和分析功能。

根据上述具体要求，混合动力台架实验平台采用 AVL 公司的瞬态测功机，以及 PUMA 软件系统负载模拟模块作为主体。如图 6-40 所示是测功机及其软件系统。考虑汽车的功率等级，测功机系统选用最大恒定功率为 220kW，最大瞬时功率为 275kW，转速范围为 0～3500r/min；在 0～1125r/min 时为恒转矩外特性，在 1125～3500r/min 时为恒功率外特性；转矩瞬态响应时间 0.1s。PUMA 软件系统不但具有实时数据采集和分析功能，还具有模块化编程能力，可以快速实现预定的实验目标。预留的 I/O 和数字接口可以满足软件系统与外部通信的需要。

从功率等级上看，上述测功机已经可以满足混合动力台架实验平台一般实验的需要。然而，式 (6-6) 表明，当功率 P 一定时，转速与转矩成反比。

图 6-40　测功机及其软件系统

$$P = \frac{Tn}{9549} \tag{6-6}$$

式中，T 为转矩，$N \cdot m$；n 为转速，r/min。

因此，上述选用的测功机无法满足高转速发动机转速的需要，也无法满足大吨位车辆重载工况的转矩需要。由于惯量模拟模块的存在，在驱动时，测功机需要模拟道路阻力（包括滚动阻力和坡度阻力）和空气阻力，等效到主减速器输入端处的转矩；在制动时，测功机还要输出摩擦制动力等效到主减速器输入端处的转矩。

此外，$0 \sim 3500 r/min$ 的转速范围，对于混合动力客车的应用已经足够，但可能无法满足高速发动机的实验要求。因此，实验平台负载模拟模块还应包括转速调节系统。

为了提高可靠性，转速调节系统选用一款产品级的六挡变速器（其速比见表 6-2）作为转速调节系统的主体，再设计辅助结构，如支架等。如图 6-41 所示为转速调节系统结构示意。由于两端连接的联轴器端面尺寸已经采用标准设计，故根据需要可以将转速调节系统正向安装或反向安装。

表 6-2　转速调节系统挡位和变速器速比

挡位	速比	挡位	速比
一挡	7.285	五挡	1.0
二挡	4.193	六挡	0.847
三挡	2.485	倒挡	6.777
四挡	1.563		

综上，混合动力台架实验平台负载模拟模块包括测功机系统和转速调节系统两部分。

（6）数据采集模块

由于混合动力汽车部件与结构的多样性，在台架实验平台上进行的实验内容也丰富多样，因此实验平台信号与数据类型也各种各样，采集的通道数量也不尽相同。这些因素决定了数据采集模块内容的多样性，子模块也比较分散。如图 6-42 所示是实验平台数据采集模块的组成。瞬态油耗仪用于测量发动机的油耗；AVL CEB Ⅱ 排放分析仪用于分析尾气排放；dSPACE

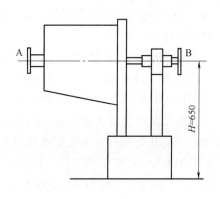

图 6-41　转速调节系统示意

数据采集模块用于采集显示模拟量、数字量和 CAN 总线传输的数据；测功机数据采集模块用于采集转矩、转速和测试环境数据；数字示波器 DL708E 用于多通道模拟量数据类型的同步测量；功率分析计 PZ 4000 用于效率实验功率数据的采集分析；模拟量数据采集模块 DA100 用于动力电池系统的采集检测。此外还有其他类型的传感器，用于实验平台数据的采集和监测。目前混合动力台架实验平台已经具备了比较先进、比较完备的数据采集模块。

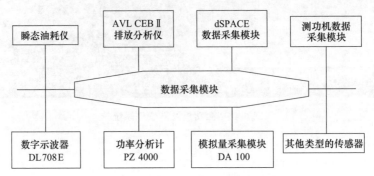

图 6-42 实验平台数据采集模块的组成

总之，经过一段时间的建设，混合动力台架实验平台中的上述各模块已经完成，可以对所有混合动力汽车开展一系列的实验，包括元件实验和整车实验。

6.3.3 实验台架设计与测试

在进行实验台架的功能分析和功能模块设计后，即可根据实验的具体需求设计不同的实验台架。之后，在搭建的混合动力汽车台架实验上进行实验，并根据实验记录的数据对实验结果进行分析。由于混合动力汽车整个实验过程与传统汽车实验差别较大，所以对实验结果的分析方法也有所不同。本小节以不同的混合动力台架实验实例为讨论对象，简要阐述其基本原理和实验结果，旨在指导现阶段混合动力汽车实验，也为今后制定混合动力实验规范打下基础。

针对前面介绍的 MPC5×× 芯片在混合动力汽车中 CAN 通信的应用，以及混合动力台架实验平台两种模块划分思想，进行具体实验台架设计与测试的应用举例分析。

6.3.3.1 CAN 通信的台架实验

台架实验是进行混合动力汽车实车调试的前提。因此，针对 6.2.2 小节中以 MPC5×× 芯片多能量管理及控制单元（HCU）与其他各总成的控制单元通过 CAN 通信来进行数据传输，HCU 的指令实时得到执行，而发动机、电动机、动力电池等控制单元的系统状态信息同样通过 CAN 通信向 HCU 发送，由于 CAN 通信的特点，它可以通过为不同 MSG 定义不同 ID 号来标识实际物理信号。表 6-3 是根据 SAE J1939 协议定义的 HCU 与发动机控制单元进行通信的具体信号，它们的 ID 号为 0C000011Hex。同样，由 HCU 传送到电动机的信息 ID 号为 0CFE4927Hex，而由电动机到 HCU 的 MSG 定义为 0CFE2749Hex。

混合动力汽车台架及 CAN 通信原理如图 6-43 所示。由于该混合动力汽车的结构为并联式，因此其电动机转速按变速器的速比 2∶1 关系，即为发动机转速的 2 倍。如图 6-44 所示是台架 CAN 通信实验结果。从图 6-44（b）可以看出，根据 CAN 协议，由不同控制单元向 HCU 传送的信息被 HCU 正确接收，即电动机转速为发动机转速的 2 倍，且从 HCU 向各控制单元发送的控制命令，由 CAN 通信被正确地送达并正确执行。如图 6-44（a）所示，车速和挡位显示与实际情况符合。这进一步说明由 MPC5×× 芯片构成的 HCU，可靠、正确地与其他各控制单元进行 CAN 通信，保障了控制的实时性，满足了实际控制要求。

表 6-3 HCU 与发动机控制单元进行通信的具体信号

字节	位		信号说明	有效范围	物理值	偏移量
1	8,7		00＝运行 01＝停机	0～1	1/bit	0
	6,5		取代控制模式优先权	0～3	1/bit	0
	4,3	转速控制情况	00＝在驱动桥分离或非闭锁情况下瞬态过程优化 01＝在驱动桥分离或非闭锁情况下稳态过程优化	0～1	1/bit	0
	2,1	取代控制模式	00＝取代控制取消 01＝速度控制,控制速度到目标值 10＝转矩控制,控制转矩到目标值/电子踏板 11＝速度/转矩限制控制	0～3	1/bit	0
2	8-1	低 8 位	目标速度,速度限制	0～8031.875	0.125	0
3	8-1	高 8 位		r/min	(r/min)/bit	r/min
4	8-1		目标转矩,转矩限制	0～255	1/bit	0
5-8	8-1		未定义			

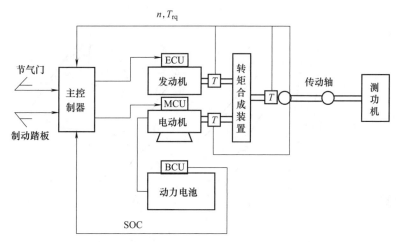

图 6-43 混合动力汽车台架及 CAN 通信原理

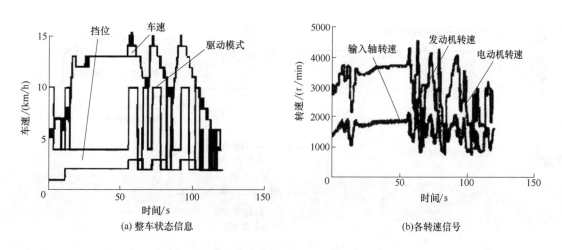

(a) 整车状态信息

(b) 各转速信号

图 6-44 台架 CAN 通信实验结果

6.3.3.2 主要部件典型实验

根据实验台架功能模块设计中按部件划分的方案，利用本课题组完成的上述并联形式混合动力汽车动力总成实验台架，对混合动力城市客车多能源动力总成控制器进行初步调试。所完成的电机台架实验，充分证明了实验台架模块化设计思想的可行性与有效性。

（1）电机台架实验

利用如图 6-45 所示的电机实验台架结构，可以对电机负荷特性与效率特性进行测试。如图 6-46 所示为并联混合动力总成实验台架电机效率特性。

图 6-45　电机实验台架结构

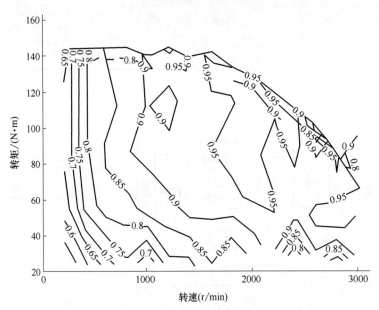

图 6-46　并联混合动力总成实验台架电机效率特性

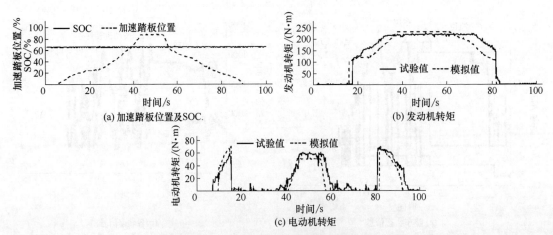

(a) 加速踏板位置及SOC　　(b) 发动机转矩

(c) 电动机转矩

图 6-47　并联混合动力总成实验台架驱动工况

SOC 值变化幅度较小时发动机、电机输出转矩模拟值和实验值比较

（2）混合动力城市客车多能源动力总成控制器实验

利用搭建的并联混合动力总成实验台，对所研制的混合动力城市客车多能源动力总成控制器进行了调试。限于篇幅，仅以图 6-47 为例。如图 6-47 所示是当 SOC 值在控制上下限之间小幅变化时，随着加速踏板位置的改变，发动机和电机输出转矩模拟值与实验值的比较。当加速踏板踩下幅度较小时，整车所需转矩较小，并且 SOC 值大于控制下限，电机单独工作；当加速踏板踩下幅度中等时，发动机开始工作，电机停止工作；当加速踏板踩下幅度较大时，发动机输出转矩达到上限，但仍不能满足整车驱动需要，同时，由于 SOC 值大于控制下限，所以电机进入助力状态。可以看到，发动机和电机转矩的模拟值与实验值吻合情况较好。实验证明，该控制器的软硬件研制是成功的，制定的并联电动助力型控制策略是可行的。

6.3.4　小结

对于实验台架的研究和开发，本小节提出了按部件与按功能分类的模块化思想。以模块化设计思想为指导，在分析混合动力实验平台功能的基础上，进行台架系统各模块的划分和构建。模块化设计方法在组建通用系统、缩短产品设计周期、节约成本、提高产品质量方面有显著效果，在开发功能和结构相近的产品方面，有突出的优势，在现代科研和生产中被广泛应用。

6.4　本章结语

本章以最具代表性的混合动力系统为对象，在简单分析混合动力汽车零部件（元件）和整车实验技术的基础上，对台架实验技术中的动力总成控制技术及通信技术进行了分析，重点分析了动力总成的动态切换控制技术和电机辅助换挡技术。最后，介绍了动力总成间的 CAN 通信技术和 dSPACE 实时仿真技术。这些技术为混合动力实验台架的开发奠定了基础。本章也在简单介绍模块化设计思想的基础上，对混合动力汽车台架实验平台的功能进行了分析。根据这些功能，对实验平台进行了模块划分和建设。本章所介绍的以混合动力实验台架为基础的实验方法与测试技术对其他新能源汽车相关技术均具有指导和借鉴意义。

新能源汽车是一个复杂系统，新能源汽车动力系统的研发需要解决很多关键技术问题，比如参数匹配设计、构型方案设计及系统控制策略开发标定等。动力实验台架作为新能源汽车研究中的关键技术之一，它提供了一个解决新能源汽车设计与控制问题的开发平台。建立一整套完整的具有国内先进水平的新能源汽车试验台架系统，无论对新能源汽车的理论研究，还是对相关技术成果的推广，都具有十分重要的现实意义。

第7章
新能源汽车热管理技术

研究整车热量状态并合理控制温度场对于降低新能源汽车综合能耗、提升乘坐舒适性、延长关键零部件的寿命有重要意义。热管理相关技术并不是一项全新的技术，所有与温度相关、涉及热量传递的情况都需要研究其热管理。热管理的本质是通过热量传递实现对温度的控制，形成合理的温度场。因为汽车零部件数目众多，各种工艺技术相对复杂，所以关于新能源汽车的热管理一直以来都是众多科研人员的研究热点。汽车热管理行业集热学、力学、电气等多种学科知识，涉及锻造、焊接、装配等多项工艺，存在较高的技术壁垒。无论是传统燃油汽车还是新能源汽车，整车的热管理对燃油经济性、乘坐舒适性等都有很大影响，整车热量管理分析对于优化汽车性能、提升车辆寿命都有着至关重要的作用。传统燃油汽车主要包含的是空调系统和发动机系统的热管理，目的是使整车各零部件处于合适的温度，保障车辆发挥最佳的性能。新能源汽车因为动力源构型繁多，耦合机/电/液系统复杂，所以在热管理方面比传统燃油汽车更加复杂。除了发动机热管理与传统汽车相类似之外，新能源汽车热管理还包括动力电池热管理以及电机电控热管理。此外，由于新能源汽车自身关键部件，例如电池、电机等对温度的敏感性比传统燃油汽车更强，动力系统关键部件的热特性与整车动力输出及能量消耗息息相关，因此单一的热管理和单一的能量管理便无法保证整车性能达到最佳。

基于以上背景，本章以插电式混合动力物流车为研究对象，首先对新能源汽车热管理技术进行概述，然后对新能源汽车热管理系统设计与建模方法、热管理系统控制策略和计及热特性的整车能量管理策略等方面进行详细介绍。

7.1 新能源汽车热管理技术概述

新能源汽车热管理具有非常广阔的市场前景。据中国产业信息网调查数据显示：2021年国内电动汽车热管理系统市场规模预计可扩张至 420 亿元，复合年增长率超过 30%。新能源汽车热管理行业有望成为新能源产业链细分领域中待挖掘的投资"金矿"。不过目前新能源汽车热管理方面研究仍不够深入，导致新能源汽车动力系统节能潜力未得到充分挖掘。

虽然新能源汽车热管理方面还有许多技术等待突破，但是对于这一领域已有不少研究。从实际角度出发，整车热管理系统一方面对车辆各部件起着温度调控作用，另一方面也是车辆的重要耗能系统；建立热管理系统模型能够对动力系统各部件的温度实现反馈和控制，是开展计及热特性的新能源汽车能量管理研究的基础。新能源汽车热管理系统从管理对象角度可分为发动机热管理系统、动力电池热管理系统以及电机电控热管理系统。

发动机处于低温状态会造成润滑油黏度升高、燃油雾化不良，导致系统运行阻力增大、燃料燃烧不充分，进而使发动机燃油经济性以及排放性能变差。研究发现当发动机未经充分预热时其效率会显著降低且污染物排放增多。热启动时一般汽油发动机的典型负荷效率为20%～25%，而在冷启动时，此数值将会降至约9%，美国科学家预测若进一步将温度降低至0℃，发动机油耗将额外增加13.5%。而发动机处于高温状态可能导致系统润滑失效，降低力学性能，严重时会损坏油封，加剧零件磨损或膨胀卡滞，损坏接触表面，致使发动机报废，需采用发动机热管理系统对其温度加以调控，通过调节热管理系统中的冷却液流速可以达到这一目的。冷却液流速由冷却泵转速进行控制，而冷却泵转速与发动机转速成正比，因此冷却液流速只能通过恒温阀调节。不过研究发现此种方式调节能力较差，约95%的运行时间发动机都被过度冷却。于是很多公司都使用电子水泵来独立于发动机转速对冷却液流速进行调节。国外有团队使用一种脉冲冷却液流动策略来控制电子水泵的开闭，以便仅在需要时启动，能够在电子水泵的基础上进一步降低冷却系统能耗。

动力电池性能对于温度较为敏感，而动力电池不可避免地会在高温或低温环境下工作，故其热管理系统要兼具冷却和加热功能。高温环境会导致动力电池出现热失控、加快电池寿命衰减、限制充放电速率等问题，影响其工作性能。为使电池在高温环境下维持在良好的工作温度范围内，包括风冷、液冷以及相变冷却等方式在内的电池冷却技术应运而生。风冷技术以冷却空气为介质，主要以对流形式传热，主要包括串行和并行两种冷却方式。并行方式可使流过各个电池模组表面的冷却空气流量大致相同，散热效果及模组间温度一致性较串行方式更佳。在风冷系统逐渐无法满足电池包冷却需求的趋势下，研究者们进一步研发了液冷系统，以冷却液为介质，对电池包进行冷却。将以油为介质的液冷方式与风冷方式进行了实验对比，结果表明，在电池产热量为30W的工况下，液冷方式与风冷方式相比电池包表面温度降低近10℃。国内北京理工大学的科研团队对某特种车辆热管理系统提出了一种分流式冷却系统，可以对高温回路与低温回路中冷却液温度、冷却液质量流量、风扇转速等参数分别进行控制，提高系统散热效率。

驱动电机及其电控系统是混合动力汽车的关键部件，其性能直接影响到车辆的动力、能耗、舒适性等方面。驱动电机及其电控系统工作时由于铁芯损耗、绕组损耗等会产生大量热量，这些热量若不能及时散出，将会使驱动电机及其电控系统产生温升，温度的上升不但影响其工作效率，还会影响寿命，严重时甚至烧毁，导致整车无法正常运行，危及乘客生命安全。为避免驱动电机及其电控系统过热导致的不良后果，应加强对电机/电控热管理技术的重视。

基于车辆进一步节能以及系统集成化的设计要求，近些年来新能源汽车整车集成热管理的研究逐渐受到国内外研究者的青睐。这一概念最初提出于20世纪90年代，主要用于解决武器装备、军用车辆空调、发动机、电机与动力电池的温度控制问题，此方案通过多回路耦合优化了热管理系统在特殊工况下的换热性能，通过提高能量利用率降低了系统能耗，近年来逐渐向民用化发展。

奥迪Q7 etron PHEV在进行整车热管理集成的基础上还应用了热泵技术，实验表明具有热泵参与的加热过程会变得更快、更高效，并使得整车纯电续驶里程提高10%。如图7-1所示

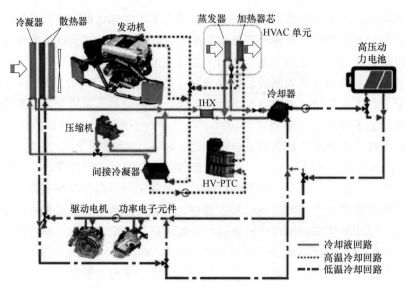

图 7-1　奥迪 Q7 etron PHEV 的热管理系统架构

为奥迪 Q7 etron PHEV 的热管理系统架构，其中实线表示的回路为制冷剂回路，可通过热泵空调系统实现对乘员舱以及动力电池的冷却和加热；虚线表示的回路为高温回路，在发动机停机时可通过热泵以及 PTC 进行加热；点划线表示的回路为低温冷却回路，通过对回路中各三通阀的控制可以最大限度利用余热，从而节约能耗。目前适用于混合动力汽车的最佳热管理方案为液冷形式，由于电子水泵节能及易于控制的优势通常作为液冷回路的动力源，同时电池的工作温度较为苛刻，其热管理系统要兼有加热和冷却功能，电机/电控的热管理系统可实现一体化设计，而整车集成化的热管理系统在改善热管理效果基础上又能够显著降低能耗。

纯电动车集成化热管理系统形成了以空调系统为核心，在其换热器侧并联支路，利用空调系统的制冷功能为电池、电机/电控系统降温或利用电机/电控系统余热进行乘员舱制热的方案，实现了热管理子系统间的协同管理。为解决低温环境下传统 PTC 车内制热时能耗高、制热效率低的问题，新能源汽车通常采用热泵空调系统。当前纯电动汽车大多采用 PTC 加热器满足其制热需求，国内对电动汽车空调能耗评估结果显示：在冬季温度较低时使用 PTC 加热器能耗较高，整车续航下降将近 30%。为解决低温环境下车辆制热能耗高的问题，近年来相关技术人员逐渐开发热泵系统。不同于 PTC 加热器"制造热"，热泵系统是"搬运"周围介质的热量，因此其消耗的能量较低。在相同环境下测试了纯电动汽车热泵系统与 PTC 加热器单独制热时的能耗：PTC 加热器比热泵系统多消耗 13.5%～20.8% 的电量。热泵系统的能效比能达到 2～4，而同等条件下的 PTC 理论最大值仅为 1，因此热泵系统在纯电动汽车上得到了广泛的应用，表 7-1 为目前国内外应用热泵系统的相关车型。

表 7-1　目前国内外应用热泵系统的相关车型

上市时间	应用车型	代表车系
2019 年	蔚来 ES6	国产
2018 年	荣威 Ei5	国产
2018 年	长安 CS75PHEV	国产
2017 年	大众 e-golf	德系
2017 年	丰田 Prius Prime	日系
2014 年	起亚 Soul	韩系

特斯拉针对整车热管理系统做了许多研究，并将热泵系统应用到 Model Y 上。Model Y 在使用低压 PTC 加热器的同时增加热泵系统，将电池系统、驱动系统与功率电子 PCS 整合，通过"热泵＋PTC 电辅助"的方式实现整车制热，其热泵系统如图 7-2 所示。整车控制器将热管理系统划分为 12 种模式并根据相关参数（环境信息、电池 SOC 以及行驶目的地等）决定当前整车热管理模式，根据外界温度以及系统能效比 COP 决定热泵系统参与度。各模式间的切换是通过 8 向换向阀实现的：在极低温场景下，PTC 加热器通过消耗电量制热，COP 值为 1；在中温段，采用"热泵＋PTC"混合制热模式，该模式下由于热泵系统的参与，整车 COP 值为 1～2；温度较高时则完全依赖热泵系统进行制热，此时系统 COP 值维持在 1.5～5 之间。

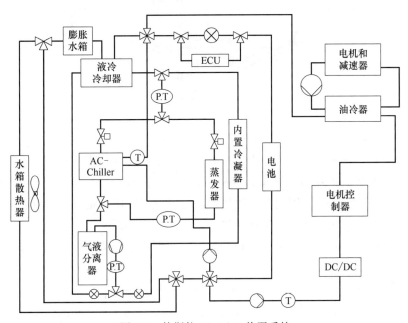

图 7-2 特斯拉 Model Y 热泵系统

大众汽车的 e-golf 车型也采用热泵系统为其空调系统，其结构如图 7-3 所示。由于传统的四通阀为铜制式，而车辆部件多为铝制，因此两者的焊接性差、稳定性低，存在高低压制冷剂泄漏的风险，因此该款车型采用三换热器结构：两个热交换器布置在 HAVC 中，另一个布置在发动机舱。根据热源的不同，该构型有三种制热方式：从空气中吸热、利用冷却回路的余热以及同时从空气与冷却回路中吸收热量，通过三种模式的切换，增加了低温下车辆的制热选择，降低热管理系统能耗。

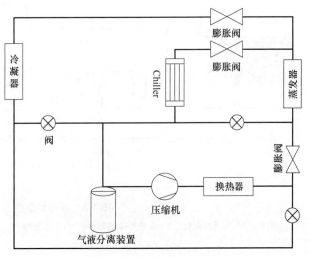

图 7-3 大众 e-golf 热泵系统

宝马 i3 车型的热泵系统如图 7-4 所示，该热泵系统包括三个换热器。整车采用分段制热方法：在外界环境温度较低时采用热泵系统制热，在极低温条件下使用热泵＋PTC 的混合制热模式。测试表明：在获得相同 5kW 热量情况下，PTC 加热器需要消耗 5.5kW 的电能，而同等条件下热泵系统仅需消耗 2.5kW 的电量。

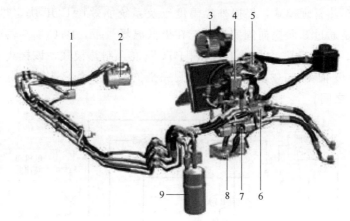

图 7-4　宝马 i3 车型的热泵系统

1—电子膨胀阀（蓄电池）；2—电动压缩机；3—鼓风机；4—电加热器；5—电子膨胀阀（蒸发器）；
6—制冷剂截止阀（冷凝器-干燥器）；7—制冷剂截止阀（压缩机-换热器）；8—热泵换热器；9—储液干燥器

近几年在传统热泵系统的基础上，有科研团队针对纯电动汽车提出了一种低温热泵系统，其构型如图 7-5 所示。运用闪发补气技术解决了低温下压缩机排气温度较高的问题，同时减少其过热损失。新增的补齐回路确保制冷剂保持恒定的质量流量，新系统与传统的热泵系统相比能提供更多的制热量；通过电机冷却液辅助制热，提高了系统的整车热效率。

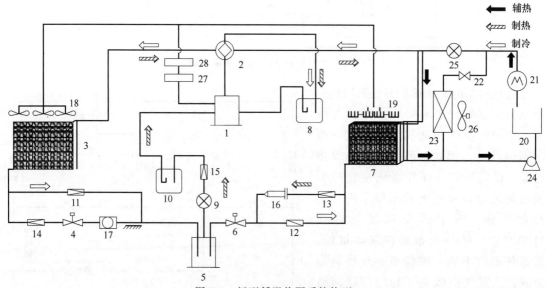

图 7-5　新型低温热泵系统构型

1—压缩机；2—四通换向阀；3—车室外换热器；4—电子膨胀阀 A；5—高压储液器；6—电子膨胀阀 B；7—车室内换热器；
8—气液分离器 A；9—电磁阀 A；10—气液分离器 B；11—单向阀 A；12—单向阀 B；13—单向阀 C；14—单向阀 D；
15—单向阀 E；16—干燥过滤器；17—视液镜；18—轴流风机；19—贯流风机；20—水箱；21—驱动电机 A；
22—电磁阀 B；23—换热器；24—泵；25—电磁阀 C；26—冷却风机；27—驱动电机 B；28—逆变器

综合来看不难发现，新能源汽车空调系统、电池及电机/电控系统的工作特性都与温度有着密切的关系，因此将各子系统进行能量和管路的集成，构建综合性整车热管理系统，能够更好地协调车辆各部分热负荷关系，高效利用电池能量，实现系统间的协同管理，对提升整车热管理系统能效、降低电池工作负荷具有重要意义。

对于新能源汽车特别是部件繁多的插电式混合动力汽车来说，能量管理与热管理是影响其油耗的重要因素。一方面，插电式混合动力汽车的燃油经济性高度依赖能量管理策略；另一方面，随着汽车电动化的发展及消费者对舒适性要求的日益提高，插电式混合动力汽车的热管理系统更为复杂，热管理系统的能耗占比较高，对整车燃油经济性的影响也较为明显。同时，汽车需要适应各种温度环境，而汽车动力系统的工作性能受温度影响明显，对动力系统进行控制的同时考虑温度因素有利于降低整车能耗，故开展计及热特性的能量管理策略研究是进一步发挥系统节能优势的有效手段。为进一步实现整车能量的高效利用，促进新能源汽车全温域推广，助力国家双碳目标达成，本章介绍了计及热特性的插电式混合动力汽车能量管理策略。

7.2　新能源汽车热管理系统设计与建模

车辆动力系统构型的确立是研究能量管理策略的前提，系统仿真模型的搭建是控制策略研究的基础。对车辆动力系统进行仿真建模能够使控制策略得到快速应用，便于发现和解决问题，从而提高开发效率，缩短研发周期。本节搭建研究对象动力系统的机-电-热耦合仿真模型，在传统动力系统建模的基础上又对部件的热特性进行分析，为热管理系统模型的建立以及计及热特性的能量管理策略研究奠定基础。本节针对每个系统各组成部分及工作原理、涉及的热力学循环以及计算公式进行详细介绍。

7.2.1　系统构型

研究对象为某插电式行星混联混合动力物流车，动力系统构型如图7-6所示。该系统主

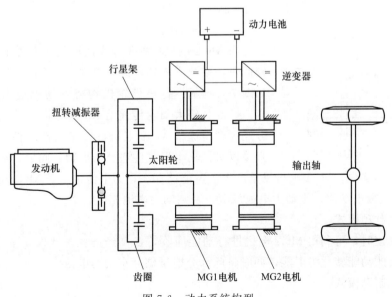

图7-6　动力系统构型

要包含发动机、动力电池、MG1 电机、MG2 电机以及行星齿轮机构等部件。其中，发动机与行星齿轮机构的行星架相连，MG1 电机与行星齿轮机构的太阳轮相连，MG2 电机与行星齿轮机构的齿圈相连，最终，动力经由齿圈传递至输出轴进而驱动车轮。

研究对象的整车基本参数及各部件基本参数如表 7-2 和表 7-3 所示。

表 7-2　整车基本参数

整车参数	数值
整车总质量/kg	4495
整备质量/kg	2560
风阻系数	0.5375
迎风面积/m²	6
滚动阻力系数	$0.0076+0.000056v$
驱动桥速比	6.833
轮胎滚动半径/m	0.376

表 7-3　各部件基本参数

部件	参数	数值
发动机	最大功率/kW	80
	最高转速/(r/min)	3200
MG1 电机	峰值功率/kW	58
	最高转速/(r/min)	5000
MG2 电机	最大功率/kW	66
	最高转速/(r/min)	4900
动力电池	额定电压/V	670
	电池容量/(A·h)	22

从电能的参与程度角度考虑，该系统可划分为纯电动、功率分流、再生制动以及机械制动四种工作模式。

（1）纯电动模式

此模式中，发动机与 MG1 电机均停机不工作，仅有动力电池为 MG2 电机供电驱动车辆，此模式适合 MG2 电机单独工作能够满足功率需求且电池 SOC 较高的情况。

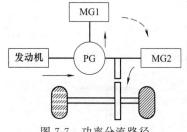

图 7-7　功率分流路径

（2）功率分流模式

当 MG2 电机单独工作无法满足功率需求或电池 SOC 较低时，系统进入功率分流模式。此模式下功率分流路径如图 7-7 所示。行星齿轮机构将发动机输出功率进行分流，一部分经太阳轮传递给 MG1 电机驱动其发电，一部分经齿圈传递给 MG2 电机再传递到输出轴，还有一部分直接以机械功率形式传递至输出轴，此部分功率无二次转化，效率较高。其中，MG1 电机发电产生的电能储存在动力电池中，若 MG1 电机发电功率小于 MG2 电机放电功率，则动力电池放电，否则动力电池充电。

（3）再生制动模式

当车辆减速时，可利用 MG2 电机进行动能回收，提高经济性。此模式下 MG2 作为发电机，将回收的动能转化为电能，同时将此部分能量储存在动力电池中。

（4）机械制动模式

当车辆制动且动力电池 SOC 过高或者车速过低时，出于保护动力电池以及提高能量回收效率的角度考虑，采用与传统纯燃油汽车相同的机械制动模式。在行星齿轮机构当中，在忽略系统内部摩擦损失和转动惯量的前提下，三个关键部件的转矩和转速关系如下。

$$T_S = \frac{T_C}{1+k}$$

$$(1+k)\omega_C = k\omega_R + \omega_S \tag{7-1}$$

式中，T_S、T_C 分别为太阳轮、行星架的转矩；ω_C、ω_R、ω_S 分别为行星架、齿圈以及太阳轮的转速；k 为行星排特征参数，其值为齿圈与太阳轮齿数之比。

由式（7-1）及混合动力系统各部件与行星齿轮机构的连接关系，可得出输出轴与系统中各部件的转矩和转速关系，如式（7-2）所示。

$$T_{out} = T_e \frac{k}{1+k} + T_{MG2}$$

$$\omega_{out} = \frac{\omega_e(1+k) - \omega_{MG1}}{k} = \omega_{MG2} \tag{7-2}$$

式中，T_{out}、T_e、T_{MG2} 分别为输出轴、发动机以及 MG2 电机的转矩；ω_{out}、ω_e、ω_{MG1}、ω_{MG2} 分别为输出轴、发动机、MG1 电机以及 MG2 电机的转速。

7.2.2　热管理系统方案设计

出于动力系统的热管理需求考虑，本小节设计的热管理系统方案要分别能够实现对动力系统各部件高温冷却以及低温加热的功能，基于此建立了如图 7-8 所示的热管理系统架构。所设计的热管理系统包含发动机、动力电池、电机三大回路，其中发动机回路与动力电池回路相互耦合，冷却液能够实现互通，每个回路中包含部件如下。发动机-电池回路：水泵 1、

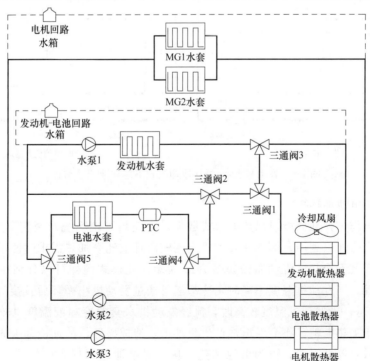

图 7-8　热管理系统架构

发动机水套、发动机散热器、水泵2、电池水套、PTC 加热器、电池散热器、三通阀1、三通阀2、三通阀3、三通阀4、三通阀5、发动机-电池回路水箱。电机回路：水泵3、MG1水套、MG2水套、电机散热器、电机回路水箱。除以上各部件外，还在散热器前方布置冷却风扇来加强散热。通过对各水泵、三通阀以及 PTC 加热器的控制，热管理系统能够实现多种加热、冷却模式，具体如下。

（1）发动机大/小循环冷却模式

此模式下冷却液流动路径如图 7-9 所示，在各部件均有冷却需求时使用。其中，当发动机温度较低时发动机热管理系统进入小循环冷却模式，如图 7-9（a）所示，此时为使发动机尽快升至正常工作温度，冷却液不经过发动机散热器，减少热量散失；当发动机温度达到一定阈值时，进入大循环冷却模式，如图 7-9（b）所示，此时冷却液需流经发动机散热器来更好地为发动机散热，控制发动机大循环和小循环模式的三通阀 3 又称为节温器，其三个端口均可开启，起到分流作用，使冷却液一部分进入大循环，一部分进入小循环，通过对三通阀 3 开度（进入大循环冷却液流量与总的冷却液流量的比值）的调节实现对温度更加精准的控制。此外，通过对各水泵开关的控制，可以使热管理系统同时或单独为任意部件冷却。

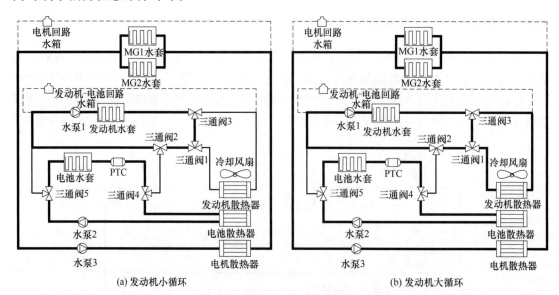

图 7-9　发动机大/小循环冷却模式下冷却液流动路径

（2）发动机电池加热模式

发动机在工作时大部分能量以热能形式散失，为使热管理系统乃至整车实现高效运行，应当对发动机废热加以利用。例如在发动机温度较高且电池有加热需求时使用发动机废热为电池加热，此模式下冷却液流动路径如图 7-10 所示。此模式同样可以分别在发动机大循环与小循环下实现，当发动机温度不高时，冷却液可经过发动机小循环后直接为电池加热，如图 7-10（a）所示；当发动机温度较高时，流经发动机水套的冷却液温度也较高，此时若直接将冷却液用于加热电池，将会对电池产生热冲击，造成破坏，故使冷却液先经由发动机大循环在发动机散热器处降温，再为电池加热，从而对电池进行保护，如图 7-10（b）所示。此模式下冷却液流向对电机回路无影响，电机可单独判断是否开启冷却模式。

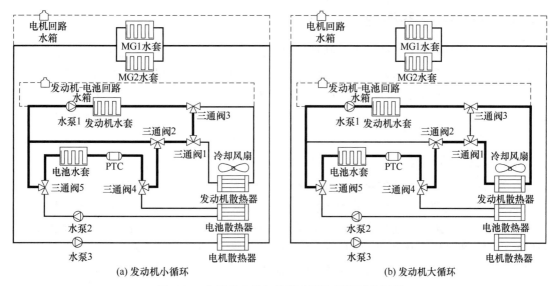

图 7-10 发动机电池加热模式下冷却液流动路径

（3）电池 PTC 加热模式

因研究对象为插电式混合动力物流车，电池容量较大，可实现纯电动行驶，纯电动模式下发动机不工作，无废热可利用，此时若电池仍有加热需求，需要寻求其他的加热方式。基于研究对象产品定位、系统成本以及加热效果考虑，在发动机废热不足时将采用 PTC 电加热器为电池加热。此模式下冷却液流动路径如图 7-11 所示，PTC 电加热器和水泵 2 开启，此模式下发动机一般无散热需求，水泵 1 可关闭，电机同样可单独判断是否开启冷却模式。

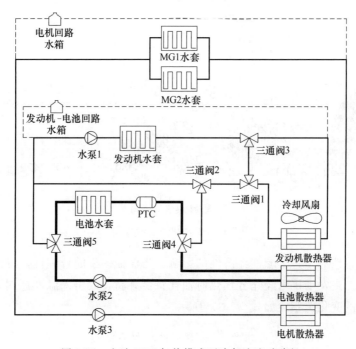

图 7-11 电池 PTC 加热模式下冷却液流动路径

7.2.3 动力系统产热模型

动力总成模型的建立方法一般包括理论建模法和实验建模法，出于汽车动力总成各部件机理复杂性以及提高模型仿真实时性的角度考虑，本小节主要应用实验建模法，基于 Matlab/Simulink 软件平台分别搭建发动机、动力电池以及电机的仿真模型，为便于后续热管理系统建模以及计及热特性的能量管理策略研究，本小节在传统动力系统建模基础上还将进行各部件产热模型的建立。

7.2.3.1 发动机模型

发动机是行星混联系统的重要动力源之一，对于整车动力性以及燃油经济性的仿真结果有着重要影响。发动机的实验法建模主要是利用实验采集数据，将输入值通过查表或拟合等方式得到相应工况下的发动机输出值。为简化模型和提高运行效率，忽略发动机动态响应，利用实验台架测量稳态时发动机不同转矩与转速下的燃油消耗率，绘制发动机万有特性图，如图 7-12 所示，建立发动机稳态响应模型。根据图 7-12，可通过发动机转矩 T_e 和转速 ω_e 查表得到发动机燃油消耗率 b_e，进而可求得单位时间内发动机的燃油消耗量 $\dot{m}_f$。

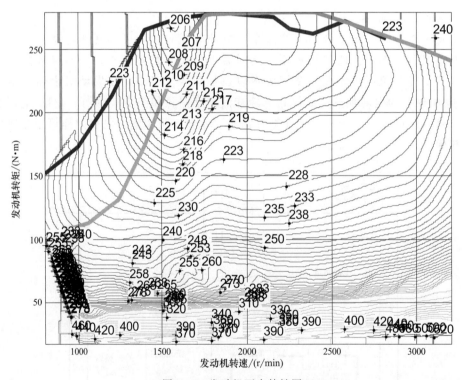

图 7-12　发动机万有特性图

由于考虑热特性对于整车燃油经济性的影响，为保证模型的合理性，将温度对于油耗的影响也考虑进来。当发动机未经充分预热时油耗将会升高，故引入温度惩罚因子 $e(\theta_{eng})$ 来表征油耗随温度的变化关系，如式（7-3）所示。

$$\dot{m}_f(T,\omega,\theta_{eng})=\dot{m}_f(T,\omega)e(\theta_{eng}) \tag{7-3}$$

温度惩罚因子 $e(\theta_{eng})$ 可用如下方法求得。

$$e(\theta_{\text{eng}}) = \begin{cases} -a\theta_{\text{eng}} + b & \theta_{\text{eng}} < \theta_{\text{eng\_H}} \\ 1 & \theta_{\text{eng}} \geqslant \theta_{\text{eng\_H}} \end{cases} \tag{7-4}$$

式（7-4）中，$\theta_{\text{eng\_H}}$ 为发动机水温的上限值，即发动机正常工作时的水温值，当发动机水温低于 $\theta_{\text{eng\_H}}$ 时，说明发动机未经充分预热，此时的燃油消耗需通过温度修正系数 $e(\theta_{\text{eng}})$ 进行修正，$e(\theta_{\text{eng}})$ 可通过递减的一次函数进行表征，其斜率 a 和截距 b 可由实验测得。当实际水温不低于 $\theta_{\text{eng\_H}}$ 时（由于有发动机冷却系统存在，发动机充分预热后水温等于 $\theta_{\text{eng\_H}}$，冷却系统失效时其温度可能会高于 $\theta_{\text{eng\_H}}$），说明发动机已经过充分预热，无需温度修正系数对其修正，此时 $e(\theta_{\text{eng}})$ 为 1。发动机的产热率 Q_{e} 计算如式（7-5）所示。

$$Q_{\text{e}} = \frac{\dot{m}_{\text{f}} h_{\text{u}}}{3600} \eta_{\text{e}} \tag{7-5}$$

式中，h_{u} 为燃油热值，由于研究对象采用柴油发动机，因此 h_{u} 取柴油低位发热量，为 42552kJ/kg；η_{e} 为发动机热效率。

7.2.3.2 动力电池模型

动力电池是另一个重要动力源，也是系统中重要的储能部件。其在工作过程中伴随着一系列复杂的电化学反应，为简化模型、提高仿真实时性，本小节建立目前广泛使用的等效内阻模型。等效内阻模型将动力电池简化为一个理想电压源与一个电阻的串联电路，如图 7-13 所示。图 7-13 中，U_{oc} 为电池的开路电压，R_{bat} 为等效内阻，I_{bat} 为电池内部电流，P_{bat} 为电池的输出功率。

由图 7-13 易得，电池的输出功率 P_{bat} 为

$$P_{\text{bat}} = U_{\text{oc}} I_{\text{bat}} + I_{\text{bat}}^2 R_{\text{bat}} \tag{7-6}$$

电池内部电流 I_{bat} 可表示为

$$I_{\text{bat}} = \frac{-U_{\text{oc}} + \sqrt{U_{\text{oc}}^2 + 4R_{\text{bat}} P_{\text{bat}}}}{2R_{\text{bat}}} \tag{7-7}$$

动力电池总能量 E_{bat} 为

$$E_{\text{bat}} = Q_{\text{bat}} U_{\text{oc}} \tag{7-8}$$

式中，Q_{bat} 为电池组容量。

在动力电池的建模中，同样应用了实验建模法来获得电池 SOC 与电压的关系，如图 7-14 所示。

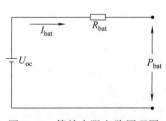

图 7-13 等效内阻电路原理图

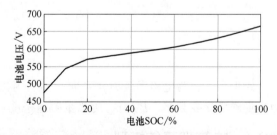

图 7-14 电池电压与 SOC 关系

动力电池工作时，伴随着正负极电化学反应的进行会产生反应热和极化热，电解液的分解还会产生少量的副反应热，而电流在电池内部流动时又会造成焦耳热的产生，因此电池的总产热 Q_{b} 可分为反应热 Q_{R}、极化热 Q_{P}、副反应热 Q_{S} 以及焦耳热 Q_{J}，即式（7-9）所示。

$$Q_b = Q_R + Q_P + Q_S + Q_J \tag{7-9}$$

其中，Q_R 的计算如式（7-10）所示。

$$Q_R = \frac{1000(Q_{pos} + Q_{neg})}{F} I \tag{7-10}$$

式中，Q_{pos} 为正极单位反应热；Q_{neg} 为负极单位反应热；F 为法拉第常数，取 96485C/mol；I 为电池电流。

极化热 Q_P 由电池的极化作用产生，本质为化学反应过程中分子的扩散运动所吸收的化学能，此部分能量可等效视为极化内阻的热损失，与焦耳热 Q_J 均可以欧姆定律表示，见式（7-11）。R_P 为极化内阻，R_{in} 为电池内阻。副反应热 Q_S 的产生机理十分复杂且通常通过实验测定，但其数值一般相较于其他产热会低 1~2 个数量级，工程中通常将其忽略。

$$Q_P = I^2 R_p$$
$$Q_J = I^2 R_{in} \tag{7-11}$$

7.2.3.3　驱动电机模型

本小节所用的混合动力系统为双电机系统，具有 MG1 和 MG2 两个电机，与发动机相同，建立稳态响应模型即可满足后续能量管理策略验证的需求。电机工作过程中的产热主要来自定子绕组和定子铁芯，所产生的热量如式（7-12）所示。式中，Q_m 为电机产热；Q_{win} 为定子绕组产热；Q_{iro} 为定子铁芯产热。定子绕组产热可根据式（7-13）进行计算。

$$Q_m = Q_{win} + Q_{iro} \tag{7-12}$$

$$Q_{win} = \int I_{win}^2 r_{win} \mathrm{d}t = \sum I_{win}^2 r_{win} \Delta t \tag{7-13}$$

式中，I_{win} 为绕组相电流；r_{win} 为绕组相电阻。

各相产热相加即得到总的定子绕组产热。Q_{iro} 可由经典的 Bertotti 产热分离模型计算，即将定子铁芯产热视为由电磁涡流损耗、磁滞损耗和附加损耗引起的产热，计算方法如式（7-14）所示。式中，Q_{vor} 为电磁涡流损耗产热；Q_{hys} 为磁滞损耗产热；Q_{exe} 为附加损耗产热。这三部分产热均与磁场交变频率、磁通密度以及各自的损耗系数有关，可由式（7-15）计算。

$$Q_{iro} = Q_{vor} + Q_{hys} + Q_{exe} \tag{7-14}$$

$$Q_{vor} = C_{vor} \left(\frac{f}{f_0}\right)^2 \left(\frac{B_m}{B_0}\right)^2$$

$$Q_{hys} = C_{hys} \left(\frac{f}{f_0}\right) \left(\frac{B_m}{B_0}\right)^{nb} \tag{7-15}$$

$$Q_{exe} = C_{exe} \left(\frac{f}{f_0}\right)^{1.5} \left(\frac{B_m}{B_0}\right)^2$$

式中，C_{vor} 为电磁涡流损耗系数；C_{hys} 为磁滞损耗系数；C_{exe} 为附加损耗系数；f/f_0 为当量磁场交变频率；B_m/B_0 为当量磁通密度；nb 为频率折算系数。

7.2.4　热管理系统模型

进行热管理系统建模的目的主要为控制并反馈各部件温度并计算输出热管理系统能耗，无需建立复杂的热管理系统机理模型。本小节基于如图 7-15 所示的热管理系统架构，在 Matlab/Simulink 软件平台中对系统完成建模。

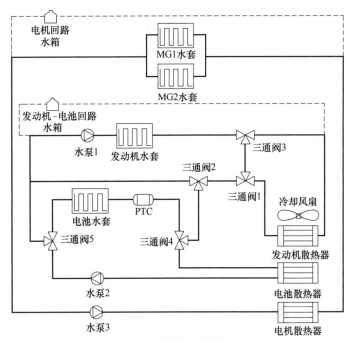

图 7-15　热管理系统架构

7.2.4.1　动态传热模型

动力系统各部件工作时的热量传递过程为一个动态过程，若要获得各部件温度，需分析其产热、吸热及放热情况，建立各自的动态传热模型，而热管理系统不同的工作模式中传热过程也有所不同，故本小节依据热管理系统模式划分建立不同的动态传热模型。

（1）发动机大/小循环冷却模式

由图 7-9 分析，冷却模式下各部件工作时会有自身产热，放热包括通过各散热器的散热以及部件通过空气直接向周围环境的散热，动态传热模型如式（7-16）所示。

$$C_{C_i} \dot{\theta}_{C_i} = Q_i - Q_{r_i} - Q_{env} \tag{7-16}$$

式中，C_{C_i} 为各部件比热容；θ_{C_i} 为各部件水套处冷却液温度，近似视作各部件温度；Q_i 为各部件产热；Q_{r_i} 为散热器散热功率；Q_{env} 为环境散热功率。

其中，Q_i 分别由式（7-5）、式（7-10）、式（7-13）求得，Q_{r_i} 在散热器模型中求得，环境散热包括热传导、热对流和热辐射三种形式，辐射传热可忽略，而热传导所散失的热量与对流形式相比也可以忽略不计，故仅考虑对流传热，计算如式（7-17），式中，A 为传热面积；Δt_m 为传热温差；h 为对流换热系数，其确定方法见式（7-18）。

$$Q_{env} = Ah \Delta t_m \tag{7-17}$$

$$h = \frac{\lambda}{l} Nu \tag{7-18}$$

式中，λ 为材料的热导率；l 为特征长度；Nu 为努塞尔数，是无量纲参数，其计算方法如式（7-19）所示。

$$\begin{cases} Nu = 0.664 Re^{\frac{1}{2}} Pr^{\frac{1}{3}}, Re \leqslant 5 \times 10^5 \text{（层流）} \\ Nu = 0.037 (Re^{\frac{4}{5}} - 871) Pr^{\frac{1}{8}}, Re > 5 \times 10^5 \text{（湍流）} \end{cases} \tag{7-19}$$

首先需通过雷诺数 Re 判断传热过程为层流还是湍流，之后再通过 Re 以及普朗克数 Pr（材料的物性参数）计算出努塞尔数，雷诺数 Re 计算方法如式（7-20）所示，式中，u 为特征流速；ν 为动力黏度。通过以上过程即可计算出对流换热系数 h，进而计算出环境散热功率 Q_{env}。

$$Re = \frac{ul}{\nu} \tag{7-20}$$

（2）发动机电池加热模式

由图 7-10 分析，此模式下电池工作会有自身产热，除此之外还会吸收发动机产热，散热包括通过发动机散热器的散热以及直接向周围环境的散热，动态传热模型见式（7-21）。

$$C_{C_b} \dot{\theta}_{C_b} = Q_b + Q_e - Q_{re} - Q_{env} \tag{7-21}$$

（3）电池 PTC 加热模式

由图 7-11 分析，此模式下电池工作会有自身产热，吸热主要来自 PTC 的加热，散热主要为直接向周围环境的散热，动态传热模型见式（7-22）。

$$C_{C_b} \dot{\theta}_{C_b} = Q_b + Q_{PTC} - Q_{env} \tag{7-22}$$

7.2.4.2 散热器模型

散热器为热管理系统与周围环境实现热交换的主要渠道，是热管理系统中的重要部件，其散热功率的计算对整体模型的输出影响较大。散热器结构参数繁多，机理建模复杂，散热器建模的目标为可获得其散热功率，采用一种精度较高的回归模型形式计算散热器功率。

$$Q_r = c_1 m_{rc}^{o_1} \cdot (m_{ra}^{o_2} + c_2)(\theta_c - T_{env})^{o_3} \tag{7-23}$$

式中，m_{rc} 为流经散热器处的冷却液流量；m_{ra} 为冷却空气流量；θ_c 为散热器处冷却液的温度；c_1、c_2、o_1、o_2、o_3 均为待定系数。

冷却空气流量 m_{ra} 的拟合模型为

$$m_{ra} = \sum_{i=0}^{2} \sum_{j=0}^{2} a_{i,j} N_{fan}^i (t - t_d) v_{veh}^j \tag{7-24}$$

式中，$a_{i,j}$ 为拟合值；N_{fan} 为冷却风扇转速；v_{veh} 为车速；t_d 为冷却风扇作动处到发动机出口处冷却液温度响应的延时，近似为冷却液从散热器出口流动至发动机出口处的时间。

$$t_d = \frac{\rho_c V_d}{m_{ec}} \tag{7-25}$$

式中，ρ_c 为冷却液密度；V_d 为散热器出口至发动机出口之间冷却液管路的容积；m_{ec} 为流经发动机水套的冷却液流量，与 m_{rc} 的关系见式（7-26），H_{th} 为三通阀 3 的开度。

$$m_{rc} = m_{ec} H_{th}, H_{th} \in [0, 1] \tag{7-26}$$

7.2.4.3 系统能耗模型

通过动态传热模型和散热模型可以得到各部件的温度，本小节将对热管理系统能耗进行建模计算，系统整体能耗 P_{VTM} 计算方法见式（7-27），式中，P_{pump} 为水泵能耗；P_{fan} 为冷却风扇能耗；P_{ptc} 为 PTC 加热器能耗。

$$P_{VTM} = P_{pump} + P_{fan} + P_{ptc} \tag{7-27}$$

水泵为冷却液的循环提供动力，需要消耗一定的能量，水泵能耗 P_{pump} 根据式（7-28）计算。

$$P_{pump} = \frac{m_{pc}H}{\eta_{pump}} \tag{7-28}$$

式中，m_{pc} 为水泵处冷却液流量；H 为水泵扬程；η_{pump} 为水泵效率。

其中，水泵的扬程 H 与冷却液流量 m_{pc} 具有特定关系，本小节所采用的水泵型号为 FLE100-P1201A，其水泵特性曲线可查取技术手册，如图 7-16 所示。

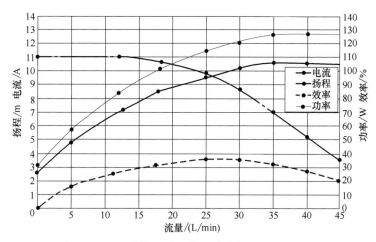

图 7-16 水泵特性曲线

冷却风扇能耗 P_{fan} 涉及的参数难以获取，采用机理模型计算难度较大且精度难以保证，而各冷却风扇供应商在开发产品时均会通过实验测定功耗曲线。本小节的示例所采用的是霍顿 MS9-600 型冷却风扇，其能耗曲线如图 7-17 所示，PTC 加热器的能耗 P_{ptc} 计算见式（7-29），式中，P_{req} 为需求功率；η_{ptc} 为 PTC 加热器的效率。需求功率 P_{req} 取决于电池实际温

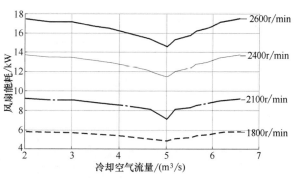

图 7-17 冷却风扇能耗曲线

度与目标温度的温差等因素，具体的计算方法参考式（7-30），式中，m_b 为电池质量；ΔT 为电池实际温度与目标温度的温差。

$$P_{ptc} = \frac{P_{req}}{\eta_{ptc}} \tag{7-29}$$

$$P_{req} = \frac{d(m_b C_{C_b} \Delta T)}{dt} \tag{7-30}$$

PTC 加热器效率 η_{ptc} 计算方法见式（7-31）。

$$\eta_{ptc} = \frac{C_{C_b} m_b \dfrac{dT_{C_b}}{dt}}{P_{ptc}} \tag{7-31}$$

7.3 新能源汽车热管理系统控制策略研究

本节所研究的范例中有多种模式。不同模式适合在不同工况下使用，为保证系统在各种工况下均能对各部件温度实现良好控制，本节基于 Stateflow 工具箱设计了热管理系统的模式切换控制策略，使系统能够完成在不同条件下向预设模式的切换。

7.3.1 控制策略设计

本小节所设计的热管理系统面向发动机、电池、电机三大部件，模式依据不同对象及其热管理需求具体做如下划分：针对发动机，缺省模式（STB）、水冷模式（LC）；针对电池，缺省模式（STB）、水冷模式（LC）、发动机加热模式（EH）、PTC 加热模式（PTC）；针对电机/电控，缺省模式（STB）、水冷模式（LC）。结合车辆实际工况，热管理系统模式切换示意如图 7-18 所示。

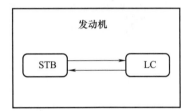
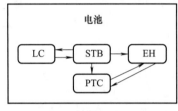
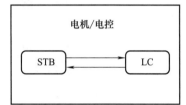

图 7-18　热管理系统模式切换示意

7.3.1.1 模式切换规则设计

基于各部件最佳运行温度以及发动机废热回收功能的考虑，制定了如表 7-4 所示的系统模式切换条件。

表 7-4　热管理系统模式切换条件

热管理对象	模式切换	切换条件
发动机	STB-LC	发动机启动
	LC-STB	发动机关闭
电池	STB-LC	电池温度高于 35℃
	LC-STB	电池温度 15～35℃
	STB-EH	电池温度低于 0℃和发动机温度高于 50℃
	STB-PTC	电池温度低于 0℃和发动机温度低于 50℃
	EH-PTC	电池温度低于 0℃和发动机温度低于 50℃
	PTC-EH	发动机温度高于 50℃
	PTC-STB	电池温度 15～35℃
	EH-STB	电池温度 15～35℃
电机	STB-LC	电机温度高于 60℃
	LC-STB	电机温度低于 60℃

7.3.1.2 控制策略搭建

本小节搭建的模式切换控制策略模型分为模式判断、模式切换以及目标输出三大模块，如图 7-19 所示。其中，模式判断模块的主要功能为根据所输入的系统当前状态变量来确定系统此时所处的模式并判断需要切换到的模式，输出 "A-B" 式的模式切换需求到下一模块；模式切换模块根据上一模块输出的模式切换需求通过 Stateflow 工具箱切换到相应模式，并输出对应的模式代码和触发事件；目标输出模块根据模式切换模块输出代码对应的系统模式，通过事件触发控制相应模式的模块工作，并输出热管理系统所计算的各部件温度、系统能耗等变量。接下来对每个模块进行介绍。

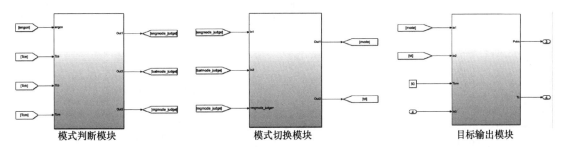

图 7-19　模式切换策略

在模式判断模块 Mode_Judge 中分别建立发动机、电池以及电机热管理系统的模式判断模型，对应不同的热管理子系统，如图 7-20 所示，根据各部件温度综合判断各子系统所处的热管理模式。每个子模块内部集成如表 7-4 所示的各模式切换条件，该模块根据输入综合判断此时系统所满足的模式切换条件，并将满足条件的模式切换项输出为 1，其余项输出为 0。

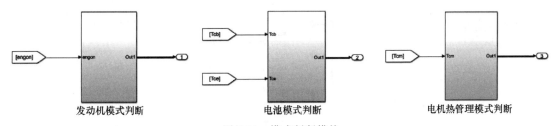

图 7-20　模式判断模块

模式切换模块 Mode Switch 中同样建立了发动机、电池以及电机热管理系统三个子模块，该模块根据上一模块即模式判断模块传递来的各子系统中的模式切换需求，由 Stateflow 完成对应的模式切换，同时向下一模块输出切换到的模式代码以及事件，其构成如图 7-21 所示。

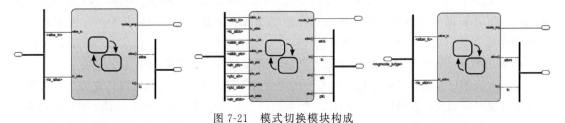

图 7-21　模式切换模块构成

各子模块内部集成了如图 7-18 所示的各模式切换关系，在 Stateflow 中的表现形式如图 7-22 所示。

在模式切换模块确定各子热管理系统模式的基础上，进入目标输出模块 Target Output，该模块仍然根据热管理作用对象的不同，整体划分为发动机、电池与电机热管理系统三个子

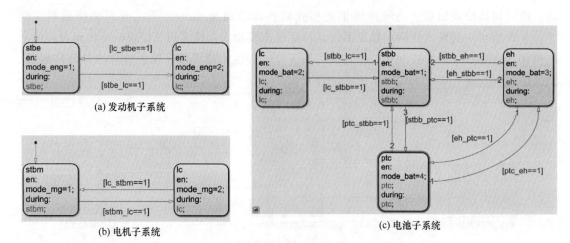

(a) 发动机子系统

(b) 电机子系统

(c) 电池子系统

图 7-22 热管理系统模式切换

模块，如图 7-23 所示。该模块根据输入的模式编号触发对应的热管理模式子系统，子系统内集成各模式下的部件温度、系统能耗等算法，计算后将目标输出。

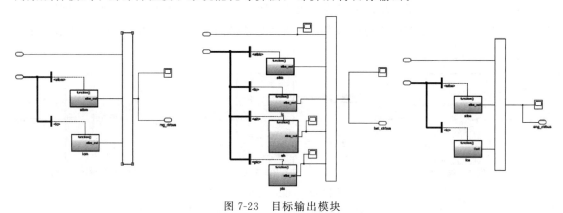

图 7-23 目标输出模块

7.3.2 热管理系统仿真验证

本小节选取了对加速度以及减速度进行调整的国家重型商用车辆瞬态循环（China-World Transient Vehicle Cycle，C-WTVC）作为循环工况，并分别选取 30℃ 以及 −25℃ 两个温度工况，验证热管理系统的冷却和加热功能能否满足需求，并比较两温度工况下热管理系统的能耗。动力系统各部件产热情况如图 7-24 所示，由图 7-24 可见，动力系统各部件工作时产热功率较大，热管理系统对于动力系统各部件维持适宜工作温度至关重要。

随后对高温以及低温环境下热管理系统的温度控制情况进行分析，目前行业公认的各部件高效运行温度区间为：发动机 85～95℃，电池 24～30℃，电机 50～60℃。如图 7-25 所示为低温环境下系统对各部件的温度控制情况，如图 7-26 所示为高温环境下各部件温度控制情况。

由图 7-25 和图 7-26 可以看出，无论是在高温环境还是低温环境下，热管理系统均能在一定时间内使动力系统各部件温度达到高效运行温度区间，低温环境下由于起始温度与目标温度差值较大且环境热损失较多，各部件达到目标温度时间均慢于高温环境下。在保证各部件温度的前提下，模型又分别计算了高低温环境下的热管理系统能耗，低温环境下又分别计算了有无利用发动机废热为电池加热情况下热管理系统的能耗,以分析此模式对于系统节能的贡献,结果如表 7-5 所示。由表 7-5 可以看出,热管理系统能耗在整车占比中并不低,并且低温环境下由于使用了 PTC 为电池加热,热管理系统能耗相比高温环境下明显升高,而在利用发动机废热为电池加热功能后,系统能耗降低 23.0%。

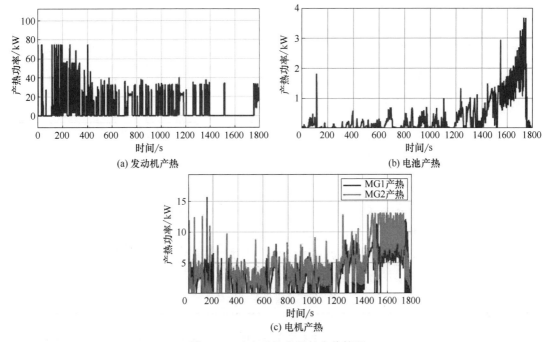

图 7-24 动力系统各部件产热情况

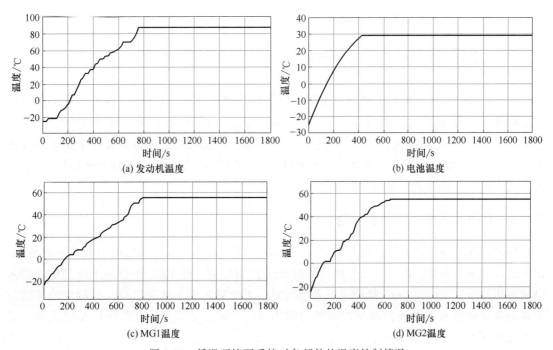

图 7-25 低温环境下系统对各部件的温度控制情况

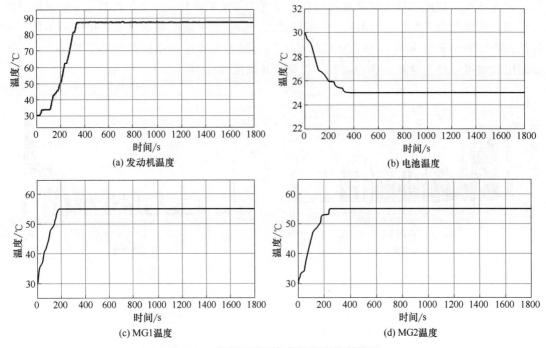

图 7-26　高温环境下各部件温度控制情况

表 7-5　热管理系统能耗

项目	高温环境	低温环境 （无发动机废热回收）	低温环境 （有发动机废热回收）	低温环境废热回收 系统能耗优化
热管理系统能耗	$4.79 \times 10^3 \, \text{kJ}$	$9.43 \times 10^3 \, \text{kJ}$	$7.26 \times 10^3 \, \text{kJ}$	23.0%
整车能耗占比	7.04%	12.77%	9.83%	—

7.4　计及热特性的整车能量管理策略研究

本节在前文所建立的动力系统模型以及热管理系统模型基础上进行计及热特性的能量管理策略研究，基于插电式混合动力系统特性，控制策略在全工况内遵守 CD-CS（CD，Charge Deplete，电量消耗；CS，Charge Sustaining，电量维持）原则，为便于整车经济性优化，在 CS 阶段采用等效燃油消耗最小策略，并在随后对 CS 阶段进行计及热特性的优化，提出融合系统热特性的自适应等效因子调整方案。

7.4.1　CD-CS 能量管理策略

插电式混合动力汽车的显著特点之一为电池容量较大且能从外部电网中获取廉价电能，出于提高整车经济性考虑，可在车辆行驶时优先使用电能，使电池 SOC 呈下降趋势，进入电量消耗阶段，当电池 SOC 降低至一定阈值时，系统进入电量维持阶段，此阶段的策略与非插电式混合动力系统相同，要在维持电池 SOC 平衡的前提下获得最佳燃油经济性，其SOC 变化示意如图 7-27 所示。

在电量消耗阶段，系统可能以两种驱动模式运行，若动力电池和电机能够满足动力性需

求，则采用纯电动驱动模式，若无法满
足，则需要启动发动机辅助驱动，但总
体仍以电机功率输出为主，即以电机为
主的驱动模式。纯电动驱动模式下，仅
有 MG2 电机驱动车轮，直至电池 SOC
下降至阈值，此模式不涉及动力源切换，
行驶平顺性佳，且在车辆层面能够实现
零排放，但由于动力源单一，动力性不
佳，需要匹配更大容量的电池和更高功

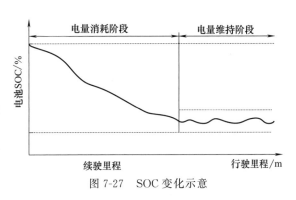

图 7-27　SOC 变化示意

率的电机，增加系统成本。以电机为主的驱动模式下总体动力分配仍以电驱动为主，当
MG2 电机能够满足总体动力需求时仍然采用纯电动驱动，仅在动力需求超出 MG2 电机驱动
能力范围之外时启动发动机进行助力，补偿超出部分的动力需求，由于发动机的介入，电池
SOC 下降速率将降低，此模式由于可启动发动机进行动力补偿，能够弥补纯电动驱动模式
动力性不佳的短板，但此模式下发动机出力较少，难以维持在高效区间工作，且发动机排放
性能较差。

所以，需要根据整车动力性需求以及动力系统匹配情况综合选择合适的电量消耗阶段驱
动模式，为此，首先验证所研究对象在纯电驱动模式下能否满足 C-WTVC 工况的动力性需
求。结果如图 7-28 所示，车速跟随情况良好，能够满足动力性需求，故在电量消耗阶段采
用纯电动驱动模式。在制动方面，仅当电池 SOC 过高或者车速过低时，采用机械制动模式，
其他情况均采用再生制动模式。

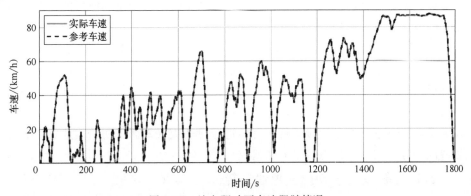

图 7-28　纯电驱动下车速跟随情况

在电量维持阶段，控制策略需要协调各动力源之间的动力分配，使之在维持电池 SOC
平衡的前提下达到最佳的燃油经济性，此阶段内采用功率分流驱动模式，此模式下控制器通
过算法确定各动力源最佳的功率分配方案，若车辆总输出功率大于需求功率，则将发动机多
余功率通过 MG1 电机转变为电能储存在动力电池中，同时要使电池 SOC 在一个较低水平
上保持平衡。制动时的策略与电量消耗阶段一致。

7.4.2　融合系统热特性的自适应等效油耗最小策略

本小节将开展融合系统热特性的自适应等效油耗最小能量管理策略（Thermally Adaptive-ECMS，TAECMS）研究，其总体架构如图 7-29 所示。

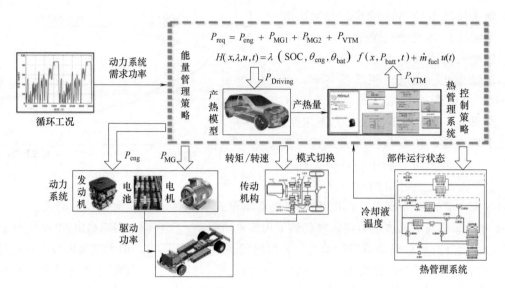

图 7-29　融合系统热特性的自适应等效油耗最小策略架构

① 能量管理策略根据循环工况计算出整车需求驱动功率，在此基础上耦合热管理系统功率构成整车的需求功率。

② 根据 TAECMS 算法对动力系统各部件进行功率分配，分配功率时除考虑电池 SOC 外还计及了温度的影响。温度获取方式如下：首先确定初始功率分配方案，功率分配方案确定后由产热模型计算各部件产热量，再由热管理系统控制策略根据产热量以及环境温度等变量控制热管理系统各部件的运行状态，最后由热管理系统将各对象的冷却液温度反馈至能量管理策略，同时热管理系统控制策略输出功率以进行整车需求功率的计算。

③ 根据能量管理策略的综合功率分配方案对动力系统各部件以及传动机构的工作状态进行控制。这项融合系统热特性的自适应等效油耗最小策略的主要特点体现在：在整车需求功率中耦合了热管理系统功率，将其作为需求功率的一部分进行优化；在进行功率分配时考虑了系统温度，有助于提高工作效率，进一步挖掘节油潜力。

等效因子调整方案研究分两步进行：首先进行自适应等效因子初始值选取，随后进行融合系统热特性的等效因子自适应调整方法研究。

7.4.2.1　自适应等效因子初始值离线计算

自适应等效因子初始值的离线迭代方法采用二分法，离线近似最优初始值具体求解方法如下：

① 确定等效因子上下限，在此范围内选取迭代计算初始值；

② 计算此等效因子下的电池 SOC 轨迹；

③ 判断所定义的 SOC 允许偏差 δ 是否小于由电池 SOC 轨迹得到的 SOC 仿真初始值 SOC_{t_0} 和终了值 SOC_{t_f} 之差的绝对值，即是否满足式（7-32）。

$$|\mathrm{SOC}_{t_0}-\mathrm{SOC}_{t_f}|<\delta \tag{7-32}$$

若满足，则说明电池 SOC 的仿真始末差值小于所设阈值，认为在仿真过程中该阶段下电池 SOC 达到平衡，将当前等效因子作为离线求得的等效因子近似最优初始值输出；若不满足，则需继续进行迭代计算，下一步计算等效因子的取值范围由二分法确定，直至所求得的电池 SOC 轨迹满足允许偏差的要求，则停止计算，将当前等效因子作为离线近似最优初始值输出。

7.4.2.2　融合系统热特性的自适应等效因子调整

在确定了自适应等效因子初始值的基础上，不同的自适应调整方法会造成不同的等效因子实时取值，进而对油耗仿真结果产生巨大影响，因此，合理的自适应等效因子调整方法是保证 TAECMS 算法的合理性和有效性的关键。本小节在考虑电池 SOC 反馈的基础上又进一步融合系统热特性，提出融合系统热特性的自适应等效因子优化调整方法。方法的形成分为两步，首先建立基于电池 SOC 反馈的调整方案，其次引入温度惩罚系数对等效因子进行实时修正。为保证在电量维持阶段实现电池 SOC 平衡，等效因子的自适应调整可基于当下 SOC 与电量维持阶段初始 SOC 的误差，其离散形式为

$$s(k+1)=s(k)+W_{SOC}|x_T-\overline{x}|\tag{7-33}$$

式中，$s(k+1)$、$s(k)$ 分别为第 $k+1$ 次、第 k 次的等效因子取值；W_{SOC} 为修正系数；$|x_T-\overline{x}|$ 为 T 时刻电池 SOC 与参考值之差的绝对值。

基于电池 SOC 反馈的自适应等效因子调整方案的基本思路为：当电池 SOC 处于较低水平时，应尽量减少电量的消耗，此时车辆应更多依靠发动机驱动，说明当前使用电池供能成本更高，单位时间内电池等效油耗也就更高，等效因子 s 应更大；当电池 SOC 处于较高水平时，为追求节油最大化，应尽量增加电量的消耗，此时车辆需求更多的电机驱动，说明使用电池供能成本更低，单位时间内电池等效油耗也就越低，此时等效因子 s 应更小。通过电池 SOC 均衡控制系数的调整即可实现电池 SOC 的平衡。

在上述方法的基础上，进一步提出融合系统热特性的等效因子调整方案：当发动机温度超出一定范围时，其工作效率会下降，因此，在进行功率分配时还应考虑发动机温度因素，尽可能少地使其工作在低效区间，具体实现方式为在等效因子中引入发动机温度惩罚系数 α_{Teng}，如式（7-34）所示。

$$s(SOC,\theta_{eng})=s(SOC)\alpha_{Teng}\tag{7-34}$$

式中，$s(SOC)$ 为基于电池 SOC 反馈调节得到的等效因子，可由式（7-33）得出。

发动机在较低温度下燃油消耗率较高且排放性较差，故出于改善经济性和排放性能考虑，当发动机处于较低温度时应减少对发动机的功率分配，等效因子应适当降低，此时发动机温度惩罚系数 α_{Teng} 应小于 1，而用传统方式计算发动机油耗时往往取发动机正常工作温度工况，即 85～95℃ 情况下。有研究表明，当发动机温度达到 80℃ 时温度对油耗产生的影响可以忽略，并且在本章的介绍当中，发动机热管理系统对发动机温度进行了控制，发动机温度可保持在最佳工作区间，不考虑温度超限时的油耗变化情况，因此当发动机达到 80℃ 后温度惩罚系数 α_{Teng} 取 1。而当发动机温度低于 80℃ 时，不同的 α_{Teng} 取值将会影响等效因子的计算，进而影响发动机工作状态，本章以 -25℃ 环境温度工况为例，在 C-WTVC 工况内对 α_{Teng} 取值进行了探究。α_{Teng} 取值越大，策略会倾向于为发动机分配越多的动力，发动机输出能量也就越多，如图 7-30 所示。此时，一方面发动机处于低温状态，效率较低，发动机在低效状态下动力输出增强会降低整个工况内发动机的平均热效率；另一方面，由于发动机工作更加积极，自身产热也会更多，在此作用下发动机会更快速升温使其尽快脱离低温低效的工作状态，α_{Teng} 取值与发动机温度变化关

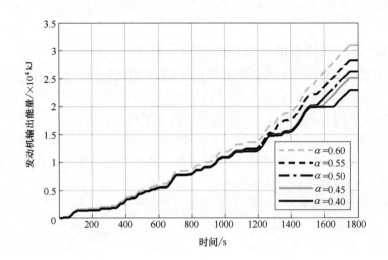

图 7-30 α_{Teng} 与发动机输出能量关系

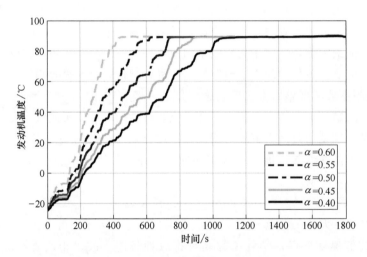

图 7-31 α_{Teng} 取值与发动机温度变化关系

系如图 7-31 所示，此效应又会使整个工况内发动机平均热效率升高。在以上两方面因素的共同影响下，在某温度下可能存在使发动机平均热效率最高的 α_{Teng} 取值，此值即可作为该温度下的最佳 α_{Teng} 取值。

为验证以上分析，本章又对不同 α_{Teng} 下的发动机平均热效率进行了定量计算，发动机平均热效率 $\overline{\eta}_e$ 计算见式（7-35）。

$$\overline{\eta}_e = \frac{E_{\text{eng}}}{h_u \int \dot{m}_f \mathrm{d}t} \tag{7-35}$$

式中，E_{eng} 为发动机总的输出能量；h_u 为柴油热值；$\dot{m}_f$ 可由式（7-3）得出。

计算结果如表 7-6 所示，结果表明，温度为 −25℃、α_{Teng} 取 0.50 时发动机的平均热效率最高，达到 20.9%；α_{Teng} 在 0.50 附近的其他取值求得的发动机平均热效率均更低，因此可将 0.50 作为 $-25℃$ 下 α_{Teng} 最佳取值。同理，在各个温度下均能找到使发动机平均热效率最高的 α_{Teng} 取值，如表 7-7 所示。

表 7-6 $-25℃$ 时 α_{Teng} 取值与发动机平均热效率关系

α_{Teng} 取值	0.40	0.45	0.50	0.55	0.60
发动机平均热效率/%	19.1	19.8	20.9	19.6	18.8

表 7-7 不同温度下最佳 α_{Teng} 取值及发动机平均热效率

发动机温度/℃	-25	-10	5	20	35	50	65
α_{Teng} 取值	0.50	0.61	0.70	0.87	0.93	0.94	0.98
发动机平均热效率/%	20.9	22.8	24.8	27.0	29.6	32.8	36.9

将各温度下最佳的 α_{Teng} 取值点在坐标系中描出，经过拟合，得到的 α_{Teng} 与发动机温度 θ_{eng} 关系如图 7-32 所示，近似呈二次函数关系。

$$\alpha_{\text{Teng}} = -0.000045\theta_{\text{eng}}^2 + 0.00073\theta_{\text{eng}} + 0.71 \tag{7-36}$$

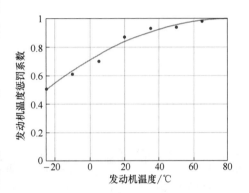

图 7-32 发动机温度惩罚系数

7.4.3 离线仿真测试

本小节将计及热特性的能量管理策略应用于插电式混合动力物流车动力系统模型以及热管理系统模型当中，采用 C-WTVC 循环工况进行验证，为突出 CD-CS 策略在两个阶段的特性，选取 10 个 C-WTVC 循环工况进行仿真，以环境温度为 $30℃$ 为例，验证策略有效性。在整个仿真工况中，发动机温度变化如图 7-33 所示，车辆在 4288s 时进入 CS 阶段，发动机启动，开始升温，4603s 时发动机达到正常工作温度，随后在热管理系统的作用下将温度控制在 $89℃$ 左右。

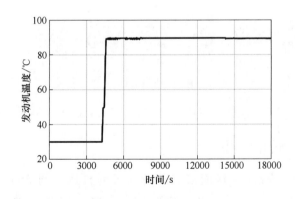

图 7-33 发动机温度变化

电池 SOC 轨迹如图 7-34 所示，由图 7-34 可以看出电池 SOC 轨迹体现出了 CD-CS 策略中明显的 CD 和 CS 阶段，在 CD 阶段电池 SOC 由 0.8 下降至 0.3，在 4288s 进入了 CS 阶段，并能够将电池 SOC 维持在 0.3 左右。

车速跟随情况如图 7-35 所示，由图 7-35 可以看出，无论是在 CD 阶段还是 CS 阶段，无论是发动机处于低温状态还是正常工作温度状态，实际车速曲线均能与参考车速曲线基本重合，车速跟随情况良好。

功率跟随情况如图 7-36 所示，由图 7-36 可以看出系统在 CD 阶段和 CS 阶段以及发动机各种温度状态下总输出功率均能与需求功率基本一致，能够满足车辆动力性需求。

发动机和电池的实际输出功率如图 7-37 所示，由于前一阶段系统处于 CD 阶段，以纯电模式运行，车辆动力完全来自动力电池，发动机处于停机状态，故其输出功率为零，在

4288s 时，电池 SOC 降低至阈值 0.3；系统进入 CS 阶段，车辆动力同时来自发动机和动力电池，此时发动机介入，由图 7-37 可以看出，由于发动机分担了一部分功率，电池的输出功率有所减少。

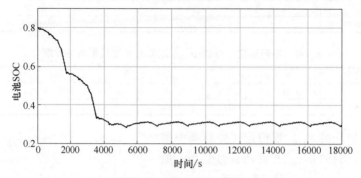

图 7-34　电池 SOC 轨迹

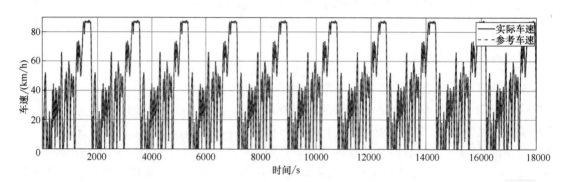

图 7-35　车速跟随情况

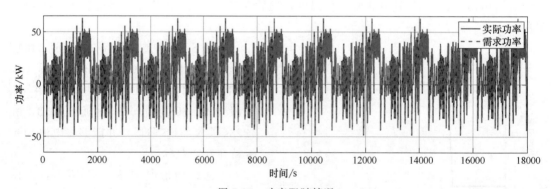

图 7-36　功率跟随情况

选取 CS 阶段的第一个循环工况即 5400～7200s 区间研究等效因子的自适应调节过程，此区间内等效因子自适应调整过程如图 7-38 所示，电池 SOC 的参考值为 0.3。由图 7-38 可见，当电池 SOC 较大时等效因子趋向于减小，使电池分担更多的功率，以使 SOC 降低；反之则等效因子趋向于增大，使发动机分担更多的功率，以使 SOC 增大。在等效因子自适应调节机制下，策略在每个工况内均能使电池 SOC 平衡，达到良好的电池电量维持效果。

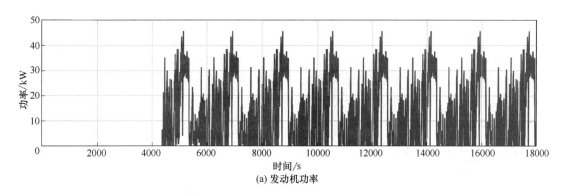

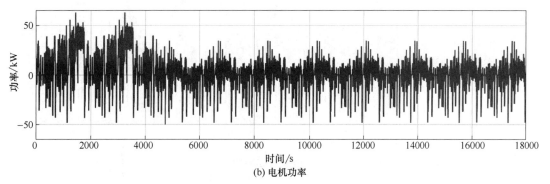

图 7-37 发动机和电池的实际输出功率

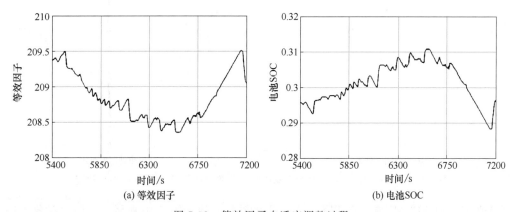

图 7-38 等效因子自适应调整过程

7.4.4 策略对比分析

为验证优化策略在燃油经济性上的贡献，本小节将特别在高温（30℃）以及低温（-25℃）工况下对 TAECMS 与 AECMS 进行详细对比分析（两者的区别仅为是否计及热特性，仿真结果的差异仅由此因素引起），并与基于规则的能量管理策略（Rule-based）、定等效因子等效燃油消耗最小策略（ECMS）的油耗进行对比，从而论证 TAECMS 的节油效果。以 30℃测试工况为例说明 TAECMS 的节油原理，TAECMS 与 AECMS 的发动机功率、等效因子及电池 SOC 对比情况如图 7-39 所示。由图 7-39 可知，系统在 4288s 时进入 CS 阶段，即启动功率分流模式，发动机开始工作，策略开始发挥作用。发动机启动初期温度较低，由式（7-3）

和式 (7-4) 可知，发动机工作油耗较大，为使油耗尽量降低，此时策略会减小等效因子，进而降低发动机输出功率，系统倾向于电功率输出，导致电池 SOC 略有降低。当发动机达到正常工作温度后通过 SOC 反馈调节机制，适当增加发动机输出功率以维持电池 SOC 平衡。TAECMS 的节油机理为：当发动机低温油耗较高时降低发动机输出功率，为维持电池 SOC 平衡，当发动机升至正常温度时再增加其输出功率，以此尽量避开发动机低温低效工作区间，达到降低整体油耗的目的。

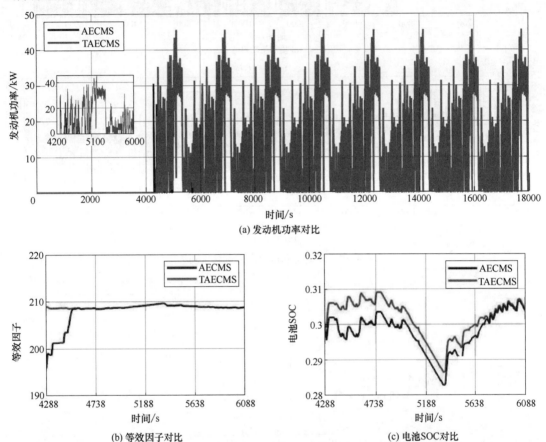

(a) 发动机功率对比

(b) 等效因子对比 （c) 电池SOC对比

图 7-39　TAECMS、AECMS 的发动机功率和等效因子及电池 SOC 对比情况

　　TAECMS 和 AECMS 在 30℃以及 −25℃下的油耗对比如图 7-40 所示，因研究对象为插电式混合动力汽车，所以电池容量相对于非插电式混合动力汽车较大，在测试工况内允许电池有一定的电量消耗，车辆的整体能耗由油耗和电耗两部分组成，但本小节均在电池初始 SOC 为0.8、终了 SOC 约为 0.3 的前提下得出，不同策略的电耗基本一致，故仅对比发动机油耗即可说明车辆的经济性。由图 7-40 可知，仿真初期车辆处于 CD 阶段，以纯电模式行驶，此时发动机油耗为 0，进入 CS 阶段的初期，由于发动机温度较低，瞬时油耗较大，总油耗增长较快。在环境温度为 30℃时 AECMS 算法的总油耗为 16065.0g，采用 TAECMS 算法后油耗降至15676.2g，此温度下考虑系统热特性后油耗优化了 2.4%；由于 −25℃时发动机工作温度更低且低温工作时间更长，其总油耗也更高，AECMS 算法的总油耗达到了 22010.6g，采用 TAEC-MS 的油耗降至 20859.9g，此温度下考虑系统热特性后油耗优化了 5.2%，油耗对比结果如表7-8 所示。

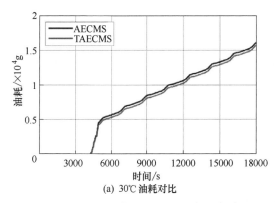
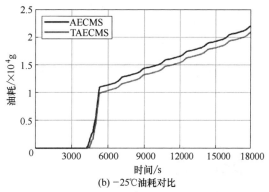

图 7-40　TAECMS 和 AECMS 在 30℃ 以及 −25℃ 下的油耗对比

表 7-8　油能耗对比结果

环境温度/℃	AECMS 策略油耗/g	TAECMS 策略油耗/g	油耗优化/%
30	16065.0	15676.2	2.4
−25	22010.6	20859.9	5.2

7.5　本章结语

本章主要介绍了新能源汽车热管理的相关技术。以插电式混合动力物流车为例作为研究对象，完成了动力系统及热管理系统建模、计及热特性的等效燃油消耗最小策略建立；提出了采用 ECMS 解决插电式混合动力物流车能量管理优化问题；并在 ECMS 的基础上融合系统热特性，改善了插电式混合动力物流车尤其在低温环境下的燃油经济性。

首先介绍了行星混联混合动力系统构型、系统模式以及各驱动部件间的转矩和转速耦合关系，接下来建立了发动机、动力电池以及电机仿真模型，并对其工作时的产热情况进行了分析，随后建立了能够满足仿真需求的车辆纵向动力学模型，以上研究为后续热管理系统模型的搭建以及计及热特性的能量管理策略的研究奠定了基础。针对插电式混合动力汽车提出了 CD-CS 基本能量管理策略，将整个仿真工况分为 CD、CS 两个阶段；随后基于等效燃油消耗最小策略进行了等效因子最优定值选取，使电池 SOC 在整个 CS 阶段保持平衡；又基于热管理系统模型以及发动机热特性引入了温度惩罚，在传统自适应等效油耗最小策略基础上提出了融合系统热特性的自适应等效油耗最小策略（TAECMS）。对所提出的 TAECMS 进行了仿真验证，验证策略有效性；随后重点将 TAECMS 与 AECMS 两种自适应等效因子调整算法进行了多方面对比，分析了 TAECMS 的节油机理；最后将 TAECMS 与 Rule-based、ECMS、AECMS 在高温环境与低温环境的经济性仿真结果进行了对比，结果表明 TAECMS 算法能够改善车辆的燃油经济性，并且在低温环境下节油效果更加明显。

本章以插电式混合动力汽车为例所介绍的热管理技术和方法，对其他类型的新能源汽车的热管理技术具有借鉴和指导意义。未来如何让新能源汽车热管理产业化、市场化将在一段时间内仍是热点。

第8章
其他新能源汽车关键技术

本书第 2 章从整车宏观方面，介绍了新能源汽车的构型方案与特点。组成新能源整车的各个部件随着技术的不断创新也在不断发展，并涌现出很多有推广意义的关键技术，其中包括本章将要详细阐述的电动轮驱动技术、复合电源技术和氢燃料电池汽车技术。

由于驱动电动机所在位置及动力传递方式的不同，通常将电动汽车驱动系统可以分为集中单电机驱动、多电机驱动及电动轮驱动等形式。其中，独立电动轮驱动的电动汽车，因其整车结构简洁、传动高效、结构紧凑及能借助现代计算机直接控制各电动轮实现电子差速和差动助力的突出优点，成为电动汽车驱动形式研究的新方向。因此，本章 8.1 节将探讨电动轮驱动汽车差速技术和差动助力转向技术的解决方案。

电动汽车利用车载电源驱动车辆，但目前动力电池技术尚未取得实质性突破，比功率低、大电流充放电困难及循环寿命有限等缺陷，制约着车辆的动力性和续驶里程，影响了电动汽车的发展。超级电容作为一种新型能源，具有比功率大、充放电迅速、寿命长等优点。超级电容与动力电池结合起来组成复合电源，能够解决单一动力电池大电流充不进、放不出的问题。在满足车辆动力需求的同时，最大限度吸收制动能量，从而达到延长动力电池寿命，提高车辆动力性和燃油经济性的目的。本章 8.2 节以电动汽车复合电源为研究对象，首先对动力电池、超级电容以及 DC/DC 变换器的工作特性进行分析研究。然后在充分掌握复合电源各元件特性的基础上，对复合电源参数匹配及优化进行探讨。最后，根据复合电源的控制目标，总结若干复合电源控制策略，并进行仿真验证。

因燃料电池输出特性疲软且动态响应慢，通常需要配备一个蓄电池，而全功率燃料电池汽车较能量补偿型、功率混合型具有更好的经济性及更短的能量补充时间，但其开发技术难度大。其技术难点主要包括整车动力系统集成技术、动力系统关键零部件匹配方法以及能量管理、能耗优化等关键技术。因此，本章 8.3 节以全功率氢燃料电池汽车为研究对象，首先对全功率燃料电池汽车技术进行概述，然后对全功率燃料电池汽车参数匹配、能耗分析及优化、能量管理策略三方面技术进行详细介绍。

8.1 电动轮驱动技术

电动轮作为独立的驱动部件，集电动机、传动机构、制动器等部件于轮毂内，是一种独特的驱动单元。电动轮驱动的电动汽车取消了传统的机械差速器，在转向时需要调节两侧的转速来实现差速功能。传统车辆的左右轮是通过机械式转向梯形相连接的，一般在良好路面上，左右转向轮驱动力产生的绕主销的力矩大小基本相等，方向相反，故而相互抵消。而电动轮驱动汽车由于各轮转矩独立可控，转弯时左右转向轮的驱动力可以不相等，驱动力对主销轴线的力矩将不再能互相抵消，也就是说驱动转向力矩不再为零。由于两转向轮是通过转向梯形相连接的，驱动转向力矩将会驱动两转向轮转向。因此，对电动轮驱动的汽车，在保证直线行驶稳定的同时，理论上按照一定规律，实时控制左右转向轮的输出转矩，将可以利用产生的驱动转向力矩实现助力转向的作用。

　　本节首先对电动轮驱动结构形式、技术特点、应用情况进行概述，然后对电动轮驱动电动汽车差速技术和差动助力转向技术进行详细介绍。

8.1.1　电动轮驱动技术概述

　　电动轮驱动技术是用四个或多个独立控制的电动轮，来分别为车辆的车轮提供驱动转矩。动力源与车轮之间没有机械传动环节。典型的电动轮结构如图 8-1 所示。

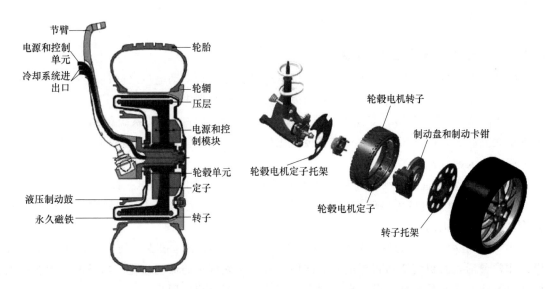

图 8-1　典型的电动轮结构

8.1.1.1　电动轮驱动动力系统结构形式及特点

　　电动轮动力系统主要分为两种结构形式：一种是基于内转子型电动机的电动轮系统；另一种是基于外转子型的电动轮系统。如图 8-2 所示为电动轮系统结构示意。图 8-2（a）中转子在永磁体内部，图 8-2（b）中电动轮的转子在永磁体外部。目前，基于内转子型电动机的电动轮系统，采用高转速低转矩特性的电动机。为了满足车轮实际转速的要求，通常需匹配一个相应的行星齿轮减速机构；基于外转子型电动轮系统则采用低转速高转矩特性的电动机。由于转速范围符合车轮实际转速要求，通常无需匹配减速机构，由电动机外转子直接驱动车轮。典型的电动轮系统布置形式如图 8-3 所示。四个电动轮作为独立驱动元件驱动汽车。

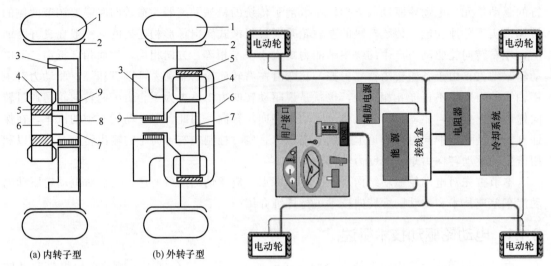

(a) 内转子型　　　　(b) 外转子型

图 8-2　电动轮系统结构示意　　　　　图 8-3　典型的电动轮系统布置形式

1—轮胎；2—轮辋；3—制动器；4—定子绕组；5—永磁体；

6—转子；7—电机控制器；8—减速齿轮；9—轴承

8.1.1.2　电动轮驱动技术特点

电动汽车采用电动轮驱动技术后，采用电缆进行能源与驱动电机之间的功率传递，亦称线驱动，它摆脱了传统机械传动的设计约束。具体给整车带来如下优势。

① 由于取消了离合器、变速器、传动轴、差速器等部件，传动系得到充分简化，整车重量大大减轻，使汽车很好地实现了轻量化目标。减少了精密机械部件的加工费用，使整车生产成本大幅降低。

② 由于电动机直接驱动车轮甚至两者集成为一体，便于实现机电一体化。

③ 由于去掉了机械传动部分，相对于保留机械传动系统的电动车（采用单电机驱动），其传动效率得到提高。

④ 由于电动轮与动力源之间采用软电缆连接，且占用空间很少，使电动汽车整车布置设计非常灵活，有更多空间布置电池等部件，容易实现汽车的低地板化。后备厢及乘客位置设计更灵活。整车重量分布设计自由度大，使轴荷分配更趋合理。

⑤ 电动轮驱动系统在布置上的灵活性，为汽车实现多轮及多轴驱动带来很大方便。这对普遍采用多轴驱动的重型军用越野车是一个极具吸引力的特点。因此电动轮驱动技术为电动汽车或混合动力汽车技术在军用汽车上的应用提供了更大发展空间。

⑥ 由于动力传动的中间环节减少，与内燃机汽车相比，电动轮驱动汽车只有少量的电磁噪声和机械噪声，通常，其噪声比前者低 10～15dB。

⑦ 对传统汽车各车轮驱动力进行控制时，要对发动机、变速器、差速器及车轮制动系统进行综合控制才能实现。除控制系统复杂、成本高之外，由于机械系统的响应较慢，且受制动器、液压管路及电磁阀的延迟等因素影响，传统内燃机汽车的防抱死制动系统（ABS）与牵引力控制系统（TCS）的实际时间延迟达 50～100ms。这限制了 TCS 系统与 ABS 系统性能的提高，而且依靠制动作用调节车轮驱动力时，也增加能耗。电动轮驱动系统则可只通过电动机及控制系统来完成各车轮驱动力的控制而不需要其他部件，且制动作用可由电动机

完成，结合再生制动功能，可回收汽车部分动能。这样容易实现性能更好的、成本更低的TCS 系统、ABS 系统、动力学控制系统（VDC）及电子稳定功能（ESP）等。与内燃机汽车相比，无论加速还是减速，电动机转矩响应都非常快且容易测得准确值。电动机的转矩响应可达到 0.2ms。这对 TCS、ABS、VDC 系统来说非常重要。因此，电动机作为 ABS、TCS 及 VDC 系统是非常理想的执行器。

⑧ 具有无级变速特性且便于实现汽车巡航控制功能。

⑨ 对各车轮采用制动能量回收系统，可大大提高汽车能量利用效率。与采用单电动机驱动的电动汽车相比，其能量回收效率显著增加，这对提高电动汽车续驶里程很重要。

⑩ 易于实现汽车底盘系统的电子化、主动化。

现代汽车驱动系统布置分为前驱动、后驱动或全驱动。这三种驱动形式各有优缺点，而且对汽车行驶工况的适应性也不尽相同。如前驱动车在高速转向时稳定性好，但在加速时或爬坡时，动力性受载荷转移的影响较大；后驱动车在这方面的性能优于前驱动车，而全轮驱动车的传动系统结构复杂，成本较高且各车轮驱动力难以实现理想分配。汽车采用电动轮驱动后，全轮驱动技术的实现得到大大简化。对于基于电动轮驱动的全轮驱动电动汽车来说，采用前驱动、后驱动或全轮驱动可根据汽车行驶工况，由控制器进行实时控制与转换，这样宜于电动机在高效率区运行。当汽车在良好路面上匀速行驶时，所需功率相对较小，可只采用两电机驱动，以提高电机负荷，使电机处于高效率区；而在加速、爬坡及高速行驶时，则可启动全轮驱动，保持汽车的最佳动力性。且各车轮的驱动力可根据汽车行驶状态进行实时控制，真正实现汽车的"电子主动底盘"。

虽然轮毂电机技术具有很大的发展优势，但其也存在如下缺点。

① 因簧下重量增加，使整车振动与噪声特性变坏，较大地降低了平顺性和乘坐舒适性。这是这种技术的重要缺点，因此它仅适用于平顺性要求不高的轿车与越野车上。

② 增人簧下重量和轮毂的转动惯量，对车辆的操控有影响。

对于普通民用车辆来说，常常用一些相对轻质的材料比如铝合金来制作悬架部件，以减轻簧下重量，提升悬架的响应速度。可是轮毂电机恰好较大幅度地增大了簧下重量，同时也增加了轮毂的转动惯量，这对于车辆的操控性能是不利的。不过考虑到电动车型大多限于代步而非追求动力性能，这一点尚不是最大缺陷。

③ 电制动性能有限，维持制动系统运行需要消耗不少电能。

目前很多传统动力商用车装备了利用涡流制动原理（即电阻制动）的辅助减速设备，譬如电动缓速器。对于轮毂电机驱动的车辆，由于轮毂电机系统的电制动容量较小，不能满足整车制动性能的要求，需要附加机械制动系统。但普通电动乘用车没有传统内燃机带动的真空泵，需要电动真空泵来提供刹车助力，这就意味有更大的能量消耗。即便有再生制动能量回收，并确保制动系统的效能，制动系统消耗的能量仍然是影响电动汽车续驶里程的重要因素之一。

④ 轮毂电机工作环境恶劣，面临水、灰尘等多方面影响。在密封方面也有较高要求，同时在设计上也需要为轮毂电机单独考虑散热问题。

8.1.1.3 电动轮驱动技术应用情况

电动轮驱动技术在各种车型中都有应用实例。三菱（Mitsubishi）公司推出 MIEV（Mitsubishi In-wheel motor Electric Vehicle）技术，即轿车的电动轮驱动技术。目前此技术已经应用到其生产的 Colt EV 和 i-MiEV 及其概念车 i-MiEV Sport 上，如图 8-4 所示。

图 8-4　三菱 Colt EV、i-MiEV 和 i-MiEV Sport 电动汽车及其电动轮

如图 8-5 所示为沃尔沃公司在 2007 年法兰克福汽车展上展出的著名的 C30 插电式混合动力电动汽车，该车采用英国 PML 公司生产的电动轮驱动系统，搭配一个小型的 4 缸汽油发动机和动力电池组，百公里油耗小于 5.5L，0～100km/h 加速时间只需 9s，最高车速 160km/h。一次充电要 3h，续驶里程可以达到 100km。

图 8-5　沃尔沃 C30 插电式混合动力电动汽车

图 8-6　丰田混合动力车 Yaris-Hybrid-R

如图 8-6 所示为丰田公司在法兰克福车展上展出的混合动力车 Yaris-Hybrid-R，该车型的动力系统包括一台 1.6L 涡轮增压四缸发动机，发动机最大功率输出 220kW，峰值转矩 420N·m；后轮搭载两个轮毂电机实现电驱动，轮毂电机最大输出功率 44kW，动力系统综合功率 309kW。

英国 Protean 公司当前在轮毂电机驱动领域技术全球领先，该公司也是全球少数可量产乘用车轮毂电机的企业。如图 8-7 所示为 MAH-LE Powertrain 和 Protean Electric 合作开发并于 2015 年 9 月发布的插电式混合动力汽车，该车型保留了 1.4L 汽油发动机，其驱动方式与宝马 i8 类似，电驱系统和发动机动力系统通过道路进行耦合，单一轮毂电机可提供 1250N·m 的驱动转矩，以及 80kW 的驱动功率。该车型在 NEDC 工况下燃油经济性从 6.4L/100km 降至 1.7L/100km，CO_2 排放量从 149g/km 降至低于 40g/km，0～100km/h 加速时间不超过 7.0s（仅为传统车辆的一半），最高速度也提高 10% 以上。此外，双动力传动系统的 AWD 功能增强了车辆在高附着力和低附着力路况下的动态性能。

如图 8-8 所示为美国洛兹敦（Lordstown Motors）汽车公司于 2020 年发布的旗下首款采用轮毂电机驱动技术的纯电动皮卡——Lordstown Endurance。该车型搭载了四台由 Elaphe 公司生产的轮毂电机，电机的总功率可以达到 440kW，最高车速可达 128km/h。在 EPA 测试标准下该车的续驶里程可达 322km。截至 2020 年年底，该车型已获得超过 5 万辆订单。

图 8-7　MAHLE Powertrain 和 Protean Electric
合作开发的插电式混合动力汽车

图 8-8　洛兹敦纯电动皮卡 Lordstown Endurance

目前，国内还没有量产的电动轮驱动的电动汽车，但是电动轮驱动的概念车和实验车已有相关报道，譬如比亚迪公司生产的四电动轮驱动概念车"ET"。该车采用锂离子电池，它是国内第一款由生产商开发的电动轮驱动电动汽车，如图 8-9 所示。

图 8-9　比亚迪公司生产的电动轮驱动概念车 ET

如图 8-10 所示为绿驰公司于 2018 年在日内瓦车展发布的一款全新超级轿跑车型——Venera。该车型应用轮毂电机驱动技术，实现综合最大功率达 730kW，0～100km/h 加速时间仅为 3s，最高车速为 250km/h。该车型在 NEDC 工况下续驶里程为 500km。

湖北泰特机电有限公司作为国内分布式驱动技术的领先企业，2016 年全资收购了 E-

Traction 公司。如图 8-11 所示为泰特机电有限公司于 2017 年发布的国内首款运用轮毂电机驱动技术的电动客车。

图 8-10　绿驰超级轿跑车 Venera　　　　图 8-11　泰特轮毂电机电动客车

除了诸多汽车制造商以外，国内的各大高校也对四轮独立驱动电动汽车展开了研究。同济大学研制的"春晖"系列和"登峰"系列轿车采用了电动轮驱动技术。此外，吉林大学和天津一汽夏利汽车股份有限公司合作申报的国家"863"项目，即 ISG 混合动力威乐牌轿车也采用了电动轮驱动技术，如图 8-12 所示，其后轮是由两个上海安乃达驱动技术公司生产的峰值功率 7.5kW、峰值转矩 150N·m 的 HD 系列无刷交直流环式轮毂电机驱动的，在纯电动工况下，最大巡航速度可达 70km/h。

图 8-12　国家"863"项目采用电动轮驱动的混合动力实验车

电动轮驱动系统在动力学控制、结构布置等方面具有优势，逐渐成为电动汽车发展的一个重要方向。开发研制性能良好、重量轻、体积小、集成度高的电动轮系统已成为当前各汽车企业研究的重点。然而，电动轮驱动技术现阶段还有许多关键技术需要解决，如转向时驱动轮的差速技术和差动助力转向技术等。下面对电动轮汽车的差速和差动助力转向技术进行阐述。

8.1.2　电动轮驱动汽车差速技术研究

汽车的差速问题主要是指车轮旋转线速度不能与轮心速度相协调，或者车轮滚过的距离不等于车轮轮心沿平行于行驶路面轨迹移动的距离，而引起车轮拖滑或滑转，导致汽车不能正常行驶。即其车轮运动无法满足式（8-1）成立的条件。

$$\begin{cases} u_i = \omega_i r_{w_i} \\ S_i = \int \omega_i r_{w_i}\,\mathrm{d}t \end{cases} \qquad i = 1,2,3,4 \qquad (8\text{-}1)$$

式中，u_i 为第 i 个车轮的速度；ω_i 为第 i 个车轮的旋转角速度；r_{w_i} 为第 i 个车轮的滚动半径；S_i 为第 i 个车轮轮心沿平行于行驶路面的轨迹移动的距离。

若汽车各车轮运动学状态满足式（8-1），则汽车不存在前述差速问题，即差速问题得到解决。传统汽车通过差速器，实现各车轮转速与相应轮心速度的协调运动。在电动轮驱动的汽车中，各车轮之间没有机械连接，运动状态相互独立，因此需要用电子差速技术解决汽车各车轮在转向或在不平路面上行驶时的差速问题。电子差速转向控制是指完全采用电控的方式，控制各个车轮的转速与速度差达到转向的目的。

本小节在总结电子差速技术研究发展过程的同时，重点介绍吉林大学混合动力汽车研究团队所提出的，采用转矩指令控制驱动电机实现车轮转速随动，使各车轮自适应差速控制的方法。

8.1.2.1　电子差速技术的研究现状

早在 20 世纪 60 年代末，德国科学家 Kasselmann 等就对电子转向系统进行了研究。他们试图利用导线直接将方向盘与转向车辆进行连接控制，但受制于当时电子控制技术的发展水平，电子转向系统未能在实际应用中获得成功。

在 1990 年，奔驰公司对前轮电子转向系统进行了深入研究并取得了较大的成功。其研发的电子转向系统成功应用于 F400Cvaring 概念车。其转向控制功能与传统的机械转向控制相比具有突出的优越性。奔驰公司的成功创举引发世界各大公司和院所，如德国宝马公司、ZF 公司，日本东京精工技术研究所、日本大学，中国的浙江大学、哈尔滨工业大学等，对电子转向控制系统的研究和关注。

在电子转向控制系统的研发浪潮中，日本东京精工技术研究所研发的电子转向系统取得了重大突破。其利用自己研发的电子转向系统作为主要控制技术，控制的小车在摩擦系数很小的雪地上进行蛇行、变线和侧风行驶等实验。通过实验结果验证了电子转向系统在路线跟踪性能上，比传统转向系统有较大的提高，而且制动控制性能也有所进步。

浙江大学电气工程学院研究了两轮驱动轮毂电机的电动车控制系统，包括轮毂电机控制系统和电子差速控制系统。并在研究的基础上，提出了以车轮与地面的附着系数作为控制对象的新型电子差速控制研究方案，以两个 TMS320F2407 时间管理器实现了电子差速驱动控制。

中国科学院电工研究所与东风汽车集团合作，针对双电机驱动的电动汽车，提出了基于自由轮转速信息和驱动防滑控制的汽车转向动力学分析研究方案。并在 Ackerman-Jeantand 转向几何模型的研究基础上，探讨了理想差速过程中，车轮驱动转矩相对制动转矩的变化应满足的条件，并提出了双模式转矩分配电机差速器设计方法。

同济大学的专利"四轮电子差速转向控制系统"提出了一种四轮电子差速转向控制系统，即整车控制系统只是根据汽车的运动状态输出驱动电机的转矩指令信号，而电动轮系统的转速则由电机转矩与电动轮系统的平衡点决定。此时，整车控制器不必再针对汽车的差速问题设计复杂的控制器。

从现有的资料分析电子差速技术研究主要有两方面：通过整车控制器调节各驱动电机的转速实现和通过改变电机结构实现。

目前，提出的电子差速技术方案多数以车轮转速为控制参数，但该方法有很大的局限性。汽车各车轮通过悬架与车体相连，车轮轮心速度的水平分量与车体上该处的水平速度分量相等。悬架的上下运动引起轮心产生垂向速度（如车轮爬坡或行驶于不平路面），这两个速度分量的合成即为实际轮心的速度。在转向与在不平路面上行驶时，各轮轮心速度是不相等的，因此要求各轮转速不同，以便与相应轮心速度协调运动。但因汽车实际行驶的路面不平及车轮的上下跳动数据难以实时获取，所以按转速模式控制电机实现汽车各轮差速时，实际的轮心速度不能实时准确把握，因此该方法不能很好地解决电动轮驱动的汽车差速问题。

目前，通过改变电机结构实现差速的成果，主要有双转子轴向磁通电机、反向双转子电机和复合多相双转子电机。这种方法使驱动系统结构复杂，不能充分发挥电动轮的优势，同时各车轮驱动力难以实现。

8.1.2.2　电动轮驱动汽车自适应差速技术

（1）电动轮驱动汽车车轮受力分析

在分析传统汽车车轮受力时，一般将车轮作为一个系统来考虑，认为在旋转方向上的受力有传动系传来的驱动转矩 T_{ti}，制动系统作用于车轮的制动转矩 T_{bi}，以及路面作用于车轮的反力 F_{ti}。单轮胎受力模型如图 8-13 所示，受力方程见式（8-2）。

$$I_{w_i} = \frac{d\omega_i}{dt} = T_{t_i} - F_{t_i} r_{w_i} - T_{b_i} \tag{8-2}$$

式中，I_{w_i} 为车轮的转动惯量。

但是该方程没有考虑车体通过悬架与车轮的相互作用力，因此无法表达汽车从动轮的运动，以及当各车轮驱动力不等（如装限滑差速器）而车轮转速相等的现象，或者车轮驱动转矩相等而车轮转速不相等的现象。在研究电动轮驱动汽车的差速问题时，由于各车轮之间无机械连接，各车轮运动状态相互独立，上述方程则无法准确表达电动轮的运动学状态。

在考虑汽车车体与车轮相互作用时，车轮动力学模型如图 8-14 所示。此时电动轮驱动汽车车轮的动力学方程见式（8-3）。

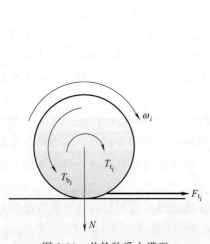

图 8-13　单轮胎受力模型

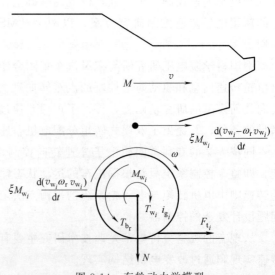

图 8-14　车轮动力学模型

$$I_{w_i} \frac{\mathrm{d}\omega_i}{\mathrm{d}t} = T_{m_i} i_{g_i} - F_{t_i} r_{w_i} - T_{b_i} - \xi M_{w_i} \frac{\mathrm{d}(v_{w_i} - \omega_i r_{w_i})}{\mathrm{d}t} r_{wi} \tag{8-3}$$

式中，T_{m_i} 为电机驱动转矩；i_{g_i} 为电机与车轮之间的传动比；M_{w_i} 为第 i 个车轮的质量；v_{w_i} 为第 i 个车轮轮心处的速度。

式中右侧最后一项即为汽车车体与车轮的相互作用力，其含义为由于车轮轮心处加速度和车轮转动时的切向加速度不同而导致的相互作用惯性力，其中 ξ 为作用系数，其取值为

$$\xi = \begin{cases} 0 & \omega_i r_{w_i} \geqslant v_{w_i} \\ 1 & \omega_i r_{w_i} < v_{w_i} \end{cases} \tag{8-4}$$

由式(8-4)可知，当车轮旋转线速度大于轮心速度时，式(8-3)与式(8-2)相同。式(8-3)是汽车车轮的完整运动学方程。由于车体与车轮装配在一起，它既反映了由动力传动系统传到车轮的驱动转矩对车轮运动的影响，也反映了由于车体与车轮装配在一起，车体与车轮相互作用力对车轮运动的影响。

（2）自适应差速技术的实现方法

从以上分析可知，电动轮驱动汽车各车轮之间没有半轴机械连接，车轮运动状态互相独立，当以车轮转速为控制参数时，为保证转向时的转速协调，以理想汽车转向模型生成各车轮理想转速并以此控制车轮转速，这相当于重新将各车轮转速互相联系起来。由于车轮转动参数的互相约束，使 4 个车轮运动自由度不足。当生成目标转速的理想汽车转向模型不符合汽车实际运动学时，便会产生车轮的转速不协调，导致车轮拖滑或滑转，加剧轮胎异常磨损。

如果以电机传给车轮的驱动转矩为控制参数，而不对车轮转速进行控制，使其随受力状态自由转动，那么 4 个车轮就有 4 个转动自由度。每个电动轮运动学状态相互独立，各自均满足式（8-3）。由前述分析知，当电机驱动转矩没有超出路面附着极限时，滑转率处于附着特性的稳定区，车轮不会出现拖滑或滑转。故此时不存在因各车轮转速不协调而引起的差速相悖的问题。当电机的驱动转矩超出路面的附着极限而引起车轮滑转时，这已超出差速问题范畴，应是牵引力控制解决的问题。

根据以上分析，提出对驱动电机应采用按转矩指令进行控制，并使车轮转速随动的策略，以实现各车轮的自适应差速。整车控制系统只是根据汽车的运动状态输出驱动电机的转矩指令信号，而电动轮系统的转速则由电机转矩与电动轮系统的平衡点决定。此时，整车控制器无需再针对汽车的差速问题设计复杂的控制器。

8.1.3　电动轮驱动汽车差动助力转向研究

众所周知，在驾驶员进行制动时，若左右两侧制动力不同，一般可以造成汽车向制动力大的一侧转向的趋势。同样，左右轮驱动力不同时也将会驱动两个转向轮产生转向运动。为便于叙述，将左右转向轮的驱动力产生的绕其各自主销轴线力矩的差值，定义为驱动转向力矩。对于传统汽车，一般在良好的对称路面上，左右转向轮驱动力产生的驱动转向力矩大小大体相等，方向相反，故而在机械式转向梯形的连接下相互抵消。而电动轮驱动汽车由于驱动轮转矩独立可控，转弯时左右转向驱动轮的驱动力可以不相等。驱动力对主销轴线的力矩将不再互相抵消，也就是说驱动转向力矩不再为零。因此，对电动轮驱动的汽车，理论上按照一定规律实时控制左右转向轮的输出转矩差，将可以利用产生的驱动转向力矩，实现转向

助力的作用，从而达到减小驾驶员手动转向力的最终目的。把这种新型的助力转向方式称为差动助力转向（Differential Drive Assist Steering，DDAS）。

本小节首先介绍差动助力转向研究现状，然后详细介绍本书提出的差动助力转向原理。

8.1.3.1 差动助力转向研究现状

国内关于差动助力转向的研究甚少，在国外也仅有一些类似相关研究。其中主要包括滑动转向、差动转向、差动转向辅助系统、转矩可以左右分配的各种全轮驱动系统、驱动转向集成系统以及电控差动转向系统等。

（1）滑动转向

滑动转向（Skid-steering）是履带式车辆常用的转向方式。滑动转向是基于控制一侧履带驱动力增加，另一侧减小的方式，克服由于履带与地面滑动产生的转弯阻力以及车辆横摆旋转惯性的影响，产生转弯力矩驱动车辆转弯的。车辆的运动可以用式（8-5）和式（8-6）描述。

$$m \frac{\mathrm{d}^2 s}{\mathrm{d}t^2} = F_\mathrm{o} + F_\mathrm{i} - R_\mathrm{tot} \tag{8-5}$$

$$I_\mathrm{z} \frac{\mathrm{d}^2 \theta}{\mathrm{d}t^2} = \frac{B}{2}(F_\mathrm{o} - F_\mathrm{i}) - M_\mathrm{r} \tag{8-6}$$

式中，F_o、F_i 分别为外侧与内侧驱动力；R_tot、M_r 分别为转弯阻力与转弯阻力矩；B 为履带轮距；m 和 I_z 为车辆重量与横摆惯性力矩；s 和 θ 分别为车辆重心位移与车辆角位移。

依据上两式知，如果控制 $F_\mathrm{o} = F_\mathrm{i}$，车辆将无法平移，但是可以实现原地掉头转向。因此，将履带车辆的滑动转向应用到轮式驱动车辆上，便形成了轮式驱动车辆的差动转向。虽然滑动转向提高了车辆的机动性，但滑动转向也伴随着高能耗的问题。

（2）差动转向

Francis B. Hoogterp 和 William R. Meldrum. Jr 首次用差动转矩转向（Differential Steering）的概念，命名车轮独立驱动的轮式军用车辆的滑动转向系统。它由传统履带车辆的滑动转向系统发展而来，是对车辆行驶速度和全地面通过性要求的折中。但是，该系统只应用在不具备可转向车轮的军用装甲车等要求大的乘员厢空间和载货空间的其他车辆上。W. Li 针对没有转向机构的车轮转矩可独立控制（IWTC）的四轮驱动电动车，同样借鉴履带车辆的滑动转向，提出了基于差动转矩集成控制的助力转向方法，仿真结果表明具备该功能的轮式车辆与传统前轮转向的车辆行驶轨迹接近。但是在大曲率路径跟踪，以及在考虑轮胎滑转控制和横摆补偿控制的时候，转弯半径较传统前轮转向有较大增加。Gao Shuang、U-sok Chong 和 Wibur Langson 等人都对轮式独立驱动电动汽车上应用的滑动转向进行了研究。但上述差动驱动都是滑动转向概念的延伸，都是应用在无机械几何转向机构的轮式驱动车辆上的实例，并非是利用左右轮驱动转矩差来提供转向助力的例证。

（3）差动转向辅助系统

Russell James Thacher 拥有的专利是关于一种应用于非公路多功能车的差动转向辅助系统（Differential Steering Assist System）。该系统通过检测到的前轮转向角位置及两个后驱动轮的转速信号，实时地控制内侧后驱动轮的转速，进而为前轴转向轮提供转向辅助。这种转向干预方法在该多功能车后轴载重量较大时改善了车辆的转向性能，增强了入弯和出弯能力。如图 8-15 所示是其发明的多功能越野车及应用的差动转向辅助系统。

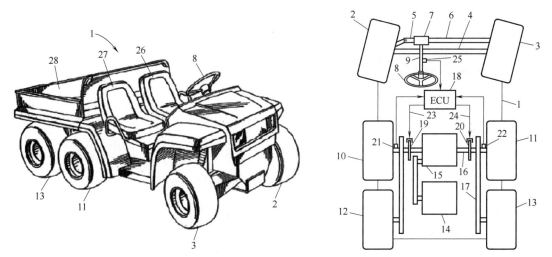

图 8-15 Russell James Thacher 发明的多功能越野车及应用的差动转向辅助系统

1—多功能越野车；2,3—可转向左右前轮；4—前轴；5,6—转向拉杆系统；7—转向器（机械或电子机构）；8—方向盘；
9—转向轴；10,11—第一对后轮；12,13—第二对后轮；14—内燃机或电机；15—变速机构；16—后轴；
17—传动齿链或皮带；18—系统电控单元；19,20—左右后轮制动器；21,22—后轮轮速传感器；
23,24—制动指令；25—方向盘角位移传感器；26,27—驾驶员位置；28—后载货厢

Pongsathorn Raksincharoensak 和 Masao Nagai 也提出了一种利用左右差动驱动转矩实现直接横摆力矩控制（Direct Yaw Control，DYC），并将其应用在小型电动轮驱动的汽车上。该方法不仅可以提高稳定性，还可以借用 CCD（Charge Coupled Device，电荷耦合器件）相机通过差动完成道路自动保持。一些其他的研究者，譬如 Bong-Choon Jang、Hiromichi Nozaki 和 Tom Pilutti 同样对电动轮独立驱动车辆提出了通过差动制动来控制转向的想法。但以上提到的研究者的文章或专利，都只是利用某个驱动轴的差动驱动或差动制动来辅助和校正转向特性的，而并非利用这种差动转矩来为驾驶员转向时提供助力，从而提高转向轻便性，可以说与本小节的研究和控制目标并不一致。

（4）转矩可以左右分配的各种全轮驱动系统

对于传统内燃机汽车，由于各轮存在机械连接，因此不能做到独立驱动。但是随着以轮间限滑差速器为核心部件的黏性联轴器和多片电磁离合器技术的出现，传统的内燃机驱动车辆的前后驱动转矩，左右驱动转矩都可按照一定比例分配，以期主动改善汽车的弯道行驶性能和转向特性。以此为代表的有本田公司的超级稳定性全轮驱动（SH-AWD）技术、三菱公司的超级全轮驱动控制（S-AWC）技术、奥迪公司的运用湿式多片离合器技术的主动差速器、丰田公司的 All-Trac 四轮驱动系统等。其中值得注意的是本田公司的 SH-AWD 系统，其借助新型的电磁离合器技术，可以在车辆转向时，连续可变地将最大 70% 的总的驱动力分配给外侧后轮，而内侧后轮驱动转矩最小可以到零，从而大大提高车辆的弯道性能，改进不足转向特性。其机械结构和工作示意如图 8-16 所示。

三菱公司的 S-AWC 系统集成了主动中央差速器（Active Center Differential，ACD）、主动横摆控制（Active Yaw Control，AYC）、主动稳定性控制技术（Active Stability Control，ASC）以及 Sport ABS（Anti-lock Braking System）系统。其中以后轮转矩向量机构（Torque Vectoring Mechanism）为核心的 AYC 系统依据横摆角速度信号，完成基于左右后

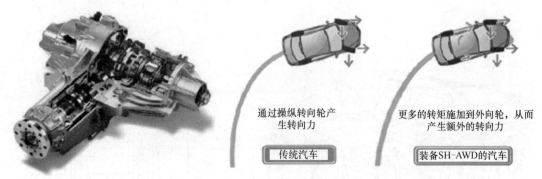

图 8-16   本田公司的 SH-AWD 系统及转弯时的辅助转向工作示意

轮驱动转矩，时时分配调整的直接横摆力矩控制。如图 8-17 所示为其结构及工作原理。而奥迪公司的主动差速器和丰田公司的 All-Trac 四轮驱动系统一样，都是基于方向盘角度信号和纵向侧向加速度信号，进行轴间与轮间限滑差速作用，以适应转向过度和转向不足的修正要求，如图 8-18 和图 8-19 所示。

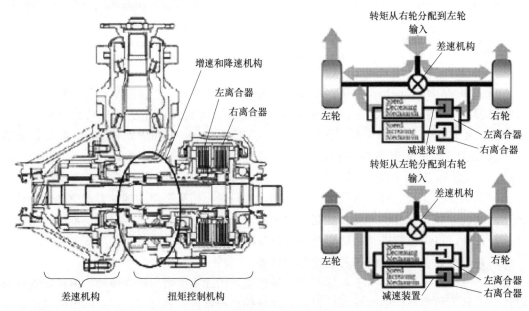

图 8-17   三菱的 S-AWC 系统结构及工作原理

（5）驱动转向集成系统

B. C. Besselink 提出了转向系统和牵引力系统集成的观点。他所探讨的应用车型的前轮是机械可转向非驱动轮或脚轮。通过检测前轮转角位置来控制左右驱动后轮进行差动来辅助转向，从而提高转向性能。如图 8-20 所示，其所研究的车辆为播种车、平推机、喷洒机等农业用车。该类车辆后轮为电动轮独立驱动，前轮是由原车小脚轮（转向角不可控制）改装而成的受控转向的非驱动轮。

通过集成控制两后驱动轮的轮速差和前轮转角位置，从而实现各种转向姿态。其依据为式（8-7）和式（8-8）。

$$\phi_{L} = \tan^{-1}\left[\frac{2b(\omega_{L}-\omega_{R})}{\omega_{L}(t_{B}+t_{F})+\omega(t_{B}-t_{F})}\right] \tag{8-7}$$

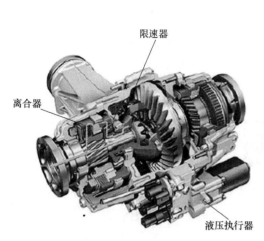

图 8-18 奥迪的主动差速器系统

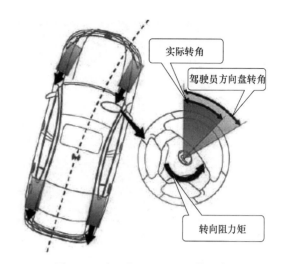

图 8-19 丰田的 All-Trac 工作示意

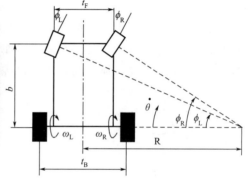

图 8-20 B. C. Besselink 研究的驱动转向集成车辆及转向角与后轮差速的关系

$$\phi_B = \tan^{-1}\left[\frac{2b(\omega_L - \omega_R)}{\omega_L(t_B - t_F) + \omega(t_B + t_F)}\right] \tag{8-8}$$

为避免载荷转移带来的研究的复杂性，研究的车辆定位于只有一个前脚轮的车辆，即 $t_F = 0$。此时前轮转向角与左右后轮转速差的计算关系见式（8-9）。

$$\phi = \tan^{-1}\left[\frac{2b(\omega_L - \omega_R)}{t_B(\omega_L + \omega_R)}\right] \tag{8-9}$$

（6）电控差动转向系统

虽然与本书研究的差动助力转向相同的文献极少，但是由台湾清华大学的学者 Feng-Kung Wu 在日本神户举办的国际先进车辆控制会议（AVEC-08）上发表的，被其称为电子转向（Electrical Steering System）的文章，与本小节提出的观点比较类似。他提出了一种电子转向系统，并将其应用在无齿轮齿条转向器的前轮独立驱动电动实验车上。该控制系统由主控制器 NI CompactRIO 和两个电机控制器组成，并通过 CAN 总线通信。基于由安装在机械转向柱上的电位计测得的转向柱转角信号，和安装在方向盘与转向柱间的转矩传感器测得的转向力矩信号，由电控差动转向控制器控制前轮左右驱动转矩差，来进行差动自动转向或差动辅助转向。如图 8-21 所示为其研究的电控差动转向实验电动车及转向柱示意。

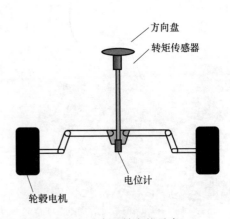

图 8-21　Feng-Kung Wu 研究的电控差动转向实验电动车及转向柱示意

该系统既能实现像线控转向一样灵活自动转向，又能像动力转向一样放大驾驶员的转向力矩，同时确保了将地面反作用力通过转向机构回馈给驾驶员。但是，作者并没有将这种利用差动转矩提供转向助力的方法进行明确定义和详细分析，且差动转矩是简单地依据手力乘以一个助力比例来确定的，并没有依据理想的助力特性去控制。另外，该研究也没有探讨后轮差动对助力转向特性的影响。其研究的实验车型也不具备完整的汽车机械转向系统。但是，他提出的电机工作模式切换控制以及电机控制抗饱和补偿、简单车轮大滑转抑制控制等，都具有启发和指导意义。

8.1.3.2　差动助力转向原理

差动助力转向技术利用左右轮毂电机输出转矩差来实现助力转向。实际上，差动助力转向技术和电动助力转向技术有许多共同之处。它们都有完整的机械连接的转向系统，都是靠电机施加助力转矩来减小转向手力的。差动助力转向实际上相当于将助力电机移动到了车轮上，来达到间接助力转向的目的。可以说差动助力转向的助力指标，应该是与电动助力转向一致的。

差动助力转向独特的特点如下。

① 结构上，它省略了助力电机，减轻整车重量和降低生产成本。使转向系统的布置空间更大，布置方案更加灵活，且避免了助力电机噪声及散热等问题。

② 动态特性上，由于电动助力转向的电机及减速机构一般布置在转向器或转向杆上，增加转向系统的转动惯量和摩擦损失。然而差动助力转向省掉了助力电机及

图 8-22　电动轮驱动汽车差动助力
转向结构及原理

其减速机构，可以有效提高转向系统动态特性，改善助力控制效果。

③ 差动助力转向是通过控制左右轮驱动转矩差来进行助力的，它与其他整车驱动力控制系统的执行机构是一致的。故其 ECU 可以集成在整车控制器上，不必为电动助力转向系统单独在转向系统附近加控制器，从而提高了系统集成度和可靠性，但前提是必须解决协调控制的问题。

基于差动的想法，在确保车辆稳定性的前提下，利用后轮的差动转矩产生额外的横摆力矩，减小车辆不足转向特性。在相同道路循迹过程中，有效减小驾驶员的转向角输入，从而间接达到减小转向手力的目的，提高前轮差动助力转向的助力能力。

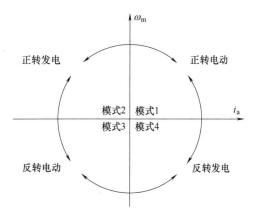

图 8-23 轮毂电机的 4 种工作模式
ω_m—电机转动角速度；i_a—电机电流，与电机转矩 T_m 成线性比例关系

车轮主销横向偏移距的存在，使单个轮胎印迹上的纵向力能够产生绕其主销的力矩。由于机械差速器的作用，传统汽车左右驱动轮输出转矩大小相等，所以一般在良好对称路面上，左右转向轮与地面间纵向驱动力产生的绕主销的力矩大小大体相等，方向相反。故而在机械式转向机构的作用下相互抵消，转向机构并无运动，保持了车辆的直线行驶。而对于电动轮驱动的电动汽车，由于轮毂电机的输出转矩可以精确控制，电控单元可以通过电机控制器，独立而精确地控制左右驱动轮转矩产生较大差值，从而经车轮动力学及轮胎力学产生左右两侧纵向驱动力差。转向车轮的主销横向偏移距的存在，使这种驱动力差产生绕主销的驱动转向力矩，它与驾驶员输入转向力矩一起，克服车轮的回正力矩及转向系统摩擦力矩，产生驾驶员期望的车轮转向角，完成助力过程。

如图 8-22 所示为电动轮驱动汽车差动助力转向结构及原理。它是在传统无助力机械式转向系统的基础上，在转向柱上安装转矩/转角传感器，用以测量驾驶员输入的转向力矩和转向角。前轴由两个轮毂电机驱动。如图 8-23 所示为轮毂电机的 4 种工作模式。

当车辆驱动转弯时，电控单元依据检测到的方向盘转矩转角信号及车速信号，并依据一定控制规律，共同决定左右转向轮驱动转矩差，并通过 CAN 总线将最初的平均分配转矩指令发送到左右两个电机控制器，控制左右轮毂电机输出相应转矩差。由驱动转矩差产生的助力与经齿轮齿条转向器放大后的驾驶员转向手力之和推动转向横拉杆，按照转向几何约束，克服转向轮回正力矩及转向系统摩擦力矩产生所需的转向轮转角。如果所需的助力较大，依据图 8-23 所示，内轮需要提供一个负的牵引力，此时电机可以工作在模式 2，从而产生电磁制动力。极限时，车轮甚至抱死或者电机甚至反向驱动车轮旋转，从而提供较大的负驱动力。但如此大的助力，一般只能在原地转向或非常低速、大角度转弯的情况下发生。中高速转弯时，一方面不需要如此大的转弯助力水平，即不需要如此大的驱动力矩差；另一方面，车轮突然抱死甚至反向驱动，在这种工况下是很危险也是不允许发生的。

当车辆在中低车速转弯并采取一般性制动时，同样可以利用轮毂电机的发电模式进行再生制动；同样依据一定控制规律，适当增大内轮再生制动力矩，适当减小外轮再生制动力矩，从而依照驾驶员转向方向利用差动制动力提供转弯助力。参照图 8-23 可知，由于轮毂电机有 4 种工作模式，即使在车辆转弯时采取制动行为，也可以依据驾驶员转向意图和助力需求，利用电机工作模式转换，分配电磁制动力矩。

当车辆以中高速转弯并紧急制动时，应在优先保证制动稳定性的前提下分配左右制动力矩。涉及车辆稳定性的中高车速范围，对转弯助力的要求不高，此时应优先用差动制动来产生横摆力矩以改善车辆稳定性。需要注意的是，图 8-22 所示电控单元实际为电动汽车整车驱动控制器，差动助力转向的控制由于执行机构和整车驱动控制器都为左右轮毂电机，因此它是嵌入整车驱动控制器当中的软件模块，并非单独的一个控制器。

如图 8-22 所示，轮胎与地面产生的纵向驱动力分别为 F_{t_1} 和 F_{t_3}，假设左右转向前轮的驱动转矩分别为 T_1 与 T_3，它们产生的绕各自主销的转矩分别见式（8-10）与式（8-11）。

$$T_{st_1} = F_{t_1} r_a \tag{8-10}$$

$$T_{st_3} = F_{t_3} r_a \tag{8-11}$$

式中，r_a 为主销横向偏移距，本书假定其左右相同。

于是，前轴产生的差动转向力矩见式（8-12）。

$$T_{st} = T_{st_1} - T_{st_3} = (F_{t_1} - F_{t_3}) r_a \tag{8-12}$$

此力矩经转向节臂的旋转运动作用到齿条上，产生转向助力推动齿条运动，见式（8-13）。

$$F_{ast} = T_{st} N_L \tag{8-13}$$

考虑到车轮转动动力学，车轮驱动转矩与地面驱动力的关系见式（8-14）。

$$T_i = F_{t_i} g r_\omega + I_\omega g \frac{d\omega_i}{dt} \tag{8-14}$$

假定主销横向偏移距和轮胎滚动半径始终为常数，这个差动转向助力还可以用式（8-15）表达。

$$F_{ast} = (T_1 - T_3) \frac{r_a}{r_\omega} N_L + T_\omega = \Delta T_f \frac{r_a}{r_\omega} N_L + T_\omega \tag{8-15}$$

其中

$$T_w = \left(\frac{d\omega_1}{dt} - \frac{d\omega_3}{dt} \right) \frac{r_a}{r_\omega} N_L \tag{8-16}$$

T_ω 为转向动力学的干扰力矩。正常稳态驱动时，由于车轮惯量 I_ω 和轮毂电机惯量较小，且车轮转动角加速度 $\dot\omega$ 也不大，因此 T_ω 可以忽略不计。然而当车轮过度滑转时，$\dot\omega$ 较大，T_ω 则不能忽略。在本书中先假定车轮在牵引力控制的作用下滑转率较小，T_ω 先忽略。式（8-15）中，ΔT_f 为左、右前轮驱动转矩差，也是图 8-22 中所示控制器的输出指令。装备差动助力转向系统的电动车辆转弯时，应按照驾驶员的要求保证车辆纵向动力学的恒定，即不改变车辆纵向运动速度及加速度。所以在分配驱动转矩时，必须满足式（8-17）与式（8-18）。

$$T_1 = \frac{T_t d_{fr}}{2} + \frac{\Delta T_f}{2} \tag{8-17}$$

$$T_3 = \frac{T_t d_{fr}}{2} - \frac{\Delta T_f}{2} \tag{8-18}$$

上式中，等式右侧前一项是由整车驱动控制系统决定的，差动助力转向的工作不能改变由驾驶员决定的汽车总驱动转矩需求。差动助力转向系统只是嵌入整车驱动控制器当中的功能模块，旨在调整左右轮驱动转矩的差值，而并不需要改变总的需求转矩。这是差动助力转向工作时必须要保证的前提。

通过助力原理分析和对当前电动助力转向回正控制的研究可以推断，当车辆转弯回正时，也可利用左右轮差动转矩。在高纵向车速车轮回正时，进行基于方向盘转角信号的阻尼控制，抑制回正超调波动，或在低纵向车速车轮回正时进行辅助回正控制，克服转向系统摩擦阻力和地面阻力使方向盘准确快速回正。

如果将汽车转向系统惯性和阻尼都等效到转向轮，则转向系统可以简化为一个单自由度二阶系统。那么前述的差动转向助力 F_{ast} 施加到转向系统的动力学方程则为式（8-19）。

$$I_s\ddot{\delta}_f + B_s\dot{\delta}_f + K_s\delta_f = \Delta T_f \times \frac{r_\sigma}{r_\omega} + AT_f + \frac{T_{sw}}{N_s} + CF_f \tag{8-19}$$

式中，I_s、B_s 和 K_s 为转向系统等效转动惯量、等效阻尼和等效弹性刚度；CF_f 为转向系统干摩擦力。

由式（8-19）可见，如果能够依据驾驶转向操作行为，实时控制左右驱动前轮的驱动转矩差 ΔT_f，则理论上，可以在完成转动相同转角 δ_f 的前提下，有效减小驾驶员的转向力矩 T_{sw}，达到助力目的。

另外，考虑到用于提供助力转矩的前轮差动驱动，必将对车辆引入一个正横摆力偶矩，即 $M_{zd} = (F_{x_3} - F_{x_1})d_T$，如图 8-24 所示。其对车辆的影响分析如下。

$$I_z\dot{r} = F_{y_f}l_f - F_{y_r}l_r + (F_{x_3} - F_{x_1})d_T \tag{8-20}$$

$$R = \frac{l_f + l_r}{\delta_f - (\alpha_f - \alpha_r)} \tag{8-21}$$

式（8-20）与式（8-21）中，F_{y_f}、F_{y_r} 和 α_f、α_r 分别为前后轮侧偏力和侧偏角；R 为车辆转弯半径。

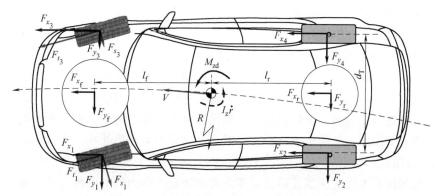

图 8-24 差动助力转向引入的正横摆力偶矩

该横向力矩必将影响前后轮地面侧向反作用力数值、稳态转向特性及相应的汽车行驶转弯半径。由于该正横摆力偶矩减小了前轮侧偏角，增大了后轮侧偏角，不仅减小了汽车不足转向量，提高了道路跟随能力，而且依据式（8-21）可知，保持相同转弯半径所需的前轮转角相应地变小了，因此可以说差动助力转向工作时，对整车引入的正横摆力偶矩在一定程度上也间接减小了方向盘转矩。中低速转向时，可以利用后轮的差动来达到进一步减小手力的目的，但在汽车进行中高速转弯时，过大的前轮正横摆力偶矩将可能使车辆趋于不稳定。因此，在保证车辆稳定性的前提下，利用好此横摆力偶矩将使差动助力转向发挥更大功效。

综上，初步的理论分析表明，差动助力转向具有理论可行性。

8.2 复合电源技术

电动汽车将使能源的利用多元化和高效化，达到能源可靠、均衡和无污染利用的目的。从环保的角度来看，电动汽车是无排放交通工具，即使计及发电厂增加的排放，总量上来看，它也将使空气污染大为减少。此外，电动汽车比传统的燃料汽车更易实现精确控制。

在电动汽车部件中，电源是电动汽车的"心脏"。电源技术是电动汽车的关键技术。电动汽车对电源的要求主要有：

① 高比能量，以提供较长的一次充电续驶里程；

② 高比功率，以确保车辆足够的加速和爬坡性能；

③ 循环寿命长，以降低车辆使用期内的运行成本；

④ 制造成本低廉，原材料来源丰富，它涉及基本建设费用等；

⑤ 充电快、效率高、设备简单；

⑥ 低自放电率、使用安全、更换简便、可回收性好。

电动汽车最常用的电源是蓄电池，而铅酸电池是最古老的蓄电池。它的开路电压高、放电电压平稳、技术可靠、充电效率高、生产技术成熟、价格便宜，正不断地被应用到电动汽车上。

但是目前电池技术发展缓慢，存在很多不足。蓄电池单独作为电动汽车的电源就存在以下问题：

① 蓄电池的比功率低，电动汽车很大一部分功率将消耗在无效载荷上，所以不能满足电动汽车对起步、加速、爬坡等性能的功率需求；

② 蓄电池低温条件工作性能极差，给使用带来诸多不便；

③ 蓄电池的循环寿命有限，增加了使用及更换电池的费用；

④ 废旧蓄电池的环保问题；

⑤ 蓄电池的充电时间长，给消费者带来诸多不便。

如果需要蓄电池提供大电流和高功率，则需增加蓄电池的体积和重量。这样，不仅增加了电动汽车的重量，而且增加了整车成本。电池问题始终得不到很好的解决，致使电动汽车难以与燃油汽车竞争。因而，人们正在为电动汽车谋求其他的电池，例如燃料电池、惯性蓄能、超级电容、太阳能等新的车载能源，但对这些能源的研究仍处在实验试制阶段，距工程应用和产业化还存在较大差距。

既然单独采用蓄电池无法满足需要，考虑将超级电容作为辅助电源与蓄电池组合成复合电源，充分发挥超级电容比功率高和蓄电池比能量高的综合优势。

复合电源在电动汽车上的应用具有重要意义。它使电动汽车对动力电池比能量和比功率的要求分离开来。蓄电池设计可以集中于考虑比能量和循环寿命的要求，而不必过多地考虑比功率问题。超级电容的负载均衡作用，可显著提高蓄电池的可利用能量和使用寿命，进而极大地提高电动汽车的续驶里程。另外，与蓄电池相比，超级电容可以迅速高效地吸收电动汽车制动产生的再生动能。同时，复合电源中由于有了超级电容的加入，全部的能量或功率不由一个部分来提供，不仅可以减少蓄电池的使用数量，而且可以优化输出能量，提高每个部分的工作效率，系统的尺寸、重量以及成本都会有大幅度降低。

国内一些汽车公司和高校已加快对复合电源的研制工作，并取得了相应的进展。北京理工大学与北方华德尼奥普兰客车股份有限公司共同研制纯电动旅游客车 BFC6110-EV，该车安装使用了锂离子电池组、超级电容储能系统以及先进的多能源管理控制系统、交通驱动系统，目前已通过整车形式认证实验，主要技术指标达到或超过预定要求。吉林大学汽车工程学院混合动力客车研究组，负责承担某混合动力城市客车车载部件的实验工作，对电池装置进行了比较充分的研究，并且掌握了大量的相关数据，为复合电源的开发打下了坚实的基础。该课题组早已着手复合电源的研制工作，现已完成了仿真软件的编写及开发阶段工作，可进行各种连接及参数匹配形式的仿真研究。清华大学与多家单位共同承担的国家燃料电池城市客车课题，对燃料电池＋蓄电池＋超级电容的结构进行了相关研究。

在国外，复合电源作为电动汽车电源装置已经有原型车问世，不少企业及机构的研究已经取得了一定的进展。FIAT Cinqueecento Eletra 使用 Sonnenschein 公司的铅酸电池和 Alcatel Alsthom 公司的超级电容构成复合电源。性能测试结果显示，市区和郊区行驶工况分别节能 40％和 20％，在完整的 ECE 循环工况下节能 14％。Chugoku 电力公司和丰田公司研发中心合作，在 Mazda Bonogo Friend 上安装由 VRLA 和超级电容组成的混合储能系统，并进行相关的性能测试。该储能系统使用 40X2 的松下超级电容，用超级电容作为负载均衡装置，使阀控铅酸电池更好地运用于电动汽车上。澳大利亚一家科研机构研制出一辆电动汽车，采用的是铅酸电池和超级电容混合，并采用永磁无刷直流电动机。在电动汽车启动时，由超级电容提供能量，采用降压斩波驱动；正常运行时，由蓄电池提供所需能量，采用升压斩波驱动。ISE 公司将 Maxwell 的超级电容整合到汽油、柴油和燃料电池混合动力车之中。特别需要说明的是，自从开发 ThundercapⅡ超级电容系统，ISE 已经将其动力系统引入汽-电混合动力车、柴-电混合动力车、氢-电混合动力车和燃料电池混合动力车的设计之中。清洁运行、安静、低维护要求的车辆，已经走入了一些美国的城市，包括 Long Beach 和 Sacramento。ISE 已经与西门子及 Flyer 公司结成伙伴关系，共同生产这些混合动力车。目前，在 ISE 的混合动力和燃料电池公交车上，有 3 万多个超级电容器在工作，提供超过万法拉的电力驱动和再生制动功率。早在 2006 年初，Bartley 就估计超级电容供电的公交车队已经为运输服务提供了超过 200 万英里（1mile＝1.609km）的清洁、可靠的服务。ISE 公司新业务经理 Tom Bartley 说："电池具有高能量的能力，而超级电容具有高功率的能力，在优化的混合储存系统中，两项技术的结合最大限度地发挥了两者的优势，正是 ISE 动力系统设计的实质"。超级电容提高了动力性、可靠性和车载能量储存装置的耐久性，公交车配备它之后，对加速环保运输工具的社会影响和生存发展有着重要的作用。

由此可见，国内外对复合电源的研究已卓有成效，且随着技术的发展，复合电源在电动汽车上，将得到更广泛应用。

8.2.1 复合电源技术概述

由于电源技术是混合动力汽车的关键技术，复合电源的设计以及控制方面的研究能够加速混合动力汽车的发展步伐。超级电容与蓄电池组合成复合电源，可以充分利用超级电容比功率高和蓄电池比能量高的特点。超级电容可以在电动汽车启动、加速、爬坡时提供强大的电流，避免了因大电流放电而损坏蓄电池，延长了蓄电池的使用寿命。在电动汽车下坡或制动时，反馈的大电流被超级电容所吸收，实现了能量回收，同时也保护了蓄电池不受大电流的冲击而损坏。

在对复合电源匹配和制定合理的控制策略之前，有必要对复合电源的特性进行研究。主要包括蓄电池的特性、超级电容的特性、双向 DC/DC 变换器的特性、复合电源的特性及结构特点。

8.2.1.1　蓄电池的特性

需要了解的蓄电池特性主要有充放电特性、容量特性、温度特性。

（1）蓄电池的充放电特性

在蓄电池充电开始后，蓄电池内部就开始发生化学反应，蓄电池的端电压迅速上升。随

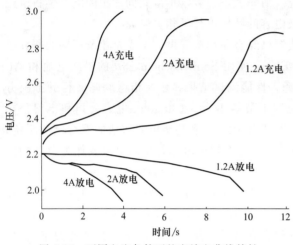

图 8-25　不同电流条件下的充放电曲线特性

着反应的进行，蓄电池的端电压上升变得缓慢。随着充电过程的继续进行，达到充电量 98% 左右，反应的极化增加，蓄电池的端电压明显地再次上升，并达到一个新的稳定值，如图 8-25 所示。从图 8-25 中可以看出，蓄电池充电还受到充电电流条件的影响。充电电流越大，活性物质的反应越快，蓄电池的端电压上升也越快。一般来说，用较大的电流充电时，固然可以加快充电过程，但能量的损失也大。另外，蓄电池充电时端电压的变化，随充电时电流强度的变化而变化，电流强度大，蓄电池端电压也大；电流强度小，蓄电池的端电压也小。

蓄电池在放电时，端电压随着放电时间和放电率的增加而下降。从图 8-25 中可以看到，大电流放电时，放电开始后端电压下降明显，曲线平缓部分缩短，其斜率也大，放电时间缩短。随着放电电流的减小，蓄电池的端电压呈下降趋势，曲线也较平缓，放电时间延长，这种放电特性对蓄电池的正确使用有着重要的意义。

（2）蓄电池的容量特性

蓄电池的容量 C（A•h）是指蓄电池在允许放电的范围内所输出的电量，即放电电流 I（A）与放电时间 t（h）的积分。对于恒流 I 放电的蓄电池，其容量的表达式为 $C=It$。蓄电池的容量表示了蓄电池的供电能力。它与放电电流、温度及电解液的密度等因素有关，因此标称的蓄电池容量是以一定的标准规范测得的。

蓄电池容量的大小取决于在放电允许范围内，极板上能参与电化学反应的活性物质的总量。影响蓄电池容量的因素有如下四个方面。

① 极板构造的影响。极板的面积大，参与电化学反应的活性物质就多，其容量也就大。普通蓄电池一般只利用了 20%～30% 的活性物质。采用薄形极板、增加极板片数及提高活性物质的孔隙率，均能提高蓄电池的容量。

② 放电电流的影响。放电电流越大，单位时间里消耗的 H_2SO_4 就越多。加之 $PbSO_4$ 产生速率高，极板孔隙会很快被 $PbSO_4$ 阻塞，电解液不能及时渗透，造成孔隙内的电解液密度急剧下降，使蓄电池端电压很快下降至终止电压。这缩短了允许放电的时间，使得极板孔隙内参加电化学反应的活性物质数量减少，从而导致了蓄电池容量的下降。蓄电池的 SOC 与放电电流 I 的关系如图 8-26 所示。图 8-26 表明，在使用蓄电池时应注意避免经常长

时间大电流放电。

③ 电解液温度的影响。电解液温度低，浓度就会大，使得渗透能力下降，容量降低。此外，电解液的溶解度与电离度也随温度降低而降低，这两方面综合作用的结果使蓄电池的容量下降。蓄电池容量与温度的关系如图 8-27 所示。温度下降 1℃，容量下降约为 1%（小电流放电），因此，适当提高蓄电池的温度，有利于蓄电池容量的增加。

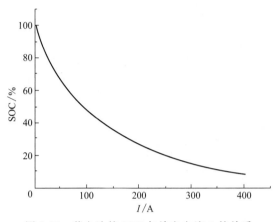

图 8-26　蓄电池的 SOC 与放电电流 I 的关系　　　图 8-27　蓄电池容量与温度的关系

④ 电解液密度的影响。电解液的密度过低时，会因为离子数量少而导致容量下降，电解液密度过高，则又会因为其黏度增大、渗透能力降低、内阻增大、极板容易硫化而导致容量下降。蓄电池容量 C 与电解液密度 γ 在某种情况下的关系如图 8-28 所示。实际使用中，电解液的密度一般为 $1.26 \sim 1.285 g/cm^3$（充足电状态）。蓄电池密度偏低时，充放电电流大，有效放电时间内输出的容量也大。因此，对于启动型蓄电池，在防止冬季使用时电解液结冰的前提下，尽可能采用偏低密度的电解液。这有利于提高启动性能，并可减少极板硫化物腐蚀，延长蓄电池的使用寿命。

（3）蓄电池的温度特性

温度对蓄电池的充放电特性影响也较大，对蓄电池端电压的影响尤为突出，如图 8-29 所示。

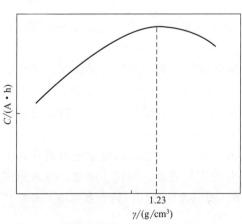

图 8-28　蓄电池容量 C 与电解液密度 γ 在
某种情况下的关系

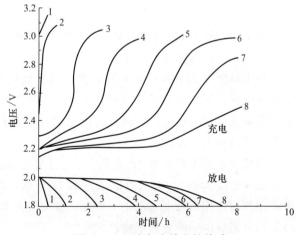

图 8-29　温度与充放电的关系

1——30℃；2——25℃；3——15℃；4——5℃；

5—5℃；6—15℃；7—25℃；8—33℃

从图 8-29 中可以看出，蓄电池在不同温度下充放电时，其充放电特性不同。温度越高，放电时平均电压越高；温度越低，放电时平均电压越低。在放电时，蓄电池平均电压随着温度的降低而下降；在充电时，蓄电池平均电压随着温度的降低而升高，这是因为温度下降会引起蓄电池内部化学物质的活性下降以及蓄电池内阻的增加。

8.2.1.2　超级电容的特性

需要了解的超级电容特性包括组成及原理、充放电特性、温度特性、循环寿命特性。

（1）超级电容的组成及原理

超级电容不同于普通电容，它采用的是双层电容技术。超级电容的工作原理是基于电极与电解液界面形成双电层的空间电荷层，在这种双电层中积蓄电荷，达到储能的目的。超级电容的原理示意如图 8-30 所示。

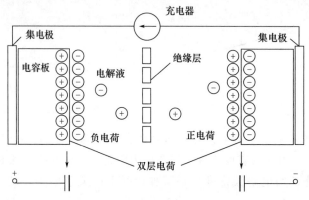

图 8-30　超级电容的原理示意

在电极之间，装有电解液和绝缘层。电荷沿集电极和电解液成对排列，形成一个双层电容器，扩大了电容的容量。电容的这种极化作用可以储存电能，这是因为

$$C = \frac{eA}{d} \tag{8-22}$$

$$E = \frac{CU^2}{2} \tag{8-23}$$

式中，e 为有效电介质常数；A 为电极表面积；d 为间隙距离；C 为电容的电容量；U 为外加电压；E 为储存的电量。

由电容量 C 的计算公式可知，使用高有效电介质常数的材料，缩短分层间距，可增加电极表面积，提高电容量。正因为如此，采用高表面积活性炭做电极，比一般陶瓷或铝电解电容存储的电荷多得多，所积存的电量也比后者高 10 万～100 万倍。目前讨论得比较多的也是由活性炭做电极的碳-碳双电层电容。

超级电容的电容量从 1F 到几千法，工作电压从几十伏到几百伏，放电电流可高达几千安，功率密度大于 1，充放电次数可达 10 万次。当电动汽车启动、加速、爬坡，短时间需要大电流时，用超级电容提供大电流，就可以大大减轻蓄电池的负荷，延长蓄电池的寿命。

（2）超级电容的充放电特性

当超级电容充电时，在电容元件上的电压增高的同时，超级电容的电场能量也增大。超级电容中储存的电量为

$$E = \frac{CU_{max}^2}{2} \tag{8-24}$$

式中，C 为电容的电容量；U_{max} 为电容允许的最高电压；E 为储存的电量。

如图 8-31 所示为超级电容以 100A 恒流充电的充电特性。可见，超级电容电流充电迅速，能够在很短的时间内充满大部分的电量，充电时间短，效率高。

当超级电容放电时，超级电容中储存的电量释放，电场能量减小，同时超级电容的电压降低，所能释放的电量见式（8-25）。

$$E = \frac{C(U_{max}^2 - U_{min}^2)}{2} \tag{8-25}$$

式中，U_{min} 为电容允许的最低放电电压。

如图 8-32 所示为超级电容的放电特性。超级电容的放电电流越大，电压下降得越快，且电压随着放电时间的增加而下降。

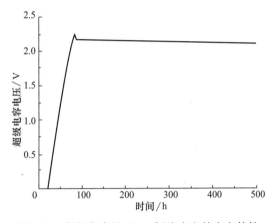

图 8-31　超级电容以 100A 恒流充电的充电特性　　图 8-32　超级电容的放电特性

超级电容电容量的大小与内阻的大小都会影响超级电容的充放电时间。复合电源中，超级电容的作用就是快速充放电，提供和吸收峰值电流，以减缓蓄电池的大电流冲击，所以超级电容的容量在满足一定的充放电时段的基础上，对电压下降影响较大的内阻要足够小。大容量的超级电容内阻小，但价格较高。

（3）超级电容的温度特性

超级电容的工作温度范围为 −40～60℃。如图 8-33 所示为超级电容的温度特性。

从图 8-33 中可以看出，在 50A、100A 和 250A 恒流放电的情况下，超级电容容量的变化与内阻的变化都是温度的函数，是随着温度的改变而改变的。其中随着温度的增加，超级电容容量变化先快速增大，然后增大减缓。超过 25℃ 时，以 50A 恒流放电的超级电容的容量基本不变；以 250A 恒流放电的超级电容的容量变化则缓慢减小；而以 100A 恒流放电的超级电容内阻只有很小的变化，这说明超级电容的温度特性好。

（4）超级电容的循环寿命特性

超级电容的一个特点是有极长的充放电循环寿命，且性能稳定。超级电容在充放电过程中，没有发生电化学反应，其循环寿命可达 1 万次以上。当今蓄电池的充放电循环寿命只有数百次，仅为超级电容的几十分之一。

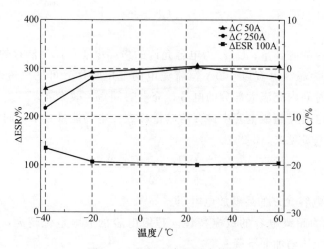

图 8-33　超级电容的温度特性

如图 8-34 所示为超级电容的循环寿命特性，它是根据实验所测数据绘制而成的，实验是在 25℃ 恒流充放电情况下完成的。每个循环包括一个 20s 的恒流充电和一个 20s 的恒流放电，每个充电和放电之间有一个 10s 的间歇时间。实验进行了 100000 次循环。100000 次循环后测试超级电容容量和内阻的变化，发现超级电容的容量仅仅减少了 6.5％，而内阻也仅增加了 12％。证明了超级电容有很好的循环寿命特性。

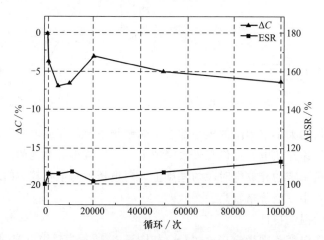

图 8-34　超级电容的循环寿命特性

8.2.1.3　双向 DC/DC 变换器的特性

双向 DC/DC 变换器控制和调配所输出/输入的电压，能量在其中双向流动。因此，它的转换效率显得极其重要。

下面对双向 DC/DC 变换器的效率特性进行介绍。在输入直流电压、输出直流电压和电流均为额定值时，输入功率与输出功率之比（％）称为双向 DC/DC 变换器的变换效率 η。其计算公式见式（8-26）。

$$\eta = -\frac{I_o U_o}{I_i U_i} \times 100\%$$

（8-26）

式中，U_o 为输出电压；I_o 为输出电流；U_i 为输入电压；I_o 为输入电流。

从式（8-26）中可以看出，双向 DC/DC 变换器的转换效率与蓄电池和超级电容的电压有关。一般情况下，蓄电池与超级电容的电压越接近，双向 DC/DC 变换器的效率越高。所以复合电源在匹配的时候，应尽量使蓄电池和超级电容的电压接近，这样可以提高转换效率。

8.2.1.4 复合电源的特性及结构特点

复合电源由超级电容与蓄电池并联构成。一般蓄电池以稳态充、放电的形式工作，超级电容在接受外电源充电或制动反馈电能时，能够以大电流充电的形式工作。在电动汽车启动、加速和爬坡时，也能够以大电流放电的形式工作。因此，超级电容起到"削峰填谷"的作用，既能够保护蓄电池，延长蓄电池的使用寿命，又能有效延长电动汽车的续驶里程。

目前，由蓄电池与超级电容并联构成的复合电源，因其各个组成部件、布置方式及控制策略的不同，主要存在四种结构形式，如图 8-35 所示。

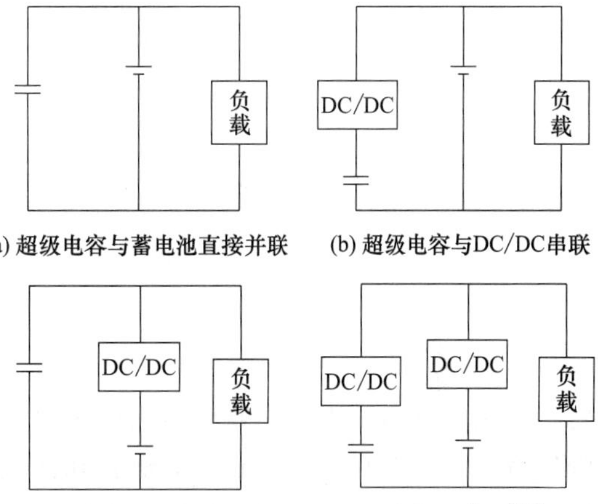

第一种结构形式［图 8-35（a）］是超级电容与蓄电池直接并联，它的结构最简

(a) 超级电容与蓄电池直接并联　(b) 超级电容与DC/DC串联

(c) 蓄电池与DC/DC串联　(d) 双DC/DC结构

图 8-35　复合电源的结构形式

单，由于没有 DC/DC 变换器，蓄电池与超级电容具有相同的电压，超级电容仅在蓄电池电压发生快速变化时，输出和接收功率，从而减弱了超级电容的负载均衡作用；第二种结构形式［图 8-35（b）］是超级电容与 DC/DC 变换器串联，DC/DC 变换器跟踪监测蓄电池的端电压，以调控超级电容的端电压使两者匹配工作；第三种结构形式［图 8-35（c）］是蓄电池与 DC/DC 变换器串联，由于蓄电池端电压变化比超级电容的端电压平缓，因此第二种形式比第三种形式易于控制，效率较高；最后一种形式［图 8-35（d）］是蓄电池与超级电容分别通过 DC/DC 变换器连接，使用两个 DC/DC 变换器，这种结构形式的蓄电池与超级电容的电压变化范围大，控制较方便，理论上虽然具有更高的灵活性，但 DC/DC 变换器的控制策略，要求非常精确、复杂且不易维护，效率较低。

当复合电源应用在电动汽车上时，可以把蓄电池的大比能量和超级电容的大比功率很好地结合起来，充分发挥两部件的优点，弥补它们各自的缺点。蓄电池的输出功率应与电动汽车平均功率需求相当，而超级电容应输出高于平均功率需求的功率，并且可吸收再生能量。其工作模式如图 8-36 所示。

电动汽车正常行驶且对电机需求功率要求不高的情况下，由蓄电池向电机供电，满足电动汽车启动功率需求。加速和爬坡时，对电机的需求功率较高，此时由蓄电池和超级电容共同向电机供电，超级电容起到功率缓冲的作用。电动汽车减速制动和下坡时，一般有两种方式：一是超级电容先回收制动能量，若超级电容不能全部回收制动能量，剩余部分由蓄电池回收；二是蓄电池和超级电容一起回收制动能量，其中超级电容回收大部分制动能量，蓄电池只回收小部分制动能量。有的电动汽车为了使超级电容时刻都具有高功率输出能力，在电

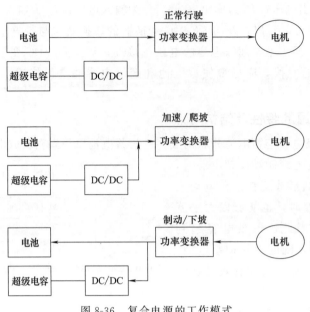

图 8-36　复合电源的工作模式

动汽车轻载行驶条件下，用蓄电池给超级电容充电。但是用蓄电池给超级电容充电会影响整车的经济性，因为在充电过程中必然存在能量损失。在暂不考虑成本的前提下，要求超级电容的容量要足够大，满足高功率输出的需要。

8.2.2　混合动力汽车复合电源参数匹配与优化

复合电源的参数匹配主要是电池和超级电容的节数与容量的匹配。本书研究的主要内容包括：复合电源的匹配要求、电池的节数和超级电容容量等参数匹配。以 Advisor 仿真软件为平台，针对复合电源编制相应的模块和数据输入文件，对匹配的结果通过仿真进行验证。

8.2.2.1　复合电源的匹配要求

复合电源匹配主要是满足电机对电源的功率需求和能量需求。对复合电源的功率需求主要是满足电机的峰值功率。根据复合电源的功率分配原则，电池要满足电机对复合电源的平均功率要求；而对复合电源的能量需求，可以根据原单一电池混合动力车载电源的可用能量确定，并且超级电容要满足 10s 的峰值助力需要的能量，选择 10s 的峰值助力要求的原因有三点：①对北京、长春、上海三种城市循环工况中峰值功率要求时间统计，在 10s 左右；②PNGV HEV 电池近期性能目标，助力型脉冲放电时间为 18s，双模式型脉冲放电时间为 12s；③蓄电池时间常数设定为 10s。电池时间常数的设定将在以下小节中介绍。

8.2.2.2　复合电源参数匹配

本小节以某峰值功率为 80kW、效率为 0.85 的电机为例，介绍复合电源匹配过程。复合电源的功率需求 P 取 100kW，电机对复合电源的能量需求为 E。确定方法是根据 FreedomCAR 对电压系统可用能量的定义，对原单一电池混合动力客车在多种循环工况中仿真，统计出对电源的最大可用能量需求。可用能量定义，如图 8-37 所示，统计出对电源的可用能量需求，如表 8-1 所示。一般车载电源的储存能量是可用能量的 2～3 倍，本书取可用能量的 2 倍，则 E 取 3500W·h。

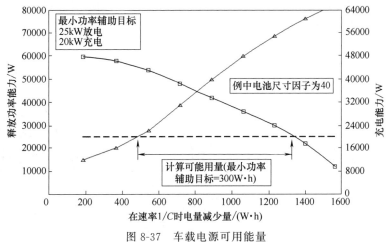

图 8-37 车载电源可用能量

表 8-1 可用能量统计结果

循环工况	CYC_ BUS_RTE	CYC_ 5PEAK	CYC_ 1015_6PRIUS	CYC_ New York Bus	上海	北京	长春
$\Delta E/(\text{W}\cdot\text{h})$	658.3	1450	485.83	429.72	1722.2	1078.06	904.72

表 8-2 复合电源参数

项目	节数	单节质量	总质量	比功率	比能量
电池 （NiMH）	N_1	m_1	M_1	$P s_1$ （140）	$E s_1$ （64）
超级电容 （Maxwell's Ultracapacitor）	N_2	m_2	M_2	$P s_2$ （2900）	$E s_2$ （2.3）
复合电源	N_1+N_2	$\dfrac{M_1+M_2}{N_1+N_2}$	M_1+M_2	$P s$	$E s$

需要满足的约束条件为：复合电源的总能量大于 E，总功率大于 P。结合表 8-2 中复合电源的参数，可以写出约束条件为

$$M_1 P s_1 + M_2 P s_2 \geqslant P \qquad (8\text{-}27)$$

$$M_1 E s_1 + M_2 E s_2 \geqslant E \qquad (8\text{-}28)$$

由式（8-27）和式（8-28）得出 $M_1 \geqslant 54\text{kg}$，$M_2 \geqslant 32\text{kg}$。

以下先根据电池应满足电机平均功率需求和超级电容 10s 峰值功率助力需求，分别确定蓄电池和超级电容的参数，然后将确定的参数根据以上求出的蓄电池和超级电容的质量，验证是否满足要求。如果满足要求，则取确定的参数；否则，取以上求出结果的最小值。

（1）蓄电池参数确定

由于本书是在电机选定的基础上研究复合电源的匹配，所以根据电机的电压等级 360V，即可确定蓄电池的节数为 30 节（单节蓄电池电压 12V）。然后根据电机对复合电源的平均功率要求确定蓄电池的容量。

（2）平均功率计算方法

首先，在 Advisor 仿真软件中对解放牌城市混合动力客车在北京、长春、上海三种循环工况中仿真。三种循环工况如图 8-38 所示。将电机对复合电源的正负功率分别积分，得出正负能量要求，然后分别对正负功率要求时间进行统计，两者相除即可得到正负平均功率要求。本书选择的是让蓄电池满足三种循环工况中的最大平均功率。对复合电源的平均功率要求见表 8-3。

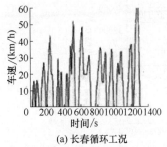
(a) 长春循环工况

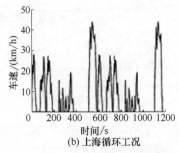
(b) 上海循环工况

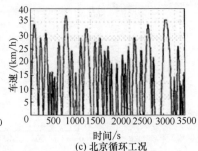
(c) 北京循环工况

图 8-38　三种循环工况

表 8-3　对复合电源的平均功率要求

项目	北京工况	上海循环工况	长春循环工况
正能量要求/kJ	1620.7	17599.2	17599.2
负能量要求/kJ	−5305.96	−25698.5	−6448.82
正功率要求时间/s	186	1427	396
负功率要求时间/s	1188	2955	923
平均正功率要求/kW	8.7132	12.333	5.4773
平均负功率要求/kW	−4.4663	−8.6966	−6.9868

从统计出的数据得出，电机对复合电源要求的平均功率最大值为 12.333kW。所以，本小节确定蓄电池应该满足的平均功率要大于 12.333kW。为了避免蓄电池大电流充放电，本小节确定蓄电池的最大充放电电流应小于 5C。根据蓄电池提供的功率大于 12.333kW，由式 (8-29) 可以确定蓄电池的容量。

$$5C \times 360 > 12.333 \tag{8-29}$$

可以得到蓄电池的容量 C 应大于 6.852A・h，取 C 为 7A・h。

（3）超级电容参数确定

根据超级电容应该满足汽车 10s 助力的要求，所以电容的可用能量应该大于 10s 助力所需要的能量。其中，单节超级电容的放电区间一般设定为 1.25～2.5V，占总存储能量的 75%。

$$\frac{1}{2} N_2 C_2 (U_{max}^2 - U_{min}^2) \geqslant 1000 \left(\frac{P_m}{\eta} - P_b \right) t_0 \tag{8-30}$$

式中，N_2 为超级电容的节数；C_2 为超级电容的容量；U_{max} 为超级电容单节最大电压，取为 2.5V；U_{min} 为超级电容单节最小电压，取 1.25V；P_m 为电机峰值功率，取 80kW；η 为电机的效率，取 0.85；P_b 为蓄电池提供的功率，取 12.333kW；t_0 为峰值助力时间，取 10s。

由式 (8-31) 计算得到

$$N_2 C_2 \geqslant 348947.83 \tag{8-31}$$

根据前文对 DC/DC 转换器效率的介绍，超级电容电压应与蓄电池电压接近且小于蓄电池的电压时，DC/DC 转换器的效率较高，所以超级电容组的电压应接近 360V，见式 (8-32)。

$$2.5N_2 \approx 360 \qquad (8-32)$$

所以，选定电容的节数 N_2 为 140 节，电容组的电压为 349V，电容的容量为 2500F。超级电容组的质量为 67.2kg，满足了式（8-27）和式（8-28）计算出的超级电容质量要求。

复合电源的重量和造价应该比单一蓄电池电源的重量和价格低。从电源的重量和造价方面进一步限制蓄电池的容量。假设蓄电池的重量与容量成正比，根据文献资料知，镍氢蓄电池造价为 800 美元/(kW·h)，超级电容造价为 15000 美元/(kW·h)。原来单一蓄电池电源为 30 节 27A·h 的镍氢蓄电池，质量为 153kg。

质量关系见式（8-33）。

$$\frac{153}{27}C + 135 \times 0.48 \leqslant 153 \qquad (8-33)$$

得出 $C \leqslant 15.565\text{A·h}$。

造价关系（没考虑 DC/DC 转换器的造价）见式（8-34）。

$$\frac{360C}{1000} \times 800 + \left(\frac{P_m}{\eta} - P_b\right)t_0 \times \frac{15000}{3600} \leqslant \frac{27 \times 360}{1000} \times 800 \qquad (8-34)$$

得出 $C \leqslant 15.988\text{A·h}$。

综上所述，由式（8-29）、式（8-31）、式（8-32）得出，适合要求的蓄电池容量为 8～15A·h。蓄电池的质量范围为 54～116kg，全部符合式（8-27）和式（8-28）计算出的 M_1 的范围要求。但考虑到蓄电池的充放电电流，为进一步降低蓄电池的充放电电流，蓄电池的容量不应该取最小。本小节选取 30 节 10A·h 的镍氢蓄电池，选取 140 节 2500F 的超级电容。

以下对构成的复合电源通过 Advisor 仿真软件仿真验证。

8.2.2.3 复合电源参数匹配结果仿真验证

（1）城市公交客车整车参数与性能指标

以 Advisor 仿真软件平台，针对复合电源编制相应的模块和数据输入文件，需要整车参数以及相应的循环工况。复合电源参数匹配如表 8-4 所示，整车性能指标如表 8-5 所示。

表 8-4 复合电源的参数匹配

类别	项目	参数值
基本参数	总质量/kg	15000
	驱动形式	后驱动
	迎风面积/m²	6.5
	空气阻力系数	0.65
	长/m	11.4
	宽/m	2.5
	高/m	2.8
	轮距/m	5.6
	前悬/m	2.02
	后悬/m	1.85
	最小离地间隙/m	0.21
	转弯半径/m	11
	整备质量/kg	11000
	载质量/kg	4000
	乘员数量/人	60

续表

类别	项目	参数值
传动系统速比	一挡	7.285
	二挡	4.193
	三挡	2.485
	四挡	1.563
	五挡	1.000
	超速挡	0.847
	倒挡	6.777
	驱动桥速比	6.333
轮胎	规格	10.00—20
	滚动半径/m	0.509

表 8-5 整车性能指标

参数		参数值
最高速度	≥	80km/h
0～60km/h 加速能力	<	30s
最大爬坡能力		25%
在 4% 的坡度上持续爬坡速度		40km/h
燃油经济性（城市循环工况）		单一电池比传统车降低 30%，复合电源比单一电池降低 20%
单一电池混合动力整车所采用的匹配能力		140kW 发动机＋80kW 电机＋30 节 27A·h 镍氢电池

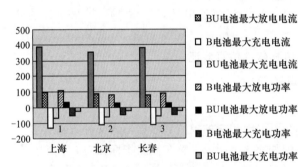

图 8-39 蓄电池充放电电流与充放电功率"削峰填谷"程度对比

（2）复合电源匹配结果仿真对比

复合电源的仿真结果主要包括：电机对复合电源的功率需求是否满足，能量需求是否满足，蓄电池和超级电容的电流变化情况，蓄电池和超级电容的 SOC 变化情况。

蓄电池充放电电流以及充放电功率的"削峰填谷"程度对比如图 8-39 所示。

（3）动力性仿真分析

由于蓄电池依靠内部的化学反应存储能量，所以蓄电池瞬时充放电的能力会受到限制。但是超级电容则不一样，它依靠物理反应，通过内部的电荷流动和重新排列实现充放电，所以可以实现瞬时输入/输出较大的能量。蓄电池与超级电容优势互补，更能充分提高混合动力汽车的动力性，如表 8-6 所示。从图 8-40 加速性能对比中可以看出，采用复合电源的加速性能，明显比采用单一蓄电池电源的动力性好。当超级电容的节数保持 140 节不变时，蓄电池的容量变大，对动力性影响不明显，只是蓄电池的充放电电流有所减小。

表 8-6 动力性对比

项目	最高车速 /(km/h)	最大加速度 /(m/s²)	0～60km/h 的加速时间/s	最大爬坡度 /%
蓄电池电源	89	5.7	18.5	56
复合电源	89	5.8	<18	58

（4）经济性仿真分析

从仿真结果可以看出，与单一蓄电池混合动力汽车相比，复合电源混合动力汽车燃油经济性有大幅度的提高。其主要原因有三点：第一，发动机工作平稳，效率提高；第二，采用超级电容对蓄电池"削峰填谷"，使蓄电池保持小电流充放电，内阻较小，损失较少，电源整体效率提高；第三，超级电容可以大电流充电，有利于制动能量的回收。制动能量回收对比见表8-7，复合电源混合动力客车可以更多地回收制动能量，制动能量回收效能还与循环工况有关。

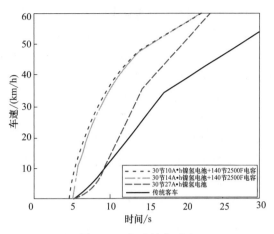

图 8-40　加速性能对比

表 8-7　制动能量回收对比

工况	电源形式	总制动能量 /kJ	制动回收能量 /kJ	制动回收效率 /%
上海城市循环工况	蓄电池电源	53872.9	23973.4	44.5
	复合电源	55028.9	40391.2	73.4
北京城市循环工况	蓄电池电源	6249.6	724.95	11.6
	复合电源	6441.1	1791.3	27.81
长春城市循环工况	蓄电池电源	10800	1868.4	17.3
	复合电源	10989	4487.91	40.84

8.2.3　混合动力汽车复合电源控制策略研究

制定控制策略时，首先要确定控制目标，然后制定合理的控制策略以实现控制目标。复合电源的控制目标是：在保证整车动力性的前提下，充分发挥超级电容"削峰填谷"的作用，减小对蓄电池的大电流冲击，延长蓄电池寿命，提高充放电效率，最大限度地回收制动能量，提高整车的燃油经济性。

依据控制目标，本小节制定了相应的控制策略：复合电源的功率分配策略、蓄电池给超级电容充电策略、制动能量回收策略等。而复合电源的功率分配策略又包括两种方法：其一，通过限制蓄电池的充放电功率实现蓄电池与超级电容之间的功率分配；其二，通过设定蓄电池的时间常数，实现蓄电池与超级电容之间的功率分配。

8.2.3.1　复合电源的功率分配策略

功率分配的原则是：当发动机功率不能满足整车功率要求时，由蓄电池来补充；当蓄电池提供最大功率也不能满足要求时，不足的功率再由超级电容来补充。此策略可以用式（8-35）表达。

$$\begin{cases} P_{FC}(t+\Delta t)=\min[P_{load}(t+\Delta t),P_{FC}(t)+g_{FC}\Delta t,P_{FC_{max}}] \\ P_{B}(t+\Delta t)=\min[P_{load}(t+\Delta t)-P_{FC}(t+\Delta t),P_{B}(t)+g_{B}\Delta t,P_{B_{max}}] \\ P_{UC}(t+\Delta t)=\min[P_{load}(t+\Delta t)-P_{FC}(t+\Delta t)-P_{B}(t+\Delta t),P_{FC_{max}}] \end{cases} \quad (8-35)$$

复合电源通过双向 DC/DC 变换器，实现蓄电池与超级电容之间的功率分配。复合电源的功率分配策略包括两种控制方法：其一，通过限制蓄电池的充放电功率实现蓄电池和超级电容之间的功率分配，即将蓄电池充放电功率限制在高效区，当要求的功率大于限定值时，蓄电池以设定的功率工作，不足的部分由超级电容补充；其二，通过设定蓄电池的时间常数，实现蓄电池与超级电容之间的功率分配。下面分别对两种控制方法进行介绍。

（1）蓄电池功率限制策略

为了提高复合电源的工作效率，并且在大电流充放电时减少对蓄电池的损坏，采用"电池高效控制法"策略。即通过限制蓄电池的输入/输出功率大小，减小蓄电池充放电电流，使蓄电池始终工作在效率较高处的，不足的功率由超级电容来补充。蓄电池和超级电容充放电效率与充放电功率之间的函数关系见式（8-36）和式（8-37）。

$$P_\mathrm{B} = \eta_\mathrm{B}(1-\eta_\mathrm{B})\frac{U_\mathrm{OC}^2}{R} \tag{8-36}$$

式中，P_B 为蓄电池的充放电功率；η_B 为蓄电池的充放电效率；U_OC 为蓄电池的开路电压；R 为蓄电池的内阻。

$$P_\mathrm{UC} = \frac{9}{16} \times \frac{U_\mathrm{UC}^2}{R_\mathrm{UC}}(1-\eta_\mathrm{UC}) \tag{8-37}$$

式中，P_UC 为超级电容充放电功率；U_UC 为电容端电压；η_UC 为超级电容充放电效率；R_UC 为超级电容充放电内阻。

由式（8-37）即可得到蓄电池在高效率区的最大限值功率。当电机的需求功率 P_M 大于蓄电池的最大限值功率 $P_\mathrm{B_{max}}$ 时，对蓄电池的功率需求取 $P_\mathrm{B_{max}}$；当电机的需求功率 P_M 小于蓄电池的最大限值功率 $P_\mathrm{B_{max}}$ 并且大于零时，对蓄电池的功率需求取 P_M；当电机的需求功率 P_M 小于零，限制蓄电池的充电功率 $-0.9P_\mathrm{B_{max}}$，而蓄电池不能满足的功率需求由超级电容来补充充电，回收能量。蓄电池的充放电功率与充放电效率之间的关系如图 8-41 所示。

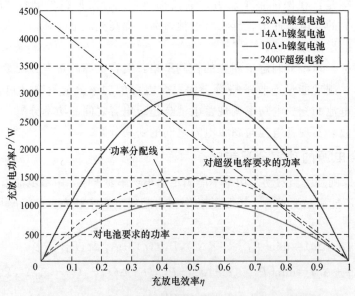

图 8-41 蓄电池的充放电功率与充放电效率之间的关系

蓄电池功率限制策略模块如图 8-42 所示。

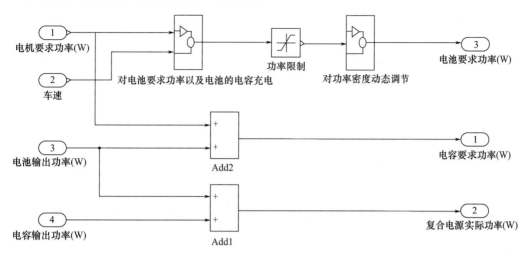

图 8-42　蓄电池功率限制策略模块

（2）蓄电池功率限制动态调节策略

由于对蓄电池的最大限制功率 $P_{B_{max}}$ 是根据电机的峰值功率计算出来的，一般情况下，电机的功率小于峰值功率，因此对于蓄电池的最大限制功率有必要进行动态调节。本小节的控制策略是让蓄电池小电流充放电，使超级电容尽可能多地参与充放电，将蓄电池的最大限制功率依超级电容的电压情况进行调节。当超级电容的电压较高时，使蓄电池的最大限制功率 $P_{B_{max}}$ 变小，让超级电容多放电；当超级电容的电压较低时，将蓄电池的最大负限制功率 $P_{B_{max}}$ 变小，让超级电容多充电，尽量减少蓄电池给超级电容的充电。

对蓄电池功率限制动态调节模块如图 8-43 所示。

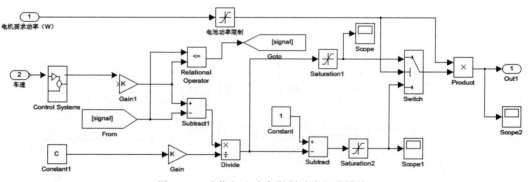

图 8-43　对蓄电池功率限制动态调节模块

8.2.3.2　蓄电池给超级电容充电策略

当蓄电池需求输出功率较小时，且在超级电容的 SOC 已经很低的情况下（本小节选定为 0.7），蓄电池给超级电容充电。此时，蓄电池既要满足电机对蓄电池的功率需求，也要满足对超级电容的充电功率需求；如果两个条件至少有一个不能满足，那么要优先满足电机的功率需求，而不给超级电容充电。当 P_M 小于零时，即制动能量回收时，禁止蓄电池再给超级电容充电。

蓄电池给超级电容的充电策略可以表达为：$P_M > 0$，且 cap_soc < 0.7 时，$P_{Br} = P_M + P_{ch}$；否则，$P_{Br} = P_M$。

蓄电池给超级电容充电控制策略模块如图 8-44 所示。

限制蓄电池对电容的充电功率，是为了减小蓄电池的放电电流，减小大电流对蓄电池的损坏，延长蓄电池的寿命。根据功率分配原理，蓄电池效率较高时确定的电机对蓄电池最大功率需求为 $P_{B_{max}}$，那么，蓄电池对电容的充电功率应该根据蓄电池 SOC 值，确定充电功率大小时采用下式。

$$P_{chg} = P_{B_{max}} \frac{SOC - \dfrac{cs\_hi\_soc + cs\_lo\_soc}{2}}{cs\_hi\_soc - \dfrac{cs\_lo\_soc}{2}} \tag{8-38}$$

式中，P_{chg} 为蓄电池给电容充电功率；$P_{B_{max}}$ 为蓄电池最大放电功率；SOC 为蓄电池的电量状态。

蓄电池给超级电容充电多少，是由电容的参考电压决定的。超级电容的参考目标电压受车速动态控制：当车速很高时，汽车可能要减速，电容应该有足够的容量来回收制动能量。此时超级电容的参考目标电压应该较低，蓄电池不应该给超级电容充很多电量；当车速很低时，汽车可能要加速，参考目标电压应该设置高一点，让蓄电池多给超级电容充电，为汽车加速和超级电容放电做好准备。

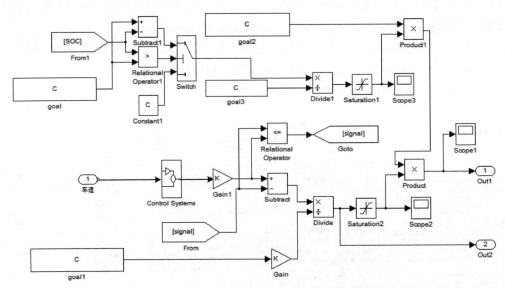

图 8-44　蓄电池给超级电容充电控制策略模块

根据以上小节复合电源的匹配研究，超级电容能够回收最大的制动能量。因此，超级电容的节数、电压与车速、最高车速之间的关系为式（8-39）和式（8-40）。

$$\frac{1}{2}C(U_{cap}^{max2} - U_{cap}^{min2})N_2 = \frac{1}{2}mv_{car}^{max2} \tag{8-39}$$

$$\frac{1}{2}C[U_{cap}^{max2} - U_{cap}^2(t)]N_2 = \frac{1}{2}mv_{car}^2(t) \tag{8-40}$$

式中，N_2 为超级电容的节数；C 为超级电容的容量；U_{cap}^{max} 为超级电容单节最高电压；

U_{cap}^{min} 为超级电容单节最低电压；v_{car} 为实时车速；v_{car}^{max} 为最高车速；m 为整车质量。

将上面两个公式相除，即可得到超级电容的参考电压与车速之间的关系式。

$$\frac{U_{cap}(t)}{U_{cap}^{max}} = \sqrt{1-(1-k^2)\left(\frac{v_{car}(t)}{v_{car}^{max}}\right)^2} \tag{8-41}$$

设定超级电容的单节最高电压为 2.5V，最低电压为 1.25V，则 k 取 0.5。最高车速为

80km/h，则车速与超级电容的目标电压
关系如图 8-45 所示。

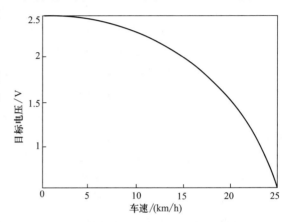

以上计算出电容的目标电压为 $U_{cap}(t)$，
而电容的实际电压 U_{real} 可以通过传感器测
得。控制器根据测得的电压值与计算出的
目标电压值比较，以决定电容盈亏电状况，
再进一步决定蓄电池给电容充电电量。

具体工作状况如下。

当 $U_{real}=U_{cap}(t)$ 时，蓄电池的输出
功率为零。

当 $U_{real}<U_{cap}(t)$ 时，电容器处于亏电状
态，蓄电池为电容充电的功率见式 (8-42)。

图 8-45 车速与超级电容的目标电压关系

$$P_{csoc} = P_{chg} \times \frac{U_{real}-U_{cap(t)}}{\frac{1}{2}(U_{cap}^{max}-U_{cap}^{min})} \tag{8-42}$$

式中，P_{csoc} 为电容充电功率；P_{chg} 为电容充电功率系数；U_{real} 为电容的实际电压；
U_{cap} 为电容的目标电压。

当 $U_{real}>U_{cap(t)}$ 时，电容处于盈电状态，电容能够放电，放电功率见式 (8-43)。

$$P_{cdischg} = P_{cap} \times \frac{U_{real}-U_{cap(t)}}{\frac{1}{2}(U_{cap}^{max}-U_{cap}^{min})} \tag{8-43}$$

式中，$P_{cdischg}$ 为电容放电功率；P_{cap} 为电容的放电功率系数。

8.2.3.3 制动能量回收策略

本小节提出两种能量回收策略：其一，在汽车减速或者制动电流较小时，由蓄电池单独
回收；其二，当电流大于蓄电池的回收限值电流时，超级电容也参与回收。这些回收策略的
优点是，有效避免了大的充电电流对蓄电池的损坏，发挥了超级电容的"削峰填谷"作用；
缺点是，蓄电池能量回收较慢，可能影响回收的效率。

8.3 氢燃料电池汽车技术

根据本书第 2 章第 2.2 节描述，燃料电池汽车主要包括燃料电池-蓄电池式、燃料电池-
超级电容式和燃料电池-蓄电池-超级电容式三种构型方案。其中，燃料电池加蓄电池构型
（Fuel Cell＋Battery，FC＋B）电动汽车中的蓄电池在满足必要能量补充的同时可实现再生

制动能量的有效回收，且相较于其他构型结构更加简洁，因而此类构型燃料电池汽车在当前技术环境下应用更加广泛。

FC＋B 型燃料电池汽车根据装配的燃料电池和蓄电池功率等级的大小可分为能量补偿型、功率混合型和全功率型。其中，全功率燃料电池汽车较另外两种混合形式具有更好的经济性及更短的能量补充时间，但也存在更大的技术难度。目前全功率燃料电池汽车的技术难点除包括大功率燃料电池堆的生产制造技术外，还包括整车动力系统集成、动力系统关键零部件匹配方法以及能量管理、能耗优化等关键技术。全功率燃料电池汽车已成为当前的研究热点之一。随着我国大力度的资金和技术扶持及各大厂商产业化投入，作为全功率燃料电池技术难点之一的大功率燃料电池堆生产制造技术，势必会有重要的突破。因此，本节将主要围绕全功率燃料电池其他技术难点的解决方法展开介绍。

燃料电池汽车动力系统参数匹配的优劣严重影响着整车的动力性、经济性等多项性能，如何在满足动力性的前提下尽可能地获得较高的经济性是动力系统参数匹配首先要考虑的问题，在燃料电池汽车动力系统集成技术及动力系统关键零部件匹配方法方面，已有的研究多是针对能量补偿型和功率混合型展开的，对于全功率型动力系统的研究较少。鉴于此，本节基于动力性指标介绍一种全功率燃料电池汽车动力系统匹配方法，然后通过能耗分析，基于经济性指标分析动力系统关键零部件匹配方法。此外，虽然燃料电池因没有卡诺循环的限制而可以获得较高的能量转换效率，进而使整车获得较好的经济性，但燃料电池汽车有燃料电池和蓄电池两个能量源，如何通过能量管理、能耗优化等关键技术协调能量源动力和能量分配，进而进一步提升整车经济性，仍然是自主研发过程中亟待解决的问题。

本节以全功率氢燃料电池汽车为研究对象，首先对全功率燃料电池汽车技术进行概述，然后对全功率燃料电池汽车参数匹配、能耗分析及优化、能量管理策略三方面技术进行详细介绍。

8.3.1 全功率氢燃料电池汽车参数匹配

本小节首先介绍一种全功率燃料电池汽车动力系统参数匹配方法，然后以丰田 Mirai 为研究对象，采用提出的方法进行正向匹配并将匹配结果与实际结果进行对比以验证所提匹配方法的合理性，最后采用 Advisor 软件进行整车动力性及经济性仿真，其中动力性仿真是进一步确保匹配参数满足设计要求，经济性仿真则为后续各小节做铺垫。

8.3.1.1 动力系统正向匹配方法

由于单电机直接驱动既可满足动力性能要求，又具有成本低、结构简单等优势，当前全功率燃料电池汽车均由单电机直接驱动，如图 8-46 所示。本小节首先基于动力性要求，介绍求解功率限制的方法，然后依次提出驱动电机及主减速比匹配方法、燃料电池和蓄电池匹配方法。本小节所介绍的参数匹配方法在整车设计初期对动力系统的集成具有指导意义。

（1）驱动电机功率限制

燃料电池汽车动力性指标主要包括 $0 \sim 100 km/h$ 加速时间、最大爬坡度、持续爬坡度、最高车速。其中 $0 \sim 100 km/h$ 加速时间和最大爬坡度属于瞬态指标，限制峰值功率；持续爬坡度和最高车速属于稳态指标，限制额定功率。本小节主要介绍在上述指标要求下的驱动电机功率下限。

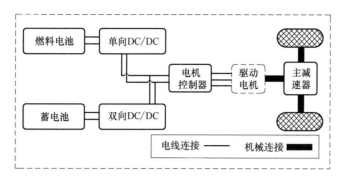

图 8-46 燃料电池汽车构型

① 0~100km/h 加速性能限制。确定 0~100km/h 加速时间对动力源功率限制的关键在于确定 0~100km/h 加速曲线，然而已有的加速曲线拟合方法并不适用于全功率燃料电池汽车。

已有的拟合方法根据式（8-44）进行。

$$v = v_e \left(\frac{t}{t_e} \right)^x \tag{8-44}$$

式中，v_e 是加速的末速度，km/h；t_e 是加速时间，s；x 是拟合系数，$x = 0.5$。

在该加速拟合曲线的推导过程中做了以下假设：

a. 动力源恒功率输出；

b. 忽略加速过程中随速度变化的滚动阻力功率和空气阻力功率。

采用该方法进行加速曲线拟合的结果见图 8-47。其中"Advisor 仿真加速曲线"为对 Advisor 软件自带的 FUEL_CELL_defaults_in 模型（此模型为单电机直接驱动燃料电池汽车）进行 0~100km/h 加速仿真获得的加速曲线，这里可近似认为该曲线为实际加速曲线。同时由仿真结果可知，此燃料电池汽车的 0~100km/h 加速时间是 11.9s。图 8-47 中"拟合加速曲线"为根据 11.9s 的加速时间及式（8-43）拟合得到的加速曲线。

从图 8-47 可以看出，拟合的加速曲线在初始阶段加速度明显大于实际的加速曲线。进一步分析，实际电机在低转速阶段为恒转矩输出，此时加速度应近似为常数，而拟合得到的加速曲线在低转速阶段，由于假设功率恒定，此时电机的输出转矩将非常大。这一点也可由图 8-48 加以佐证，图 8-48 中实际的加速曲线在初始阶段加速度相对小，且近似为恒定值，而拟合的加速曲线在初始阶段加速度过大，明显不符合实际。由此可知，上述加速度曲线拟合方法并不适用于此处所研究的全功率燃料电池汽车。

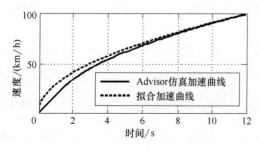

图 8-47 加速曲线拟合的结果

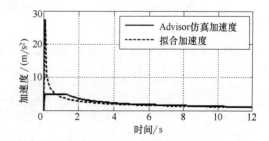

图 8-48 加速度曲线

鉴于已有加速曲线拟合方法的局限性，本小节提出适用于该燃料电池汽车的加速曲线拟合方法，拟合函数如式（8-45）所示。

$$v = \begin{cases} v_\mathrm{m}\left(\dfrac{t}{t_\mathrm{m}}\right) & (t \leqslant t_\mathrm{m}) \\ \sqrt{\dfrac{v_\mathrm{e}^2 - v_\mathrm{m}^2}{t_\mathrm{e} - t_\mathrm{m}}(t - t_\mathrm{m}) + v_\mathrm{m}^2} & (t > t_\mathrm{m}) \end{cases} \tag{8-45}$$

$$t_\mathrm{m} = \frac{2v_\mathrm{m}^2 t_\mathrm{e}}{v_\mathrm{e}^2 + v_\mathrm{m}^2}$$

$$v_\mathrm{m} = \frac{v_\mathrm{max}}{\beta}$$

式中，t_m 和 v_m 为中间变量，分别代表恒转矩加速段的时间和末速度；v_e 为极限加速的末速度，km/h；t_e 为极限加速段时间，s；v_max 为整车设计中要求的最高车速，km/h；β 为电机的基速比。

在获得较准确的加速曲线后，即可根据式（8-46）通过编程确定为满足加速性能需求，驱动电机所需峰值功率的下限，同时，此值也是燃料电池和蓄电池峰值功率之和的下限。加速度计算公式见式（8-47）。

$$P_\mathrm{a\_k} = \frac{v_k}{3600\eta_\mathrm{t}}\left(\delta ma + mgf + \frac{C_\mathrm{D}A v_k^2}{21.15}\right) \tag{8-46}$$

$$a = \frac{v_k - v_{k-1}}{3.6(t_k - t_{k-1})} \tag{8-47}$$

式中，$P_\mathrm{a\_k}$ 为加速过程 k 时刻需求功率，kW；v_k 为 k 时刻车速，km/h；η_t 为机械传动效率；δ 为旋转质量换算系数；a 为瞬时加速度，m/s^2；m 为整备质量，kg；g 为重力加速度，m/s^2；f 为滚动阻力系数；C_D 为空气阻力系数；A 为迎风面积，m^2；v_{k-1} 为 $k-1$ 时刻车速，km/h；t_k 和 t_{k-1} 分别为 k 和 $k-1$ 时刻时间，s。

② 爬坡性能及最高车速性能限制。由汽车理论可知，根据爬坡性能确定的功率如式（8-48）所示。若为最大爬坡性能，则由该式求得的是驱动电机峰值功率的下限，同时也是燃料电池最大输出功率与蓄电池最大输出功率之和的下限。若为持续爬坡性能，则由该式求得的是相应额定功率的下限。

$$P_\alpha = \frac{v_\alpha}{3600\eta_\mathrm{t}}\left(mgf\cos\alpha + mg\sin\alpha + \frac{C_\mathrm{D}A v_\alpha^2}{21.15}\right) \tag{8-48}$$

式中，α 为所爬坡的角度，rad，相应的爬坡度为 $i = \tan\alpha$；v_α 为爬坡时的车速，km/h；P_α 为爬坡所需的功率，kW。

同样，由汽车理论可知，根据最高车速性能确定功率的公式见式（8-49）。此功率限制驱动电机额定功率的下限。

$$P_\mathrm{v\_max} = \frac{v_\mathrm{max}}{3600\eta_t}\left(mgf + \frac{C_\mathrm{D}A v_\mathrm{max}^2}{21.15}\right) \tag{8-49}$$

式中，v_max 为整车最高设计车速，km/h；$P_\mathrm{v\_max}$ 为由最高设计车速确定的需求功率，kW。

通过上述对功率限制的求解可获得在满足整车动力性要求前提下，驱动电机额定功率的下限及峰值功率的下限。此外还可获得燃料电池和蓄电池两个能量源功率之和的下限。

（2）驱动电机及主减速比匹配

所研究的全功率燃料电池汽车由于没有变速器，因此主减速比的匹配至关重要，其大小将严重影响电机的匹配。若主减速比选取过小，则电机所需的转矩将过大；若主减速比选取过大，则电机所需的转速将过大。因此应在满足各动力性要求的前提下，权衡电机的转矩和转速，合理匹配主减速比的大小。

① 满足 0～100km/h 加速时间要求。0～100km/h 加速过程中不同时刻电机转速与主减速比的关系见式（8-50）。

$$\omega_m = \frac{30v_k i_{fd}}{3.6\pi r_w} \tag{8-50}$$

式中，ω_m 为驱动电机转速，r/min；i_{fd} 为主减速比；r_w 为车轮的滚动半径，m。

根据式（8-46）和式（8-50）可得 0～100km/h 加速过程中不同时刻电机转矩与主减速比的关系，见式（8-51）。由该式可确定为满足 0～100km/h 加速性能要求，不同主减速比下电机最大转矩的下限。

$$T_m = \frac{9549 P_{a\_k}}{\omega_m} = \frac{9549\pi r_w}{3\times10^4 \eta_t i_{fd}}\left(\delta ma + mgf + \frac{C_D A v_k^2}{21.15}\right) \tag{8-51}$$

式中，T_m 为驱动电机转矩，N·m。

② 满足爬坡性能要求。因爬坡性能指标中包含坡度和车速两部分内容，所以由最大爬坡度指标可确定在相应转速下最大转矩的下限，由持续爬坡度指标可确定在相应转速下额定转矩的下限。

由式（8-52）可确定在相应爬坡车速下，主减速比与驱动电机转速的关系。

$$\omega_m = \frac{30v_a i_{fd}}{3.6\pi r_w} \tag{8-52}$$

由式（8-53）可确定在相应爬坡车速下，主减速比与驱动电机转矩的关系。

$$T_m = \left(mgf\cos\alpha + mg\sin\alpha + \frac{C_D A v_a^2}{21.15}\right)\frac{r_w}{i_{fd}\eta_t} \tag{8-53}$$

将根据式（8-52）和式（8-53）编程所绘制的曲线画于一张图中，其横坐标是主减速比，双纵坐标分别是电机转速和转矩，如此可较清楚地获得选择不同主减速比对电机转速和转矩的影响，进而便于主减速比的确定。

③ 满足最高车速要求。为满足最高车速性能要求，主减速比和驱动电机转速两者之间的关系见式（8-54），该式可根据最高车速和主减速比确定驱动电机最高转速的下限。

$$\omega_m = \frac{30v_{max} i_{fd}}{3.6\pi r_w} \tag{8-54}$$

在满足动力性要求的前提下，由上述各式可获得多种主减速比、驱动电机最高转速和电机额定及峰值转矩的可行结果。在可行结果中权衡电机转速和转矩，即可匹配合适的主减速比及电机的转速和转矩参数。

（3）燃料电池匹配

燃料电池汽车的发展趋势为能量混合型到功率混合型，进而到全功率燃料电池汽车。图

8-49 显示了 FC＋B 构型不同混合形式燃料电池汽车能量源功率占比。

由图 8-49 可以看出，全功率燃料电池汽车的主要特点为装配大功率燃料电池系统。然而，能量混合型燃料电池汽车也可正常行驶，且从成本来看，能量混合型汽车的成本更低，那么为何要发展成本更高的全功率燃料电池汽车呢？针对该问题，接下来的内容首先进行装配大功率燃料电池原因分析，其后针对全功率燃料电池汽车，分析燃料电池系统功率等级的下限，以求在整车动力系统集成时指导燃料电池的匹配与设计。

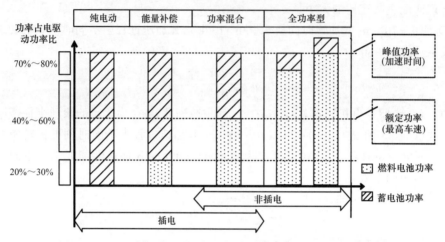

图 8-49　FC＋B 构型不同混合形式燃料电池汽车能量源功率占比

① 装配大功率燃料电池原因分析。分别从纵向及横向两个角度分析装配大功率燃料电池系统的原因。所谓纵向即通过对比不同功率等级燃料电池系统的特性，并基于此分析大功率燃料电池系统的优点。所谓横向即通过对比燃料电池和蓄电池两种能量源的特性，并分析在能量源总需求一定的情况下，选装大功率燃料电池系统的优点。

针对纵向分析，表 8-8 给出了不同功率等级燃料电池动力系统的性能参数。

表 8-8　不同功率等级燃料电池动力系统的性能参数

功率/kW	质量/kg	最高效率/%	冷启动温度/℃
32	135	55	≥−15
46	160	56	≥−15
80	—	60	−30

注：数据来源为上海重塑能源科技有限公司官网。

由表 8-8 中的数据对比可知，随燃料电池系统功率等级的提高，其峰值效率也将提高。通过分析，该现象产生的原因为空压机等附件的功率在小功率燃料电池系统中的占比较大，而在大功率燃料电池动力系统中的占比较小。由此可见，大功率燃料电池系统将拥有更高的峰值效率，装配大功率燃料电池系统将可使整车拥有更好的经济性。

针对横向分析，从能量密度和功率密度差异的角度进行，表 8-9 给出了蓄电池与燃料电池的能量密度。

表 8-9　蓄电池与燃料电池能量密度

能量源	能量密度/(W·h/kg)	能量源	能量密度/(W·h/kg)
比亚迪磷酸铁锂电池包	140	Tesla Model 3 的锂离子电池系统	170
比亚迪三元电池包	160	Mirai 燃料电池系统	350
Tesla Model S 的锂离子电池系统	156		

从表8-9可知,燃料电池系统的能量密度约为蓄电池包的2倍。在功率密度方面,重塑的110kW级燃料电池系统的功率密度为0.69kW/kg。相比之下,Tesla Model S的锂离子电池系统的功率密度则仅有0.16kW/kg。此外,进行不同功率等级燃料电池系统功率密度的对比,见表8-10。

表 8-10　不同功率等级燃料电池系统功率密度

功率/kW	功率密度/(kW/kg)	功率密度/(kW/L)
60	0.4	0.20
80	0.53	—
110	0.69	0.26

注:数据来源为上海重塑能源科技有限公司官网。

由表8-10中的数据对比可知,随燃料电池系统功率等级的提高,其体积功率密度和质量功率密度都将得到提升,分析该现象的原因,同样是空压机等附件的质量和体积在小功率燃料电池系统中占比较大,而在大功率燃料电池系统中占比较小。

从前述分析可以看出燃料电池系统的能量密度和功率密度均高于动力电池,同时,燃料电池系统的功率等级越大,其体积功率密度和质量功率密度也越大,且效率越高。因此对于FC+B构型燃料电池汽车,其能量源中燃料电池的占比越大,蓄电池的占比越小,则能量源的综合能量密度和功率密度将越大。在对能量源能量和功率需求一定的前提下,能量密度和功率密度的提升不仅可提高整车动力系统集成时的布置方便性,而且可降低整车重量。

综上,选用大功率的燃料电池系统,不仅可提升整车经济性,而且有利于整车轻量化,此外还能提高动力系统集成时的布置方便性。

② 燃料电池功率下限。假设燃料电池的最大输出功率小于驱动电机的额定功率,此时必然需要蓄电池的功率进行补充,由于驱动电机在恒功率区可长时间输出不大于额定功率的功率,若驱动电机需要长时间工作在额定功率处,当蓄电池SOC下降到设定的下限时,此时蓄电池将无法再进行功率补充,进而驱动电机的需求功率将无法得到满足,整车动力性能将被限制。由此可见,为确保能量源输出的功率能使电机长时间工作在额定功率范围内,要求能量源输出功率经传输后应能大于电机的额定功率。此外,汽车行驶过程中空调等附件的电功率也应由燃料电池提供,综上可得式(8-55)。

$$P_{fc} = \frac{P_{m\_r}}{\eta_{boost}\eta_{invert}\eta_{mot}} + P_{acc} \tag{8-55}$$

式中,P_{fc}为燃料电池峰值功率的下限,kW;P_{m_r}为驱动电机额定功率,kW;η_{boost}为燃料电池到母线间升压转换器的效率;η_{invert}为电机逆变器效率;η_{mot}为电机效率;P_{acc}为附件功率,kW。

(4) 蓄电池匹配

由于匹配的燃料电池的功率等级较大,已可满足稳态工况的需求,所以蓄电池的主要作用为以下四方面内容:

① 与燃料电池一起提供能使驱动电机性能得到完全发挥的峰值需求功率;

② 弥补燃料电池动态响应慢的不足;

③ 进行再生制动能量回收;

④ 为燃料电池启动特别是冷启动提供必要的电能。

分析上述四个方面,其中前两条都是要求蓄电池有较高的放电功率,第三条要求蓄电池有较高的充电功率和一定的容量（若不考虑长下坡，其容量需求也并不大），第四条主要要求蓄电池有一定的容量但并不高，只在启动时提供必要的电能。因此基于前述分析可得到的结论为所匹配的蓄电池应具有较高的充放电功率，而对于容量的需求则不高。此外，蓄电池主要用来满足瞬态需求，而稳态需求由燃料电池提供这一设计初衷也可进一步佐证上述观点。确定其设计基本原则后，接下来将给出求解蓄电池功率和容量的具体方法。

① 蓄电池功率匹配。基于上述分析的第①条内容，可获得蓄电池放电功率限制，见式（8-56）和式（8-57）。

$$P_{b\_dis} = P_e - P_{fc} \tag{8-56}$$

$$P_e = \frac{P_{m\_p}}{\eta_{DC/DC} \eta_{invert} \eta_{mot}} \tag{8-57}$$

式中，P_{b_dis} 为蓄电池最大放电功率的下限，kW；P_e 为驱动电机输出峰值功率时对能量源所需求的电功率，kW；P_{m_p} 为驱动电机的峰值功率，kW；$\eta_{DC/DC}$ 为蓄电池到母线间的双向 DC/DC 的效率。

针对上述分析的第③条内容，根据式（8-58）可得整车在相应工况下行驶时的制动功率需求。假设无机械制动参与，完全进行再生制动，则该制动功率将通过传动系统向蓄电池传递，考虑该传递过程的效率，通过式（8-59）可得整车在相应工况下制动时蓄电池充电功率需求。通过编程可绘制如图 8-50 所示的整车在相应工况下制动行驶时蓄电池的充电需求功率。

$$P_{b\_k} = \min\left[0, \frac{v_k}{3600}\left(ma + mgf + \frac{C_D A v_k^2}{21.15}\right)\right] \tag{8-58}$$

$$P_{chg\_k} = P_{b\_k} \eta_t \eta_m \eta_{DC/DC} \tag{8-59}$$

式中，P_{b_k} 为整车在相应工况下行驶时 k 时刻的制动需求功率，kW；P_{chg_k} 为整车在相应工况下再生制动时蓄电池 k 时刻需求充电功率的下限（假设此时无燃料电池向蓄电池充电，只有电机向蓄电池充电，所以此为下限），kW。

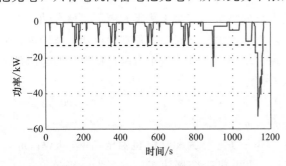

图 8-50　NEDC 工况下制动需求功率

图 8-50 中虚线为 -13kW 等功率线，由此可见，若蓄电池的峰值充电功率大于 13kW，则其可完全满足 NEDC 工况中前 800s 市区段的制动强度需求。因此，在选定蓄电池最大充电功率时，可以此为依据，使所匹配的蓄电池有能力充分回收小制动强度下的制动能量。

② 蓄电池容量匹配。由上述分析可以选定蓄电池的最大充放电功率，然而对于蓄电池而言，除功率外还应确定其容量的合理值。本小节给出其容量确定方法。这里首先给出蓄电池额定容量与最大充放电电流的关系，见式（8-60）。

$$Q_{rating} C_{max} = I_{max} \tag{8-60}$$

式中，Q_{rating} 为蓄电池的额定安时容量，A·h；C_{max} 为蓄电池的最大充电或放电倍率；I_{max} 为蓄电池的最大充电或放电电流，A。

对式（8-60）进行变换，可得式（8-61）。

$$\frac{Q_{rating} V}{1000} C_{max} = \frac{I_{max} U}{1000} \Rightarrow E_b = \frac{P_{max}}{C_{max}} \tag{8-61}$$

式中，E_b 为蓄电池的额定容量，kW·h；U 为蓄电池电压，V；P_{max} 为蓄电池的最大充电功率或放电功率，kW。

进一步将蓄电池充电和放电两种情况分开，见式（8-62）和式（8-63）。由此可分别通过最大放电功率、放电倍率和最大充电功率、充电倍率确定蓄电池容量的下限。

$$E_b = \frac{P_{b\_dis}}{C_{dischg}} \tag{8-62}$$

$$E_b = \frac{P_{b\_chg}}{C_{chg}} \tag{8-63}$$

此外，蓄电池组总容量确定后，电池单体可有多种串并联方式，考虑到减少蓄电池端电压和母线电压的差别以获得较高的电压转换效率，建议尽量采用串联方式。

8.3.1.2　丰田 Mirai 正向匹配验证

根据上诉方法可实现全功率燃料电池汽车动力系统匹配，然而上述方法的合理性仍有待验证。鉴于此，本小节基于上述匹配方法，对丰田 Mirai 进行正向匹配，并将正向匹配得到的结果与实际结果进行对比，以此来验证所提匹配方法的合理性。丰田 Mirai 基本参数及性能参数见表 8-11。

表 8-11　丰田 Mirai 基本参数及性能参数

款型	Mirai（2017 年款）	款型	Mirai（2017 年款）
长/宽/高	4890mm/1815mm/1535mm	空气阻力系数	0.29
整备质量	1850kg	0～96.5km/h 加速时间	9s
轮胎	215/55 R17 94W	最高车速	178.6km/h

（1）驱动电机功率限制计算

按照前述匹配方法，首先基于 0～96.5km/h 加速时间为 9s 这一性能参数，进行加速曲线拟合，拟合结果见图 8-51。鉴丁当前驱动电机的基速比多为 4 左右，因此拟合过程中初步假设驱动电机的基速比为 4。

根据获得的加速曲线通过编程获得加速过程中整车需求功率，如图 8-52 所示。从图 8-52 可知，为满足加速性能的需求，驱动电机的峰值功率应大于 115.5kW。设定电机到车轮的机械效率为 0.97，整车旋转质量换算系数为 1.1，滚动阻力系数 0.007。

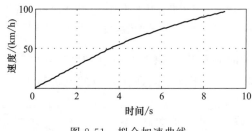

图 8-51　拟合加速曲线

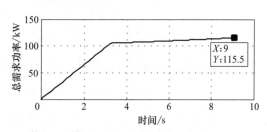

图 8-52　加速过程需求功率曲线

通过加速性能确定驱动电机峰值功率下限后，接下来通过爬坡性能及最高车速确定功率需求限制。首先进行爬坡性能对功率限制的求解。《汽车理论》中指明一般乘用车的最大爬坡度是 30%，越野车可达到 60%，但其未指明车速，考虑此为纯电动车，拥有低速大转矩的特点，同时根据国标《纯电动乘用车技术条件》（GB/T 28382—2012）的要求，初定最大爬坡度为 30%（30km/h）。根据式（8-48）可计算满足该性能的需求功率为 46.1kW，因此为满足最大爬坡需求，驱动电机的最大功率应大于 46.1kW。

上述求解的是最大爬坡性能对功率的要求，接下来计算持续爬坡性能对功率的要求。《纯电动乘用车技术条件》（GB/T 28382—2012）中要求"车辆通过 12% 坡度的爬坡车速不低于 30km/h"。考虑一定的后备功率，初定持续爬坡性能要求为 15%（30km/h）。同样根据式（8-47）可计算满足该性能的需求功率为 24.5kW，因此为满足持续爬坡需求，驱动电机的额定功率应大于 24.5kW。

为满足最高车速的要求，驱动电机的额定功率应大于汽车最高车速行驶时的需求功率。根据式（8-48）可计算满足该性能的需求功率为 68.9kW，因此为满足最高车速性能要求，驱动电机的额定功率应大于 68.9kW。

综上，为满足整车动力性要求，驱动电机的额定功率应大于 68.9kW，峰值功率应大于 115.5kW。

（2）电机及主减速比匹配

在完成功率限制分析后，进行电机及主减速比匹配计算。根据式（8-50）获得在满足加速性能要求的前提下，主减速比与电机最大需求转矩的关系如图 8-53 所示。当主减速比选择 8.4 时，其驱动电机的最大转矩应不小于 334.5N·m，如此才可保证加速性能得到满足。

根据式（8-51）和式（8-52）可得，在满足爬坡性能需求的前提下，不同主减速比对应的电机转矩及转速需求。

图 8-54 表示在满足最大爬坡度要求的前提下，不同主减速比对应的电机最大转矩要求和相应的转速。图 8-55 表示在满足持续爬坡度要求的前提下，不同主减速比对应的电机额定转矩要求和相应的转速。为满足爬坡性能要求，当主减速比选择 8.4，驱动电机在 2001r/min 时的额定转矩应大于 116.9N·m，峰值转矩应大于 220.2N·m。

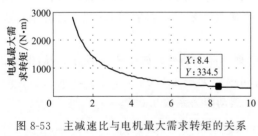

图 8-53　主减速比与电机最大需求转矩的关系
（加速性能）

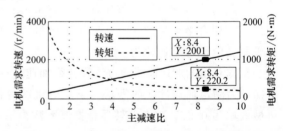

图 8-54　主减速比与电机最大需求转矩关系
（最大爬坡）

根据式（8-53）可得在满足最高车速性能需求的前提下，不同主减速比对应的电机峰值转速需求。图 8-56 表示在满足最高车速要求的前提下，不同主减速比对应的电机最大转速

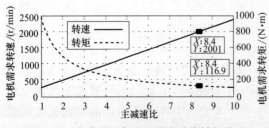

图 8-55　主减速比与电机最大需求转矩关系
（持续爬坡）

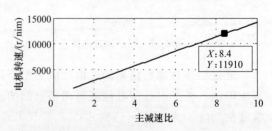

图 8-56　主减速比与电机最大转速的关系

要求。为满足最高车速要求，当主减速比选择 8.4 时，则驱动电机的最高转速应大于 11910r/min，可初定为 12000r/min。

综上，当选择主减速比为 8.4 时，根据各动力性要求确定的电机参数如表 8-12 所示。

表 8-12　根据各动力性要求确定的电机参数

动力性要求	电机特性及参数
最高车速	电机最高转速大于 11910r/min，额定功率大于 68.9kW
0~100km/h 加速	电机最大转矩大于 334.5N·m，峰值功率大于 115.5kW
最大爬坡度	电机转速为 2001r/min 时的最大转矩大于 220.2N·m
持续爬坡度	电机转速为 2001r/min 时的额定转矩大于 116.9N·m

根据电机的峰值功率（115.5kW）和额定功率（68.9kW）可求得电机的过载系数约为 1.67，根据电机的最大转矩（334.5N·m）和额定转矩（116.9N·m）可求得电机的过载系数约为 2.86。为确保动力性得到满足，应选取过载系数为 1.67，由此，可确定电机额定转矩为 200.3N·m。此外，根据之前假设的基速比为 4，可确定电机的基速为 2977.5r/min。再根据电机的恒转矩区和恒功率区的特性，可知电机在 2001r/min（2001r/min＜2977.5r/min）时的最大转矩和额定转矩满足要求。最终，匹配的主减速比为 8.4，由此确定的电机参数见表 8-13。

表 8-13　电机匹配结果

电机特性	数值	电机特性	数值
峰值功率	116kW	峰值转矩	335N·m
额定功率	70kW	额定转矩	200N·m
最大转速	12000r/min		

（3）燃料电池及蓄电池匹配

在完成驱动电机匹配后，进一步进行燃料电池及蓄电池的匹配。假设升压转换器、逆变器和电机的效率分别为 0.97、0.95 和 0.87，同时假设附件功率为 5kW，根据式（8-54）即可求得燃料电池的功率下限为 92.31kW。为确保满足功率需求，考虑一定的余量，最终匹配得到的燃料电池峰值功率为 95kW。

对于蓄电池功率的确定，根据式（8-55）可确定其最大放电功率应不小于 49.69kW，根据式（8-57）和式（8-58），可得图 8-57 所示的整车在 NEDC 工况下制动行驶时蓄电池充电需求功率。图 8-57 中虚线对应 -14kW，因此蓄电池的充电功率应不小于 14kW。

镍氢蓄电池因充放电倍率高且安全性高而多被丰田公司所采用，根据已有经验假设其最大充放电倍率分别为 30 和 15，则根据式（8-61）和式（8-62）可得其容量下限分别为 1.66 和 0.93。最终选定蓄电池容量为 1.66kW·h。综上，燃料电池及蓄电池匹配结果见表 8-14。

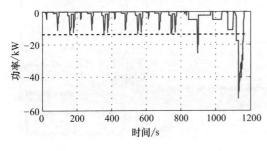

图 8-57　蓄电池充电需求功率

表 8-14　燃料电池及蓄电池匹配结果

燃料电池峰值功率	95kW
蓄电池类型	镍氢蓄电池
蓄电池最大放电功率	49.69kW
蓄电池最大充电功率	-(1.66×15)=-24.90kW
蓄电池容量	1.66kW·h

（4）参数汇总与对比

为进一步说明所提匹配方法的合理性，现将匹配结果与丰田 Mirai 调研结果汇总于表 8-15。匹配的结果与实际结果的误差均小于 5%，这较充分地说明了上述匹配方法的合理性。需要说明的是，Mirai 燃料电池电堆的峰值输出功率为 114kW，在考虑空压机等附件功率后，燃料电池系统的峰值输出功率约为 97kW。

表 8-15 匹配结果汇总

项目	匹配结果	Mirai 调研结果	误差/%
燃料电池系统功率/kW	95	97	2.1
电机峰值功率/kW	116	113	2.6
电机峰值转矩/(N·m)	335	335	0
蓄电池总能量/(kW·h)	1.66	1.6	3.8

8.3.1.3 仿真验证

上述通过对丰田 Mirai 的正向匹配验证了所提匹配方法的合理性，然而在实车开发过程中，为进一步确保匹配参数可满足设计指标要求，通常还需进行仿真验证。因 Advisor 软件中集成了 FC+B 构型燃料电池汽车且其具有较好的开源性，所以此处选用 Advisor 进行仿真验证。

根据匹配得到的参数，对 Advisor 内嵌的 FUEL_CELL_defaults_in 模型中的参数进行修改，修改结果见图 8-58。从图 8-58 中可以看出，整车质量包括整备质量和一个驾驶员的质量，共计 1915kg，并对动力系统各部件依次进行参数修改。参数修改完成后即可进行整车动力性及经济性仿真。

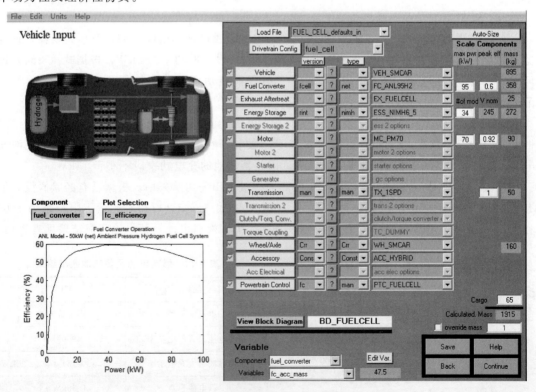

图 8-58 整车参数设定界面

（1）动力性仿真

针对动力性的仿真包括加速性能仿真、最高车速性能仿真、爬坡性能仿真。依次对加速性能、最高车速及爬坡性能仿真结果进行说明。

仿真结果显示 0～60mile/h（0～96.6km/h）加速时间是 8.2s，满足设计要求的 9s。分析仿真结果小于 9s 的原因是，仿真所用电机的恒功率段是理想的，而实际电机在恒功率段其功率会随转速的增加有所减少。由此可见，匹配电机既可确保加速性能得到满足，又是合理的。为进一步确保上述极限加速仿真结果的正确性，图 8-59 给出了极限加速过程中电机工作点分布。可以看出，工作点全部分布于外特性曲线上，可以证实上述仿真整车运行于极限加速过程。

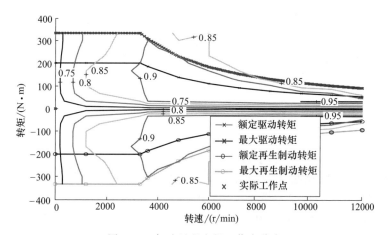

图 8-59　加速过程电机工作点分布

仿真获得的整车最高车速为 177.3km/h，略小于设计目标的 178.6km/h。这是由于仿真过程中考虑了滑转率，Advisor 仿真软件根据驱动轮的驱动力（N）和其轴荷（kg）的比值（附着系数为驱动轮的驱动力与法向压力的比值）通过查表获得整车的滑转率。通过仿真可知，在考虑车轮滑转率时，整车最高车速可能不满足设计要求，因此在设计过程中若最高车速为严格限制条件，则应重新设计电机最高转速或主减速比，同时也可尝试采用高附着系数的轮胎以减少最高车速时的车轮滑转率。Mirai 的最高车速为 178.6km/h，很可能其设计指标是 180km/h，而由于实际运行中滑转率的影响，最终其最高车速只能达到 178.6km/h。鉴于最高车速行驶这一情况很少出现，因此，虽然仿真最高车速（177.3km/h）略小于设计目标最高车速（178.6km/h），其也是可以接受的。

在完成加速及最高车速仿真后，接下来需要对爬坡性能进行仿真。而 Advisor 软件无法仿真最大爬坡度，这是由于其 grade_test_advanced.m 文件中都存在图 8-60 所示语句中。从该语句可以看出，当进行最大坡度仿真时，底层程序将驱动电机的过载系数强制设定为 1。

```
if exist('default_mc_overtrq_factor')&(strcmp(vinf.drivetrain.name,'ev')|strcmp(vinf.drivetra···
  in.name,'fuel_cell')|strcmp(vinf.drivetrain.name,'series'))
  assignin('base','mc_overtrq_factor',1);
end
```

图 8-60　原有程序

为使 Advisor 可以进行最大爬坡度的仿真，此处对 Advisor 中上述语句进行如图 8-61 所示的更改。更改后，当不设定爬坡持续时间或持续时间小于 60s 时，为仿真最大爬坡度，当设定爬坡持续时间大于 60s 时，为仿真持续爬坡度。修改后仿真得到的以 30mk/h 行驶时的最大爬坡度和持续爬坡度分别为 48.9％和 27％，满足设计要求。

```
if
exist('default_mc_overtrq_factor')&(duration>=60)&(strcmp(vinf.drivetrain.name,'ev')|strc…
    mp(vinf.drivetrain.name,'fuel_cell')|strcmp(vinf.drivetrain.name,'series'))
    assignin('base','mc_overtrq_factor',1);
end
```

图 8-61　修改后程序

最终，动力仿真结果汇总于表 8-16。由仿真结果可进一步证明匹配结果的合理性。

表 8-16　动力性仿真结果

性能名称	仿真结果	设计指标
0～60mile/h(0～96.6km/h)加速时间/s	8.2	9
最高车速/(km/h)	177.3	178.6
持续爬坡度(30km/h)/%	27	15
最大爬坡度(30km/h)/%	48.9	30

（2）经济性仿真

当开启 SOC 校正时，NEDC 工况下仿真结果显示整车百公里氢耗为 52.02L。由于 Advisor 软件中所用氢气的密度是 18g/L（25MPa），所以仿真百公里氢耗为 0.9363kg。

当前已有文献中关于 Mirai 续驶里程的说法有三种，分别是 502km、650km 和 700km，其中续驶里程 502km 是美国环境保护署（U.S. Environmental Protection Agency-EPA）实际测试结果。因 EPA 测试过程较为复杂，并不适合仿真研究，所以本小节暂不应用该数据。针对续驶里程 700km 的说法因其与 502km 的说法差别最大，这里对其可信性表示质疑。针对续驶里程 650km 的说法，因 EPA 为美国最严格的测试标准，其较 NEDC 测试更为严格，通常 EPA 测试结果要小于 NEDC 测试结果，所以本小节暂时认定丰田 Mirai 在 NEDC 工况下可续航 650km。同时，也应充分认识到虽然续驶里程 650km 的说法也不一定可信，但是这并不影响本小节所提分析方法的合理性。鉴于续驶里程 650km，氢瓶储氢量为 5kg，因此其百公里氢耗应能达到 0.77kg。

由上述分析可见，当前所用部件的效率性能不足以使整车拥有同 Mirai 相近的经济性。为达到这一经济性目标，动力系统各部件的效率性能参数如何选取将在接下来对于全功率燃料电池汽车的经济性优化过程中进行详细分析。

针对燃料电池汽车，通过经济性仿真还可了解到燃料电池工作点分布情况，如图 8-62 所示为 NEDC 工况中燃料电池实际工作点分布。燃料电池工作点分布尚有改进余地，而燃料电池工作点分布与能量管理策略有较大关系。

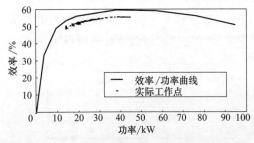

图 8-62　NEDC 工况中燃料电池实际工作点分布

8.3.2　全功率氢燃料电池汽车能耗分析及优化

燃料电池汽车动力系统设计时除考虑满足

上一小节所介绍的动力性设计指标外，还应考虑燃料经济性设计指标。针对丰田 Mirai，由上一小节可知该经济性指标为 0.77kg/100km。为合理有效地实现该指标，本小节进行燃料电池汽车节能分析，首先通过理论模型揭示节能因素，然后对各因素进行定量经济性分析，量化各因素对经济性的影响程度，这为基于经济性指标进行部件参数的合理匹配提供了理论指导。

8.3.2.1 氢耗影响因素量化分析

为基于经济性指标进行部件参数的合理匹配，首先应明确影响经济性的参数即能耗影响因素。本小节采用理论推导的方式获取整车理论氢耗模型，并对氢耗模型进行深入分析，明确整车氢耗影响因素，进而对关键氢耗影响因素进行量化分析。

（1）理论氢耗模型

如图 8-63 所示为 FC＋B 构型燃料电池汽车动力系统的能量传递，将该构型燃料电池汽车的动力系统分为动力源模块、传动系统模块和车体模块。其中动力源模块包括蓄电池、燃料电池和储氢罐。传动系统模块包括电动机和变速机构。

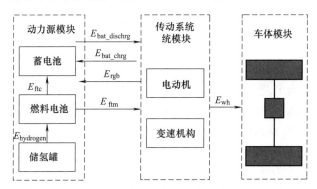

图 8-63　FC＋B 构型燃料电池汽车动力系统的能量传递

定义平均综合传动效率：有效益的能量与供给传动系统总能量的比值（克服各种摩擦损失的能量属于一种无效益的能量）。这里以车轮为分析的节点，用来克服滚动阻力、空气阻力、坡度阻力和加速阻力的能量为有效益的能量，同时若汽车行驶结束后电池的 SOC 升高，那么充入电池的能量在不考虑电机等效率时也是有效益的能量。实际情况是充入电池的能量在使用时还要考虑放电效率和传动系统效率，因此其转化到车轮处的能量才是有效益的能量。从宏观上看只有用来抵抗汽车行驶阻力的能量才是真正有效益的能量，也就是循环工况总驱动能量的理论值。

在不考虑各种效率时平均综合传动效率也就变成了整车总效率（理论循环总驱动能量与提供的总能量的比值），其计算公式为式（8-64）。

$$\eta_{tr} = \frac{E_{wh} + E_{bat\_chrg}}{E_{hydrogen} + E_{rgb} + E_{bat\_dischrg}} \tag{8-64}$$

$$E_{wh} = \sum_{t=0}^{n} \left[\begin{cases} F_t(t)v(t)/1000 & [F_t(t) > 0] \\ 0 & [F_t(t) < 0] \end{cases} \right] \tag{8-65}$$

式（8-64）中，E_{wh} 为循环工况总驱动能量的理论值，kJ；E_{bat_chrg} 为循环工况结束后蓄电池中增多的能量，kJ；$E_{hydrogen}$ 为循环工况中消耗的氢气所包含的能量，kJ；E_{rgb} 为循环工况中再生制动充入蓄电池的能量，kJ；$E_{bat\_dischrg}$ 为循环工况结束后蓄电池中减少的能量，kJ。

式（8-65）中，t 为循环工况对应的时刻，s；n 为循环工况总时长，s；$F_t(t)$ 为当汽车行驶在相应循环工况，t 时刻车轮需求的驱动力，N；$v(t)$ 为循环工况 t 时刻的车速，m/s。

实际情况中各种效率不能忽略，当考虑燃料电池效率、机械效率、蓄电池效率和电机效率影响时，定义平均综合传动效率的计算公式为式（8-66）。

$$\eta_{tr} = \frac{E_{wh} + E_{bat\_chrg}\eta_{bat\_dischrg}\eta_{tr}}{E_{hydrogen}\eta_{fc} + E_{rgb}\eta_{bat\_dischrg} + E_{bat\_dischrg}\eta_{bat\_dischrg}} \tag{8-66}$$

式中，$\eta_{bat\_dischrg}$ 为蓄电池平均放电效率；η_{fc} 为燃料电池效率；$E_{hydrogen}\eta_{fc}$ 为燃料电池实际输出的能量，该实际输出的能量可用下式表示。

$$E_{hydrogen}\eta_{fc} = \frac{f_e}{Cb_{e\_avg}} \tag{8-67}$$

$$C = \frac{1}{\rho_{fuel} \times 3600 \times 100 \times x_{tot}} \tag{8-68}$$

$$b_{e,avg} = \frac{\sum M_e}{\sum P_e} \tag{8-69}$$

式（8-67）中，f_e 为百公里耗氢量，L（25MPa 下的体积）；C 为氢电转换系数；b_{e_avg} 为燃料电池的平均氢气消耗率，g/(kW·h)。

式（8-68）中，ρ_{fuel} 为 25MPa 下氢气的密度，18g/L；x_{tot} 为循环工况总行驶里程数，km。

式（8-69）中，$\sum M_e$ 为燃料电池在仿真循环中所消耗的氢气的质量，g；$\sum P_e$ 为燃料电池在循环工况中输出的总功率，kW·h。

将式（8-67）代入式（8-66）可得平均综合传动效率最终公式，见式（8-70）。

$$\eta_{tr} = \frac{E_{wh} + E_{bat\_chrg}\eta_{bat\_dischrg}\eta_{tr}}{\dfrac{f_e}{b_{e\_avg}C} + E_{rgb}\eta_{bat\_dischrg} + E_{bat\_dischrg}\eta_{bat\_dischrg}} \tag{8-70}$$

对式（8-70）进行变换得式（8-71），称式（8-71）为理论氢耗计算模型。

$$f_e = \frac{E_{wh} + E_{bat\_chrg}\eta_{bat\_dischrg}\eta_{tr} - E_{rgb}\eta_{bat\_dischrg}\eta_{tr} - E_{bat\_dischrg}\eta_{bat\_dischrg}\eta_{tr}}{\eta_{tr}b_{e,avg}C} \tag{8-71}$$

循环中当电池的 SOC 前后平衡时，$E_{bat\_dischrg}$ 和 E_{bat_chrg} 都为 0。然而当电池的 SOC 前后不平衡时，其综合氢耗计算公式为式（8-72）（当 $SOC_{end} < SOC_{int}$ 时，$E_{bat\_chrg} = 0$；当 $SOC_{end} > SOC_{int}$ 时，$E_{bat\_dischrg} = 0$）。

$$f_{e\_unify} = \begin{cases} f_e + E_{bat\_dischrg}\eta_{bat\_dischrg}b_{e,avg}C & (SOC_{end} < SOC_{int}) \\ f_e - E_{bat\_chrg}\eta_{bat\_dischrg}b_{e,avg}C & (SOC_{end} > SOC_{int}) \end{cases} \tag{8-72}$$

将式（8-71）代入式（8-72）可得整车理论综合氢耗计算模型，见式（8-73）。

$$f_{e\_unify} = \frac{E_{wh}\left(1 - \dfrac{E_{rgb}}{E_{wh}}\eta_{tr}\eta_{bat\_dischrg}\right)}{\eta_{tr}b_{e,avg}C} \tag{8-73}$$

为更全面合理地确定氢耗影响因素，此处对影响式（8-73）中各变量数值大小的因素依次进行分析，详见表8-17。

表 8-17 影响因素分析

理论公式中的变量	影响因素
E_{wh}——理论循环总驱动能量	滚动阻力系数和整车质量
η_{tr}——平均综合传动效率	机械效率和电机效率
$b_{e,avg}$——燃料电池平均氢气消耗率	燃料电池的效率
E_{rgb}——再生制动回收的能量	再生制动策略
$\eta_{bat\_dischrg}$——电池放电效率	电池内阻

再生制动回收的能量还与整车多个参数有关，包括滚动阻力系数、整车质量、机械传动效率、电机效率等，这里分析在这些一定的情况下，再生制动策略的影响。此外，因机械效率受当前技术限制，难以提高，电池的充放电效率已经非常高（约0.98），对这两个影响因素进行定量经济性分析的意义不大。综上，这里对燃料电池效率、电机效率、滚动阻力系数、整车质量和再生制动策略进行定量经济性分析。

（2）仿真分析

为快速获得理论氢耗模型所需要的量值，使用Matlab中的m语言编程进行仿真模型的自建，并通过自建模型与Advisor对标，验证自建模型的准确性，对标结果见表8-18。

表 8-18 自建模型与 Advisor 对标结果

项目	Advisor仿真	Matlab仿真	误差/%
百公里氢耗/L(kg)	52.02(0.9363)	53.08(0.9554)	2.00
燃料电池效率/%	51.54	51.94	0.77
电机驱动效率/%	81.55	81.16	0.04
电机发电效率/%	79.30	81.48	0.48
再生制动回收能量/kJ	1789.00	1781.98	0.39

① 燃料电池效率的定量经济性分析。以前述仿真的燃料电池平均工作效率为基础，通过自建模型和理论模型双重计算，量化燃料电池平均工作效率对整车经济性的影响，获得的关于燃料电池平均工作效率的经济性量化分析结果见图8-64和图8-65。量化分析结果为：燃料电池平均工作效率每提升1%，整车百公里氢耗减少约1.03L（18.54g）。此外，理论值与仿真值之间较小差别，进一步说明理论模型和自建模型的准确性。

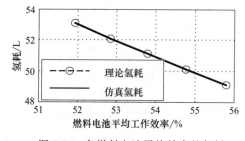

图 8-64 各燃料电池平均效率的氢耗

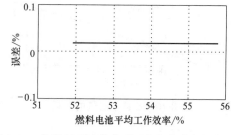

图 8-65 各燃料电池效率下理论与仿真氢耗的误差

② 电机效率的定量经济性分析。前述仿真所用电机的平均工作效率为81.16%，这里分析若电机得到技术改进，满足2018"新能源汽车"重点专项中提出的超过85%的高效率区不低于85%的指标，则电机的平均工作效率将可以达到85%。因此这里分析电机的平均工作效率从81.16%每次提升1%，直到85%，其对经济性的影响。分析结果见图8-66和图8-67，电机平均工作效率每提升1%，百公里氢耗降低约0.74L（13.32g）。

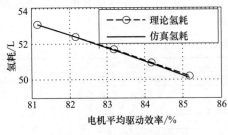

图 8-66　各电机效率的氢耗

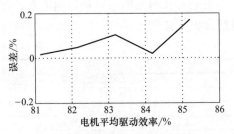

图 8-67　各电机效率下理论与仿真氢耗的误差

③ 滚动阻力系数的定量经济性分析。根据当前最先进的水平，滚动阻力系数可达到 0.005，因此分析滚动阻力系数从 0.007 降低到 0.005 的过程中每降低 0.0005，其对整车经济性的影响，量化分析结果见图 8-68 和图 8-69。滚动阻力系数每降低 0.0005，百公里氢耗减少约 0.99L（17.82g）。

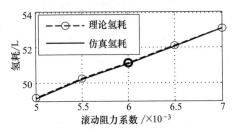

图 8-68　各滚动阻力系数的氢耗

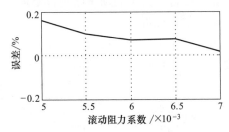

图 8-69　各滚动阻力系数下理论与仿真氢耗的误差

④ 整备质量的定量经济性分析。轻量化设计主要包括有限元机构优化设计、碳纤维等轻质材料和高强度钢等新工艺的使用，若进行较好的轻量化设计，整车质量将有效减少，因此这里对整车质量进行定量经济性分析，初始质量为整备质量与一个驾驶员质量之和，即 $1850+65=1915$（kg）。分析结果见图 8-70 和图 8-71，整车质量每降低 50kg，百公里氢耗减少约 0.70L（12.6g）。

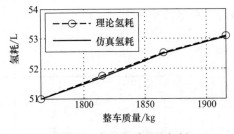

图 8-70　各整车质量的氢耗

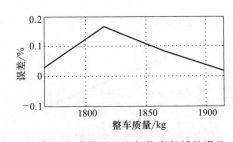

图 8-71　各整车质量下理论与仿真氢耗的误差

⑤ 再生制动的定量经济性分析。由前述分析可知，再生制动能量回收的多少与多个因素有关，这里仅分析再生制动策略对整车经济性的影响。上述仿真所使用的控制策略为部分再生制动策略，如图 8-72 所示。

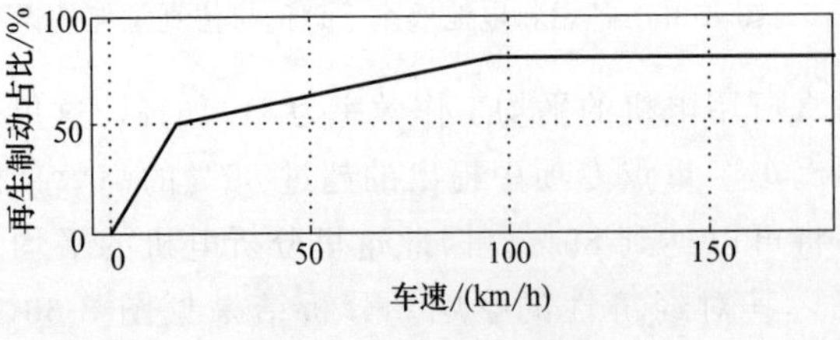

图 8-72　再生制动策略

不同再生制动策略时整车的经济性对比见表8-19。其中制动能量回收率为回收的能量占总制动能量的比值，再生制动占比为回收的能量占理论驱动总能量的比值，当前最先进的再生制动策略的制动能量回收率约为90％。从表8-19可以看出，再生制动策略对整车的经济性有着显著的影响，同时，当前的再生制动策略有较大的提升空间。

表8-19 不同再生制动策略时整车的经济性对比

再生制动策略	无再生制动	部分再生制动	全再生制动	当前先进水平
百公里氢耗/L(kg)	60.31 (1.0855)	53.08 (0.9554)	47.94 (0.8627)	49.24 (0.8863)
再生制动能量/kJ	0	1781.98	2995.87	2686.04
再生制动能量占比/％	0	16.33	27.45	24.61
制动能量回收率/％	0	59.48	100	90

分析再生制动能量回收率每提升10％，其对整车氢耗的影响。分析结果见图8-73，再生制动的能量回收率每提升10％，百公里氢耗减少约1.24L（22.32g）。

量化分析结果汇总见表8-20。

表8-20 量化分析结果汇总

因素	变化	氢耗减少/g
燃料电池效率	提升1％	18.54
电机效率	提升1％	13.32
滚动阻力系数	减少0.0005	17.82
整车质量	减少50kg	12.6
再生制动的能量回收率	提升10％	22.32

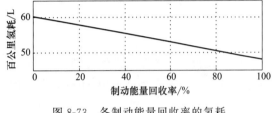

图8-73 各制动能量回收率的氢耗

前述分析中理论氢耗和仿真氢耗的误差足够小，可以进一步证明自建模型和理论模型的准确性。准确合理的理论模型，深化了对节能机理的认识，发展了节能分析理论。准确的自建模型可实现氢耗量化分析的快速性。

基于上述分析所获得的各因素对经济性影响的定量结果，可为0.77kg/100km这一经济性指标的实现，提供设计指导。即可明确各经济性影响因素应该如何设计与改进才能实现该经济性指标。具体设计方法叙述如下。

8.3.2.2 基于经济性指标的优化设计

基于上述量化分析结果、0.77kg/100km的经济性设计指标和当前0.9554kg/100km的实际经济性，可通过下式提供一个满足经济性指标的可行设计空间。

$$18.54 \times 100x + 13.32 \times 100y + 17.82\frac{z}{0.0005} + 12.6\frac{k}{50} + 22.32 \times 10j = i \times 1000 \times (0.9554 - 0.77)$$

$$(0 \leqslant x \leqslant 5\%, \quad 0 \leqslant y \leqslant 5\%, \quad 0 \leqslant z \leqslant 0.002, \quad 0 \leqslant k \leqslant 150, \quad 0 \leqslant j \leqslant 30\%) \quad (8\text{-}74)$$

式中，各变量前的系数为前述量化分析的结果（见表8-20）；x为燃料电池效率提升的比率，％；y为驱动电机效率提升的比率，％；z为滚动阻力系数减少量；k为整车质量减少量，kg；j为再生制动能量回收率提升率；i为余量系数，可取为1.1。

假设获得的各影响因素提升量与成本的关系拟合函数为式（8-75），则在设计空间中以成本最低为目标的优化函数可表示为式（8-76）。

$$a_1 x + b_1 = c_1$$
$$a_2 y + b_2 = c_2$$

$$a_3 z + b_3 = c_3$$
$$a_4 k + b_4 = c_4$$
$$a_5 j + b_5 = c_5 \tag{8-75}$$
$$\text{Cost} = c_1 + c_2 + c_3 + c_4 + c_5 \tag{8-76}$$

式中，a_1、a_2、a_3、a_4、a_5、b_1、b_2、b_3、b_4、b_5 都为拟合系数；c_1、c_2、c_3、c_4、c_5 分别为各部件成本；Cost 为各部件总成本。

由上述分析可知，基于可行设计空间，若可以获得各影响因素提升量与成本的关系，即可实现在满足经济性指标的前提下，通过优化手段获得更低的整车制造成本。获得的优化结果可为整车动力系统集成设计提供指导。

当前因产品信息调研的困难，暂未能通过数据拟合获得各影响因素提升量与成本的关系，因此这里根据现有技术水平、前述定量分析的结果及已有经验合理选择各影响因素指标，即部件性能参数。各影响因素从燃料电池效率到制动能量回收率依次得到合理改进后，整车的经济性变化见表 8-21。在表 8-21 的后三列，将实际仿真中百公里氢耗变化量与根据前述分析得到的理论变化量进行对比，误差均小于 10%，这可进一步说明前述分析的相对准确性。

从表 8-21 中可以看出，在燃料电池效率、电机效率、滚动阻力系数和制动能量回收率依次得到改善后，整车经济性可满足 0.77kg/100km 的设计要求。需要注意的是，因本小节研究的汽车的对标车型是丰田 Mirai，所以此处未考虑整车质量的变化。

表 8-21　量化分析结果汇总

因素	变化	整车经济性变化 /(g/100km)	仿真变化值 /(g/100km)	理论变化值 /(g/100km)	误差 /%
燃料电池效率	51.94%→54.81%	955.4→901.2	54.20	53.21	1.83
电机效率	81.16%→84.19%	901.2→863.9	37.30	40.36	8.20
滚动阻力系数	0.007→0.0055	863.9→814.9	49.00	54.46	9.10
制动能量回收率	59%→80%	814.9→769.5	45.40	46.87	3.24

8.3.3　全功率氢燃料电池汽车控制策略

当前已有应用于燃料电池汽车的能量管理策略总体上可以分为基于规则的能量管理策略和基于优化的能量管理策略。能量管理策略分类见图 8-74。动态规划策略由于其逆向寻优过程的存在，导致其应用时需事先明确运行工况，而实际中这一点是做不到的，因此其主要作用是计算在确定工况下的能耗极限而并不具备在实车上应用的能力。此外，应注意到，当前已有学者对动态规划进行规则提取，以使其可应用于实车，但该方法多用于行驶线路较固定的公交车。对于本小节所研究的乘用车，因行驶路线多变，所提取到的规则的泛化能力将大为缩减，所以本小节不进行该策略的进一步讨论。

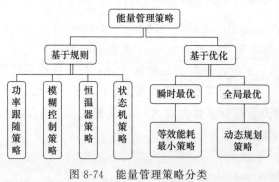

图 8-74　能量管理策略分类

8.3.3.1　等效能耗最小策略

该控制策略属于瞬时最优控制策略，其控制过程中力求使每一瞬时整车的经济性最优。该控制策略的最大优点是可使整车获得较好的经济性。

针对全功率燃料电池汽车，该控制策略的应用尚存在很多问题，其中最棘手的问题是氢电等效因子的设定。该因子的作用是将每一瞬时消耗的蓄电池的电能等效为燃料电池消耗的氢。然而燃料电池汽车动力系统是一个强非线性系统，其中电机瞬时效率、燃料电池瞬时效率、蓄电池瞬时效率、传动效率都将影响该氢电等效因子。鉴于此，等效能耗最小控制策略难以较好的制定。

同时，为延长燃料电池的使用寿命，燃料电池应尽量减少开关机次数。瞬时最优控制策略的输出结果很可能出现前一时刻需求燃料电池关机，后一时刻又需求开机，紧接着又需求关机的情况，这将严重影响燃料电池的使用寿命。当对燃料电池的开关机次数进行限制时又必将较大的影响等效能耗最小控制策略性能的发挥。

此外，燃料电池功率效率曲线在大于一定功率后其效率随功率的增大而降低，如图 8-62 所示。因此在整车需求大功率时，由于燃料电池效率低，基于瞬时能耗最小的目标，此时会出现燃料电池关机而蓄电池单独工作的情况。然而由于此时需求功率大且全功率燃料电池汽车装配的蓄电池容量小，蓄电池 SOC 可在短时间内急剧下降至下限值，这不仅影响蓄电池使用寿命，而且影响后续整车动力性能的发挥。综上，单纯考虑瞬时能耗最优的等效能耗最小控制策略由于未能充分基于全功率燃料电池汽车装配小容量蓄电池的特点以及燃料电池功率效率的特性，而并不适合本小节所介绍的全功率燃料电池汽车。

8.3.3.2 模糊控制策略

如图 8-75 所示，模糊控制主要分为三步，分别为模糊化、推理机和解模糊。各步骤中的核心分别为输入隶属度函数的制定、规则库的制定和输出隶属度函数的制定。针对 FC＋B 构型的燃料电池汽车，其模糊控制的输入通常是蓄电池的 SOC 及整车需求功率，输出则应为燃料电池的需求输出功率。因此该控制策略的核心为两个输入隶属度函数的制定、一个输出隶属度函数的制定以及规则库的制

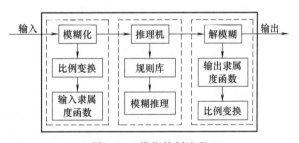

图 8-75 模糊控制流程

定。上述参数的制定通常都需要依靠工程师的经验，然而目前针对燃料电池汽车这方面的经验尚不充足，对于模糊规则及隶属度的制定缺乏工程经验。同时，目前也有学者采用优化的方式进行隶属度函数的标定，然而由于其需要标定的参数繁多且是基于某一工况，因此不仅优化难度大，而且较依赖于行驶工况。综上，该控制策略不适合本小节中所讨论的全功率氢燃料电池汽车。

同时，也应该充分认识到，模糊控制因拥有鲁棒性强、控制灵活和相对智能等优势而多与另一种控制策略相结合，进行控制策略的改进。例如典型的模糊 PID，即通过模糊控制对 PID 控制进行实时参数调整，以此来使 PID 控制能在不同条件下都具有较好的稳定性、准确性和快速性。

8.3.3.3 恒温器策略

恒温器控制策略原理见图 8-76。电池的 SOC 允许在最大和最小设定值之间波动，就像

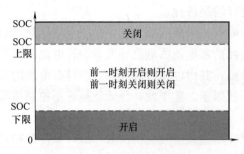

图 8-76　恒温器控制策略原理

是一个把温度维持在一定范围内的恒温器一样。这种控制策略的原则是将电池的 SOC 消耗到一个很低的值，然后启动燃料电池，燃料电池给蓄电池充电的同时给驱动电机供电。一旦电池充电到设定值，燃料电池将关闭直到需要再次启动。在减速过程中，通过再生制动技术，将一部分制动能量回收利用，给蓄电池充电。

在恒温器控制策略中，燃料电池可被当作一个增程器。该策略的优点是可以让燃料电池输出功率与汽车需求功率完全解耦，使燃料电池始终运行在某一个需求的高效工作点处。

该控制策略的主要缺点是需要配备一个容量较大的蓄电池，否则，蓄电池的 SOC 会较快达到需要开启燃料电池的下限。若蓄电池容量较少，则会直接导致燃料电池的频繁启停，严重影响燃料电池的使用寿命。因此恒温器控制策略较适用于能量混合型燃料电池汽车，而本小节是针对全功率燃料电池汽车进行能量管理策略的开发，因此该控制策略并不适用。

8.3.3.4　功率跟随策略

如图 8-77 所示为功率跟随策略。由图 8-77 和图 8-76 对比可以看出，功率跟随策略即为改进的恒温器控制策略。

在燃料电池启停控制方面，恒温器策略单纯考虑蓄电池的 SOC，而功率跟随控制策略在恒温器策略的基础上增加了对燃料电池需求功率的考虑。当燃料电池需求功率大于一定限值或蓄电池 SOC 低于设定的下限则开启燃料电池，当燃料电池需求功率低于设定

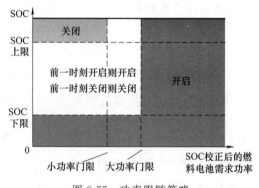

图 8-77　功率跟随策略

的下限且蓄电池 SOC 高于设定的上限，则关闭燃料电池。增加的功率限定条件可明显减少燃料电池的开关机次数，有效避免恒温策略下燃料电池频繁启停的问题，进而可在一定程度上延长燃料电池的使用寿命。

该策略之所以称作功率跟随，正是因为在该策略控制下，燃料电池的需求输出功率可在一定程度上跟随整车需求功率。因此功率跟随控制策略可较多地使用燃料电池直接输出的能量，减少了燃料电池输出的电能先充入蓄电池后从蓄电池放出的过程，进而减少由于蓄电池充放电过程的能量转化而带来的损失。鉴于此，该控制策略不仅可延长燃料电池的使用寿命，而且可在一定程度上能提高整车经济性。

此外，全功率燃料电池汽车配备的是一个功率等级较大的燃料电池系统。该燃料电池系统的功率等级可满足整车行驶需求且具备在一定程度上跟随整车需求功率的能力，因此采用功率跟随策略恰好可发挥全功率燃料电池系统的优势。

8.4　本章结语

本章主要介绍电动轮驱动技术、复合电源技术和氢燃料电池汽车技术。对于电动轮驱动

技术，结合当前研究现状，重点分析了差速技术和差动助力技术；对于复合电源技术，重点分析了复合电源的参数匹配与优化，并对其控制策略进行研究；对于燃料电池汽车技术，以全功率氢燃料电池汽车为研究对象，重点分析了其参数匹配、能耗分析及优化、能量管理策略三方面技术。

采用电动轮驱动系统的电动汽车，可以使空间有效利用且减轻整车重量。但是，将轮毂电机引入车轮，并且构成非簧载质量的主体，会使得车辆的行驶性能尤其是车辆的垂向性能发生很大变化，这是制约该类型电动汽车一个重要难题，并直接影响电动轮驱动电动汽车的推广。为了满足未来电动轮驱动电动车的发展需要，促进该类型电动车的广泛应用，开发质量小、高效、低成本、适用的电动轮驱动系统，是未来该类型电动汽车亟须解决的问题。

复合电源的参数匹配和控制策略是影响复合电源性能的关键技术。近年来，许多实验室都对超级电容的模型以及在混合动力汽车上与其他电源共同工作时的控制策略进行了研发。开发高效可靠的控制策略仍是未来的重要课题。

FC＋B型燃料电池汽车中全功率燃料电池汽车较另外两种混合形式具有更好的经济性及更短的能量补充时间，但其存在技术难度大、生产成本高的问题，技术难点除包括本章所详细描述的关键技术外，还包括大功率燃料电池堆的生产制造等技术，是当前新能源汽车的研究热点之一。

名词索引

参 考 文 献

[1] 陈清泉，孙逢春，祝嘉光. 现代电动汽车技术 [M]. 北京：北京理工大学出版社，2002.

[2] 欧阳明高. 我国节能与新能源汽车发展战略与对策 [J]. 西南汽车信息，2011 年下半年合刊.

[3] Thomas Ortmeyer H. Trends in Transportation Sector Technology Energy Use and Greenhouse Gas Emissions. In：Proceedings Of The IEEE，2001，89 (12)：1839-1847.

[4] 陈清泉，孙逢春. 混合电动车辆基础 [M]. 北京：北京理工大学出版社，2002.

[5] 朱盛镭. 汽车文化的力量 [J]. 上海汽车，2006 (10).

[6] 何玉宏. 中国走向汽车社会的忧思 [J]. 社会观察，2005 (12).

[7] 张任琪，高汉初. 世界汽车工业道路、趋势、矛盾、对策. [M]. 北京：中国经济出版社，2004.

[8] 罗进. 跨国公司在华战略 [M]. 上海：复旦大学出版社，2004.

[9] 王洛林，汪小娟，卢圣亮. 大型跨国公司投资对中国产业结构、技术进步和经济国际化的影响 [J]. 中国工业经济研究，2007.

[10] 陈清泉，孙立清. 电动汽车的现状和发展趋势 [J]. 科技导报，2005，23 (4)：24-28.

[11] 陈世全，杨宏亮，田光宇. 混合动力电动汽车结构分析结构分析 [J]. 汽车技术，2001 (9)：15-17.

[12] 朱庆林. 基于瞬时优化的混合动力汽车控制策略研究 [D]. 长春：吉林大学，2009.

[13] 范彪. 插电式并联混合动力客车建模及仿真 [D]. 重庆：重庆大学，2011.

[14] 陈树勇，陈全世，田光宇，等. 可外接充电式 HEV 的研究与发展 [J]. 交通信息与安全，2009.

[15] Nissan News Release. Nissan LEAF global sales reach 100，000 units. Automotive World. Retrieved 2014-01-20.

[16] 陈正龙. 混合电动汽车能源总成控制器及驱动电机的矢量控制研究 [D]. 长沙：湖南大学，2007.

[17] 徐仕华. 纯电动汽车动力驱动系统与性能研究 [D]. 南昌：南昌大学，2012.

[18] 王梦简. 我国燃料电池汽车产业政策研究 [D]. 杭州：浙江大学，2012.

[19] George Hansen P，GM's Fuel Cell Electric Vehicle Development and Thoughts on Commercialization. Clean Vehicle Technology Forum，2007 (10).

[20] 吴军座. 混合动力电动汽车动力驱动系统的方案设计和仿真研究 [D]. 西安：长安大学，2010.

[21] 黄万友. 纯电动汽车动力总成系统匹配技术研究 [D]. 济南：山东大学，2012.

[22] 徐勇. AT 并联混合动力电动汽车驱动系统的建模与仿真研究 [D]. 武汉：武汉理工大学，2005.

[23] Pawelski Z，Parisi R E. 为市内公共汽车配备力士乐驱动装置 [J]. Rexroth information Quarterly，1997 (2)：25-27.

[24] Norio Nakazawa，Yoichiro Kono，Eijiro Takao，Nobuaki Takeda. Development of a Braking Energy Regeneration System for City Buses [J]. SAE Paper 872265.

[25] John Henry Lumkes J R. Design，simulation and testing of an energy storage hydraulic vehicle transmission and controller [D]. University of Wisconsin-Madison，PHD Dissertation，1997.

[26] Mike Hanlon. New hydraulic hybrid technology develop by EPA and Ford [EB/OL]. http：//www. gizmag. com/ go/3129/.

[27] John J Kargul. Hydraulic hybrid cost-effective clean urban vehicles [EB/OL]. 2006-03-22.

[28] Energy security. EPA displays the first advanced hydraulic hybrid vehicle [EB/OL]. 2004-03-31.

[29] 张伟春. 液压能量装置起步不加油 [N]. 科技日报. 2009-07-03.

[30] Close W H. Report on noise testing：Permo-drive Regenerative Drive Shaft，2002. [EB/OL]. http：//www. permo-drive. com.

[31] Permo-Drive. The hybrid solution for urban commercial vehicles [EB/OL].

［32］ Robert H，John J K. Hydraulic hybrid promises big savings for UPS［EB/OL］.

［33］ Keith Barry. UPS to roll out hydraulic hybrids［EB/OL］.［2008-10-28］.

［34］ Hydraulic Regenerative Braking.［EB/OL］.

［35］ Hydraulic Regenerative Braking for Heavy Duty Trucks［EB/OL］.

［36］ 姜继海，孙辉，王昕. 新型节能环保汽车-液驱混合动力汽车［J］. 流体传动与控制，20（1）：7-11.

［37］ Trevor Blohm，Scott Anderson. Hybrid refuse truck study［C］. 2004 MSC Software virtual product develop conference，Hunting Beach，California，2004.

［38］ 常思勤. 关于一种液驱混合动力车辆的探讨［C］. 2002 年江苏机电一体化技术学术会议. 南京 2002，11：26-27.

［39］ 李翔昂，常思勤. 静液压储能传动汽车动力源系统的匹配效率［J］. 中国公路学报，2007，20（1）：118-122.

［40］ 李翔昂，常思勤，韩文. 静液压储能传动汽车动力源系统匹配及性能分析［J］. 农业机械学报，2006，37（3）：12-16.

［41］ 李翔昂，常思勤. 新型电控液驱车辆能量再生系统建模与实验［J］. 农业机械学报，2006，37（10）：31-34.

［42］ 李翔昂，常思勤. 二次调节静液车输传动系统的智能 PID 控制［J］. 农业机械字报，2004，35（5）：9-11.

［43］ 陈华志，苑士华. 城市用车辆制动能量回收的液压系统设计［J］. 液压与气动，2003，4：1-3.

［44］ 张银彩，苑士华，胡纪滨. 城市公交车辆液压节能装置的研究［J］. 农业机械学报，2007，38（6）：34-40.

［45］ 姜继海，韩永刚. 二次调节静液压动系统的智能 PID 控制［J］. 哈尔滨工业大学学报，1998，30（1）：36-38.

［46］ 战兴群，张炎华，赵克定. 二次调节扭矩加载系统动态特性的研究［J］. 中国工程科学，2000. 2（7）：47-53.

［47］ 肖华. 上海交大神州液压混合动力系统-城市公交的新选择［J］. 城市车辆，2007，5：23-25.

［48］ 闫业翠，刘国庆，陈杰. 液压混合动力公交车动力性能仿真与实验研究［J］. 汽车工程，2010，32（2）：93-99.

［49］ Liu Xinhui，Zhao Jinxiang，Sun Hui. Ratio Optimization of hydraulic energy-saving vehicle coupler based on gendtic algorithm［C］. Proceedings- 2009 International Conference on Computer and Automation Engineering，2009：165-168.

［50］ Zhao Jinxiang，Liu Xinhui，Xin Zhengyang，et al. Research on the Energy-saving technology of concrete mixer truck［C］. The 4th IEEE Conference on Industrial Electronics and Applications. Xi'an，2009：3551-3555.

［51］ 赵岩. 并联液压混合动力汽车制动系统建模和仿真分析［D］. 长春：吉林大学，2009.

［52］ 彭婕. 嘉捷博大首推液压混合动力公交车［N］. 2008 中国（苏州）国际客车展览会专题.

［53］ 北京能源投资（集团）有限公司. 嘉捷博大公司研发成功国内首台获国家公告的液压混合动力客车［EB/OL］.［2007-OS-15］. http：//www. powerbeijing. com/contents/12/1366. html.

［54］ 中国客车网. 交大神舟液压混合动力公交车节油体验［N］.

［55］ http：//www. chinabuses. com/supply/zhuanti/2007bibendum/news7. htm.

［56］ Eaton powering business world. Series hybrid hydraulic［EB/OL］. 2009-10-16.

［57］ 赵春涛. 车辆串联混合系统中一次调节静液驱动技术的研究［D］. 哈尔滨：哈尔滨工业大学，2001.

［58］ 战兴群. 静液压动一次调节技术控制特性的研究［D］. 哈尔滨：哈尔滨工业大学，1999.

[59] 陈汉明，梁志锋. 混合动力汽车的研究与发展 [J]. 机电工程技术，2001，30 (5).

[60] Niels J. Schouten et al, Fuzzy Logic Control for Parallel Hybrid Vehicles，IEEE Transactions on Control Systems Technology，Vol. 10，No. 3，May 2002.

[61] Aihua Wang et al, A Novel Design of Energy Management System for Hybrid Electric Vehicles Using Evolutionary Computation，Technical Paper of EVS 18，Berlin 2001.

[62] Hyeoun-Dong Lee, Fuzzy-Logic-Based Torque Control Strategy for Parallel-Type Hybrid Electric Vehicle，IEEE TRANSACTIONS ON INDUSTRIAL ELECTRONICS，VOL. 45，NO. 4，August 1998.

[63] 曹文明. 燃料电池/蓄电池双能源电动汽车动力系统匹配的研究 [D]. 重庆：重庆大学，2004.

[64] 张晓辉，张辉，于红秀. 混合动力电动汽车提高燃油经济性特点分析 [J]. 专用汽车，2007，08：43-45.

[65] 童毅. 并联式混合动力系统动态协调控制问题的研究 [D]. 北京：清华大学，2004.

[66] 周飞鲲. 纯电动汽车动力系统参数匹配及整车控制策略研究 [D]. 长春：吉林大学，2013.

[67] 刘乐. 串联混合动力汽车建模与能源管理系统控制策略研究 [D]. 长春：吉林大学，2011.

[68] 张妍懿. 插电式混合动力汽车控制软件开发 [D]. 北京：清华大学，2013.

[69] 谢峰. 并联式液压混合动力车辆的动力匹配性研究 [D]. 长春：吉林大学，2011.

[70] 李斌花. 纯电动汽车电机驱动系统控制策略研究 [D]. 长沙：湖南大学，2005.

[71] 李刚. 线控四轮独立驱动轮毂电机电动汽车稳定性与节能控制研究 [D]. 长春：吉林大学，2013.

[72] 刘金峰，张学义，扈建龙. 电动汽车驱动电机发展展望 [J]. 农业装备与车辆工程，2012，50 (10)：35-37.

[73] 张希明. 纯电动汽车控制系统 [D]. 杭州：浙江大学，2008.

[74] 李春涛. 电动汽车用永磁无刷直流电机调速控制器研究 [D]. 合肥：合肥工业大学，2013.

[75] 李春红. 开关磁阻电机的控制系统及其在电动汽车中的应用研究 [D]. 合肥：合肥工业大学，2008.

[76] 李浩. 基于开关磁阻电机的双轮驱动电动汽车驱动系统研究 [D]. 济南：山东大学，2012.

[77] 付振元. 并联混合动力汽车能量控制策略仿真研究 [D]. 哈尔滨：哈尔滨工业大学，2013.

[78] 胡浩. 混合动力汽车驱动系统控制方法及控制策略研究 [D]. 长沙：湖南大学，2007.

[79] 张凤格. 混合动力汽车驱动系统控制策略的研究 [D]. 武汉：武汉理工大学，2010.

[80] 王岩. 串联混合动力客车控制策略研究 [D]. 长春：吉林大学，2008.

[81] 欧阳瑞璨. 并联混合动力汽车 AMT 无离合器操作换挡过程的研究 [D]. 长春：吉林大学，2006.

[82] 王全. 双行星排式混合动力汽车构型分析及协调控制 [D]. 长春：吉林大学，2013.

[83] 钱立军，赵韩，鲁付俊. 混合动力汽车传动系结构分析 [J]. 合肥工业大学学报：自然科学版，2004，26 (6)：1121-1126.

[84] 乔俊林. 插电式并联混合动力汽车模糊控制策略研究 [D]. 重庆：重庆大学，2012.

[85] 白鸽. 四轮驱动插电式混合动力汽车控制策略研究 [D]. 长春：吉林大学，2014.

[86] 曾小华，聂利卫，王庆年，等. 轮毂马达液压驱动系统 [P]. 中国，201120286630. 1. 2012-05-16.

[87] 王昕，姜继海. 轮边驱动液压混合动力车辆再生制动控制策略 [J]. 吉林大学学报：工学版，2009，39 (6)：1544-1549.

[88] 王昕. 静液传动混合动力轮边驱动车辆节能与控制特性研究 [D]. 哈尔滨：哈尔滨工业大学，2010.

[89] Henry K. Ng, Anant D. Vyas and Danilo J. Santini. The Prospects for Hybrid Electric Vehicles，2005-2020：Results of a Delphi Study [J]，Argonne National Laboratory，SAE1999-01-2942，1999.

[90] 陈清泉. 21 世纪的绿色交通工具——电动车 [M]，北京：清华大学出版社，2000.

[91] Andersson Tobias，Groot Jens. Alternative Energy Storage System for Hybrid Electric Vehicles [D]，Department of Electric Power Engineering Chalmers University of Technology，2003.

[92] Yimin Gao，Khwaja M. Rahman，Mehrdad Ehsani. Parametric Design of the Drive Train of an Electrically Peaking Hybrid（ELPH）Vehicle. SAE paper 970294.

[93] 庄继德. 地面车辆系统分析与设计 [M]. 北京：机械工业出版社，1989：93-94.

[94] 彭涛，陈全世. 并联混合动力电动汽车的模糊能量管理策略 [J]. 中国机械工程，2003，14（9）：797-800.

[95] 赵树恩，李玉玲. 并联混合动力汽车扭矩管理的模糊控制与仿真 [J]. 车用发动机，2004（5）：27-31.

[96] Lee H D，Sul S K. Fuzzy-logic-based Torque Control Strategy for Parallel-type Hybrid Electric Vehicle [J] IEEE Transactions on Industrial Electronics，1998，45（4）.

[97] Langari R，Won J S. Intelligent Energy Management for Hybrid Vehicle via Drive Cycle Pattern Analysis and Fuzzy Logic Torque Distribution [J]. IEEE International Symposium on Intelligent Control，2003，50（10）.

[98] 初亮. 混合动力总成的控制算法和参数匹配研究 [D]. 长春：吉林大学，2002.

[99] 刘明辉. 混合动力客车整车控制策略及总成参数匹配研究 [D]. 长春：吉林大学，2005.

[100] 余志生. 汽车理论 [M]. 北京：机械工业出版社，1982.

[101] 曾小华. 混合动力轿车节能机理与参数设计方法研究 [D]. 长春：吉林大学，2006.

[102] 王庆年，曾小华等. 混合动力技术在军用汽车上的应用 [J]. 长春：吉林大学学报：工学版，2003（1）.

[103] 李晓英，于秀敏，李君，等. 串联混合动力汽车控制策略 [J]. 吉林大学学报：工学版，2005，35（2）：122-126.

[104] 裘著永. 混合动力电动汽车控制策略的仿真研究及优化 [D]. 合肥：合肥工业大学，2005.

[105] 张亮，何耀华. 串联式混合动力汽车的控制策略分析 [J]. 上海汽车，2008（5）：9-11.

[106] 刘成华. 混合动力汽车全局发动机最优工作曲线控制策略研究 [D]. 长春：吉林大学，2006.

[107] 李波，张俊智. 电-气串联混合动力客车动力系统方案设计 [J]. 汽车技术，2007（3）：29-31.

[108] 刘明辉，赵子亮，李骏，等. 北京城市公交客车循环工况开发 [J]. 汽车工程，2006，27（6）：687-690.

[109] 宋金香，王钦普. 中通混合动力客车研发，试验及优化措施 [J]. 城市车辆，2007（5）：48-52.

[110] 白凤良，杨建国. 混合动力电动汽车实时控制策略 [J]. 现代车用动力，2003，3：002.

[111] 邵海岳，邵海燕，钟志华，等. 并联式混合动力汽车的实时控制策略优化 [J]. 贵州工业大学学报：自然科学版，2004，33（4）：94-98.

[112] 浦金欢. 混合动力汽车能量优化管理与控制策略研究 [D]. 上海：上海交通大学，2004.

[113] 吴剑. 并联式混合动力汽车能量管理策略优化研究 [D]. 济南：山东大学，2008.

[114] Ehsani M，Gao Y. A Mild Hybrid Drive Train for 42V Automotive Power System-Design，Control and Simulation [R]. SAE Technical Paper，2002.

[115] 张翔，赵韩，钱立军，等. 电动汽车仿真软件 ADVISOR [J]. 轻型汽车技术，2003（8）：15-17.

[116] Ye Z. Automotive Hybrid System Optimization Using Dynamic Programming [R]. SAE Technical Paper，2003.

[117] Anatone M，Cipollone R，Donati A，et al. Control-oriented modeling and fuel optimal control of a series hybrid bus [R]. SAE Technical Paper，2005.

[118] Lin C C，Peng H，Grizzle J W，et al. Power management strategy for a parallel hybrid electric truck [J]. Control Systems Technology，IEEE Transactions on，2003，11（6）：839-849.

［119］ Johnson V H，Wipke K B，Rausen D J．HEV control strategy for real-time optimization of fuel economy and emissions［R］．SAE Technical Paper，2000．

［120］ 朱元，韩晓东，田光宇，等．串联式混合动力电动汽车发动机转速新型工 PID 控制［J］．汽车工程，2001，23（2）：117-120．

［121］ An F，Barth M，Scora G．Impacts of diverse driving cycles on electric and hybrid electric vehicle performance［R］．SAE Technical Paper，1997．

［122］ 沈明星，杨农林．并联混合动力汽车模糊逻辑控制策略的建模和仿真［J］．动力学与控制学报，2007，4（4）：353-358．

［123］ Won J S，Langari R．Intelligent energy management agent for a parallel hybrid vehicle［C］//American Control Conference，2003．Proceedings of the 2003．IEEE，2003，3：2560-2565．

［124］ Lin C C，Peng H，Jeon S，et al．Control of a hybrid electric truck based on driving pattern recognition［C］//Proceedings of the 2002 Advanced Vehicle Control Conference，Hiroshima，Japan，2002．

［125］ Langari R，Won J S．Intelligent energy management agent for a parallel hybrid vehicle-part Ⅰ and Ⅱ［J］．IEEE Trans Veh Technol，2005，54（3）：13 -17．

［126］ Yokoi Y，Ichikawa S，Doki S，et al．Driving pattern prediction for an energy management system of hybrid electric vehicles in a specific driving course［C］//Industrial Electronics Society，2004．IECON 2004．30th Annual Conference of IEEE．IEEE，2004，2：1727-1732．

［127］ 闫晓磊，钟志华，李志强，等．HEV 超级电容自适应模糊神经网络建模研究［J］．湖南大学学报：自然科学版，2008，35（4）：33-36．

［128］ 严运兵．并联混合动力电动汽车的动态控制研究［D］．武汉：武汉理工大学，2008．

［129］ 曾小华，巴特，田浩，等．混联混合动力客车动力系统参数匹配［J］．吉林大学学报：工学版，2013（2）：278-284．

［130］ 王加雪，王庆年，吴栋，等．插电式混合动力客车功率匹配与仿真［J］．吉林大学学报：工学版，2010（6）：1465-1472．

［131］ 欧阳明高，田硕，徐梁飞．汽车动力的混合化发展趋势与构型分析［J］．汽车工程，2009，30（9）：742-747．

［132］ 于秀敏，曹珊，李君，等．混合动力汽车控制策略的研究现状及其发展趋势［J］．机械工程学报，2007，42（11）：10-16．

［133］ 彭志远，秦大同，段志辉，等．新型混合动力汽车工作模式分析与参数匹配设计［J］．中国机械工程，2012，23（009）：1122-1128．

［134］ 秦大同，游国平，胡建军．新型功率分流式混合动力传动系统工作模式分析与参数设计［J］．机械工程学报，2009，45（2）：184-191．

［135］ 叶明，舒红，刘永刚．插电式混合动力汽车硬件在环测试［J］．重庆大学学报，2012，3：003．

［136］ 胡建军，赵玉省，秦大同．基于 CAN 通信的混合动力系统硬件在环仿真实验［J］．中国机械工程，2008，19（3）：300-304．

［137］ 张威，混合动力城市客车正向建模及仿真软件研究［D］．长春：吉林大学汽车工程学院，2005．

［138］ Ulrich Zoelch ，D Schreder．Optimization Method for Rating the Components of a Hybrid Vehicle．EVS 14，1997．

［139］ 童毅，欧阳明高．前向式混合动力汽车模型中传动系建模与仿真［J］，汽车工程，2003．

［140］ 张翔，张炳力，赵韩，等．电动汽车仿真软件 PSAT［J］．汽车研究与开发，2003（05）．

［141］ Wipke K B，Cuddy M R，Burch S B．ADVISOR 2. 1：A User Friendly Advanced Powertrain Simulation Using a Combined Backward/Forward Approach．NREL/JA-540-26839 ，1999．

［142］ 曾小华. 军用混合动力轻型越野汽车动力总成匹配控制策略研究 ［D］. 长春：吉林大学汽车工程学院，2002.

［143］ 曾小华. 混合动力客车节能机理与参数设计方法研究 ［D］. 长春：吉林大学汽车工程学院，2006.

［144］ 童毅. 联混合动力系统动态协调控制问题的研究 ［D］. 北京：清华大学汽车工程系，2004.

［145］ Buchwald P，Christensen H，Larsen，H，et al. Improvement of City bus Fuel Economy Using a Hydraulic Hybrid Propulsion System —a Theoretical and Experimental Study. SAE Paper 790305.

［146］ 于永涛. 混联式混合动力车辆优化设计与控制 ［D］. 长春：吉林大学，2010.

［147］ Oliver Dingel and Joerg Ross PhD . Model-Based Assessment of Hybrid Powertrain Solutions. SAE Paper 2011.

［148］ Josko Petric. A Power-Split Hybrid Hydraulic Vehicle Transmission Modeling and Comparative Analysis ［J］. SAE Paper. 2010.

［149］ Fernando Tavares，Rajit Johri and Ashwin Salvi. Hydraulic Hybrid Powertrain-In-the-Loop Integration for Analyzing Real-World Fuel Economy and Emissions Improvements. SAE Paper 2011.

［150］ 赵春涛，姜继海，赵克定. 二次调节静液传动技术在城市公交车辆中的应用 ［J］. 汽车工程，2001，23（6）：423-426.

［151］ 李翔晨，常思勤，韩文. 静液压储能传动汽车动力源系统匹配及性能分析 ［J］. 农业机械学报. 2（X）6，37（3）：12-16.

［152］ 曾小华，王庆年，王伟华，等. 基于 ADVISOR 软件的双轴驱动混合动力汽车性能仿真模块的开发 ［J］. 汽车工程，2003（5）：424-427.

［153］ 曾小华，王庆年，李骏，等. 基于 ADVISOR2002 混合动力汽车控制策略模块开发 ［J］. 汽车工程，2004（04）：394-396.

［154］ 管欣，卢萍萍，詹军，等. 多轴全轮驱动车辆动力传动系模型的建立与应用 ［J］. 汽车工程，2011（3）：183-187.

［155］ 王景山. 全轮驱动车辆的载荷分析 ［J］. 石家庄铁道学院学报，1987，4：008.

［156］ 胡文奇，赵炬. 四轮驱动车辆使用特点分析 ［J］. 农业机械，2000，9：067.

［157］ Sanada，K.，Kitagawa，A. A study of two-degree-of-freedom control modeling errors of a hydraulic system ［J］. Control Engineering Practice，1998，6（9）：1125-1132.

［158］ Matthes B. Dual clutch transmissions：lessons learned and future potential ［J］. SAE transactions，2005，114（3）：941-952.

［159］ Weiwei Xiong，Zhiwei Wu，Chengliang Yin，et al. Economical comparison of three hybrid electric car solutions ［C］. In：Proceedings of IEEE Vehicle Power and Propulsion Conference，Harbin，China，Sep. 3-5，2008：235.

［160］ Weiwei Xiong，Yong Zhang，Chengliang Yin. Optimal energy management for a series-parallel hybrid electric bus ［J］. Energy Conversion and Management 2009，50（7）：1730-1738.

［161］ Ehsani M，Gao Y，Miller J M. Hybrid electric vehicles：architecture and motor drives ［C］，Proceedings of the IEEE，Vol. 95，No. 4，2007：719-727.

［162］ 舒红，刘文杰，袁景敏，等. 混联型混合动力汽车能量管理策略优化 ［J］. 农业机械学报，2009，40（3）：31-35.

［163］ Shu Hong，Liu Wenjie，Yuan Jingmin. Optimization of Energy Management Strategy for a Parallel series HEV ［J］. Transactions of the Chinese Society for Agricultural Machinery，2009，40（3）：31-35.

［164］ Jeong Yu-seok. Modeling and Simulation of Electric Drive System for Series Hybrid Electric Vehicle ［C］. INTELEC 2009，2009 International Telecommunications Energy Conference，18-22 Oct.

2009，Incheon，South Korea.

[165] 李战龙. 混合动力汽车试验台架的研究与开发 [D]. 长春：吉林大学，2004.

[166] 孔亮. 电动汽车电机驱动系统关键技术 [J]. 现代物理知识，2013，25 (2)：31-35.

[167] 刘军，俞金寿. 永磁同步电机控制策略 [J]. 上海电机学院学报，2007，10 (3)：180-185.

[168] 董秀国，洪哲浩，曾小华. 混合动力汽车动力电池试验检测系统 [J]. 试验技术与试验机，2005，44 (3)：69-70.

[169] Characterization and Comparison of Two Hybrid Electric Vehicles-Honda Insight and Toyota Prius. SAE Technical Paper. 2001.

[170] 邬宽明. CAN 总线原理和应用系统设计 [M]. 北京：北京航空航天大学出版社，1996.

[171] 赵宏伟，王镜刚，王庆年，等. 混合动力汽车仿真通信系统 [J]. 吉林大学学报：工学版，2003，33 (4)：91-94.

[172] 曾小华，王庆年，王伟华等. MPC5××芯片在混合动力汽车 CAN 通信的应用 [J]. 农业机械学报 ISTIC EI PKU，2005，36 (9).

[173] 九州恒润，dSPACE 基于 Windows 平台的实施快速原型即半实物仿真的一体化解决途径，北京九州恒润科技有限公司，2003 (01).

[174] 朱志富. 混合动力汽车传动系统设计及其台架试验 [D]. 重庆：重庆大学，2012.

[175] 王伟华，金启前，曾小华，等. 混合动力汽车动力总成试验台研究 [J]. 中国公路学报，2005，(2)：103-106.

[176] 王军年. 电动轮独立驱动汽车差动助力转向技术研究 [D]. 长春：吉林大学，2009.

[177] 郭文双，申金升，徐一飞. 电动汽车与燃油汽车的环境指标比较 [J]. 交通环保，2002，23 (2)：21-23.

[178] Shin-ichiro Sakaia，Yoichi Hori. Advanced motion control of electric vehicle with fast minor feedback loops：basic experiments using the 4-wheel motored EV "UOT Electric March II" [J]. JSAE Review，2001，22：527-536.

[179] Shin-ichiro Sakai and Yoichi Hori. Advantage of electric motor for anti skid control of electric vehicle [J]. EPE Journal，2001，11 (4)：26-32.

[180] Mitsubishi Motors to drive forward development of next-generation EVs [EB/OL].

[181] Mitsubishi Motors to enter Lancer Evolution MIEV in Shikoku EV Rally 2005 [EB/OL].

[182] MIEV [EB/OL]. http：//en. wikipedia. org/wiki/MIEV.

[183] John Voelcker. Top Tech Cars [J]. IEEE Spectrum 2005 (3).

[184] Green Car Journal Editors. Could in-wheel motors be the next big thing [EB/OL].

[185] Volvo plug-in hybrid ReCharge Concept [EB/OL]. http：//www. greencarsite. co. uk/GREEN-NEWS.

[186] Thomas J Trzaska. Advanced hybrid electric wheel drive (AHED) 8×8 vehicle program [C]. The 4th International AECV Conference，Jan. 7-9，Noordwijkerhout (Netherlands)，2002.

[187] 邱恒浪. 基于轮毂电机的四轮驱动差速转向控制系统的研究 [D]. 重庆：西南大学，2012.

[188] 黄小平. 毛金明轮式车辆转向运动解析 [J]. 南京林业大学学报，2002 (6)：49-53.

[189] 吴志红，郭毅，朱元. 四轮独立驱动电动车主控制器设计与实现 [J]. 机械与电子，2008 (7)：28-31.

[190] Wong J Y. Theory of ground vehicles [M]. 3rd ed. Toronto：John Wiley & Sons，Inc，2001.

[191] Francis B Hoogterp and William R Meldrum Jr. Differential torque steering for future combat vehicles [C]. SAE Paper no. 1999-01-3740.

[192] Pongsathorn Raksincharoensak，Masao，Nagai，et al. Lane keeping control strategy with direct yaw

moment control input by considering dynamics of electric vehicle [J]. Vehicle System Dynamics，2006，44（Suppl）：192-201.

[193] Bong-Choon Jang，Yeo-Heung Yun，Seong-Cheol Lee. Simulation of vehicle steering control through differential braking [J]. International Journal of Precision Engineering and Manufacturing，2004，5（3）：26-34.

[194] Hiromichi Nozaki. Effect of differential steering assist on drift running performance [C]. SAE Paper no. 2005-01-3472，2005.

[195] Tom Pilutti，Galip Ulsoy and Davor Hrovat. Vehicle steering intervention through differential braking [C]. Proceedings of the American Control Conference，Seattle，Washington，1995：1667-1671.

[196] Iwazaki Akihiro，Kunii RikiYa. Element technologies of a direct electromagnetic clutch [J]. Transaction of Society of Automotive Engineers of Japan，2005，36（3）：133-138.

[197] Rikiya Kunii，Akihiro Iwazaki，Shigenobu Sekiyaetal. Development of direct electromagnetic clutch system [C]. SAE Paper no. 2005-01-0551，2005.

[198] Besselink B C. Computer controlled steering system for vehicles having two independently driven wheels [J]. Computers and Electronics in Agriculture，2003，39：209-226.

[199] 胡长健. 电动轮驱动车辆的驱动力助力转向技术研究 [D]. 长春：吉林大学汽车工程院，2008：12-13.

[200] 宋慧. 电动汽车 [M]. 北京：北京人民交通出版社，2006.

[201] 李兴虎. 电动汽车概论 [M]. 北京：北京北京理工大学出版社，2005.

[202] 于远彬. 混合动力汽车用复合电源参数匹配与控制策略研究 [D]. 长春：吉林大学，2004.

[203] 张靖. 超级电容蓄电池复合电源的研究与仿真 [D]. 武汉：武汉理工大学，2005.

[204] Freedom CAR Battery Test Mannual For Power-Assist Hybrid Electric Vehicles. 2003.

[205] 李福文. 复合电源的参数匹配与控制策略研究 [D]. 长春：吉林大学，2005.

[206] 洪志湖，李奇，陈维荣. 基于 PMP 的机车用燃料电池混合动力系统能量管理策略 [J]. 中国电机工程学报，2019，39（13）：3867-3879.

[207] Wang Y，Sun Z，Chen Z. Energy management strategy for battery/ supercapacitor/ fuel cell hybrid source vehicles based on finite state machine [J]. Applied Energy，2019，254：113707.

[208] 张晓艳，王永军，李骏，等. 中国汽车低碳化系统工程研究 [J]. 中国工程科学，2018，20（01）：23-29.

[209] 万亮，张俊智，王丽芳，等. 串联式燃料电池混合动力汽车零部件选型和匹配优化研究 [J]. 汽车工程，2008（09）：748-752.

[210] 杨坤，王杰，肖军生，等. 某 B 级燃料电池电动汽车匹配设计研究 [J]. 汽车工程学报，2018，8（06）：399-406.

[211] 曹洪. 便携式 PEMFC 移动电源系统的设计与实现 [D]. 成都：西南交通大学，2016.

[212] 杜微微，赵昌锋. 燃料电池客车动力系统的匹配研究 [J]. 客车技术与研究，2018，40（01）：1-4.

[213] 曹生彪，皇甫益. 混合动力汽车用镍氢电池的现状及发展分析 [J]. 电池，2016，46（05）：289-291.

[214] 刘树德，贠海涛，王成振，等. 基于 ADVISOR 的燃料电池汽车混合动力系统设计 [J]. 青岛理工大学学报，2016，37（03）：97-102＋120.

[215] 纪常伟，李响，梁晨，等. 基于 LMS AMESim 的车用燃料电池-锂离子动力电池混合动力系统能量管理仿真 [J]. 北京工业大学学报，2020，46（01）：58-67.

[216] 李忠东. 丰田 Mirai 氢燃料电池车续航 502km [J]. 汽车与配件，2015 (32)：43-45.

[217] 王冰，黄明宇，陈国钧，等. 丰田汽车燃料电池专利综述 [J]. 电源技术，2018，42 (08)：1237-1239.

[218] 冀杰. 燃料电池汽车"Mirai"给我国新能源汽车发展的启示 [C]. 西南汽车信息（2018 年第 5 期总第 386 期）. 重庆汽车工程学会，2018：22-26.

[219] 周纯邺. 丰田的氢能源帝国 [J]. 新能源经贸观察，2018 (06)：76-79.

[220] Rajabzadeh M，Bathaee S M T，Golkar M A. Dynamic modeling and nonlinear control of fuel cell vehicles with different hybrid power sources [J]. International Journal of Hydrogen Energy，2016，41 (4)：3185-3198.

[221] Thounthong P，Chunkag V，Sethakul P，et al. Comparative Study of Fuel-Cell Vehicle Hybridization with Battery or Supercapacitor Storage Device [J]. IEEE Transactions on Vehicular Technology，2009，58 (8)：3892-3904.

[222] Lukic S M，Cao J，Bansal R C，et al. Energy Storage Systems for Automotive Applications [J]. IEEE Transactions on Industrial Electronics，2008，55 (6)：2258-2267.

[223] Fadel A，Zhou B. An experimental and analytical comparison study of power management methodologies of fuel cell-battery hybrid vehicles [J]. Journal of Power Sources，2011，196 (196)：3271-3279.